Autorschaft und Autorität in den romanischen Literaturen des Mittelalters

Beihefte zur Zeitschrift für romanische Philologie

Herausgegeben von
Claudia Polzin-Haumann und Wolfgang Schweickard

Band 390

Autorschaft und Autorität in den romanischen Literaturen des Mittelalters

Herausgegeben von
Susanne Friede und Michael Schwarze

DE GRUYTER

Der Druck dieses Bandes erfolgte mit freundlicher Unterstützung des Deutschen Romanisten-verbandes, der Alpen-Adria-Universität Klagenfurt und des Vereins der Ehemaligen der Universität Konstanz.

Verein der Ehemaligen
der Universität Konstanz

ISBN 978-3-11-037064-5
e-ISBN [PDF] 978-3-11-036629-7
e-ISBN [EPUB] 978-3-11-039436-8
ISSN 0084-5396

Library of Congress Cataloging-in-Publication Data
A CIP catalog record for this book has been applied for at the Library of Congress.

Bibliografische Information der Deutschen Nationalbibliothek
Die Deutsche Nationalbibliothek verzeichnet diese Publikation in der Deutschen Nationalbibliografie; detaillierte bibliografische Daten sind im Internet über http://dnb.dnb.de abrufbar.

© 2015 Walter de Gruyter GmbH, Berlin/Boston
Satz: epline, Kirchheim unter Teck
Druck: CPI books GmbH, Leck
♾ Gedruckt auf säurefreiem Papier
Printed in Germany

www.degruyter.com

Danksagung

Dieser Sammelband geht auf eine Sektion im Rahmen des Würzburger Romanistentages im September 2013 zurück und verdankt seine Entstehung in erster Linie der geduldigen und konstruktiven Zusammenarbeit mit den Beiträgerinnen und Beiträgern. Ihnen danken wir ebenso sehr wie dem Deutschen Romanistenverband, der Kulturwissenschaftlichen Fakultät der Universität Klagenfurt und dem Verein der Ehemaligen der Universität Konstanz, die durch ihre jeweilige finanzielle Unterstützung die Drucklegung überhaupt erst ermöglicht haben. Unverzichtbar für die Veröffentlichung der Akten war die redaktionelle Arbeit von Katharina Offensperger, die das Unternehmen in allen Phasen mit großer Sachkompetenz und überaus gewissenhaft betreut hat. Ihr gilt unser besonderer Dank. Ebenfalls zu Dank verpflichtet sind wir Frau Mag. Kathrin Egger. Dass der Band in den *Beiheften zur Zeitschrift für romanische Philologie* erscheinen kann, ist zum einen den Herausgebern der Beihefte zu verdanken, zum anderen der Vermittlung von Frau Dr. Ulrike Krauß, welche die Publikation gemeinsam mit Frau Dr. Christine Henschel von Seiten des Verlages kompetent und zielstrebig begleitet hat. Ihnen allen danken wir herzlich.

Susanne Friede / Michael Schwarze   Klagenfurt / Konstanz, im August 2015

Inhaltsverzeichnis

Susanne Friede/Michael Schwarze
Einführung

1 Autorschaft und Autorität: Indikatoren literarischer Produktivität im Mittelalter

Die Praxis der Schriftkultur im europäischen Mittelalter bewegt sich in einem offenen Spannungsfeld zwischen Tradition und Innovation, zwischen der Fortschreibung von diskursiven, medialen und performativen Traditionsmustern und deren Transgression.[1] Die Bedeutung dieser Simultaneität von Tradierung und Erneuerung zeigt schon ein Blick auf die Verwendung grundlegender rhetorisch-poetologischer Termini wie zum Beispiel des der *inventio* oder des Begriffspaares von *imitatio* und *aemulatio*. Beide eint, dass sie aus dem kreativen Rückbezug auf eine produktive Tradition und deren Schriftzeugnisse zugleich den Anspruch auf die Neuartigkeit des jeweils in Frage stehenden Einzeltexts ableiten. Das jeweils «Neue» und die Instanz, die dafür verantwortlich zeichnet, schreiben sich dabei immer auch, gleichsam genealogisch, in eine als vorbildlich verstandene Tradition ein. Eine vergleichbare Logik liegt dem Konzept der *translatio* zugrunde, das in Deutschland und Frankreich seit dem Hochmittelalter ein dominantes Begründungsnarrativ für die Konstituierung von politischer bzw. wissenskultureller Geltung bereitstellt. Auch der *translatio*-Gedanke vertritt ein genealogisches Prinzip, indem er die Übertragung einer historisch verbürgten, autoritativen Machtstellung von einer älteren auf eine jüngere Aussage- und Handlungsgemeinschaft konstruiert. Im Bereich der *translatio studii* zielt dies auch auf die Legitimierung und Sicherung eines gelehrten Dominanzanspruchs ab, der für sich die qualitative Überbietung einer überkommenen Wissenskultur beansprucht, sich jedoch im selben Zug historisch auf deren Qualitäten beruft. Ein drittes Konzept, das in mittelalterlichen Gebrauchsweisen zumindest partiell immer auch ein stabilisierendes Anknüpfen an die Tradition bei deren gleichzeitiger Überschreitung beinhaltet, ist dasjenige des *auctor*. Mit Bezug auf eine auch etymologisch hergeleitete, mögliche Bedeutung bezeichnet der *auctor* nach gelehrt-mittelalterlichem Verständnis diejenige Instanz, die einen vorgängigen

---

[1] Diese Einführung verzichtet im Sinne des Überblickscharakters und der Lesbarkeit bewusst auf Einzelnachweise. Ihr ist jedoch eine Auswahlbibliographie von Monographien und Sammelwerken beigefügt, welche die Grundlagen unserer Überlegungen bildet und zugleich einen vertieften Zugang zum Thema eröffnet.

Text oder eine im bestehenden literarischen System mögliche Aussagevariante, welche als Quelle oder Ausgangspunkt gedient hat, retextualisiert und ihm neue Inhaltsmerkmale, einen neuen Sinn oder eine neue Deutung hinzufügt. Die Tätigkeit des *auctor* zeichnet sich demnach dadurch aus, dass er das historische Textmaterial einer *réécriture* unterzieht und dessen Bedeutungspotenzial in einem Akt kreativer Neumodellierung mehrt.

Die anhand dieser Begrifflichkeiten skizzierte Verschränkung von Tradierung und Erneuerung erklärt, insofern sie für mittelalterliche Texte konstitutiv ist, auch, warum in der mediävistischen Literatur- und Kulturwissenschaft ein grundlegendes Interesse gerade an der Ausdifferenzierung der mittelalterlichen Literatur im Hinblick auf das besagte Spannungsfeld fortbesteht. Der vorliegende Band ordnet sich in diesen genuin mediävistischen Forschungshorizont ein, indem er danach fragt, in welchen Formen, mit welchen Mitteln und unter welchen Bedingungen in der französischen und italienischen Literatur des Mittelalters Autorschaft begründet und legitimiert wird. Er geht dabei von zwei Arbeitshypothesen aus: Die erste besteht in der Annahme, dass der Einzeltext in der mittelalterlichen Schriftkultur zwingend einer ihn legitimierenden Autorisierung bedurfte. Diese «Autorisierungspflicht» manifestiert sich implizit wie explizit in einer breiten Palette von Begründungsfiguren, die von Verweisen auf die Teilhabe am göttlichen Heilsgeschehen bis zu solchen auf eine individuelle Zeugenschaft reicht. Eine entscheidende Funktion dieser Legitimierungen war es, einen je spezifischen Text und seine(n) Verfasser mit der notwendigen Autorität auszustatten, die sie benötigten, um einerseits Akzeptanz bei Auftraggebern, Förderern und Rezipienten zu finden und andererseits im Kampf um Geltung im gewählten diskursiven Kontext dauerhaft bestehen zu können. Die zweite Arbeitshypothese besagt, dass sich die auszudifferenzierenden Formen der Autorfunktion und die damit verbundenen Verfahren der Zuschreibung von Autorität im skizzierten Bezugsrahmen von Tradierung des autoritativ Verbürgten und dessen Transgression bewegen, so dass ihre Sichtbarmachung diesen Rahmen gleichsam ausbuchstabiert. Die Identifizierung und die historisch-systematische Perspektivierung signifikanter Figuren, narrativer Verfahrensweisen und Muster kann daher in dieser Hinsicht einen spezifischen Beitrag dazu leisten, die Praktiken literarischer Produktivität im skizzierten, heuristisch zu rekonstruierenden Spannungsfeld von Tradition und Innovation weiter auszuleuchten.

Als historisch-systematische Orientierungen für dieses Vorhaben dienen den hier versammelten Beiträgen die Kategorien Autorschaft und Autorisierung sowie die komplexen Interdependenzmöglichkeiten, die zwischen ihnen bestehen. Der einleitende, germanistische Aufsatz von Hartmut Bleumer hinterfragt auf grundlegende Weise die Verwendung dieser Begriffe. Er zeigt aus narratologischer Perspektive die Paradoxien auf, die differenzlogischen Bestimmungsversuchen des Autor-Begriffs inhärent sind, und reflektiert diese kritisch. Ausgehend vom Befund eines paradoxen «Autorschaftskurzschlusses», der die Forschung weithin kennzeichne, entwickelt Bleumers Analyse von Wolframs *Parzival* dabei einen Autorschaftsbegriff, der Autorschaft selbst als eine komplexe Form der Metapher begreift. Um die begriffliche Basis der vorgeschlagenen Kategorien diesseits ihres metaphorischen Gebrauchswerts zu konturieren, wird an dieser Stelle eine Art offener Typisierung vorgeschlagen, die mögliche Verwendungsweisen in den mittelalterlichen Literaturen skizziert.

2 Autorschaft: Namentliche, auktoriale, persönliche und modale Autorfunktion

Ausgelöst durch die poststrukturalistische Theoriebildung beschäftigt die mediävistische Forschung seit langem die Frage, woran Autorschaft in der mittelalterlichen Schriftkultur ablesbar ist, welcher Status der Autorfunktion zugemessen werden kann und welche Funktionen Autoren sowohl im Hinblick auf ihre Texte als auch im jeweiligen sozialen Kontext haben können. Ein Ergebnis dieser Forschungen ist, dass man im Hinblick auf die Relation zwischen der Autorinstanz und der Textproduktion, für die sie verantwortlich zeichnet, vorderhand drei Konstellationen von Autorschaft unterscheiden kann. Diese differieren hinsichtlich des Grades, in dem die Autorschaft textuell markiert wird, und – damit einhergehend – hinsichtlich ihrer semantischen Qualität:

1. Eine schwach markierte, jedoch in der Überlieferung quantitativ überaus wichtige Autorschaftskonstellation stellt die namentlich markierte Autorschaft dar. Sie beschränkt sich in den allermeisten Fällen auf die bloße Nennung eines oder mehrerer Eigennamen, z. T. in Verbindung mit einer Status- oder Funktionsbezeichnung, denen explizit oder implizit die Rolle des *auctor*, *commentator* oder *compilator* attestiert wird. Die orthographische Varianz, mit der uns solche Namen in vielen Manuskripten überliefert sind, und die Unmöglichkeit von ihnen auf empirische Personen und Sachverhalte zu schließen, stellen die Validität moderner Konzepte von Autorschaft für die mittelalterliche Schriftkultur grundsätzlich in Frage. Diese Problematik entwickelt neben Dietmar Rieger in diesem Band vor allem der Beitrag von Richard Trachsler, der am Beispiel der arthurischen Prosaromane von Gautier Map präzise vorführt, wie die Vielzahl an überlieferten Varianten des Autornamens Schichtungen von Autorschaftsmarkierungen erzeugt, die für ein relativ kleines Korpus die geradezu postmodern anmutende, kollektive Autorschaft einer Gruppe von Verfassern begründen.

2. Eine graduell davon zu unterscheidende Form von Autorschaft besteht darin, dass Autorfigurationen in der Rolle als *auctor, commentator* oder *compilator* auftreten und spezifische Aufgaben bei der Herstellung der Texte für sich beanspruchen. Die Inszenierung solcher Zuständigkeiten dient in aller Regel dazu, dass die Figur des namentlich Genannten explizit die Verantwortlichkeit für die Genese, die Organisation, die inhaltlichen Positionen und/oder poetologischen Aussagen des Geschriebenen übernimmt. Die Autorinstanz schreibt sich auf diese Weise die Autorität über den eigenen Text zu, so dass man von auktorialer Autorschaft sprechen kann. Innerhalb dieser Grundkonstellation auktorialer Autorschaft lässt sich wiederum ein breites Spektrum an Intensität und Komplexität der – z. T. auch mehrstimmigen – auktorialen Rede ausmachen, wobei die Verschränkung von auktorialer Autorschaft und bestimmten Gattungen auffällt. So analysieren einzelne Beiträge (Susanne Friede, Axel Rüth) die Präsenz auktorialer Autorschaft in chronikalen Texten und deren Implikationen für den Autoritätsanspruch (früher) volkssprachlicher Historiographie. Von besonderem Interesse sind zudem Fälle, in denen die auktoriale Autorschaft zwischen zwei und mehr im Text auftretenden Autorfiguren aufgeteilt wird und die Autorfunktion gewissermaßen in verschiedenen *personae* manifest wird, so dass sich komplexe Konstellationen von Ko-Autorschaft konstituieren. Ausprägungen dieser Art von doppelter beziehungsweise multipler Autorschaft und Begründungsfiguren von Autorität, die daraus erwachsen, behandeln die Beiträge von Ernstpeter Ruhe, Cornelia Wild, Stephanie Neu und Michael Schwarze.

3. Die dritte, am stärksten markierte Form von Autorpräsenz, die uns in mittelalterlichen Texten begegnet, ist die persönliche Autorschaft. Sie manifestiert sich darin, dass unter der Angabe von (zumeist rudimentären) biographischen Daten eine individuelle Autorfigur umrissen und zugleich in einer Präsenz inszeniert wird, die nicht (nur) auktorialen Anspruch erhebt, sondern (darüber hinaus) für die Authentizität des von ihr Dargestellten bürgt. Die Autorfigur, deren referentielle Validität freilich in den allermeisten Fällen ausgesprochen fraglich ist, tritt dabei nicht selten in der Rolle eines Protagonisten auf, der attestiert, was er selbst (mit)erlebt, als Augen- oder Ohrenzeuge mitbekommen oder von Dritten in Erfahrung gebracht hat. Das berühmteste Beispiel für diese Art persönlicher Autorschaft stellt vermutlich Dantes *Divina Commedia* dar, in der eine Autorfigur auftritt, die qua eigener Erfahrung, von der sie erzählt, für die heilsgeschichtliche Wahrheit der Jenseitsreise bürgt und die zugleich als das thematische und organisatorische Zentrum der Darstellung fungiert. Diesem von David Nelting untersuchten Fall strukturell vergleichbar sind viele andere Formen persönlicher Autorschaft, wie sie zum Beispiel die *Vie de saint Louis* von Jean de Joinville, der *Devisament dou monde* von Marco Polo oder die französischen Traum- und Visi-

onsliteratur repräsentieren. Sie stehen jeweils im Zentrum der Analysen von Axel Rüth, Stephanie Neu und Friedrich Wolfzettel.

Es ließe sich an vielen Fallbeispielen zeigen, wie die genannten drei Ausprägungen von Autorschaft im Rahmen der Autorfunktion permanent interferieren und einander in der literarischen Praxis ergänzen. Schwieriger ist es hingegen, die Funktion(en) zu klären, die der Autor im Hinblick auf den eigenen Text hat. Über den faktualen und den textuellen Status des Autors ist in der mediävistischen Forschung viel diskutiert worden und es besteht Einigkeit darin, dass Autornamen und autoritative Autor-Figuren in keinem Fall als Repräsentationen einer im modernen Sinn selbstbezüglichen Subjektivität verstanden werden können, sondern stets als Ausdruck je spezifischer Rollenidentitäten aufzufassen sind. Umstritten ist hingegen, ob es adäquat ist, die Bedeutung dieser Identitäten unmittelbar in der je spezifischen Semantik der tatsächlichen Figur eines Autors zu suchen, die sich in der Inszenierung Ausdruck verschafft, oder aber in der Vermittlung von normativen Lebensentwürfen, die durch eine auktoriale oder persönliche Autorschaft mit dem Merkmal exemplarischer Authentizität ausgestattet wird. Die Vertreter der ersten These messen dem Auftreten von Autorfiguren in der zweiten und dritten Autorschaftskonstellation auch den Wert autobiographischer oder pseudo-autobiographischer Äußerungen bei und charakterisieren sie als einen Modus, der von den zeitgenössischen Rezipienten, im Verbund mit anderen Bedeutungsschichten des Textes, mit guten Gründen als Modellierung einer individualisierten Lebensgeschichte gelesen werden konnte. Die Anhänger der zweiten Auffassung sehen die auktoriale und die persönliche Autorschaft dagegen als eine Konstruktion an, die sekundäre Funktion hat und dazu dient, von den Texten propagierte, diskursiv abgesicherte Wirklichkeits- und Wahrheitsvorstellungen zu plausibilisieren. Beide Positionen betreffen – unabhängig davon, wie man den Einzelfall beurteilt – die Problemstellung dieses Bandes in ihrem Kern, tarieren doch beide Argumentationsrichtungen bei ihren Antworten auf die Frage nach Autorinstanz und Autorfunktion das eingangs geltend gemachte Spannungsfeld zwischen der innovativen Transgression und der bewahrenden Adoption vorgängiger Traditionsmuster regelrecht aus.

Die Mehrheit der folgenden Aufsätze untersucht Fälle, die den Formen auktorialer und persönlicher Autorschaft zuzuordnen sind. Darüber darf jedoch nicht vergessen werden, dass es in der Literatur des Mittelalters eine vierte Form von Autorschaftskonstitution gibt, der grundsätzlich die gleiche Bedeutung beizumessen ist, die jedoch wesentlich auf transpersonalen Markierungen basiert. Gemeint ist der anonym überlieferte Text, mit dem wir bei jener Vielzahl von Manuskripten konfrontiert sind, in denen die Autorfunktion nicht explizit markiert ist, so dass Rückschlüsse auf eine Autorfigur gar nicht oder nur relational aus der Zusammenschau mehrerer Handschriften und Texte möglich sind. In ihnen lässt sich eine spezifische Autorschaftssignatur modal durch die kontextualisierende Analyse der Textualität rekonstruieren. Prominente Beispiele hierfür sind Teile der altokzitanischen Trobador-Lyrik und ihrer nordfranzösischen beziehungsweise italienischen Um- und Fortschreibungen sowie Gattungen wie das Heldenepos, dessen Überlieferung sich auch der Verschriftlichung z. T. mündlich überlieferter Traditionen verdankt. In diesen Texttraditionen tritt der produktive Anteil, den der einzelne Autor, Kompilator oder auch der Schreiber eines Texts im Vergleich zur entsprechenden autoritativen Tradition hat, – zumindest auf der Textoberfläche – gleichsam hinter den jeweiligen Text und dessen implizite Autorität, die dadurch umso deutlicher als solche aufscheint, zurück. Diese Nullmarkierung einer für den Text verantwortlichen Instanz könnte Zweifel daran aufwerfen, ob es gerechtfertigt ist, hier den Begriff der Autorschaft zu verwenden, bezeichnet der Terminus lexikalisch doch gerade eine Art Besitzverhältnis zwischen dem Autor als der für den Text verantwortlichen Instanz und seinem Produkt (dem Text). Von Autorschaft kann man unseres Erachtens bei anonym tradierten Schriften gleichwohl sprechen, sofern man Autorschaft nicht exklusiv vom Vorhandensein einer namentlich identifizierbaren Autorinstanz abhängig macht, sondern sie – so unser Plädoyer – als eine Funktion begreift, die ebenso durch eine spezifische Textualität abgebildet werden kann. Ein solches extensives Verständnis von Autorschaft öffnet die Verwendbarkeit der Kategorie auch für namentlich nicht verbürgte Texte, deren Analyse es gleichwohl erlaubt, aus ihrer Beschaffenheit kontrastiv zu benachbarten Texten eine autoritative Textidentität abzuleiten. Dieser Auffassung liegt die Annahme zugrunde, dass der Anspruch auf die Textorganisation und die Bedeutungsstiftung in der mittelalterlichen Literatur nicht zwangsläufig mittels einer stark markierten Autorfigur zum Ausdruck kommen muss, sondern ebenso über eine im Text modal aufscheinende Autorfunktion repräsentiert werden kann.

Bei den drei zuvor genannten Autorschaftskonstellationen manifestiert sich die Autorfunktion in einer Autorfigur bzw. in den sie vertretenden Instanzen eines Erzählers oder Sprechers bzw. deren unterschiedlichen Stimmen. Im Falle der modalen Autorschaft wird die Autorfunktion für den Rezipienten hingegen implizit wahrnehmbar, und zwar durch die Art und Weise, in welcher der jeweils spezifische Text transpersonale Traditionslinien und -muster, auf denen er fußt, individuell modelliert, fort- und umschreibt. Dies geschieht im Kontext der noch nicht institutionalisierten Literatur des Mittelalters zum einen dadurch, dass die Texte sich konstituieren, indem sie aus einem frei zirkulierenden Arsenal von Motiven, Topoi, narrativen Mustern, formalen Verfahren und Sprechweisen schöpfen und die Elemente diesseits normativer bzw. erst entstehender generischer Konventionen miteinander kombinieren können. Zum anderen partizipiert diese Literatur in unterschiedlicher Weise an einem ebenfalls frei verfügbaren Geflecht von Wissensdiskursen, deren gelehrt begründete und normative Positionen sie wiederholen, übersetzen, adaptieren oder transformieren kann. Die freie Refunktionalisierung von literarischen wie von diskursiv verfügbaren Argumentationsfiguren, tradierten Begründungsnarrativen und kulturellen Wissenspraktiken verweist auf allgemein gültige, transpersonale Verfahren, die es erlauben, auch für lediglich namentlich ausgewiesene oder anonym überlieferte Texte eine Autorfunktion zu rekonstruieren. In diesem Sinne zeugen die Literaturen des Mittelalters unabhängig von der Nennung und Inszenierung von Autorfiguren von der Gültigkeit eines modalen Autorschaftskonzeptes. Die Anerkennung dieser vierten Form von Autorschaft schärft den Blick dafür, dass der beschriebene Begründungszusammenhang von Tradierung und Transgression im Mittelalter grundsätzlich auf einem Autorschaftsverständnis fußt, das nicht per se an die explizite und auf der Textoberfläche wirkende Inszenierung von Autorfiguren gebunden ist, sondern das sich ebenso in textuellen Verfahren realisieren kann, deren Logik strukturelle Analogien zu Formen postmoderner Autorschaft aufweisen kann, bis hin zu digitalen Praktiken einer *communal creativity* oder einer *distributed authorship*.

Ausgehend von diesem weiten Verständnis mittelalterlicher Autorschaft untersuchen die 13 Beiträge dieses Bandes Formen und Strategien, in denen sich die autoritative Begründung von Autorschaft in der französischen und italienischen Literatur im Zeitraum vom 12. bis zum 14. Jahrhundert materiell, ästhetisch, performativ und medial vollzieht. Die Konzentration auf die Romania hat neben institutionellen Gründen ihre Berechtigung darin, dass Fragen der Autoritätsbegründung von Autorschaft in der romanistischen Mediävistik im Vergleich zur altgermanistischen und mediolatinistischen Forschung bisher stiefmütterlich behandelt worden sind. Dem daraus resultierenden Desiderat kommt die überwiegende Mehrzahl der Beiträge in Einzelfallstudien nach. Dies trägt nicht nur dem romanistischen Forschungsdefizit Rechnung, sondern darüber hinaus dem methodischen Befund, dass Theoretisierungen des Verhältnisses von Autorschaft und Autorität für eine Literatur, die sich bei aller Traditionsgebundenheit vor allem durch die interferenzielle Dynamik einer stark diversifizierten Produktion auszeichnet, wenig erfolgversprechend sind. Die Untersuchung einer relativ kleinen Zahl von Fallbeispielen kann dieser Problematik nicht Herr werden, sie ist jedoch dazu in der Lage, bestehende Forschungsansätze weiter auszudifferenzieren und sie durch in systematisch-historischer Sicht relevante Befunde weiter zu denken. Im Rahmen des übergeordneten Interesses an den Beziehungen zwischen Konvention und Innovation impliziert dies grundsätzlich drei leitende Perspektiven: Erstens ist danach zu fragen, wie sich Autorschaft sowohl innerhalb des jeweiligen

Einzeltexts als auch bezüglich seiner Entstehungskontexte konstituiert. Zweitens werden systematisierend Figuren, Verfahren und Muster identifiziert, mittels derer den Texten eine legitimierende Autorität attribuiert wird. Schließlich kann die Rückkoppelung der Befunde an das übergeordnete Paradigma im Einzelfall erhellen, welche Bedeutung die jeweils identifizierten Autorisierungsstrategien auf der offenen Skala von Tradierung und Innovation haben.

3 Autorität: Figuren und Muster der Begründung von Autorschaft

Autorität ist eine chamäleonhafte Kategorie, die sich zu allen Zeiten durch eine konzeptionell kaum zu fassende Varietät und Diversität auszeichnet. Dies gilt zumal für das Mittelalter, in dem wir, sozialwissenschaftlichen Ansätzen folgend, hinsichtlich der Vorstellungen von Autorität ein sehr hohes Maß an zeitlicher und kontextueller Varianz sowie situativer Flexibilität annehmen müssen. Ungeachtet der phänomenologischen Inkonsistenz des Begriffs kann gleichwohl davon ausgegangen werden, dass für die Operabilität von Autorität im Mittelalter eine gesamtkulturelle Grundvoraussetzung anzusetzen ist: Diese besteht darin, dass die Zuschreibung von *auctoritas* grundsätzlich nur in gesellschaftlichen Konstellationen wirksam sein kann, denen aufgrund ihrer hierarchischen Struktur ein normatives Ordnungsdenken zugrunde liegt. Daher ist die Frage, ob und welcher autoritative Status einer Institution, einer Person oder einem Text beigemessen wird, stets an Legitimierungsformen spezifischer Herrschaft- und Machtdispositive geknüpft.

Dieser Umstand besitzt auch für diejenige Art von Autoritätsstiftung Gültigkeit, die im Mittelpunkt der hier versammelten Aufsätze steht: Ausgehend von der Identifizierung spezifischer Autorschaftskonstellationen untersuchen sie Vorkommen und Verwendungsweisen von Begründungsfiguren für Autorschaft. Die Frage nach der Autorität generiert im Kontext des hier entwickelten Forschungsinteresses daher allererst die Frage danach, welche Strategien und Muster im Rahmen mittelalterlicher Schriftkultur Autorschaft autorisieren und sie im selben Zug mit Ansehen und Geltung ausstatten. Die unterschiedlichen Verfahren der Autorisierung beziehen sich dabei grundsätzlich sowohl auf den einzelnen Text als auch – explizit oder in metonymischer Übertragung – auf die Autorinstanz, die ihn gegebenenfalls verantwortet. Die Frage nach den Figuren und den Mustern, durch die entsprechende Autoritätszuschreibungen erfolgen, stellt die spezifische Perspektive bereit, unter der die Legitimierungen mittelalterlicher Autorschaft ausdifferenziert werden.

An Stelle einer additiv-reduktiven Rekapitulation der differenzierten Argumentationen der folgenden Aufsätze seien an dieser Stelle bilanzierend drei Beobachtungen zu Ausprägungen der Attribuierung von Autorität angestellt. Ihnen kommt in den Beiträgen eine systematisierende Relevanz zu; sie sollen daher als Anregung und Orientierung für eine weiterführende Beschäftigung mit dem Verhältnis von Autorschaft und Autorität in den Literaturen des Mittelalters dienen.

Die erste Beobachtung geht davon aus, dass es auch für den Begriff der Autorität wenig zielführend erscheint, grundsätzliche Theoretisierungen hinsichtlich möglicher Zuschreibungsmodi vorzunehmen. Es lässt sich vielmehr feststellen, dass unterschiedliche Arten der Rede und unterschiedliche Konstellationen von Autorschaft in mittelalterlichen Texten je unterschiedliche Intensitätsgrade von Autorisierung erfordern. Deutlich macht dies etwa der Vergleich von Texten, die einen explizit faktualen Wahrheitsanspruch erheben, und solchen, die im Wesentlichen fiktionalen Prinzipien verpflichtet sind. Erstere, wie zum Beispiel der *Devisament dou Monde* Marco Polos, Waces *Roman de Brut* oder die *Vie de Saint Louis* Jeans de Joinville, zielen zumindest partiell auf die Vermittlung eines referentiell überprüfbaren Wissens ab, das durch seine allgemeine Plausibilität Anerkennung finden muss. Zu diesem Zweck setzen sie prononciert Mittel der Authentifizierung ein und unterfüttern diese durch gesellschaftlich akzeptierte Legitimierungsnarrative. Demgegenüber scheint die zweite Gruppe von Texten, welche die Lizenzen der fiktionalen Wirklichkeitsmodellierung nutzt, tendenziell einen andersartigen Autorisierungsbedarf aufzuweisen. Solche Texte legitimieren sich meist stärker modal, durch die Adoption und Modifikation der literarischen Tradition. Ihre Autorität beziehen sie daher wahlweise wesentlich aus dem Rekurs auf die Antike, die Bibel und die Kirchenväter oder auf «Klassiker» der verschiedenen mittelalterlichen literarischen Traditionen. Diese dienen ihnen als Begründungstexte, die sie übersetzen, intertextuell modifizieren und mit neuen Deutungen retextualisieren.

Mit den unterschiedlichen Intensitätsgraden der Attribuierung von Autorität, so die zweite Beobachtung, geht einher, dass die Markierung des autoritativen Status der Autorschaft auf verschiedene Weisen erfolgt. Zu differenzieren gilt es dabei grundlegend zwischen Fremdzuschreibungen, die auf der sozialen Stellung oder Anerkennung eines – zumindest referentiell gedachten – Autors beruhen, und solchen, die textimmanent erfolgen. Die soziale Autorisierung kann wie im Falle von Boccaccios *Esposizioni sopra la Commedia*, die Jörn Steigerwald untersucht, ausdrücklich ausgesprochen werden; häufiger repräsentiert sind jedoch implizite soziale Zuschreibungen, die wie bei Wilhelm IX. von Aquitanien oder Jean de Joinville schlicht im sozialen Rang der hochfeudalen Autorfigur oder in einer inszenierten Nähe von Autorfiguren zur Macht begründet liegen können. Einen besonders interessanten Fall stellen in diesem Zusammenhang die von Georg Jostkleigrewe analysierten politischen Satiren des 13./14. Jahrhunderts dar, in denen sich die Autorität der Autoren in der textuell nur mittelbar nachweisbaren politischen Affinität zu mächtigen französischen «Adelsparteien» konstituiert. Mehrheitlich sind in den Beiträgen dieses Bandes Formen der textimmanenten Zuschreibung von Autorität vertreten: Ein Muster der Autoritätsbegründung, das in den Bereichen anonymer und namentlicher Autorschaft dominiert und das zum Beispiel in den Aufsätzen von Rieger, Schwarze und Wolfzettel prominent zutage tritt, kann als imitative Autorisierung bezeichnet werden. Sie funktioniert modal, d.h. durch die textuelle Repräsentation selbst, und besteht in der produktiven Adoption von rhetorischen, topischen, motivischen und diskursiven Verfahren und Mustern, welche die jeweilige Rede implizit als traditionsgebunden legitimieren. Eine andere Gruppe von Texten zeichnet sich dadurch aus, dass Autorität in ihnen darüber hinaus auf dem Wege der Inszenierung von auktorialer oder/und persönlicher Autorschaft hergestellt wird. Es handelt sich um Formen einer expliziten Selbstautorisierung, bei denen die authentifizierende *mise en scène* von Autorfiguren thematisch nicht selten mit in das Zentrum der Darstellung rückt. Divergierende Ausprägungen dieser Art von Autoritätsbegründung qua Selbstautorisierung analysieren exemplarisch die Untersuchungen von Rieger, Nelting, Steigerwald, Neu, Friede, Wild und Schwarze.

Die dritte Beobachtung liegt darin, dass die hier untersuchten Texte typischerweise mehrere Verfahren der Autoritätsmarkierung anwenden und diese miteinander verschränken, sie parallel führen oder sie alternieren lassen. Dies bedeutet, dass wir – analog zu den vier Autorschaftskonstellationen – hinsichtlich der Begründungsfiguren von Autorität mit einer Vielfalt sich überlappender Praktiken konfrontiert sind. Die Muster der Autoritätsstiftung innerhalb eines Texts können dabei in einem sehr unterschiedlichen Verhältnis zueinander stehen: Dieses kann in der bloßen Kontiguität (cf. Trachsler) oder einer spielerischen Interferenz (cf. Rieger) bestehen, die Begründungsfiguren können sich aber auch komplementär zueinander verhalten (cf. Neu, Steigerwald, Wolfzettel). Schließlich kann die Simultaneität mehrerer Begründungsfiguren von Autorität strategisch im Dienste der Herstellung oder der oszillierenden Ausstellung einer Konkurrenz stehen (cf. Wild, Friede und Schwarze) oder ein subversives Potenzial (cf. Ruhe) aufweisen. Diese Arten der Verschränkung unterschiedlicher Autorisierungsmuster haben für den einzelnen Text nicht zuletzt signifikante Effekte von Stabilisierung und Destabilisierung zur Folge. Wenn sie sich konstruktiv ergänzen, können sie im Sinne einer soliden Legitimierung eine starke Autorschaft begründen. Dieselben Muster können die Autorität eines Texts jedoch auch mehr oder weniger spielerisch unterminieren, wenn sie gegeneinander ausgespielt werden und auf diese Weise die textuelle Kohärenz geschwächt wird. Auf diese Weise trägt das Muster, nach dem der einzelne Text Begründungen von Autorschaft arrangiert, nicht zuletzt wesentlich dazu bei, dem von den mittelalterlichen Texten erhobenen Anspruch auf Wahrheit und normative Gültigkeit Konsistenz zu verleihen oder ihn zu dementieren.

Auswahlbibliographie

Andersen, Elisabeth/Haustein, Jens/Simon, Anne/Strohschneider, Peter (edd.), *Autor und Autorschaft im Mittelalter*, Tübingen, Niemeyer, 1998.

Ascoli, Albert Russell, *Dante and the Making of a Modern Author*, Cambridge, Cambridge University Press, 2008.

Bloch, Howard R./Calchoun, Alison/Cerquiglini-Toulet, Jacqueline/Küpper, Joachim/Patterson, Jeanette (edd.), *Rethinking the New Medievalism*, Baltimore, Johns Hopkins University Press, 2014.

Bumke, Joachim/Peters, Ursula (edd.), *Retextualisierung in der mittelalterlichen Literatur*, Sonderheft der Zeitschrift für deutsche Philologie 124 (2005).

De Looze, Laurence, *Pseudo-Autobiography in the Fourteenth Century. Juan Ruiz, Guillaume de Machaut, Jean Froissart, and Geoffrey Chaucer*, Gainesville, University Press of Florida, 1997.

Brownlee, Kevin/Stephens, Walter (edd.), *Discourses of Authority in Medieval and Renaissance Literature*, Hanover/London, Dartmouth College Press, 1989.

Ingold, Felix Philipp/Wunderlich, Werner (edd.), *Der Autor im Dialog. Beiträge zu Autorität und Autorschaft*, St. Gallen, UVK, 1995.

Kablitz, Andreas/Peters, Ursula (edd.), *Mittelalterliche Literatur als Retextualisierung. Das «Pèlerinage»-Corpus des Guillaume de Deguileville im europäischen Mittelalter*, Heidelberg, Winter, 2014.

Kangas, Sini/Korpiola, Mia/Ainonen, Tuija (edd.), *Authorities in the Middle Ages. Influence, Legitimacy, and Power in Medieval Society*, Berlin/Boston, De Gruyter, 2013.

Kellner, Beate/Strohschneider, Peter/Wenzel, Franziska (edd.), *Geltung der Literatur. Formen ihrer Autorisierung und Legitimierung im Mittelalter*, Berlin, Schmidt, 2005.

Kimmelman, Burt, *The Poetics of Auhtorship in the Later Middle Ages – The Emergence of the Modern Literary Persona*, New York, Peter Lang, 1966.

Kleinschmidt, Erich, *Autorschaft. Konzepte einer Theorie*, Tübingen/Basel, Francke, 1998.

Literarisches Bewußtsein im Mittelalter, Romanistische Zeitschrift für Literaturgeschichte/ Cahiers d'Histoire des Littératures Romanes 29 (2005), H. 1/2.

Meier, Christel/Wagner-Egelhaaf, Martina (edd.), *Autorschaft: Ikonen – Stile – Institutionen*, Berlin, Akademie-Verlag, 2011.

Minnis, Alastair J., *Medieval Theory of Authorship: Scholastic Literary Attitudes in the Later Middle Ages*, Philadelphia, University of Pennsylvania Press, 1988.

Mölk, Ulrich, *Les Débuts d'une théorie littéraire en France. Anthologie critique*, Paris, Garnier, 2011.

Ranković, Slavia/Brügger Budal, Ingvil (edd.), *Modes of authorship in the Middle Ages*, Toronto, Pontifical Institute of Mediaeval Studies, 2012.

Schaffrick, Matthias/Willand, Marcus (edd.), *Theorien und Praktiken der Autorschaft*, Berlin/Boston, De Gruyter, 2014.

Schlesier, Renate/Trînca, Beatrice (edd.), *Inspiration und Adaptation: Tarnkappe mittelalterlicher Autorschaft*, Hildesheim, Weidman, 2008.

Unzeitig, Monika, *Autorname und Autorschaft: Bezeichnung und Konstruktion in der deutschen und französischen Erzählliteratur des 12. und 13. Jahrhunderts*, Berlin, De Gruyter, 2010.

Zimmermann, Michel (ed.), *Auctor et auctoritas. Invention et conformisme dans l'écriture médiévale*, Paris, École des Chartes, 2001.

Zumthor, Paul, *La poésie et la voix dans la civilisation médiévale*, Paris, Presses Universitaires de France, 1984.

Hartmut Bleumer

Autor und Metapher

Zum Begriffsproblem in der germanistischen Mediävistik –
am Beispiel von Wolframs *Parzival*

1 Autorschaft – terminologische Vergewisserungen

1.1 Autor und Dementi – zu einer Eigenart des literaturwissenschaftlichen Diskurses

Für die berühmte Frage nach dem Autor scheint die Mediävistik in einer besonders günstigen Position zu sein. So sieht es jedenfalls aus, wenn man sich gestattet, die germanistische Mediävistik und damit das Verhältnis von älterer und neuerer deutscher Literatur als Paradigma zu wählen. Dann herrscht nämlich der Eindruck vor, als sei die Mediävistik schon aufgrund der Alteritäten ihrer historischen Texte und Medien vor eben jenen trügerischen Gewissheiten gefeit, die in den Autorschaftsdebatten der neueren deutschen Literaturwissenschaft aufgelöst werden sollten, dabei aber offenbar auf diese Debatte selbst zurückgeschlagen haben. Nimmt man dafür den an der Millenniumsgrenze erschienenen Sammelband von Fotis Jannidis et al. (1999) als Indiz, so scheint es zwar, als orientiere sich die Diskussion an dem wissenschaftsgeschichtlichen Meisternarrativ von Verabschiedung und Rückkehr, oder metaphorischer: vom «Tod des Autors» und seiner Wiederauferstehung (cf. Jannidis et al. 1999).[1] Doch schon für die neuere deutsche Literatur ist dieses Narrativ von einer gewissen Künstlichkeit und damit als wissenschaftliche Geste durchschaubar: Es birgt offenbar ähnliche Unklarheiten wie der Autorbegriff, so dass man den Verdacht äußern könnte, mit ihm werde ein Problem gegen das andere ausgetauscht. Dagegen müsste es für die Mediävistik eigentlich leichter sein, der besagten Geste aus dem Weg zu gehen, denn vor dem Hintergrund eines erweiterten Literaturbegriffs macht das Narrativ um die Autorkategorie von vornherein Schwierigkeiten. Doch auch hier wird der Anschluss an seine Metaphorik immer wieder gesucht.

---

[1] Cf. auch zuvor außerhalb der Germanistik die deutlichere Titelgebung durch Burke (1992) und später bei Irwin (2002).

So ruft die im besagten Meisternarrativ enthaltene Formel von Roland Barthes in der neueren deutschen Literaturwissenschaft inzwischen eher den Ausdruck einer etwas gequälten Langeweile hervor. Schon deshalb scheint man sie dort, wo sie aufgerufen wird, zumeist auch gleich wieder dementieren zu müssen.[2] Diese Distanzierung ist aber auch durchaus inhaltlich begründet: Auf die notorisch-vorschnelle Desavouierung der Autorkategorie als literaturwissenschaftlichen Begriff kann man die Formel vom Tod des Autors schon deshalb nicht übertragen, weil Barthes sich in seiner dazugehörigen Diagnose nicht etwa für die Ebene der literaturwissenschaftlichen Analyse interessierte, sondern auf die literarischen Phänomene zielte. Und auf der Ebene der literarischen Phänomene wiederum kann man den Tod des Autors nicht diagnostizieren, ohne einen Begriff von ihm zu haben. Die metaphorische Rede müsste sich so jedenfalls für die verbliebenen literaturwissenschaftlichen Verächter der Autorkategorie als ziemlich lästig erweisen, ebenso wie ihre Verwendung terminologisch gesehen für jene, die erneut auf den Autor aufmerksam machen möchten, einen Ebenensprung zu enthalten scheint. Und doch vermag der neuere literaturwissenschaftliche Autordiskurs die Metapher vom Tod des Autors, die er aufgerufen hat, offenbar nicht mehr loszuwerden.

Der Grund dafür könnte in der rhetorischen Struktur des Dementis selbst liegen. Seine Struktur wird nämlich schon von jener Metapher realisiert, die man hier zu dementieren versucht: Zunächst meint die Rede vom Tod des Autors bei Barthes das zunehmende Dementi der Autorkategorie durch die Schrift bis zu ihrer zeitlichen Verabschiedung. Während die Schrift dem Text eine lebendige Gegenwart verleiht, weist sie schließlich dem Autor einen Platz in einer dem Text vorausliegenden Vergangenheit an (cf. Barthes 2003, 186, 189). Weil damit das entscheidende semantische Potenzial der Metapher hier also gar nicht im Ausdruck «Autor» sondern in dem des Todes steckt, ergibt sich dann die doppelte Paradoxie der angedeuteten medialen Grundfigur. Denn ebenso wie die Schrift dem Autor sein Andenken nach dem Tode verweigert, macht sie ihn gerade damit auch zu einem diskreten Zentrum jenes Diskurses, der ihn unter sich begräbt und damit noch der Fixierung durch das Wort entzieht.[3]

---

2 So schon im ironischen Schleiermacher-Zitat des schönen, anspielungsreichen Titels der Einleitung von Jannidis et al. (1999), der intertextuell durch das Spiel mit der Anonymität des Autors Schleiermacher das gesamte Problem der Debatte schon enthält. Cf. zum Rezeptionsproblem im Umgang mit Barthes den ausführlichen, bibliographisch wohlfundierten Überblick zum rezenten Forschungsdiskurs durch Schaffrick/Willand (2014a, 44). Cf. ergänzend auch die ausführliche Bibliographie: Schaffrick/Willand (2014b, 615–655).

3 Cf. Foucault (2003, 198–229, 203s.) als Weiterführung der These von Barthes.

Anders gesagt: «Dieselbe Geste, die der Identität des Autors jegliche Bedeutung abspricht, behauptet trotzdem dessen irreduzible Notwendigkeit».[4] Das spätere literaturwissenschaftliche Dementi scheint diese Geste noch einmal zu verwenden und so in seinem metaphorischen Narrativ von der Rückkehr eines Totgesagten immer wieder nur einen Geist aufzurufen, den es terminologisch nicht mehr bannen kann: Weil sich von dem, was im Namen des Autors von der Schrift in ihr Jenseits abgedrängt wurde, schließlich offenbart, dass es der Logik des Sagbaren entgeht. Wenn also die Metapher vom Tod des Autors im wissenschaftlichen Diskurs aufgerufen, dann aber durch seine terminologischen Anforderungen als unpassend zurückgewiesen wird, so verschärft dies nur jenen paradoxen Mechanismus semiotischer Unvereinbarkeit, auf den die Metapher eigentlich immer schon hinauswill.

Für die germanistische Mediävistik scheint man dagegen dieses doppelte Metaphernproblem zunächst gänzlich ausklammern zu können. Immerhin macht das besagte Narrativ um die Autorkategorie hier so deutliche Schwierigkeiten, dass es historisch unangemessen wirkt. Wer hier die Metapher vom «Tod des Autors» zitiert, riskiert jedenfalls den Eindruck eines etwas bemüht wirkenden Aperçus. Denn über die vielfältigen Spannungsverhältnisse von lateinischen und volkssprachigen, geistlichen und weltlichen, schriftlichen und mündlichen, pragmatischen und poetischen Texten und Diskursen scheint die Kategorie der Autorschaft im Mittelalter immer schon in Frage zu stehen, ohne dass irgendjemand nach ihrer Abschaffung gerufen hätte. Sie wäre damit immer schon Gegenstand der historischen Reflexion, sie wäre problematisch, aber gerade nicht strittig und ließe sich darum in ihren jeweiligen Neubegründungen immer auch neu beobachten. Ihre Problematik wäre simultan, aber nicht im Narrativ eines historischen Prozesses aus Verlust und Restitution gegeben. Das Problem der Autorschaft läge dann aber auch wiederum nicht nur oder zuerst im Autorbegriff, es läge hier nun in seiner narrativen Konzeptualisierung vor. Man kann nicht vom Tod des Autors sprechen, wenn dieser noch gar keine Geschichte hat.

1.2 Diesseits und Jenseits des Autorproblems – Aspekte des Autors in der germanistischen Mediävistik

Dieses allgemeine Narrationsproblem um den Autorbegriff gilt dabei insbesondere für den enger gefassten Blick auf die deutsche Literatur des Mittelalters:

---

4 Agamben (2005, 57) in der Kommentierung von Foucaults Autor-Aufsatz. Cf. Schaffrick/Willand (2014a, 42–50).

Denn hier stellt sich einerseits die Frage, ob die Germanistik auf das Narrativ einer Entdeckung oder auch allmählichen Entwicklung der Autorkategorie zum späteren Mittelalter hinarbeiten darf,[5] wenn es im Lateinischen schon weit früher ein geradezu extremes Bewusstsein für die Probleme der Autorschaft gibt.[6] Und andererseits scheint sich das wissenschaftliche Narrationsproblem um die Autorkategorie gerade auch in mittelhochdeutschen Erzählungen entdecken zu lassen: Ebenso wie der Autor sich einem literarhistorischen Wissenschaftsnarrativ zu entziehen scheint, so macht seine Fixierung schon in mittelhochdeutschen Narrationen Schwierigkeiten.

Diese Probleme im Erzählen beginnen schon beim Wort. Obwohl die ältere deutsche Literatur ein ausgeprägtes Autorbewusstsein aufweist, hat die ältere deutsche Sprache für dieses Bewusstsein kein einzelnes Wort. Das neuzeitliche, neuhochdeutsche Fremdwort «Autor» etabliert sich erst vom 18. zum 19. Jahrhundert (cf. Kleinschmid 1997, 177), aber auch die Parallelisierung dieses Bewusstseins mit dem vormodernen, lateinischen Ausdruck *auctor* ist schwierig – nicht, weil eine Gegenüberstellung nicht hilfreich wäre, sondern weil sie sofort wieder in metaphorische Zusammenhänge führt. So ist dem lateinischen Wort nach der *auctor* kein *creator ex nihilo*, sondern derjenige, der (aus lat. *augere*) das Wachstum fördert oder etwas gedeihen lässt, der mit seiner *auctoritas* eine Gegebenheit bezeugt oder ihr Geltung verleiht.[7] Was der *auctor* als Schöpfer oder Urheber ins Werk setzt, wird damit durch ihn gestaltet, ist aber auch immer schon gegeben. Doch erst die Metapher des Schöpfers macht die paradoxe Semantik des *auctor*

---

5 Die These der Entdeckung hängt einerseits mit dem Fiktionalitätsbegriff, andererseits mit dem Festhalten an einem Säkularisierungsnarrativ zusammen, die beide gleichermaßen in der Diskussion sind. Prononciert vertreten hat sie schließlich Haug (2008). Mit der für ihn charakteristischen extremen Zurückhaltung hat Wachinger (1992) aus der Zusammenarbeit mit Haug heraus solchen narrativen Optimismus deutlich relativiert, gleichwohl er schließlich die zunehmende Relevanz der Autorkategorie aus der handschriftlichen Überlieferung heraus vorsichtig bestätigt.
6 Cf. zu den Begründungsstrategien in der lateinischen Literatur die fulminante Übersicht von Meier (2004), die den germanistischen Allaussagen zum Autor im Mittelalter diskret ihre Grenzen aufweist. Die Möglichkeiten im Lateinischen erscheinen sogar geradezu als Inversion des älteren Autorschaftsnarrativs der Germanistik, wenn nämlich Autorschaft schon hier als eine Konstante gesehen werden kann, die ebenfalls dementiert wird, sich gerade aber wegen ihres Dementis im jeweiligen Stil der Autoren, gewissermaßen in deren individualisiertem Diskurs als Geste der Autorschaft durchsetzt: so Meier (2011a, besonders 71). Das in der Germanistik in der voraufgehenden Forschungsphase anzutreffende Narrativ von der Emanzipation des Autors von geistlichen Autorschaftskonzepten illustriert der kompositorisch gefällige Beitrag von Cramer (1986). Cf. indes zur Einordnung der Schöpfungsproblematik den Überblick von Minnis (1984, 36s. und 95).
7 Cf. zur Begriffssemantik Müller (1995).

evident, wobei sich sofort eine zweite Metapher einstellt: Der Schöpfer schafft nicht nur, er schöpft auch aus einer Quelle (cf. Dicke 2003). Auch der Urheber, mhd. *orthabe* oder *urhap*,[8] ist derjenige, der erstmalig eine Sache aufhebt oder in Angriff nimmt, welche damit also, bleibt man im Bild, wie die Quelle schon vorhanden sein muss. Was sich dann über den *auctor* entfaltet, ist keine neue Bedeutung, sondern im Akt der Entfaltung (*dilatatio*) emergiert eine neue semantische Spannung oder Intensität (lat. *intensio*), die nicht zuletzt zwischen der Quelle und ihrer sprachlichen Neufassung besteht (cf. Worstbrock 1985; Worstbrock 1999). Man könnte also sagen: Der neuzeitlichen Vorstellung der Autorintention, wie immer man sie auch definiert, liegt eine derartig gefasste Autorintensität voraus. Nur kann schon im Mittelhochdeutschen das einzelne Wort diese Intensität nicht erfassen, dazu bedarf es offenbar der Erzählung. Und so wird man sagen dürfen: Der Autor hat literarhistorisch hier noch keine Geschichte und ist auch in den Geschichten eine merkwürdig protonarrative Kategorie, die sich dennoch gerade hier auf eine noch unklare Weise vernehmen lässt.[9]

Wer diese vorläufig angedeuteten Einschätzungen auch nur in Ansätzen teilt, der dürfte nun wohl einen gewissen Nutzen darin sehen, dass die neuere Literaturwissenschaft und die Mediävistik aufeinander zugehen. Doch die neuere Literaturtheorie drängt nicht gerade ins Mittelalter, wie auch die Mediävistik zu einer gewissen Reserve gegenüber den begrifflichen Instrumentarien der neueren Literaturtheorie neigt.[10] Dieser doppelte Konservativismus beruht offenbar auf

---

8 Cf. zur Verwendung und Semantik in mittelhochdeutschen Erzähltexten grundlegend Unzeitig (2010, 102–107, 292s.).

9 Cf. als Ausgangspunkt den Grundgedanken bei Bumke (1997, 106s.), der bereits argumentiert hat, dass eben jene Vorläufigkeit der Autorkategorie in der Volkssprache, die sie vom lateinischen Konzept des *auctor* unterscheidet, praktisch dazu geführt hat, sie näher an den Erzähler heranzurücken. Daran anschließen lässt sich das wenig später erschienene Plädoyer von Müller (1999a, 156–161), für ein über fakultativ anwendbare Kriterien bestimmbares und in diesem Sinne offenes vormodernes Autorkonzept.

10 Eine grundsätzlich andersartige Ausgangssituation konstatieren Jannidis (1999, 28), in deren Band sich gleichwohl die knappe Einführungsskizze zur mediävistischen Autorschaftsfrage von Bein (1999) findet. Dass die Autorschaftsdebatte über die Diskussion der *New Philology*, ihrer vermeintlichen Verabschiedung des festen Textbegriffs und mit dem Postulat einer sich auflösenden Autorkategorie einherging, wird bei Bein verzeichnet. Als Bilanz sei daher nur der grundlegende Beitrag von Stackmann (1999) herausgehoben. Seinen eigenen Arbeitsschwerpunkten folgend akzentuiert Bein im Verhältnis zur Debatte um Autor und Erzähler im Roman die Diskussion um Autorzuschreibungen in der Minnesangforschung recht stark, unter denen besonders Bein (1998) genannt sei, ferner wenigstens noch Hausmann (1999). Auf die lyrische Spielart des Autorproblems wird im Kontext der vorliegenden Skizze deshalb nicht eingegangen, weil diese Debatte in der Ausweitung auf die performativen Bedingungen der Lyrik und den not-

der Ansicht, dass neuere Autorschaftstheorien auf die mittelalterlichen Gegebenheiten deshalb nicht anwendbar seien, weil sie entweder keine praktisch weiter-
führenden Erkenntnisse mehr bringen, oder aber, weil sie den mittelalterlichen
Literaturbegriff schon theoretisch verfehlen. Mit anderen Worten: Entweder hat
man alles immer schon gewusst, oder aber die Theorievorschläge sind historisch
nicht angemessen.

Zur Illustration des Gemeinten kann man noch einmal an ein vielzitiertes
Diktum von Horst Wenzel aus der Einleitung zu einem Band zur Autorschaft aus
dem Jahre 1998 erinnern, also aus jenem Forschungsabschnitt, der auch in der
germanistischen Mediävistik eine gewisse Hochphase der Autorschaftsdiskussion bedeutete. Es lautet: «Wir kennen im Mittelalter in der Regel nicht den Autor,
der den Text hervorgebracht hat, sondern nur den Text, der den Autor hervorbringt» (Wenzel 1998, 5). Dieser Satz verweist so sicher auf die Differenzierung in
den historischen Autor und den Autor als Diskursprodukt, dass man sich über-
flüssige theoretische Pirouetten zwischen produktions- und rezeptionsästheti-
schen Autorschaftkonzepten schlicht ersparen möchte. Angesichts der historischen Evidenzen scheint dann eine historisch-induktive Typologie auktorialer
Erscheinungsweisen eher angemessen zu sein.

Der drohenden Übertheoretisierung des Autorschaftsproblems kann man
aber auch mit einem der Argumente aus dem souveränen Forschungsbericht
Rüdiger Schnells aus dem gleichen Jahr begegnen. Schnell hatte sich den Durch-
gang durch die klassischen Positionen der Theorie gerade nicht erspart und
dabei im Übrigen schließlich Wenzels Auffassung scharf widersprochen: Als
deren Grundlage meinte er ein Autorschaftskonzept zu erkennen, das ins 19. Jahrhundert gehöre. Das generalisierte Argument, auf das es ihm eigentlich ankam,
lautete indes, dass jüngere Autorschaftstheorien, die programmatisch an der
Auflösung eines Autoritäts- und Subjektivitätspostulats arbeiten, zugleich immer
auch latent auf die eine oder andere Weise auf dieses Postulat angewiesen bleiben.
Weil dieses Subjektivitätspostulat im Mittelalter jedoch überhaupt erst literarisch
institutionalisiert werden musste, mögen zwar die Brüchigkeiten postmoderner
und mittelalterlicher Texte oberflächlich einander ähneln, die Voraussetzungen
der Phänomene sind aber verschieden (cf. Schnell 1998, besonders 15, 25, 45s.,
71s.).[11] Deshalb führt der Weg auch hier letztlich wieder von der Theoretisierung
zur Autor-Typisierung zurück.

---

wendigen Übergang von der Erzähl- zur Lyriktheorie ganz eigene terminologische Implikationen
nach sich zieht.
11 Festzuhalten ist die kritische Distanz von Schnell zur Position von Wenzel, dessen weitgehende Distanzierung von der Autorkategorie von Schnell darauf zurückgeführt wird, dass Wen-

1.3 Der «Autorschaftskurzschluss» zwischen Begriff und Metapher?

Was sich damit als Konsens in der germanistischen Mediävistik abzeichnet, das ist die allgemeine Forderung nach historischer Differenzierung und Typisierung in einem offenen Begriffsfeld der Autorschaft. Auf Außenstehende wirkt dieser Konsens vermutlich verdächtig, und zwar gerade dann, wenn man ihn wieder im Zusammenhang mit den Bemühungen der neueren Germanistik betrachtet. Denn auch die Mediävistik hat sich damit in genau jenem Wissenschaftsnarrativ eingerichtet, das sie am Beispiel der neueren Literaturwissenschaft eigentlich ablehnt: indem das Mittelalter hier die Vorgeschichte zum Autorschaftsnarrativ der Neuzeit und seiner postmodernen Auflösung bildet. So wie die neuere Literaturwissenschaft jenseits dieses Narrativs operiert, so richtet sich die germanistische Mediävistik in seinem Diesseits ein. Das hieße aber, dass sich beide Forschungsfelder in latenter Abhängigkeit von ihm befinden. Vielleicht gibt es darum auch in der Mediävistik einen bestimmten, ich riskiere das Stichwort: «Autorschaftskurzschluss». Es könnte sich dabei um eine Spielart des in der neueren Litera-

zel unausgesprochene Autorvorstellungen des 19. Jahrhunderts zum Maßstab nehme (72). Für die darauffolgende Forschungsdiskussion scheint es bezeichnend, dass sich die germanistische Mediävistik auch nach Schnells ausführlichen Kritiken einerseits selbst eine theoriegeschichtliche Verspätung attestiert, wenn sie immer noch gegen biographische Interpretationsannahmen anschreibt (Reuvekamp-Felber 2001, 4s.) bzw. zumindest rhetorisch eine literaturtheoretische Verzögerung anmerkt (Klein 2006, 55), andererseits aber vor allem über den Umgang mit dem christlichen Inspirationstopos überzeugend gezeigt hat, wie in der mittelalterlichen Literatur jene Epistemologie zu Grunde gelegt wird, die später auch neuzeitlichen Autorkonzepten ihre charakteristische hermeneutische Paradoxie verleiht (cf. Klein 2006; sowie Klein 2008). Aus der legitimierenden Inanspruchnahme der höheren Sinninstanz Gottes wird die emanzipatorische Freisetzung des dabei wirksamen doppelten Sinnbildungsmechanismus selbst, der in die Autorinstanz verlagert wird und hier zu seiner charakteristischen Verdoppelung führt. Diese Verdoppelung ist aus der lateinischen Literatur bekannt. Cf. Minnis (1984, 102), zur *duplex causa efficiens*. Cf. auch die Aufnahme in ein neugermanistisch hermeneutisches Modell durch Danneberg (1999, 92), zum «doppelten Autormodell». Diese Verdoppelung scheint sich schon im Nebeneinander von Textbewahrung und Textveränderung abzuzeichnen. Zu deren Dialektik besonders Quast (2001). Allgemeiner Grubmüller (2001). Als umfassende Bilanz der germanistisch-mediävistischen Debatten mit einem Begriffsvorschlag Unzeitig (2010, 9–11), zu den Eckpunkten des Forschungsstandes. Parallel dazu die unangestrengten Interpretationen der späteren Autorthematisierungen bei Rudolf von Ems, *Konrad von Würzburg*, in später Heldenepik und früher Novellistik bei Coxon (2001). Für die weitere, stärker interdisziplinäre Ausrichtung der Mediävistik cf. die resümierende, griffige Skizze von Meier/Wagner-Egelhaaf (2011b, 12–20). Als jüngster Band der interdisziplinären mediävistischen Diskussion, soweit ich sehe, Meier/Wagner-Egelhaaf (2014).

turwissenschaft oft zitierten «Intentionalitätsfehler» oder «intentional fallacy» handeln, der gewissermaßen am anderen Ende des Autornarrativs auftaucht. Und so wie der rhetorische Kampfbegriff des New Criticism aus hermeneutischer Sicht in der neueren Autorschaftsdiskussion längst umgedeutet worden ist, weil nämlich die Hypothese einer Autorinstanz oder Autorintention gerade kein logischer «Fehlschluss» ist, sondern eine kulturell akzeptierte Gelingensbedingung der hermeneutischen Praxis darstellt,[12] so könnte auch dieser «Kurzschluss» für die ältere Literatur eine Gelingensbedingung enthalten, nur dass diese dem Autornarrativ in spezifischer Weise vorgängig ist. Denn der Kurzschluss würde nicht erst dem Autor, sondern genauer dem Autor*begriff* und seiner Logik vorausliegen.

Dieser Kurzschluss könnte nämlich etwas mit der generellen logischen Konzipierung von Begriffen und den daraus abgeleiteten wissenschaftlichen Schlussfolgerungen zu tun haben. Ob man den Autor immer schon historisch-differenziert betrachtet oder aber ob den theoretischen Großkonzepten die epistemologische Basis zur Generalisierung abgesprochen wird: Als Ausgangspunkt scheint jedenfalls in der Mediävistik zumeist zu gelten, dass Autorschaft überhaupt ein Begriff im Sinne einer klaren Distinktion sei.[13] Die einzelnen germanistisch-mediävistischen Beiträge zur Autorschaft arbeiten jedenfalls permanent an solchen Distinktionen, kommen aber gerade durch ihre Differenzierungsforderungen immer wieder zu abweichenden Nuancierungen, so dass die Autorkategorie in der Summe vage bleibt. Darum kann man der Forschung gerade nicht vorwerfen, dass sie sich nicht um die logische Schärfe in den terminologischen Voreinstellungen bemüht hätte oder dass sie irgendwie rückständig sei.[14] Auch ist die Forderung nach historischer Differenzierung inzwischen derartig deutlich

---

12 Cf. die detaillierte Überprüfung der Logik, die die These vom «Fehlschluss» rhetorisch insinuiert, durch Danneberg/Müller (1983, 103–137, 376–411), die deutlich machen, dass schon die Logik des sogenannten intentionalen Schlusses oder auch Fehlschlusses nicht an seiner syllogistischen Struktur, sondern lediglich von der Adäquatheit seiner einzelnen Elemente und der ihnen wirksamen Vorannahmen abhängt, von der die allgemeine literaturwissenschaftliche «Akzeptabilität» (134) zu unterscheiden ist, auf die vermeintlich logische Inkonsistenzen nicht unbedingt durchschlagen müssen.
13 Cf. die Kritik an wissenschaftlichen Begriffsauffassungen in der Nachfolge von Descartes durch Blumenberg (1997, besonders 7–13). Zuvor der frühe Versuch, allgemeiner ausgehend vom Ideal der begrifflichen Klarheit: Blumenberg (2007).
14 Cf. paradigmatisch für die Möglichkeiten der Integration aktueller Theoriebildungen in die mediävistische Interpretationspraxis Ackermann (2010), die am Beispiel der Autorschaftskonstruktion Ulrichs von Liechtenstein zeigt, wie jene paratextuellen Elemente, die neuzeitlich außerhalb des literarischen Textes situiert werden, hier im Text selbst vorkommen und so in der charakteristischen Verdoppelung der textinternen Wahrnehmungs- und Sprechinstanzen zu

erfüllt worden, dass man sie nicht erneut erheben muss. Wenn man sich dann noch vor Augen hält, dass selbst in der neuen Literatur prononcierte Theoriekonzepte die hermeneutische Grundannahme wissenschaftlicher Intuition wiederentdecken, die ihr Terminologieverständnis herausfordern, dass nämlich gerade die präzise Kalkulation an einen Moment gelangt, wo sie raten muss,[15] dann könnten auch die merkwürdigen Schwankungen in der mediävistischen Autorschaftsdiskussion etwas anderes als die immer weitere Präzisierungs- und Differenzierungsnotwendigkeit zeigen. Als These formuliert: Autorschaft ist gerade deshalb ein wissenschaftliches Basiskonzept der Mediävistik, weil der Autor im literarischen Diskurs kein distinkter Begriff der Differenz ist, der durch immer differenziertere Betrachtung zu klären wäre; Autorschaft könnte im Gegenteil selbst eine komplexe Form der Metapher sein. Und diese Metapher tendiert ebenso in der Wissenschaft zu metaphorischen Narrativen, wie sie in narrativen Texten beobachtbar und zugänglich wird. Mit dieser Vermutung ließe sich vor allem auf einen Gedanken zusteuern, der sich Erich Kleinschmidts anregenden Essays zur Autorschaft verdankt (cf. Kleinschmid 1998). Autorschaft wäre demnach durch eine Begründungs- und Entzugsbewegung gekennzeichnet, sie wäre sowohl das Ergebnis als auch die Voraussetzung einer bestimmten kulturellen semantischen Praxis des Erzählens.

2 Ein narratologischer Versuch zum Autor Wolfram von Eschenbach

2.1 Autor, Erzähler und die doppelte Struktur narrativer Semantik

Um einen Vorbegriff für die weiteren Überlegungen zu gewinnen, kommt man ohne eine Arbeitshypothese nicht aus. Das folgende Diskussionsangebot verwendet dabei die Modellvorstellung, dass die Problematik der Autor-Erzähler-Unterscheidung der Literatur etwas mit der narrativen Verfassung von Schriftkulturen zu tun hat. So basal dieser Vorstellungsrahmen sofort erscheint, so skizzenhaft

---

deren Kippbewegung führen, die eine intrinsische Autorschaftskonzeption ermöglicht. Zu dieser spannungsreichen Doppelung im Folgenden der narratologische Lösungsvorschlag.
15 Cf. Jannidis (2004, 75–79); Jannidis (2006, 131–144, 139–141), jeweils unter dem Begriff der «abduktiven Inferenz», d. h. der analytisch geregelten Schlussfolgerung, in der eine ungeregelte Voreinschätzung des Rezipienten wesentlichen Anteil hat.

werden die weiteren Interpretationen sein, die sich nur auf einen einzigen Erzähl-text der älteren deutschen Literatur beziehen. Der Charakter des literaturwissen-schaftlichen Laborversuchs muss also nachdrücklich betont werden. Unter diesen Vorzeichen sei also folgende dreiteilige Grundvorstellung angedeutet:

Der Autor gilt in Erzählkulturen als eine semantische Macht der Bedeutungs-stiftung in schriftlichen Texten.[16] Wo – erstens – der «Akt der Bedeutungsstif-tung» nicht gilt, ist die Rede vom Autor sofort unangemessen. Für Schriftstücke wie Einkaufslisten oder Wäscherechnungen hat der Autor darum keine Rele-vanz.[17] Daran ändert sich auch dann nichts, wenn pragmatische Texte nachträg-lich zu ästhetischen Objekten erklärt werden, um sie poetisch wirksam werden zu lassen. Was dann hinzukommt, ist zwar die *auctoritas* desjenigen, der das Schriftstück für bedeutsam erklärt, aber die semantische Stiftung selbst bleibt eine Leerstelle.[18]

Der Akt der Bedeutungsstiftung ist für den Autor – zweitens – an die Pro-duktion eines schriftlichen Textes gekoppelt. Darum ist es etwa auch kontrain-tuitiv zu sagen, musikalische Kompositionen oder Gemälde hätten einen Autor. Wenn sich eine solche Rede für Musikstücke eingebürgert hat, so ist dies gerade kein Gegenargument. Von einem Autor eines Musikstückes zu sprechen, erlaubt offenbar erst die Verschriftungs- und Verschriftlichungsmöglichkeit, die Klänge in Texte verwandelt. Auch diese Kunstwerke können demnach zwar einen Akt der Bedeutungsstiftung zur Geltung bringen, sie sind zwar Produkte einer semanti-schen Tätigkeit, nur sind sie vor der Schrift keine genuinen Texte.[19] Das heißt: Wo die Kategorie des Textes fehlt, gib es auch keinen Autorbegriff.

Nicht zuletzt jedoch muss der Akt der Bedeutungsstiftung in Erzählkulturen dem Autor als einer personalen Instanz zugerechnet werden können.[20] Für kol-lektiv verantwortete Texte oder Schriftstücke mit Eigenautorität, also Urkunden, Gesetzestexte oder heilige Schriften, ist der Autor keine Stiftungsinstanz. Aber auch eine kollektiv durch das kulturelle Gedächtnis autorisierte Geschichtsüber-lieferung, wie sie nach germanistischer Auffassung in der Heldensage, dem Lied oder dem Heldenepos tradiert wird, ist in ihrer Anonymität prinzipiell ebenso autoritär wie autorlos. Dies ist festzuhalten, weil im Unterschied zur kollektiv

---

16 Cf. den Begriff der Stiftung nach Gadamer (1990, 159–162), der den semantischen Ursprungs-akt der Zeichenkonstitution bezeichnet.

17 Cf. das Gedankenspiel bei Foucault (2003, 205).

18 Cf. zum Begriff der *auctoritas* und seiner Funktion im mittelalterlichen Autorkonzept Müller (1995, 28s.).

19 Cf. zur aktuellen Begriffsextension Kleinschmidt (1997, 177).

20 Cf. die frühe, zugleich schon hier missverständliche Orientierung an der Autor-Persona im Rahmen des Accessus-Schemas in den Durchsichten von Suerbaum (1998) und Minnis (1984).

autorisierten Geschichtserinnerung für die Überlieferung der Heiligen Schrift von einer Kollektivierung der Autorschaft im Sinne der an der Verschriftlichung beteiligten Autoritäten gesprochen werden kann (cf. Berges 2011, besonders 30), und hier eine Verwechslung droht, die den mündlichen Status der Überlieferung nicht in Rechnung stellt. Mündliche poetische Formen können hochartifizielle Diktionen sein, die ihre semantischen Gehalte auf jeweils neue Weise ästhetisch zugänglich machen. Gleichwohl verstehen sie sich in mündlichen Kulturen als bedeutungs*vermittelnd* und nicht als bedeutungs*stiftend*.

Und das heißt nach dem bisher Gesagten: Vor der Schrift gibt es keinen Autor. Umgekehrt taucht die Frage nach dem Autor aber auch erst durch die Schrift auf. Der Autor ist dort ein Desiderat der Schrift, wo die Schrift ihren Texten nicht schon selbst autoritative Geltung verleiht. Und damit wäre der von Kleinschmidt vorgedachte Zirkel der Autorschaft bereits ungefähr umschrieben: Der Autor ist ebenso die Voraussetzung wie das Produkt des schriftlichen Textes im Akt seiner Bedeutungsstiftung. Derartig abstrakt und allgemein lässt sich dieser paradoxe Effekt der Autorschaftsfrage aber nicht mehr deutlicher bestimmen. Darum sei er über den Rahmen der Erzähltheorie spezifiziert und hier an einem prominenten Erzähltext konkretisiert.

Es mag eine Binsenweisheit sein, dass der historische Autor, d.h. die konkrete Person, die einen Text verantwortet, keinen Gegenstand der Erzähltheorie darstellt. Doch obwohl die Erzähltheorie die historisch-konkrete Autorkategorie abgeschafft hat, kehrt die Autorinstanz wie im Gegenzug in ihren Analysemodellen wieder, und das gleich in verschiedener Form: in der Rezeption des semiotischen Konzepts des impliziten Autors nach Wolfgang Iser, im rhetorisch-poetologisch begründeten Begriff des *implied author* (oder implizierten Autors) nach Wayne Booth oder im auktorialen Erzähler nach Friedrich Stanzel, um nur einige der prominenten Positionen zu erwähnen (cf. Iser 1994; Booth 1974; Stanzel 1979).

Verwunderlich ist das allerdings nicht. Auch wäre es ein Missverständnis, die weiteren Formalisierungs- und Auflösungsversuche des Autorbegriffs, die im Wesentlichen dem Wandel der Erzähltheorie zur strukturalen Narratologie geschuldet sind, als Beleg dafür zu werten, dass man auf den Autorbegriff verzichten könne. Das Gegenteil dürfte gerade für die Narratologie der Fall sein. Weil die Pointe des Erzählens gerade darin besteht, nicht-narrative Gegebenheiten durch narrative Strukturen zu interpretieren, hat auch die Erzähltheorie beständig nicht-narrative mit narrativen Begriffen miteinander zu korrelieren (cf. Bleumer 2014). Dabei verhandelt diese Korrelation von nicht-narrativen und narrativen Begriffen sowohl in der narrativen Praxis wie in ihrer Theorie zwei Zeitkonzepte, das einer objektiven und das einer subjektiven Zeit (cf. Ricœur 1991; Störmer-Caysa 2007). Eine entsprechende Interpretationsrelation müsste dann aber auch, so ist anzunehmen, zwischen Autor und Erzähler bestehen. Auf die zeitlichen und terminologischen Implikationen wird zurückzukommen sein. Zunächst ist nur festzuhalten, dass der Autor nicht nur historisch, sondern eben auch seinem semantischen Konzept nach zunächst gerade keine narrative Kategorie darstellt. Im Erzähltext ist er jedoch auf den Erzähler angewiesen, eine Relation, die auch umgekehrt gilt: Der Autor wird durch den Erzähler als sein narratives Gegenstück hervorgebracht und zeitlich prozessiert, wie umgekehrt der Erzähler durch den Autor fundiert wird. Der Erzähler ist demnach eine performative Kategorie, der Autor ist ihr verdecktes Zentrum. Darum muss die Autorinstanz als Implikat des narrativen Diskurses, d. h. der implizierte Autor als Gegenstück zum Erzähler als höchster Erzählinstanz, immer mitgedacht werden.[21]

Diese doppelte Anbindung des implizierten Autors an den Erzähler erster Ordnung kann zwar auf der nächsten narrativen Ebene durch die expliziten Verwendungen von Autorfiguren und Erzählerfiguren modellhaft illustriert werden; der Autor als nicht-narrative Instanz, die der Narration vorausliegt, steht dann im Präteritum, der Erzähler als performative Instanz der aktuellen Narration im Präsens. Doch gerade weil so eine narrative und nicht-narrative Instanz ihre zeitliche Hierarchie auflösen, weil sie nebeneinander im Text existieren und zu interagieren beginnen, bleibt es schwierig, immer klar zwischen Autor und Erzähler zu unterscheiden.

Diese Schwierigkeit lässt sich genauer fassen, wenn man die doppelte Struktur narrativer Semantiken wenigstens etwas genauer betrachtet, die immer auch zur Interpretation des bedeutungsstiftenden Aktes durch den Autor dient. In radikaler Zuspitzung lässt sich die Grundfigur der narrativen Semantik über die Kreuzung ihrer beiden Grundtropen fassen: In Geschichte und Erzählung durchdringen sich Metonymie und Metapher (cf. Jakobson 1972).[22] Dabei steht die metonymische Relation für die kausale oder finale Motivation des dargestellten Handelns in der erzählten Welt, die metaphorische Relation dagegen für die Verwandlung einer postulierten Bedeutung in einem narrativen Sinn im Rahmen der Sujets, des Plots oder auch der kompositorischen Motivierungen, je nachdem, welche Terminologie bevorzugt wird. Der Autor steht also im Erzähltext nicht nur metonymisch für den Text, den er hervorbringt.[23] Der Akt seiner Bedeutungsstif-

---

21 Cf. das Plädoyer von Jannidis (2002).
22 Cf. auch die Prozessierung der metaphorischen Relation im Sujet-Begriff von Lotman (1993, 329s.).
23 Durch die Orientierung am traditionell-rhetorischen und narratologischen Verständnis der Tropen bleibt die Diskussion der germanistischen Mediävistik ausgeklammert, die sich um die Versuche dreht, den Metonymiebegriff zu erweitern. Als Ausgangspunkte dazu: Haferland (2005) sowie Haferland/Schulz (2010).

tung bedeutet umgekehrt auch seine semantische Anwesenheit in der metaphorischen Relation des Erzählens.

Genau hier setzen die spezifischen Kompetenzen der Mediävistik ein. So hat schon der Titel der vorbereitenden Skizze von Monika Unzeitig *Von der Schwierigkeit zwischen Autor und Erzähler zu unterscheiden* seinen guten Grund (Unzeitig 2004, 59–81). Unzeitigs umfassende Habilitationsschrift zum Thema *Autorname und Autorschaft* hat im Anschluss einen Vergleich von deutscher und französischer Artus- und Erzählliteratur des 12. und 13. Jahrhunderts vorgenommen (Unzeitig 2004; Coxon 2001). Die mittelhochdeutsche Literatur kennt demnach ganz verschiedenartige Verwendungen von Autornamen, muss dabei aber auf das neuzeitlich differenzierte Autorkonzept erst noch hinarbeiten. Dies scheint zu erklären, warum auch in Erzähltexten die Autorinstanz namentlich mit der Instanz des Erzählers zu verschmelzen scheint. Auf der Grundlage dieser Befunde interessiert sich Unzeitig auch nicht für den Begriff des impliziten oder auch implizierten Autors, sie fragt nach der explizierten, über den Namen markierten Emanation des Autors, die sie als «Autor im Text» bezeichnet (Unzeitig 2010, 60; Unzeitig 2004, 202–205). Heuristisch sinnvoll ist das allemal, aber miteinander verbunden werden kann nur das, was eigentlich schon getrennt ist.[24] Insofern lässt sich aus den notorischen Übergängen zwischen Autor und Erzähler in mittelhochdeutscher Literatur gerade kein Argument dafür gewinnen, die Trennung der Instanzen zu bestreiten. Vielmehr wird man sagen müssen: Erst wenn die Trennung theoretisch anerkannt wird, kann man die Übergänge anschließend genauer interpretieren. Das Mittelalter wäre damit also nicht auf dem Weg zur Differenz, es weiß gerade anlässlich des Autorschaftskonzeptes, diese Differenz immer wieder zu schließen – über die Autorschaftsmetapher.

---

24 Unzeitig zeigt die Trennung, wie sie am Tempus ablesbar ist, sehr konsequent, um dann aber auch immer wieder deren Verschmelzung zu unterstreichen: Bei Hartmann von Aue steht die Autornennung als Bezeichnung für die Produktionsinstanz des schriftlich konzipierten Textes konsequent im Präteritum, der Erzähler als performative Instanz der Narration dagegen im Präsens, was gerade die Pointe jener Stelle ermöglicht, in welcher der Erzähler die Veränderlichkeit seines narrativen Diskurses durch das Publikum suggeriert, gegenüber der sich dann aber die Festigkeit des Autortextes behauptet. Cf. zur Stelle Unzeitig (2004, 76s.) und Unzeitig (2010, 237s.). Das Resümee am Ende scheint daher überpointiert «Die Textbefunde zeigen, dass die in der modernen Literaturtheorie geforderte kategoriale Trennung von Autor und Erzähler für die mittelhochdeutschen Texte in dieser dogmatischen Grundsätzlichkeit nicht anwendbar ist» (350).

2.2 Unlesbares lesbar machen: Der *Parzival* und sein performativer Selbstwiderspruch

Das wohl beste und auch meistbehandelte Beispiel für den metaphorischen Kurz-schluss von Autor und Erzähler liefert der *Parzival* Wolframs von Eschenbach.[25] Die Schwierigkeiten, zwischen Autor und Erzähler zu unterscheiden, werden hier kalkuliert eingegangen und werfen einen bemerkenswerten ästhetischen Gewinn ab. Mit anderen Worten: Bei Wolfram von Eschenbach kommt es im *Parzival* zu einem gezielten Kurzschluss, der die Autor-Erzähler Trennung voraussetzt, sie dann aber gezielt unterläuft. Für den besagten Effekt spielt im *Parzival* bekannt-lich das Verhältnis von Mündlichkeit und Schriftlichkeit eine entscheidende Rolle. Dabei heißt Mündlichkeit hier weder Oralität noch Vokalität, sondern es geht um Illiterarizität: eine Gegenbewegung zur Schrift, die diese als Desiderat voraussetzt. Die Erzählerfigur ist in diesem Sinne dezidiert mündlich konzipiert, dem Autor liegt hingegen ein schriftliches Konzept zugrunde. Genauer gesagt: Der Text, in dem Wort und Schrift von einer durchgreifend schriftlichen Tiefen-semantik geprägt sind, versucht sich nicht nur an der Fiktion einer illiteraten Erzählerfigur, sondern setzt sie zugleich mit einer illiteraten Autorfigur in eins. Das führt auf das letztlich völlig paradoxe Konzept eines «Autorerzählers» – um mit Klaus Ridder zu sprechen (Ridder 1998, 170 und 177s.).[26] In ihm wird also die Instanz, die den Akt der Bedeutungsstiftung verantworten müsste, mit jener

---

25 Seriöse, forschungsgeschichtlich bewusste Bearbeitungen von Forschungsfragen zum *Parzi-val* müssten angesichts der Forschungsfülle eigentlich zum Kommentar tendieren. Cf. die Kom-plettbibliographie im Handbuch von Heinzle (2011, 1005–1306). Für das Weitere erfolgt also eine strikte Auswahl. Zentrale Forschungspositionen zur Autorschaft im *Parzival* sind dargestellt bei Ackermann (2009, 101–111).
26 Die Begriffsspannung zeigt sich schon im Neueinsatz der Forschung mit den frühen erzähl-theoretisch bewussten Beiträgen von Curschmann (1971) einerseits und Nellmann (1973) ande-rerseits. Während sich Curschmann im genauen Bewusstsein der Autor-Erzähler-Unterscheidung einen metaphorischen Begriffsgebrauch erlaubt und so über die wissenschaftliche Kombinatorik zeigen kann, dass die Ambivalenzen zwischen den verschiedenen Autor- und Erzählerrollen in einer Bewegung zusammenspielen, die er ebenfalls metaphorisch, und gerade darin überzeu-gend als «Abenteuer des Erzählens» erfasst, gilt der Autorbegriff bei Nellmann durch seine bio-graphistische Inanspruchnahme als derartig desavouiert, dass er ihn komplett streicht. Indem Nellmann dann konsequent alle Äußerungen über den Autor als Äußerungen über den Erzähler auffasst und beschreibt, fehlt ihm genau jenes metaphorische Fluidum, was das narrative Zu-sammenspiel von Autor und Erzähler erst in Gang setzt. Die Ambivalenz des Erzählens wird so durch einen methodischen Schritt in Disparatheit von Einzelbestimmungen verwandelt. Dass dies der Poetik des Textes widerspricht, zeigt sich später am Beispiel der *Sternenschrift* in der Quellenfiktion.

Instanz kurzgeschlossen, die diese Instanz im narrativen Akt metaphorisch prozessiert und sie damit auch als ihre eigene Voraussetzung selbst hervorbringt.

Es ist jedoch erst der offensive Umgang mit Schrift, der dieses paradoxe Konzept in ein Dilemma treibt. Ein illiterater Autor ist, durch die prinzipielle Koppelung des Autorbegriffs an die Schrift, hoch dilemmatisch, und im Erzählprozess bricht dieses Dilemma auf: Das explizite Illiteratentum der Figur Wolframs impliziert gerade ein dezidiert schriftliches Autorkonzept. Damit ist eine Spaltung im Spiel, die das Erzählen immer wieder ästhetisch aufhebt.[27]

Dieser Effekt wird dort pointiert deutlich, wo die schriftliche Vorlage des *Parzival*, Chrétiens *Perceval*, als intertextuelle Konkurrenz wirksam wird. Die voraufgehenden Gahmuretbücher waren Erfindungen ohne Quellenbasis, nun beginnt erstmalig die Abhängigkeit von einer schriftlichen Vorlage virulent zu werden. Und ihr gegenüber scheinen sich der Erzähler und seine Autorpersona buchstäblich dumm zu stellen. Selbstbewusst erklärt der paradoxe Autorerzähler: «ich bin Wolfram von Eschenbach, / unt kan ein teil mit sange»,[28] und wenig später liefert er das berühmte Bekenntnis ab, «ine kann deheinen buochstap. / dâ nement genuoge ir urhap: / disiu aventiure / vert âne der buoche stiure» (P 115, 27–30). Die weitere Ermahnung an den Leser oder den Hörer des *Parzival*, die Aventiure, die in der historischen Aufführungssituation zweifellos in einem Buch gelesen oder aus einem solchen vorgelesen wird, ja nicht für ein Buch zu halten, läuft, dem eigentümlichen Autor-Erzähler-Konzept der Figurenebene entsprechend, auf ein klassisch-rhetorisches Paradoxon für den Rezipienten heraus. Die Äußerung bringt den Leser zu einem performativen Selbstwiderspruch, nämlich lesen zu müssen, was nicht gelesen werden kann.

Man hat den performativen Selbstwiderspruch freilich nicht als Dilemma, sondern eben als Paradoxon zu verstehen, d. h. man darf ihn positiv formulieren: Es geht darum, etwas lesen zu können, was nicht gelesen werden kann. Im Hintergrund des «ine kann deheinen buochstab» klingt nämlich für den Schriftkundigen die Formel aus der Heiligen Schrift, Psalm 70,15, an: «non cognovi litteraturam», wie schon Friedrich Ohly nachgewiesen hat (Ohly 1961/1962, 6–8).[29] Das Bekenntnis, illiterat zu sein, ist also in Wahrheit gerade eine schriftlich gebildete

---

27 Cf. zu dieser Aufhebungsfigur Ackermann (2009, 206 und 325–327), die in der widersprüchlichen Wechselbeziehung zwischen Ich-Instanz und Figurendarstellung die paradoxe Dialektik sieht, dass sich gerade über die damit gegebene semantische Entzugsbewegung Subjektivität als positive dritte semantische Möglichkeit konstituiert.

28 Wolfram von Eschenbach, *Parzival. Studienausgabe*, mittelhochdeutscher Text nach der sechsten Ausgabe von Karl Lachmann, Übersetzung von Peter Knecht, Einführung zum Text von Bernd Schirok, Berlin/New York, De Gruyter (1998, 114, 12s.).

29 Dazu zuletzt Klein (2006, 77). Mit gewisser Reserve zuvor jedoch Haug (1992, 177s.).

Demutsgeste, die auf eine neue semantische Möglichkeit hofft: Den Zugang zu einer Bedeutung, die den bloßen Buchstabensinn übersteigt. Die Autorinstanz ist damit aber immer schon eine doppelte: Vordergründig agiert sie über die Figur eines schriftunkundigen Laien mit Namen Wolfram, im Hintergrund steht aber ein implizierter Autor, der die Schrift derart souverän beherrscht, dass er ihre Spuren in seinem *alter ego* löscht und dadurch seinen Text semantisch bereichert.

In der vordergründigen Autorfigur darf sich der trotzige Stolz adligen Illiteratentums sogar noch über die höfisch-performative Adelskunst par exellence, den Minnesang, erheben. Und auch diese Selbsterhöhung führt ins Gegenteil. Wolfram erklärt bekanntlich, sich ganz gut mit dem Minnesang auszukennen («ich kan ein teil mit sange», P 114, 13), nur hat er sich dabei offenbar im Umgang mit einer Dame eine Taktlosigkeit geleistet, die er nun ziemlich großsprecherisch zu überspielen versucht.

Die Rolle des halbgebildeten, prahlerischen Ritters, der großzügig auf eine Dame verzichtet, die er ohnehin nicht haben kann, ist einerseits gewiss mit Blick auf den Protagonisten des Romans konzipiert. Dass Parzivals intradiegetische *tumpheit* in der Erzählwelt mit den narrativen Schwierigkeiten des sprunghaften Autorerzählers mit dieser Erzählwelt korrespondiert ließe sich zeigen. Andererseits ist die im Halbgebildetengestus auffällig überzogene Ich-Pose Wolframs Teil eines raffinierten Spiels von Andeutungen, für das nur gebildete Lyrikkenner ein Ohr haben. Im besagten Ohr der Lyrikkenner ergibt sich ein besonderes Surplus, denn Lyrik besitzt eine andere Medialität als die Schrift: Sie ist eine doppelte. Eben damit hat dieses Spiel für die Frage nach dem Autor eine besondere Relevanz.

Das Wolfram-Ich nimmt hier über wörtliche Zitate auf die sogenannte Walther-Reinmar-Fehde des Minnesangs Bezug, die er überbietet.[30] Zunächst bringt sich Wolframs Ich in die Position des Sängers eines Reinmarliedes,[31] verteidigt sich dann mit den Gegenargumenten jener Reaktion, die Walther von der Vogelweide genau im Ton Reinmars als klanglich-metrisch markierte Replik verfasst hatte[32] und formt daraus auch noch in Bezug auf sein eigenes Ich ein Narrativ:

---

30 Cf. die grundlegende, weil erst im Arrangement überzeugende Aufschlüsselung der Anspielungen bei Curschmann (1971, 651–655). Zuvor die Zusammenstellung der fraglichen lyrischen Prätexte unter Berücksichtigung der recht weitreichenden Annahmen in der frühen Forschung bei Scholz (1966, 69–87) und zusammenfassend das *close reading* von Schu (2002, 144–153).
31 *Des Minnesangs Frühling*. Unter Benutzung der Ausgaben von Karl Lachmann, Moritz Haupt, Friedrich Vogt und Carl von Kraus, bearbeitet von Hugo Moser und Helmut Tervooren, Stuttgart, Hirzel 1988, 159, 1.
32 Walther von der Vogelweide. *Leich, Lieder, Sangsprüche*, 14., völlig neubearbeitete Auflage der Ausgabe Karl Lachmanns mit Beiträgen von Thomas Bein und Horst Brunner, ed. Christoph

Die Geschichte vom gescheiterten Minnesänger Wolfram, dem nachträglich die Trauben zu sauer sind, um die er sich zuvor bemüht hat.

Aus der performativen Bewegung zwischen den Sängern Reinmar und Walther wird so eine narrative Bewegung im Namen Wolframs. In den fingierten Auseinandersetzungen von Minnesängern geht es darum, die Ich-Instanzen der Lyrik programmatisch namentlich zu markieren und zu verstärken. Diese Markierung des Ichs nutzt auch Wolframs Autorerzähler, nur dass er sich als ehemaliger Sänger jetzt im Streit mit seiner Dame befindet und darum das singen lieber gleich sein lässt. Dafür kann er aber von seinem gescheiterten Sang erzählen. Der Begriff des Autorerzählers wird damit klarer: Der Autor selbst gewinnt als Figur eine Geschichte, zu deren Erzähler er wird.[33]

Entscheidend an dieser Autorgeschichte ist die Verschiebung des «performativen Selbstwiderspruchs» des Minnesangs, auf den in der Minnesangforschung immer wieder hingewiesen worden ist.[34] Die Minnedame des Lyrikers ist eine textinterne poetische Fiktion des Sanges, aber der Sang des Sängers vor dem Publikum ist eine textexterne ästhetische Realität. Und je artifizieller die textinterne Fiktion der Minne, desto intensiver ist auch die textexterne ästhetische Gegenwart des Sängers. Die «Situationsspaltung» des Textes, die auch dramatisch sichtbar ist, korrespondiert mit der «Situationsverschmelzung» (Bleumer 2012), die im Sang performativ hörbar wird: Reinmars oder Walthers Ich werden so als Sänger ästhetisch real, gerade weil ihre Gegenstände als Liebende fiktiv sind. Rolle und Ich des Sängers verschmelzen im performativen Akt.

Im narrativen Lesetext ist dagegen das erzählende Ich ausschließlich textintern situiert, weshalb es in der narrativen Performanz selbst fiktionalisiert wird. Und das führt zu einer Spaltung: Das Ich des prahlerischen Autors verschmilzt zwar mit dem performativen Subjekt des Erzählers, das seine Geschichte erzählt. Der Autor-Erzähler ist dabei eine erkennbare, über die Fülle der literarischen Anspielungen gut markierte Fiktion. Und über diese Markierung wird die Verschmelzung prekär, denn die dahinter stehende, nicht explizite Instanz ist ebenso deutlich diejenige, der sich der ganze Anspielungsreichtum zurechnen lässt: Der Autorerzähler Wolfram erzeugt so auch einen implizierten Autor als Desiderat. Es kommt also anhand des Lesetextes zu einer Situationsverschmelzung zwischen

---

Cormeau, Berlin/New York, De Gruyter 1996, 111, 23.

33 Cf. zu dem über das Vorstellungsmuster des Frauendienstes und die Minnesang-Zitate konstituierten Zusammenhang der «Biographie-Fragmente» mit Blick auf die Autorfigur Ridder (1998, 179s.), mit der älteren Forschung. Dass auch der Erzählakt selbst damit den Charakter des Frauendienstes gewinnt, betont zuvor Haug (1992, 178), was wiederum Ridders Begriff des Autors/Erzählers ins Recht setzt. Cf. zuletzt Unzeitig (2010, 252).

34 Besonders durch Müller (1999b).

expliziertem Autor und Erzähler und im Gegenzug zu einer Situationsspaltung von expliziertem und impliziertem Autor.

2.3 Der doppelte Autor: Wolfram zwischen Metonymie und Metapher

Wolfram wird ein ähnliches Verfahren wenig später noch einmal benutzen, dabei aber im Zusammenhang narrativer Texte verbleiben: und zwar mit Blick auf Hartmann von Aue, dem in einer Invektive die Verantwortung für die bekannten Romanfiguren des *Erec* zugeschoben wird: «mîn hêr Hartmann von Ouwe, / frou Ginovêr iwer frouwe / und iwer hêrre der künc Artûs / den kumt ein mîn gast ze hûs. / bitet hüeten sîn vor spotte» (P 143, 21–144, 4). Die Auseinandersetzung mit Hartmann und seinen Figuren indiziert im Umkehrschluss auf der Seite Wolframs eine Verantwortung für die Figur Parzivals. Man könnte vielleicht meinen: Zwei Autoren begegnen sich hier in einer Auseinandersetzung auf Augenhöhe. Dann wäre die Anspielung aber relativ witzlos.[35] Vielmehr scheint Hartmann als Autor über seine Figuren konkretisiert und depotenziert zu werden, da er wie diese in den *Parzival* hinein geholt wird und ebenso wie sie der Verfügungsgewalt Wolframs zu unterliegen droht. Damit wäre dieser Hartmann hier, ebenso wie die Wolframfigur, eine konkretisierte Gestalt des implizierten Autors des *Parzival*. Und die drohende Auseinandersetzung zwischen Hartmann und Wolfram wäre ein Teil der Erzählgeschichte des Textes.[36]

Vielleicht wird an dieser Stelle deutlich, was die doppelte Situierung des Autors, die Aufspaltung in implizierten Autor und explizierter Autorfigur und die Verschmelzung von Autorfigur und Erzähler leistet. Die narrative Struktur ergreift den dargestellten Hartmann im narrativen Akt ganz gezielt über eine metonymische Relation: Hartmann ist der Erzeuger seiner Figuren, Wolfram ist hier der Erzeuger Hartmanns, die narrative Struktur erzeugt wiederum Wolfram. Die Autorfiguren definieren sich so über einen Zirkel von Kontiguitäts- oder Wirklichkeitsrelationen, die über das Verhältnis von Ursache und Wirkung geordnet werden können.

Die metonymische Auffassung der Geschichte führt letztlich auch zu einer metonymischen Auffassung des Textes und damit zu einer zeitlichen Differenz zum implizierten Autor, der den Text erzeugt hat, diesem Schauspiel im Text aber auch aus der Distanz zuschaut. Eine schöne Formulierung von Wayne Booth bei

---

35 So bei Draesner (1993, 219s.). Die Ironie der Stelle betont dagegen Ridder (1998, 174–176).
36 Begriff der Erzählgeschichte bei Schmid (2008, 280s.).

seinen Umschreibungen des implizierten Autors aus seiner *Rhetoric of Fiction*, oder in der Übersetzung des Titels: aus seiner *Rhetorik der Erzählkunst* erhellt das Gemeinte. Sie könnte fast von Wolfram selbst sein: «Selbst ein Roman, in dem kein Erzähler dramatisiert ist, läßt implizit das Bild von einem Autor entstehen, der hinter den Kulissen steht [...] und sich schweigend die Fingernägel schneidet» (Booth 1974, 156).[37]

Gerade in dieser dramaturgischen Auffassung des Autors kommt Booth den Bedingungen der mittelalterlichen Performanz des Erzählens nahe, in der freilich nur sichtbar wird, was dem Erzählen performativ schon immer und immer wieder eingeschrieben ist. Der implizierte Autor erscheint gegenüber dem narrativen Drama als ein unbewegter Beweger. Dies zu akzeptieren hat mit Blick auf die narrative Performanz erhebliche Folgen, weil die performative Struktur der Erzählung im Wesentlichen die der menschlichen Zeitwahrnehmung ist. Dann gilt nämlich: Der Autor hat im narrativen Text keine Zeit. Diese Zeitlosigkeit macht es aber gerade auffällig, dass der Autor gleichwohl in jedem Moment des Erzählens semantisch gegenwärtig ist. Die metonymische Wirklichkeitsauffassung trennt den Autor von seinem Text, aber zugleich steht er damit metaphorisch immer auch für das Ganze seiner Semantik. Der Autor unterliegt also metonymisch gesehen keinem narrativen Prozess, aber metaphorisch ist er in diesem Prozess gegenwärtig.

Wie zur Bestätigung dieser semantischen Jederzeitlichkeit des implizierten Autors gerät die Autorfigur des *Parzival*, die sich mit dem Erzähler verbindet, zunächst in metonymischer Hinsicht in ein Dilemma. Der Autor erscheint als konkrete Figur mit einer eigenen Diegese, die sich dann als Erzähler über die teilnehmende Wahrnehmung an der von ihr selbst geschaffenen Erzählwelt in die erzählte Geschichte verstrickt und sich wieder von ihr distanzieren muss. Die Autorfigur kommt so im Text zu einer Erzählgeschichte mit Ursachen und Wirkungen; die Verstrickung dieses Autors in die Geschichte führt aber auch dazu, dass ihm im Akt des Erzählens die Souveränität des Autors abgeht. Der Erzähler löst den Autor narrativ auf – und macht paradoxerweise gerade dadurch dessen gegenläufiges semantisches Implikat im Hintergrund metaphorisch gegenwärtig.

So handelt es sich bei diesem diegetischen Wolfram nicht nur um eine Gestalt, die im Akt ihres narrativen Entwurfes der ritterlichen Welt auch für sich über sein «schildes ambet» streng metonymisch ritterliche Leistungsfähigkeit reklamiert.

---

37 Für das Autorkonzept des *Parzival* hat bereits Schu (2002, 124) zum Begriff von Booth geraten. Ein aktuelles germanistisch-mediävistisches Plädoyer für die Begriffsbildung von Booth ist die Skizze von Quast (2011, 138), der, in weiterer Anlehnung an Chatman (1990), den Begriff als intentionales, mit einem Namen signifiziertes poetisches Prinzip des Textes fasst.

Zugleich scheint es mit dieser Leistungsfähigkeit in der Welt Wolframs auch nicht weit her zu sein. So erfährt man, dass dieser Wolfram verheiratet ist, womit er auf Distanz zum Artushof geht: Seine Frau, so bekundet Wolfram, hätte er lieber nicht an den Artushof geführt, weil die Artusritter dort den Damen zu sehr nachstellen (P 216, 26–217, 6). Angesichts der Erzählung der Hungersnot und Armut auf Belrapiere versucht Wolfram, seine eigenen Erfahrungen mit denen seiner Figuren zu vergleichen: Sei er doch auch buchstäblich arm wie eine (Kirchen)Maus, so dass bei ihm nicht einmal die Mäuse etwas zu beißen hätten (P 184, 27–185, 8). Seinen Herren, der demnach nicht durch Freigebigkeit glänzt, nennt er bei dieser Gelegenheit mit Namen: Der Graf von Wertheim (P 184, 4).[38] Dieser Wolfram reklamiert zwar für sich, höfisch zu sein, da er bei der Schilderung des Turniers in Kanvoleiz in der Gahmuret-Vorgeschichte Uterpendragon, der vom König von Arragon vom Pferd gestoßen wird, höchst schicklich in die Blumen seiner Dichtung fallen lässt (P 74, 5–15). Er selbst hat freilich mit dem Wunsch nach ritterlicher Auszeichnung abgeschlossen (P 75, 19–22) und würde lieber süße Birnen als schmerzhafte Erfahrungen im Kampf sammeln (P 80, 1–2). Vor allem aber bekennt er, bei der Bemerkung, dass die Baiern in dem allgemeinen Ruf stehen, ausgesprochen dumm zu sein, selbst zu den Baiern zu gehören (P 121, 7–10). Und weil der Vergleich mit den notorisch dummen Baiern dazu dient, innerhalb der Erzählwelt die Auffassung von Parzival als dummen Waliser zu plausibilisieren, ist deutlich: Wolfram misst sich hier selbst den Ruf der *tumpheit* zu, in welchem auch Parzival im Folgenden steht.

Diese *tumpheit* manifestiert sich beim Protagonisten des Romans in jenem zivilisatorisch ungebändigten Drang zur Frage, der vor dem Gral aufgrund der falsch verstandenen Bildung scheitert. Der Drang zur Frage zeichnet auch die ungebildete Wolframfigur aus, die sich dem Fluss des Geschehens und seiner staunenswerten Unvorhersehbarkeit gegenübersieht. Dieses noch ungeordnete Geschehen heißt im *Parzival* sehr präzise *âventiure*, das *âventiure*-Geschehen ist also ein noch nicht narrativer Begriff. Erst durch das *mære*, durch die Geschichte als narrativem Begriff, wird dieses Geschehen strukturiert.[39] Als die allegorisierte *vrou âventiure* (P 433, 7) Wolfram ins Herz drängt,[40] sprudeln die Fragen über den Fortgang des Geschehens aus diesem Wolfram nur so heraus, es kommt sogar zu der Aufforderung an die Aventiure, sie solle die Geschichte gleich selbst erzählen. Der Autorerzähler, dessen ungebremster Drang zur Frage hier kaum zufällig der

---

38 Genauer zur Pose des «armen Ritters» cf. Curschmann (1971, 633–636).

39 Die nachfolgende Analyse orientiert sich an den Überlegungen in Bleumer (2006).

40 Dies als säkularisierte Variante des geistlichen Inspirationstopos. Cf. Klein (2006, 91–94); Klein (2008, 36s.); sowie der klassische Beitrag von Ohly (1977).

Impulsivität des *tumben* Parzival erinnert, wäre dann aber der Autorität seines Materials derart unterlegen, dass ihm die semantische Autorität vollends abgeht, die ihn überhaupt in den Rang des Autors rückt.

Welche Autorität dem Material letztlich zugeschrieben wird, lässt sich mit Hilfe der narratologischen Begriffe von Geschehen und Geschichte, d. h. in der Wortwahl des Textes anhand der Ausdrücke von *âventiure* und *mære*, am besten anhand jener Quellenfiktion des Textes ermitteln, die sich auf den Gral bezieht. Sie steht in ihrer fabulösen Ausschmückung von einer tatsächlichen Quelle merklich ab, verwendet dafür alle nötigen Begriffe.

Die Geschichte von Parzival und dem Gral findet sich zuerst in einer heidnischen Quelle. Der arabische Astronom Flegetanis hat in den Sternen die *âventiure* vom Gral gelesen und sie direkt aufgezeichnet. Die bloße Überantwortung an die Schrift und ein nur lineares Verzeichnungskonzept ist noch kein Erzählen, denn die *âventiure* ist bloßes Geschehen, es ist semantisch reich, aber auch noch rätselhaft und geheimnisvoll.[41] Dass dem Heiden Flegetanis der Schlüssel zur Interpretation fehlt, ist verständlich: Ihm fehlt mit der narrativen Struktur zugleich auch die entscheidende Axiologie. Die Geschichte vom Gral ist eine christliche Erlösungsgeschichte. Erst auf einer zweiten Überlieferungsstufe beginnt darum das Verstehen. Der Gelehrte Kyot, der die *âventiure* des heidnischen Textes angeblich in Toledo auffindet und entziffert (P 453, 6), versucht eine Geschichte, d. h. eben ausdrücklich ein *mære* (P 455, 3) zum Gral zu finden. Das Ergebnis kommt aber erst durch den Erzähler und seine zeitliche Ordnung mündlich konkret zur Sprache, womit die Ebenen von Erzählung und Narration erreicht sind. Wörtlich heißt es dazu ebenso präzise: «âventiure [kommt mit] worten an der mære gruoz, / daz man dervon sprechen muoz» (P 453, 9s.).

---

41 Nicht nur philologisch grundlegend, sondern auch in seiner praktischen Interpretationsfigur wieder aktuell ist der Beitrag von Lofmark (1977), der nicht nur zunächst mit einem am Wort orientierten, genauen philologischen Entzifferungsverfahren für die Stelle zeigt, wie die Frage nach dem Wortsinn zunehmend Unverständnis produziert, das aber letztlich als eine kalkulierte Dunkelheit (56) zu verstehen ist, die einen Paradigmenwechsel von der strikten Semantik zur Hermeneutik verlangt: «Da alles Entscheidende unklar formuliert ist, muß der jeweilige Gelehrte sein Verständnis [...] aus seiner Gesamtdeutung holen.» (57). Diese Gesamtdeutung darf damit freilich gerade nicht über den Begriff des einzelnen Zeichens, sondern über einen semantischen Zusammenhang erfolgen, der den distinkten Zeichenbegriff aufhebt. Dazu steht am Anfang das Ideal, für das gilt: «In der Quelle kommen Zeichen und Inhalt zur Deckung» (Ackermann 2009, 135), aber genau diese Deckung bedeutet Unlesbarkeit. Cf. zuvor zum Zeichenproblem der genauen, unlesbaren Schrift Draesner (1993, 394–396, 406), und zur nachfolgenden Paradoxie der unverstandenen semantischen Unmittelbarkeit einer Schrift diesseits der Hermeneutik ähnlich wieder Strohschneider 2006, 52s.).

Auch für das Verhältnis von Autor und Erzähler hat man damit das komplette Begriffsinventar zusammen. Es entspricht im Mittelhochdeutschen recht genau dem in der Narratologie entwickelten Modell der narrativen Ebenen.[42] Es gibt offenbar im Material, das als *âventiure* daherkommt, eine Bedeutung, die als Geheimnis erscheint. Das wäre die narrative Ebene des noch unspezifischen Geschehens und seiner unklaren Semantik. Diese Ebene muss interpretiert, d. h. narrativ strukturiert und damit bewertet werden. Das wäre die narrative Ebene der Geschichte, auf der das Geschehen interpretiert wird. Dass dieser Auslegungsprozess auch ein sprachlicher Sinnbildungsprozess ist, zeigt die komplizierte Quellenfiktion darin, dass sie buchstäblich ins Wort drängt. Am Ende der Fiktion steht dann der Erzähler, der durch seine Frage erst die Erzählung als dritte narrative Ebene erzeugt. Diese ist, wie die Fiktion zeigt, das Resultat eines komplizierten schriftlichen Überlieferungsprozesses, der sich erst ganz am Ende der Schrift verweigert und in dieser Verweigerung den verschlungenen performativen Prozess eines illiteraten Erzählens, d. h. die Narration in Gang setzt. In dieser Narration erscheint der vom Erzähler explizierte Autor Wolfram, die Figur eines Analphabeten, der naiv über die Aventiure staunt, die ihm aus dieser fernen schriftlichen Quelle zufließt. Da diese Quelle aber zugleich als fingierte erkennbar wird, lässt sie sich einem implizierten Autor zurechnen, der als Souverän der Schrift am Anfang dieser Überlieferung steht. Beobachtbar werden beide Autorpositionen aber nur durch den narrativen Prozess des Erzählers. Erst im Erzählen zeigt sich nämlich, wie die metonymisch getrennten Instanzen aufeinander angewiesen sind. Das Erzählen setzt die metaphorische Relation zwischen dem Text als Ganzem und dem implizierten Autor frei und bringt den Autor Wolfram zur Geltung. Insofern ist auch bereits die Formel «Ich bin Wolfram von Eschenbach» keine einfache Selbstaussage. Sie hat im Rahmen des komplizierten narrativen Arrangements selbst die identitätsbildende semantische Struktur der Metapher.

3 Der Autor als Metapher, die Metapher als wissenschaftlicher Tropus

Ein äußerst knappes Fazit mag noch erlaubt sein. Wolfram ist ein Autorname, der metaphorisch für das Ganze seiner Poetiken und Texte steht. Die Forschung hat sich trotz aller Differenzierungen auf die metaphorische Praxis der Literatur auch

---

42 Cf. dazu das leicht modifizierte Ebenenmodell nach Wolf Schmid bei Bleumer (2015) mit den Ebenen Geschehen, Geschichte, Erzählung und «Präsentation der Erzählung» oder Narration.

in der Literaturwissenschaft eingelassen, weil es schon intuitiv sinnvoll scheint, trotz aller Einsicht in terminologische Differenzierungsnotwendigkeiten zum Autor zurückzukehren. Nur offenbart die Rede vom Autor, je terminologischer und differenzierter sie geführt wird, dass der Autor nicht differenzlogisch zu fixieren ist. Der bewusste, theoretisch reflektierte metaphorische Gebrauch der Autorbezeichnung dürfte gleichwohl gerade angesichts eines Erzähltextes wie dem *Parzival* Wolframs kein terminologischer Mangel sein. Er erscheint vielmehr als eine Antwort auf die Mängel der Terminologie. Wo das aktuelle Wissenschaftsdenken differenzlogisch und kausalistisch angelegt ist, favorisiert sie metonymische Wirklichkeits- und Begriffskonzepte, überschreibt damit aber auch eine Denkweise, von der sie im semantischen Prozess immer schon abhängig ist, die sie dann aber nur noch theoretisch diskreditieren kann. Wenn also demgegenüber die literaturwissenschaftliche Praxis gerade dort auf Metaphern angewiesen ist, wo trennscharfe Begriffe an die von ihnen selbst geschaffenen Grenzen gelangen, so ist dies vermutlich keine Verlegenheitslösung. Vielmehr zeigt sich darin, inwiefern Metonymie und Metapher aufeinander angewiesen sind.

Für das Autorproblem ist es jedenfalls generell auffällig, dass auch hier die Debatten insgesamt über ihr Wissenschaftsnarrativ immer auf die eine oder andere Weise um den Autor als Metapher kreisen, weil die Vorstellung vom Autor als metonymische *causa efficiens* nicht ausreicht. Sogar wenn der Autor für obsolet erklärt werden soll, scheint dafür eine Metapher nötig; darum ist die Rede vom «Tod des Autors» wohl so prominent geworden. Vielleicht trifft also diese Rede letztlich doch auch das, was sie dementieren will; nicht, weil man die Geschichte glauben sollte, in der diese Metapher aufscheint; sondern weil man über sie auch im Wissenschaftsnarrativ einen paradoxen semantischen Akt erkennt, der immer schon und immer wieder gegeben ist. Damit könnte man also im Gegenzug zur Rede vom Tod des Autors sagen: In den schriftlichen Narrativen des Mittelalters kommt es zur Geburt des Autors: als Metapher.

Bibliographie

Primärliteratur

Des Minnesangs Frühling, unter Benutzung der Ausgaben von Karl Lachmann, Moritz Haupt, Friedrich Vogt und Carl von Kraus, bearbeitet von Hugo Moser und Helmut Tervooren, Stuttgart, Hirzel, 1988.
Walther von der Vogelweide, *Leich, Lieder, Sangsprüche*, 14., völlig neubearbeitete Auflage der Ausgabe Karl Lachmanns mit Beiträgen von Thomas Bein und Horst Brunner, ed. Christoph Cormeau, Berlin/New York, De Gruyter, 1996.

Wolfram von Eschenbach, *Parzival. Studienausgabe*, mittelhochdeutscher Text nach der
    sechsten Ausgabe von Karl Lachmann, Übersetzung von Peter Knecht, Einführung zum Text
    von Bernd Schirok, Berlin/New York, De Gruyter 1998.

Sekundärliteratur

Ackermann, Christiane, *Autorschaft. Die Kunst der Entschleierung: Autorinszenierungen im
    Frauendienst*, in: Christopher Young/Sandra Linden (edd.), *Ulrich von Liechtenstein.
    Leben – Zeit – Werk – Forschung*, Berlin/New York, De Gruyter, 2010, 324–357.
Ackermann, Christiane, *Im Spannungsfeld von Ich und Körper. Subjektivität im «Parzival»
    Wolframs von Eschenbach und im «Frauendienst» Ulrichs von Liechtenstein*, Köln/Wien/
    Weimar, Böhlau, 2009.
Agamben, Giorgio, *Profanierungen. Aus dem Italienischen von Marianne Schneider*, Frankfurt
    am Main, Suhrkamp, 2005.
Barthes, Roland, *Der Tod des Autors*, in: Fotis Jannidis et al. (edd.), *Texte zur Theorie der
    Autorschaft*, Stuttgart, Reclam, 2003, 85–193.
Bein, Thomas, *Mit fremden Pegasusen pflügen. Untersuchungen zu Authentizitätsproblemen in
    mittelhochdeutscher Lyrik und Lyrikphilologie*, Berlin, Schmidt, 1998.
Bein, Thomas, *Zum «Autor» im mittelalterlichen Literaturbetrieb und im Diskurs der germanis-
    tischen Mediävistik*, in: Fotis Jannidis et al. (edd.), *Rückkehr des Autors. Zur Erneuerung
    eines umstrittenen Begriffs*, Tübingen, Niemeyer, 1999, 303–320.
Berges, Ulrich, *Kollektive Autorschaft im Alten Testament*, in: Christel Meier/Martina Wagner-
    Egelhaaf (edd.), *Autorschaft. Ikonen – Stile – Institutionen*, Berlin, Akademie-Verlag, 2011,
    29–39.
Bleumer, Hartmut, *Im Feld der âventiure. Zum begrifflichen Wert der Feldmetapher am Beispiel
    einer poetischen Leitvokabel*, in: Gerd Dicke/Manfred Eikelmann/Burkhard Hasebrink
    (edd.), *Im Wortfeld des Textes. Worthistorische Beiträge zu den Bezeichnungen von Rede
    und Schrift im Mittelalter*, Berlin/New York, De Gruyter, 2006, 347–367.
Bleumer, Hartmut, *Ritual, Fiktion und ästhetische Erfahrung. Wandlungen des höfischen
    Diskurses zwischen Roman und Minnesang*, in: Ruth Florack/Rüdiger Singer (edd.), *Die
    Kunst der Galanterie. Facetten eines Verhaltensmodells in der Literatur der Frühen Neuzeit*,
    Berlin/New York, De Gruyter, 2012, 51–92.
Bleumer, Hartmut, *Historische Narratologie*, in: Christiane Ackermann/Michael Egerding,
    Literatur- und Kulturtheorie in der Germanistischen Mediävistik, Berlin, De Gruyter, 2015.
Blumenberg, Hans, *Paradigmen zu einer Metaphorologie*, Frankfurt am Main, Suhrkamp, 1997.
Blumenberg, Hans, *Theorien der Unbegrifflichkeit*, ed. Anselm Haverkamp, Frankfurt am Main,
    Suhrkamp, 2007.
Booth, Wayne C., *Die Rhetorik der Erzählkunst*, 2 vol., Heidelberg, Quelle & Meyer, 1974.
Bumke, Joachim, *«Autor» und «Werk». Beobachtungen und Überlegungen zur höfischen Epik
    (ausgehend von der Donaueschinger Parzivalhandschrift G$^\delta$)*, Zeitschrift für Philologie 116
    (1997), 87–114.
Burke, Seán, *The Death and the Return of the Author. Criticism and Subjectivity in Barthes,
    Foucault and Derrida*, Edinburgh, Edinburgh University Press, 1992.
Chatman, Seymour, *Coming to Terms. The Rhetoric of Narrative in Fiction and Film*, Ithaca/
    London, Cornell University Press, 1990.

Coxon, Sebastian, *Presentation of Authorship in Medieval German literature 1220–1290*, Oxford, Clarendon Press, 2001.

Cramer, Thomas, *«solus creator est deus». Der Autor auf dem Weg zum Schöpfertum*, Daphnis 15 (1986), 261–276.

Curschmann, Michael, *Das Abenteuer des Erzählens. Über den Erzähler in Wolframs «Parzival»*, Deutsche Vierteljahrsschrift für Literaturwissenschaft und Geistesgeschichte 45 (1971), 627–667.

Danneberg, Lutz/Müller, Hans Harald, *Der «intentionale Fehlschluss» – ein Dogma? Systematischer Forschungsbericht zur Kontroverse um eine intentionalistische Konzeption in den Textwissenschaften. Teil I und II*, Zeitschrift für allgemeine Wissenschaftstheorie 14 (1983), 103–137, 376–411.

Danneberg, Lutz, *Zum Autorkonstrukt und zu einem methodologischen Konzept der Autorintention*, in: Fotis Jannidis et al. (edd.), *Rückkehr des Autors. Zur Erneuerung eines umstrittenen Begriffs*, Tübingen, Niemeyer, 1999, 77–106.

Dicke, Gerd, *Quelle₂*, in: Jan-Dirk Müller (ed.), *Reallexikon der deutschen Literaturwissenschaft*, vol. 3, Berlin, De Gruyter, ³2003, 203–205.

Draesner, Ulrike, *Wege durch erzählte Welten. Intertextuelle Verweise als Mittel der Bedeutungskonstitution in Wolframs «Parzival»*, Frankfurt am Main et al., Lang, 1993.

Foucault, Michel, *Was ist ein Autor*, in: Fotis Jannidis et al. (edd.), *Texte zur Theorie der Autorschaft*, Stuttgart, Reclam, 2003, 198–229.

Gadamer, Hans-Georg, *Wahrheit und Methode. Grundzüge einer philosophischen Hermeneutik*, Tübingen, Niemeyer, 1990.

Grubmüller, Klaus, *Verändern und Bewahren. Zum Bewusstsein vom Text im deutschen Mittelalter*, in: Ursula Peters (ed.), *Text und Kultur. Mittelalterliche Literatur 1150–1450*, Stuttgart/Weimar, Metzler, 2001, 8–33.

Haferland, Harald, *Metonymie und metonymische Handlungskonstruktion. Erläutert an der narrativen Konstruktion von Heiligkeit in zwei mittelalterlichen Legenden*, Euphorion 99 (2005), 323–264.

Haferland, Harald/Schulz, Armin, *Metonymisches Erzählen*, Deutsche Vierteljahrsschrift für Literaturwissenschaft und Geistesgeschichte 84 (2010), 3–43.

Haug, Walter, *Literaturtheorie im deutschen Mittelalter von den Anfängen bis zum Ende des 13. Jahrhunderts*, Darmstadt, Wissenschaftliche Buchgesellschaft, ²1992.

Haug, Walter, *Die theologische Leugnung der menschlichen Kreativität und die Gegenzüge der mittelalterlichen Dichter*, in: Renate Schlesier/Beatrice Trînca (edd.), *Inspiration und Adaptation. Tarnkappen mittelalterlicher Autorschaft*, Hildesheim, Weidmann, 2008, 73–87.

Hausmann, Albrecht, *Reinmar der Alte als Autor. Untersuchungen zur Überlieferung und zur programmatischen Identität*, Tübingen/Basel, Franke, 1999.

Heinzle, Joachim, *Wolfram von Eschenbach. Ein Handbuch*, vol. 2: *Figurenlexikon, beschreibende Verzeichnis der Handschriften, Bibliographien, Register, Abbildungen*, Berlin/Boston, De Gruyter, 2011.

Irwin, William (ed.), *The Death and Resurrection of the Author?*, Westport/Connecticut/London, Greenwood Press, 2002.

Iser, Wolfgang, *Der Akt des Lesens. Theorie ästhetischer Wirkung*, München, Fink, ⁴1994.

Jakobson, Roman, *Der Doppelcharakter der Sprache. Die Polarität zwischen Metaphorik und Metonymik*, in: Jens Ihwe (ed.), *Literaturwissenschaft und Linguistik I*, Frankfurt am Main, Athenäum, ²1972, 323–333.

Jannidis, Fotis, et al. (edd.), *Rückkehr des Autors. Zur Erneuerung eines umstrittenen Begriffs*, Tübingen, Niemeyer, 1999 (=1999a).

Jannidis, Fotis, *Rede über den Autor an die Gebildeten unter seinen Verächtern. Historische Modelle und systematische Perspektiven*, in: Fotis Jannidis et al. (edd.), *Rückkehr des Autors. Zur Erneuerung eines umstrittenen Begriffs*, Tübingen, Niemeyer, 1999, 3–35 (=1999b).

Jannidis, Fotis, *Zwischen Autor und Erzähler*, in: Heinrich Detering (ed.), *Autorschaft. Positionen und Revisionen*, Stuttgart/Weimar, Metzler, 2002, 540–556.

Jannidis, Fotis, *Figur und Person. Beitrag zu einer historischen Narratologie*, Berlin/New York, De Gruyter, 2004.

Jannidis, Fotis, *Analytische Hermeneutik*, in: Uta Klein/Katja Mellmann/Steffanie Metzger (edd.), *Heuristiken der Literaturwissenschaft. Disziplinexterne Perspektiven auf Literatur*, Paderborn, Mentis-Verlag, 2006, 131–144.

Klein, Dorothea, *Inspiration und Autorschaft. Ein Beitrag zur mediävistischen Autorschaftsdebatte*, Deutsche Vierteljahrsschrift für Literaturwissenschaft und Geistesgeschichte 80 (2006), 55–96.

Klein, Dorothea, *Zwischen Abhängigkeit und Autonomie: Inszenierungen inspirierter Autorschaft in der Literatur der Vormoderne*, in: Renate Schlesier/Beatrice Trînca (ed.), *Inspiration und Adaptation. Tarnkappen mittelalterlicher Autorschaft*, Hildesheim, Weidmann, 2008, 15–39.

Kleinschmidt, Erich, *Autorschaft. Konzepte einer Theorie*, Tübingen/Basel, Francke, 1998.

Kleinschmidt, Erich, *Autor*, in: Klaus Weimar (ed.), *Reallexikon der deutschen Literaturwissenschaft*, vol. 1, Berlin/New York, De Gruyter, ³1997, 176–180.

Lofmark, Carl, *Zur Interpretation der Kiot-Stellen*, Wolfram-Studien 4 (1977), 33–70.

Lotman, Jurij M., *Die Struktur literarischer Texte. Übersetzt von Rolf-Dietrich Keil*, München, Fink, ⁴1993.

Meier, Christel, *Autorschaft im 12. Jahrhundert. Persönliche Identität und Rollenkonstrukt*, in: Peter von Moos (ed.), *Unverwechselbarkeit. Persönliche Identität und Identifikation in der vormodernen Gesellschaft*, Köln/Weimar/Wien, Böhlau, 2004, 207–266.

Meier, Christel, *Autorstile im Hochmittelalter?*, in: Christel Meier/Martina Wagner-Egelhaaf (edd.), *Autorschaft. Ikonen – Stile – Institutionen*, Berlin, Akademie-Verlag, 2011, 69–91 (=2011a).

Meier, Christel, *Einleitung*, in: Christel Meier/Martina Wagner-Egelhaaf (edd.), *Autorschaft. Ikonen – Stile – Institutionen*, Berlin, Akademie-Verlag, 2011, 9–27 (=2011b).

Meier-Staubach, Christel/Wagner-Egelhaaf, Martina (edd.), *Prophetie und Autorschaft. Charisma, Heilsversprechen, Gefährdung*, Berlin, De Gruyter, 2014.

Minnis, Alastair J., *Medieval Theory of Authorship. Scholastic literary attitudes in the later Middle Ages*, London, Scolar Press, 1984.

Müller, Jan-Dirk, *Auctor – Actor – Author. Einige Anmerkungen zum Verständnis vom Autor in lateinischen Schriften des frühen und hohen Mittelalters*, in: Felix Philipp Ingold/Werner Wunderlich (edd.), *Der Autor im Dialog. Beiträge zu Autorität und Autorschaft*, St. Gallen, UVK, 1995, 17–31.

Müller, Jan-Dirk, *Aufführung – Autor – Werk*, in: Nigel F. Palmer/Hans-Jochen Schiewer, *Mittelalterliche Literatur und Kunst im Spannungsfeld von Hof und Kloster. Ergebnisse der Berliner Tagung. 9.–11. Oktober 1997*, Tübingen, Niemeyer, 1999, 147–166 (=1999a).

Müller, Jan-Dirk, *Performativer Selbstwiderspruch. Zu einer Redefigur bei Reinmar*, Beiträge zur Geschichte der deutschen Sprache und Literatur 121 (1999), 379–405 (=1999b).

Nellmann, Eberhard, *Wolframs Erzähltechnik. Untersuchungen zur Funktion des Erzählers*, Wiesbaden, Steiner, 1973.

Ohly, Friedrich, *Wolframs Gebet an den Heiligen Geist im Eingang des «Willehalm»*, Zeitschrift für deutsches Altertum 91 (1961/62), 1–37.

Ohly, Friedrich, *«Cor amantis non angustum». Vom Wohnen im Herzen*, in: Friedrich Ohly, *Schriften zur mittelalterlichen Bedeutungsforschung*, Darmstadt, Wissenschaftliche Buchgesellschaft, 1977, 128–155.

Quast, Bruno, *Der feste Text. Beobachtung zur Beweglichkeit des Textes aus Sicht der Produzenten*, in: Ursula Peters (ed.), *Text und Kultur. Mittelalterliche Literatur 1150–1450*, Stuttgart/Weimar, Metzler, 2001, 34–46.

Quast, Bruno, *«als Thômas von Britanje giht». Narratologische Überlegungen zur Funktion des Autornamens in der höfischen Epik am Beispiel des Tristan Gottfrieds von Straßburg*, in: Christel Meier/Martina Wagner-Egelhaaf (edd.), *Autorschaft. Ikonen – Stile – Institutionen*, Berlin, Akademie-Verlag, 2011, 133–144.

Reuvekamp-Felber, Timo, *Autorschaft als Textfunktion. Zur Interdependenz von Erzähler-Stilisierung, Stoff und Gattung in der Epik des 12 und 13. Jahrhunderts*, Zeitschrift für deutsche Philologie 120 (2001), 1–23.

Ricœur, Paul, *Zeit und Erzählung*, vol. 3: *Die erzählte Zeit. Aus dem Französischen von Andreas Knop*, München, Fink, 1991, 16–36.

Ridder, Klaus, *Autorbilder und Werkbewußtsein im «Parzival» Wolframs von Eschenbach*, Wolfram-Studien 15 (1998), 168–194.

Schaffrick, Matthias/Willand, Marcus, *Autorschaft im 21. Jahrhundert. Bestandsaufnahme und Positionsbestimmung*, in: Matthias Schaffrick/Marcus Willand (edd.), *Theorien und Praktiken der Autorschaft*, Berlin/Boston, De Gruyter, 2014, 3–148 (=2014a).

Schaffrick, Matthias/Willand, Marcus, *Auswahlbibliographie. Autorschaftsforschung zwischen 2000 und 2014*, in: Matthias Schaffrick/Marcus Willand (edd.), *Theorien und Praktiken der Autorschaft*, Berlin/Boston, De Gruyter, 2014, 615–656 (=2014b).

Schmid, Wolf, *Elemente der Narratologie*, Berlin/New York, De Gruyter, ²2008.

Schnell, Rüdiger, *Autor und Werk im deutschen Mittelalter. Forschungskritik und Forschungs-perspektive*, Wolfram-Studien 15 (1998), 12–73.

Scholz, Manfred Günther, *Walther von der Vogelweide und Wolfram von Eschenbach. Literarische Beziehungen und persönliches Verhältnis*, Phil. Diss., Tübingen, Niemeyer, 1966.

Schu, Cornelia, *Vom erzählten Abenteuer zum Abenteuer des Erzählens. Überlegungen zur Romanhaftigkeit von Wolframs Parzival*, Frankfurt am Main, Lang, 2002.

Stackmann, Karl, *Neue Philologie?*, in: Joachim Heinzle (ed.), *Modernes Mittelalter. Neue Bilder einer populären Epoche*, Frankfurt am Main/Leipzig, Insel-Verlag, 1999, 398–427.

Stanzel, Franz K., *Theorie des Erzählens*, Göttingen, Vandenhoeck & Ruprecht, 1979.

Störmer-Caysa, Uta, *Grundstrukturen mittelalterlicher Erzählungen. Raum und Zeit im höfischen Roman*, Berlin/New York, De Gruyter, 2007.

Strohschneider, Peter, *Sternenschrift. Textkonzepte höfischen Erzählens*, Wolfram-Studien 19 (2006), 33–58.

Suerbaum, Almut, *Accessus ad auctores. Autorkonzeptionen in mittelalterlichen Kommen-tartexten*, in: Elizabeth Andersen/Jens Haustein/Anne Simon (edd.), *Autor und Autorschaft im Mittelalter. Kolloquium Meißen 1995*, Tübingen, Niemeyer, 1998, 29–45.

Unzeitig, Monika, *Von der Schwierigkeit zwischen Autor und Erzähler zu unterscheiden. Eine historisch vergleichende Analyse zu Chrétien und Hartmann*, Wolfram-Studien 18 (2004), 59–81.

Unzeitig, Monika, *Autorname und Autorschaft. Bezeichnung und Konstruktion in der deutschen und französischen Erzählliteratur des 12. und 13. Jahrhunderts*, Berlin/New York, De Gruyter, 2010.

Wachinger, Burghart, *Autorschaft und Überlieferung*, in: Walter Haug/Burghart Wachinger (edd.), *Autorentypen*, Tübingen, Niemeyer, 1992, 1–27.

Wenzel, Horst, *Autorenbilder. Zur Ausdifferenzierung von Autorfunktionen in mittelalterlichen Miniaturen*, in: Elizabeth Andersen/Jens Haustein/Anne Simon (edd.), *Autor und Autorschaft im Mittelalter. Kolloquium Meißen 1995*, Tübingen, Niemeyer, 1998, 1–28.

Worstbrock, Franz Josef, *dilatatio materiae. Zur Poetik des «Erec» Hartmanns von Aue*, Frühmittelalterliche Studien 19 (1985), 1–30.

Worstbrock, Franz Josef, *Wiedererzählen und Übersetzen*, in: Walther Haug (ed.), *Mittelalter und frühe Neuzeit. Übergänge, Umbrüche, Neuansätze*, Tübingen, Niemeyer 1999, 128–142.

Dietmar Rieger
«Ieu ai nom maistre certa»

Einige Überlegungen zu Authentifizierung und
Autoritätsherstellung bei den Trobadors

Die Frage nach Autorschaft und Autorität in mittelalterlicher Literatur scheint
sich – geht man von der bisher vorliegenden einschlägigen Forschungsliteratur
aus (cf. z. B. Unzeitig 2010) – vor allem auf fiktional-narrative und faktionale
Texte zu beziehen: Mit welchen Verfahren versucht ein Erzähler, das von ihm
Berichtete und auch sich selbst für seinen Rezipienten abzusichern, seine Gültigkeit zu suggerieren? Im Fall fiktionaler Dichtung: Wie weit kann – und nicht nur
mit erbaulicher Zielrichtung – Authentifizierung von Fiktionalität gehen und wie
sehr vermag dadurch auch die Autorität des Erzählers gefestigt und gestärkt zu
werden? Von ihrer Form her lyrisch-musikalische Genera scheinen für diese Fra-
gestellung als weniger geeignet angesehen zu werden. Doch kann nicht gerade
auch die personale Sprache der Lyrik – nicht zuletzt auch der Liebeslyrik – sich
in die Lage versetzt sehen, in ganz besonderer Weise durch die Konstitution auktorialer Autorität und durch vielfältige Echtheitssignale an Aussage- und Überzeugungskraft zu gewinnen? Sollte das relativ geringe Interesse für diese Fra-
gestellung im Fall der Lyrik ausgerechnet mit der Ich-Form der meisten lyrischen
Genera insofern zu tun haben, als entweder postromantisch das Ich als solches
bereits als autoritätsstiftend genug angesehen wird oder antiromantisch wirk-
liche Autorität und Autoritätsstiftung in einer spielerischen Inszenierung von
Ich-Fiktionen als per se ausgeschlossen und als auch durch Authentizitätsmarker
nicht erzielbar zu gelten haben?[1] Wie dem auch sei: Ein Blick auf einige Bereiche
der Trobadordichtung, die ich als die früheste, zweifellos innovationsreichste und
zukunftsträchtigste mittelalterliche Kunstlyrik in der Volkssprache auswähle, soll
eine vorläufige, aber dennoch möglichst differenzierte Antwort geben.

Die erste Differenzierung betrifft den (im Übrigen auch unter anderen Aspek-
ten problematischen) Begriff des Lyrischen: Innerhalb dessen, was wir das 'lyrische' Gattungssystem des mittelalterlichen Frankreich nennen, haben nämlich
auch mehr oder weniger (im postromantischen Sinn) *nichtlyrische* Genera ihren
festen funktionalen Platz – jenseits der einst von Alfred Jeanroy vorgenommenen

---

1 Dass dieses Problem auch mit demjenigen der Originalität zu tun hat, machte Fernandez
Pereiro (1968) schon vor Jahrzehnten deutlich.

obsoleten Aufspaltung in *genres subjectifs* und *genres objectifs*.[2] Dass nicht nur überwiegend narrative Gattungen (Pastourelle, Tagelied, Chanson d'histoire, Chanson de femme) mit ganz bestimmten systembezogenen Funktionen den eher zyklisch konstruierten Genera wie vor allem dem Liebeslied gegenüberstehen, sondern Narrativierungstendenzen auch in der Kanzone ausgemacht werden können (cf. Rieger 2011), gehört in diesen Zusammenhang. Wo liegen aber die Möglichkeiten und die Grenzen der Authentifizierung in einem hauptsächlich narrativen, aber zum Teil auch dramatischen trobadoresken Genus? Greifen wir die Pastourelle[3] heraus, die nicht nur einen narrativen Rahmen aufweist, sondern sich überdies als Ich-Erzählung[4] darstellt, bei der also am ehesten die Autorität des Subjekts durch die Autorität des Erzählers – und diese durch verschiedene Authentifizierungsstrategien – gestützt und gestärkt zu werden vermöchte.[5]

Dabei muss man in einer zweiten grundlegenden Differenzierung unterscheiden zwischen der Selbstautorisierung des erzählenden, d. h. seine Handlungen und die Dialoge referierenden Ich, also der Herstellung auktorialer Autorität, und der Steigerung personaler Autorität innerhalb des «débat amoureux». Dass die Möglichkeiten für die Erstere beschränkt sind, resultiert aus der prinzipiellen, auch durch die weitreichende, wenn auch nicht völlig unbeschränkte Variabilität nicht geminderten Stereotypie des generischen Grundmusters. Natürlich kann ich unter Herstellung von Autorität des Erzählers auch die Suche nach möglichst großer und den Rezipienten ästhetisch überzeugender Originalität innerhalb eines generischen Rahmens mit den stereotypen Elementen Zeit, «natürliche» Szenerie, Personal, Zufall der Begegnung, Strategie-Taktik, Rede-Gegenrede bzw. «débat amoureux», spezifische Disputationsthematik und «dénouement» verste-

---

2 Jeanroy (1934, 282s.). Doch auch das *genre subjectif* ist «une poésie presque totalement objective, c'est-à-dire dont le sujet, la subjectivité qui jadis s'investit dans le texte, s'est pour nous abolie» (Zumthor 1972, 64), und bei den *genres objectifs* handelt es sich in der Regel um Lieder aus dem Mund eines «je», und dies aus Gründen des spezifischen Rezeptionsmodus auf jeden Fall auch dann, wenn – wie etwa in vielen Sirventesen – das grammatische «je» gänzlich fehlt.
3 Erich Köhlers Pastorela-Kapitel im *Grundriß der romanischen Literatur des Mittelalters* ist unter: http://www.freidok.uni-freiburg.de/volltexte/4230/pdf/Koehler_Pastorela.pdf als pdf-Dokument online lesbar.
4 Zur Pastourelle als Ich-Erzählung cf. meinen Beitrag zur Tagung *Von sich selbst erzählen. Historische Dimensionen des Ich-Erzählens* (Kloster Irsee, 30. September–2. Oktober 2013): *«L'autrier trobei la bergeira / que d'autra vez ai trobada». Die Pastourelle der Trobadors als Ich-Erzählung* (im Druck).
5 Wo nicht anders angegeben, zitieren wir der Einfachheit halber die Pastourellentexte nach Claudio Franchi (ed.), *Pastorelle occitane*, Alessandria, Edizioni dell'Orso, 2006; diese Edition, die auch viele pastourellenaffine Lieder aufnimmt, ersetzt Jean Audiau (ed.), *La pastourelle dans la poésie occitane du Moyen-Âge*, Paris, Boccard, 1923; cf. Franchi (2006b).

hen. Dafür gibt es genügend Beispiele vor allem in der Spätzeit, vor allem durch das Mittel der Überbietung: *Variatio delectat* – doch ist diese selbst in derartigen Fällen viel zu durchsichtig konstruiert, als dass sie in der Lage wäre, erzählerische Autorität herzustellen oder gar das Erzählte zu authentifizieren.

Es bleibt deshalb festzuhalten: Das initiale «L'autrier...» («l'autre jorn», «l'autre dia», «ogan» usw.)[6] liquidiert in seiner seriellen Verwendung seine eigentliche Funktion, das berichtete Geschehen bis an die Grenze zwischen Wahrscheinlichkeit und Wahrheit zu führen.[7] Mit ihm dekuvriert sich das Ich als ein gespieltes, sich selbst spielendes Ich, wie die Figur eines Schachspiels hier oder dort einsetzbar, ganz dem jeweiligen Pastourellenverlauf entsprechend einen erfolgreichen Zug nach dem anderen machend oder am Ende aus dem Spielfeld eliminiert, und nur die seltenere Gattungsvariante, bei der das erzählende Ich sich als objektiver Berichterstatter eines von ihm nur als Zeuge beobachteten[8] pastoralen Geschehens inszeniert, kann in einem gewissen Maß an Authentizität gewinnen und dadurch auch die auktoriale Autorität steigern, weil in diesem Fall das vom Ich wiedergegebene Geschehen als von subjektiven Implikationen frei präsentiert wird.

Allenfalls ist es möglich, durch den Zusatz genauerer Zeit- und Ortsangaben – letztere nach dem Muster von «En Alvernhe, part Lemozi», der Lokalisierung des skabrösen Abenteuers von Wilhelm IX. von Aquitanien (P.-C. 183,12, v. 13)[9] – zu versuchen, gegen das Topisch-Unverbindliche des «L'autrier» zu arbeiten. Die Präzisierung des «argumentum a tempore» und des «argumentum a loco» kann die Funktion übernehmen, dem berichteten Geschehen den Charakter des Einmaligen und Unvergleichlichen zu verleihen. Dass dabei die Zeitangaben in der Regel nur Pseudopräzisierungen aufweisen (Ostern, 1. April, Ende März, Ende April, 1. August usw.) und aus der topischen Reihe allenfalls einmal ein 5. April herausfällt («L'autrier, al quint jorn d'abril», anonyme Pastourelle, P.-C. 461,145,

---

6 Nur ganz wenige Pastourellen der Trobadordichtung, aber auch nur eine Minderheit der altfranzösischen Pastourellen, verzichten auf eine dieser gattungstypischen Eingangsformeln; cf. Schulze-Busacker (1978), die zu Recht darauf verweist, dass andere Gattungen sich anderer unbestimmter zeitlicher Eingangsformeln bedienen (Fabliau: «jadis» – Kanzone: «(lan)quan», «ans que», «el temps que» usw.).

7 Insofern ist der Deutung von Claudio Franchi nicht zuzustimmen, wenn dieser das «L'autrier» als Zeit begreift, «che si propone come verosimile, dove ciò che accade, anche se non è accaduto veramente, è proposto come reale [...]» (Franchi 2006b, *Pastorelle*, 15 und *Trobei pastora*, 120–122).

8 Wobei das Ich sich allenfalls in einem zweiten Liedteil aktiv einschaltet.

9 Pillet, Alfred/Carstens, Henry (edd.), *Bibliographie der Troubadours*, Halle, Niemeyer, 1933 (Repr. New York, Franklin, 1968). Hier und im Folgenden durch die Sigle «P.-C.» abgekürzt.

v. 1), überrascht nicht: In der Regel sind diese temporalen Situierungen Elemente des «exorde printanier» – mit der Funktion, ein erotisches Geschehen in freier Natur und in völliger Konkordanz mit der aus dem Winter wiederauflebenden, grünenden, knospenden und fröhlichen Natur einzuleiten, das einem dem 'Winter' der unbarmherzigen *domna* entflohenen Ritter zuteil wird oder werden soll.

Dienlicher ist die auch in den altfranzösischen Pastourellen zu beobachtende Präzisierung der Ortsangaben, also der Versuch, dem *locus amoenus* als Ort des Geschehens so weit wie möglich den Charakter der Unverwechselbarkeit zu verleihen: «Quant escavalcai l'autr'an / per lo chastel de Montigian»,[10] so beginnt eine anonyme Pastourelle (P.-C. 461,200) und mit den Versen «L'altrer, lo primer jorn d'aost, / vinc en Proensa part Alest», setzt eine Pastourelle von Giraut de Borneil ein[11] – Marcabru hatte sich in seiner «Gründungspastourelle» noch ganz auf das unspezifische «jost'una sebissa» beschränkt (P.-C. 293,30, v. 1), das in vielen anderen Pastourellen in äußerst zahlreichen, schier unerschöpflichen Varianten – und häufig in Kombination mit Ortspräzisierungen[12] – durchaus nicht zu kurz kommt («cost'una via», «pres d'un jardi», «per una ribeira», «pres d'un riu», «sotz un fau ombriu» usw.).

Vor allem spätere Trobadors mit mehr als einer Pastourelle haben offensichtlich versucht, durch Vermeidung des «L'autrier»-Exordiums und durch die Wiederaufnahme bestimmter Ortsangaben in Pastourellen-Zyklen, die als geschlossenes Ensemble Eingang in die handschriftliche Tradition fanden,[13] die Ich-Authentifizierung zur Autoritätssteigerung zu erhöhen – ein Zeichen dafür, dass die Erzähler von Pastourellen-Geschehen im späten 13. Jahrhundert sich vom unverbindlichen Cliché abzuheben versuchten und sich offenbar allein schon durch die Erweiterung der einzelnen Pastourelle zu einer Art Pastourellen-'Roman' eine besondere Betonung der erzählerischen Autorität versprachen: So lokalisiert Guiraut Riquier eine Pastourelle von 1276 mit «D'Astarac

---

10 Das Château de Monteian befindet sich in der Nähe von Angers, was Wiacek (1968, 140) entgangen ist; cf. die Abbildung in: http://gallica.bnf.fr/ark:/12148/btv1b6902053m [letzter Zugriff: 27. 01. 2014].

11 P.-C. 242,44, v. 1–2. Alest (Alès, dép. Gard) als Ort der (Begegnung mit der) Hirtin wird gegen Ende, in v. 63, Lobera (La Louvière, dép. Aude) als Ort der geliebten Dame entgegengesetzt. In seiner *memento mori*-Pastourelle lässt Johan Esteve (de Bezers) sein Ritter-Ich am 1. April von Olargues (dép. Hérault) her kommen (P.-C. 266,9, v. 3), also wohl in Richtung Béziers, also zu sich, dem Dichter-Ich, selbst.

12 Gerade diese Kombination markiert den lyrisch-narrativen Doppelcharakter der Pastourelle.

13 Von diesen Pastourellenzyklen abgesehen «non vi sono nei canzonieri trobadorici sezioni specifiche per il genere pastorella (come ve ne saranno invece nei manoscritti della lirica oitanica)» (Cepraga 2000, 830).

[dép. Gers] venia, / l'autrier vas la Ylla [L'Isle-Jourdain, dép. Gers] / pel camin romieu» (P.-C. 248,22, v. 1–3),[14] um in ihrer Fortsetzung von 1282, die in Saint-Pons de Tomières (dép. Hérault) situiert wird (P.-C. 248,15, v. 1), sich Hirtin – jetzt zur Herbergswirtin avanciert – und Dichter-Ich an ihr ehemaliges Treffen in «Ilha» (v. 63) im Herrschaftsbereich des Grafen von Astarac (v. 97–98) erinnern zu lassen. Ähnlich verfährt Cerveri de Girona im Pastourellen-Doppel P.-C. 434,7c – «Entre Lerida e Belvis» (v. 1, Provinz Lerida) – und P.-C. 434,7b – «Entre Caldes e Penedes, / pres de Santa Seglina» (v. 1–2, Provinz Barcelona).[15] In der zweiten Pastourelle, in der sich die Hirtin an die erste Begegnung «pres Belvis» (v. 14) erinnert, wird die Lokalisierung sogar insofern individualisiert, als Santa Seculina, eine Stadt bei Gerona, zum Machtbereich von Cerveri gehörte: Sie ist «lo loch que·l nobles reys cortes / me det» (v. 3–4). Allerdings: Wie derartige Lokalisierungen im Gegenteil spielerisch geradezu zur Deauthentifizierung eingesetzt werden können, zeigt eine andere (inkohärente, doch vorwiegend politische) Pastourelle von Cerveri de Girona (P.-C. 434,9a), deren Hirtin dem betrübten Ich 28 Lokalitäten der Region auflistet (str. II-III), deren Damen ihm helfen könnten, deren metonymische Ortsnamen indessen keineswegs alle mit Sicherheit identifizierbar sind (cf. Riquer 1947, 40). Ein authentifizierendes Signal könnte dagegen auch in der bereits erwähnten Pastourelle von Giraut de Borneil vorliegen, deren fiktives Ich sich dadurch an das reale Ich des Dichters adaptiert, dass es sich am Ende des «débat» auf die langjährige Dame Girauts, Escarogna,[16] wahrscheinlich die Ehefrau des Seigneur de l'Isle-en-Jourdain, ohne Verwendung eines Senhals beruft.[17]

Im «débat amoureux» sind die Authentifizierungsmöglichkeiten der an ihm Beteiligten zahlreicher – vor allem dann, wenn aus ihm ein «débat philosophique/sociologique» generiert wird. Diese Möglichkeiten zur Partikularisierung und Enttopisierung verteilen sich in der Regel ungleich auf die beiden Interlokutoren, wobei generisch prinzipiell keine Präferenz gegeben ist und im Übrigen

---

14 Gemeint ist die Via Tolosana, ein Zweig des Jakobswegs, aber nicht in Richtung Spanien, sondern in Richtung Toulouse. Die Hirtin kommt ebenfalls aus der Richtung «Compostella» (v. 21). Die Tatsache, dass Pilgerstraßen für alle Begegnungen bestens geeignet sind und Hirtin und Ritter sich offenbar auch in der anonymen Pastourelle P.-C. 461,200 auf dem Jakobsweg treffen (v. 1–4: «Quant escavalcai l'autr'an / per lo chastel de Montigian, / – escavalcai per Jacobin / qe mester en avia gran»), zeigt, wie topisch auch derartige Präzisierungen sind.

15 Belvis = Bellvís, Caldes = Caldas de Malavella, Penedes = Panedes.

16 «N'Escharonh' es guitz / de pretz» (v. 71–72).

17 Namen von realen Personen in Pastourellen mit politischer Thematik oder in solchen, in deren Tornadas real existierende Streitschlichter angerufen werden, gehören allerdings grundsätzlich nicht in unseren Zusammenhang.

die Gewichte sich im Verlauf des «débat» verschieben können. Die jeweilige Distribution folgt ganz der ideologischen, parodistischen oder allgemein spielerischen Intention des Dichters. So verleiht sich die Hirtin in Marcabrus Pastourelle gleich zu Beginn der Diskussion personale Autorität durch ein selbstbewusstes «Ben conosc sen o folia» (v. 24), mit dem sie ihre soziale Abgrenzung nach oben absichert, die der Ritter geradezu auf wohlfeile Weise durch die Erhöhung des Vaters der Hirtin zum «cavalers» (v. 31) und ihrer Mutter zum Oxymoron einer «corteza vilaina» (v. 32) so vergeblich auszuheben versucht, dass er sie in Vers 60 mit «tozeta vilaina» wieder zurücknimmt. Der Dichter lässt zur Legitimierung seiner ideologischen Position die Hirtin ihre Argumentation außerdem auf «drechura» (v. 78), «senz» (v. 82) und «mezura» (v. 83) stützen und sich auf die Weisheit der «Alten» berufen: «So ditz la genz anciana» (v. 84).[18] In Gavaudans Pastourelle P.-C. 174,4 gibt die Hirtin ihrer Rede Autorität durch den Verweis auf das Exempel Salomons (str. VI), dem seine «savieza» und sein «sen» nicht gegen die Macht der Liebe half (1. Könige XI, v. 1–3). Guillem d'Autpol lässt in P.-C. 206,3 seine Hirtin, die ihren Verstand («sen», v. 67) betont und welcher der Ritter (wenn auch ironisch) bescheinigt, klüger als Cato zu sein («trop sabetz mais de Cato», v. 81), den languedokischen streitbaren Prediger Petrus Johannes Olivi zitieren, um ihre Ablehnung des ritterlichen Liebesangebots zu begründen: «Que fraire Johans ditz fort / que delietz engenra mort» (v. 77–78).[19] Der Hirte der Pastourelle P.-C. 194,13 von Gui d'Ussel dagegen beruft sich auf ein (nicht erhaltenes) Lied von Maria de Ventadorn (v. 28–30) und erweist sich als Kenner der die Untreue der Damen beklagenden «malas chansos» des Dichters selbst (str. III). Bei der Besonderheit trobadoresker Pastourellen gegenüber den altfranzösischen verwundert die Präponderanz der Autoritätszeichen auf der Seite der Hirtenwelt nicht, die zwar nicht unmittelbar, aber dennoch indirekt auch die Autorität des Erzählers zu stabilisieren vermögen.

Interessant ist, dass neben Gui d'Ussel auch einige andere Pastourellendichter Authentifizierungssignale mit der Intention von Eigenwerbung – und diese dient eindeutig der Stärkung auktorialer Autorität – verknüpft haben. Dies gilt vor allem für Guiraut Riquier: Das Ich seines eine Art Canzoniere bildenden Pastourellenzyklus aus sechs Liedern mit immer derselben – wie ihre Tochter von Lied zu Lied alternden – Hirtin ist kein topischer Ritter auf der Suche nach einer

---

18 Die Lesart «anciana» scheint mir hier passender als «cristiana».

19 Olivi trat 1260/1261 in Béziers in den Franziskanerorden ein. Er war von der Bewegung der Spiritualen beeinflusst und geriet durch seine Annäherung an die Lehren von Joachim von Fiore immer wieder mit seinem Orden in Konflikt. Vers 77 bezieht sich auf die asketischen Auffassungen Olivis.

leichten Beute, sondern in ihm inszeniert sich der Trobador selbst. Seine Hirtin ist mit seinem dichterischen Werk voll vertraut, sie erkennt ihn an seinem Gesang, ja überall hört man seine Lieder: «Senher, on que·m vaya, / gays chans se perpara / d'En Guiraut Riquier» (P.-C. 248,49, v. 74–76). Bei neuen Begegnungen mit der Hirtin – zwischen ihnen liegen jeweils, nach Guiraut Riquiers Eigendatierungen, zwei bis neun Jahre – erkennt in der Regel die Hirtin das Ich zuerst wieder. In einer Pastourelle ärgert sie, die inzwischen verheiratet ist und ein Kind hat, den Dichter anfänglich damit, so zu tun, als erkenne sie ihn nicht wieder: «Senher, aital me dizia / En Guirauts Riquiers ab tensa» (P.-C. 248,50, v. 28–29). Hirtin und Dichter unterhalten sich gar über Guirauts Dame, auf deren Seite sich die Hirtin stellt – auch das Senhal «Belh Deport» wird als allseits bekannt markiert, ja es ist das Markenzeichen des Trobadors mit der Funktion einer Signatur der an diese Dame gerichteten Lieder. Und in der Pastourelle von Joyos de Tholoza (P.-C. 270,1) lässt der Dichter die Hirtin das Ich nach Namen und Herkunft fragen: «de Tolza, et ai nom Joyos» (v. 79). Doch vielleicht ist der Name dieses Trobadors, von dem nichts anderes überliefert ist, auch nur ein fiktiver und sprechender, der mit der in dieser Pastourelle dominanten Melancholie des Ich sein Spiel treibt.

Interessant ist weiter, wie gerade im Fall von Guiraut Riquier die Inszenierung literarischer Subjektivität als Mittel zur Authentifizierung bzw. Entfiktionalisierung eingesetzt werden kann: Was in seiner Pastourellenabfolge im Freien – auf der Weide oder auf der Straße – beginnt, endet in einer der Hirtin gehörenden Herberge. Die in Hs. C reproduzierten textexternen Datierungen Guirauts werden durch textinterne Angaben bestätigt: Wenn die Hirtin in der auf 1264 datierten Pastourelle P.-C. 248,32 angibt, das Ich bemühe sich um sie seit vier Jahren,[20] so stammt der erste Teil dieser sechsteiligen, die Zeit von 1260 bis 1282 umfassenden *Pastora*-Geschichte tatsächlich aus dem Jahr 1260. Zur Authentifizierung trägt wesentlich auch die schon erwähnte Identifizierung des ritterlichen Ichs als Dichter-Ich und – in den meisten Fällen – als namentlich individualisierbare bestimmte Dichterpersönlichkeit bei: Gui d'Ussels Pastourellen-Ich in P.-C. 194,14 reitet ohne festes Ziel, «un sonet notan» (v. 3) – und nur der Wachzustand unterscheidet ihn vom Dichter des «vers de dreyt nien» (P.-C. 183,7, v. 5–6: «qu'enans fo trobatz en durmen / sus un chevau»). In der Pastourelle P.-C. 194,13 desselben Trobadors kennzeichnet der ebenfalls ein (im Übrigen anzitiertes, möglicherweise von Gui selbst stammendes) Lied singende Hirte den Ritter unter Hinweis auf dessen liebes- und damenkritischen Lieder als Trobador und legt durch den Hinweis auf ein Lied Marias de Ventadorn die Identifizierung mit Gui d'Ussel nahe, mit der zusammen dieser eine Tenzone (P.-C. 295,1 = 194,9) gedichtet hat

---

20 «m'avetz en dezire / bien quatr'ans tenguda» (v. 47–48).

(Str. III). Die Nennung der Dichternamen durch Dritte in den Pastourellen-Zyklen von Cerveri de Girona und Guiraut Riquier wurde bereits erwähnt. Die verwendeten Senhals – auch in beiden Pastourellen Girauts de Borneil – kommen hinzu.

Da bislang lediglich von den Pastourellen*texten* ausgegangen wurde, kam die Steigerung von auktorialer Autorität durch das Mittel der *Interpretation* noch nicht zur Sprache. Diese darf indessen bei einem dichterischen Werk, das im Mittelalter in aller Regel vorgesungen wurde, nicht unberücksichtigt bleiben, wenn man sich vergegenwärtigt, dass – von Ausnahmen abgesehen (cf. Rieger 1987a) – das Ich des Liedtextes dem zeitgenössischen Rezipienten nicht als ein textgewordenes und als solches lesbares Ich kommuniziert wird, sondern sich ihm performativ-theatral – visuell-gestisch und vor allem auditiv – mitteilt. Mit anderen Worten: Es ist im Allgemeinen die Stimme eines Rezitators,[21] des Dichters selbst oder eines Jongleurs, die als eine Art Transmitter die Distanz zwischen jenem Text-Ich und den Augen und dem Ohr des Rezipienten zu überwinden hat, bevor die Einheit von *motz* und *son*, von der die Dichter so häufig sprechen, dessen (im Fall der Pastourelle narrativ organisierte) Sinnstiftungsaktivität initiieren kann. Das Ich des höfischen Lieds gelangt grundsätzlich immer als schauspielerisch vermitteltes Ich an einen Hörer, der dieses Ich während seiner «Reproduktion» im Rahmen der höfischen Festkultur,[22] die nicht zugleich als bloßes Spiel zu qualifizieren ist,[23] von daher als während der Performanz und durch diese vom Kollektiv abgehobenen, zu ihm eine Art Spannung aufbauenden Vertreter der höfischen Gemeinschaft und nicht allein als Individuum in seiner existentiellen Partikularität zur Kenntnis zu nehmen vermag.

Und dies unterscheidet wesentlich das Genre der Pastourelle von den meisten im eigentlichen Sinn narrativen Dichtungen: die Authentifizierung der Textsubstanz durch die unmittelbare, d. h. durch eigene Partizipation sichergestellte Augen- und Ohrenzeugenschaft der vergangenes Geschehen wiedergebenden Stimme (mit all ihren Persuasionsinstrumenten und mimisch-gestischen Hilfsdiensten) – eine Stimme, die auch vergangene Rede und Gegenrede erinnert und reproduziert. Es ist diese authentizitätsstiftende Stimme, der die auktoriale Autorität die wichtigste Stärkung verdankt – nicht zuletzt dadurch, dass sie, als Stimme des erzählenden Ich, in der Performanz die Macht und Verfügungs-

---

21 Zur Bedeutung der Stimme cf. u. a. Zumthor (1984).

22 Zum Rahmen des höfischen Festes cf. Rieger (1987b); französische Fassung in Rieger (1997, 89–110).

23 Liebesideologische Probleme «durchzuspielen» heißt nicht, mit ihnen lediglich zu «spielen» – auch nicht in einem rein intellektuellen Spiel. Zu den vorstehenden Überlegungen cf. Rieger (2011).

gewalt auch über die Stimmen des erzählten Ich und der Interlokutoren besitzt. Die Gestaltung des Ein-Schauspieler-«mimodrame» ist auch auf der Ebene der Darbietung weitgehend frei, im Übrigen variabel.

Allerdings liegen in diesem Sachverhalt zugleich wieder die Grenze und die Infragestellung der Gestaltung und Stärkung von Autorität und von sie stützender Authentizität begründet – eine Infragestellung, die sowohl grundsätzlich bereits im performativen System, der Mediatisierung einer dichterischen *enuntiatio* durch schauspielerische Darstellung, selbst begründet ist, als auch vom Performator ganz bewusst, etwa (selbst-)parodistisch, in Gang gesetzt werden kann. Der Spielcharakter führt dazu, dass – wie im Textgeschehen des «débat amoureux» auch – immer nur die «Möglichkeit» von Autorität und Authentizität «vorgespielt» wird, diese indessen immer wieder auf ihre realen Beschränkungen zurückgeführt werden kann. Die mittelalterlichen Rezipienten dürften beides erwartet haben: Herstellung von Autorität und ihre zumindest gelegentliche, rezeptionell aber immer mögliche Zurücknahme. Beides als ein unaufhörliches Mit- und Ineinander ist aber die Grundvoraussetzung dafür, dass das Publikum die Leistung des Dichters (Text) und Sängers (Darbietung vor Publikum) auf der Ebene *ästhetischer* Autorität anzuerkennen vermag – genauso wie es in der Liebeskanzone keine künstlerische Gestaltung subjektiven Erlebens, auch keine bloße künstlerische Inszenierung und Zurschaustellung von fiktiver, aber in jeder Hinsicht unverwechselbarer Subjektivität im modernen Sinn erwartet, sondern die möglichst geglückte, durchaus auch «originelle» künstlerische Umsetzung und Konstitution einer *möglichen* gesellschaftlichen Konstruktion von Subjektivität, einer ästhetischen Rolle, eines Rollenwechsels oder einer Rollenkombination, mit (wenn auch nicht unbegrenzten) Ausgestaltungsmöglichkeiten im Rahmen eines soziokulturellen Codes und damit auch mit der Möglichkeit in erster Linie ästhetischer Erfahrung. Was für die Pastourelle gilt, muss natürlich nicht in gleichem Maß auf andere Genera der Trobadors zutreffen. Dass für den frühen 'vers' und das Sirventes andere Bedingungen gegeben sind, dass hier der Autoritätsherstellung eine andere, in der Regel weniger spielerische, sondern vor allem polemisch-propagandistische und persuasive Funktionen zukommen, ist einleuchtend (cf. Rieger 1976). Dennoch sind auch sie von der angesprochenen Ambiguität nicht ganz frei.

Bei kaum einem Trobador ist – außerhalb der Gattung der Pastourelle – diese Ambiguität deutlicher zu beobachten als bei Wilhelm IX. von Aquitanien, dem 'ersten' Trobador, der zugleich vielleicht derjenige ist, bei dem die Pätzoldschen «individuellen Eigentümlichkeiten» der Trobadors (cf. Pätzold 1987) – jenseits der generischen Variabilität – am meisten und am deutlichsten ins Auge fallen und damit verbunden auch die Intensität des autoritativen Gebarens besonders groß sein dürfte. Zu ihm, in dessen Liedern soziale und ästhetische, aber auch erotische Autorität immer wieder ineinander übergehen, deshalb abschließend ein paar Worte:[24] Ein Mittel zur Herstellung und Steigerung von Autorität, das in der zweiten Generation insbesondere von Marcabru im moral- und sozialkritischen 'vers' gerne eingesetzt werden wird, nämlich die die geäußerten Thesen, Rügen und Appelle bekräftigende Namenssignatur der Lieder,[25] findet sich beim Grafen von Poitou noch nicht. Er bedarf dieses Mittels eigentlich auch nicht als ein hocharistokratischer Dichter, der sich in P.-C. 183,4 als feudalherrlicher Richter inszeniert, der sich in einem (natürlich «pro domo ideologico» konstruierten) Streitfall von einer allzu streng bewachten Dame um ein Urteil angehen lässt («una domna s'es clamada de sos gardadors a mei», v. 3) und mit seiner mehrfach variierten Einschätzung und seinen Appellen seine eigene Norm, die er aus seiner persönlichen Erfahrung und seiner Kenntnis der weiblichen Natur ableitet, so zu restabilisieren sucht, dass er als ein authentischer Ohren- und Augenzeuge des sozialen Lebens («de novellas qu'ai auzidas et que vei», v. 2) in Zukunft möglichst wenig beunruhigt werden wird (cf. Rieger 1978).

Wie «gab»-ähnlich einige Lieder Wilhelms IX. geartet sind, braucht nicht eigens betont zu werden. Das berühmte Pilgerlied des incognito ein skabröses Abenteuer provozierenden und grandios bestehenden Feudalherrn, das nicht theoretisch, sondern empirisch die ideologische Position des Autors verifiziert und für deren hundertundachtundachtzigfache Bestätigung er sogar einige «malavegz» in Kauf nimmt (str. XIV), spricht ebenso eine deutlich autoritative Sprache wie etwa Lied P.-C. 183,2. In diesem die Glorifizierung seines «auctor» übersteigernden Lied («qu'ieu port d'aiselh mestier la flor», v. 4) preist das Ich seine eminenten dichterischen Talente ebenso an wie seine erotisch-sexuelle Kunstfertigkeit und hat es gar nicht nötig, zu deren Bestätigung auf andere Autoritäten zu verweisen als auf sich und sein Produkt selbst – «e puesc ne trair lo vers auctor» (v. 6)[26] – «qu'ieu ai nom maistre certa» (v. 36) – «qu'ieu soi be d'est

---

24 Zitiert wird nach der Ausgabe Guglielmo IX d'Aquitania, *Poesie*, ed. Nicolò Pasero, Modena, S. T. E. M. Mucchi, 1973.

25 Man vergleiche etwa die durch den Binnenrefrain-Vers «Escoutatz» verstärkte Signatur in P.-C. 293,18 (v. 65: «Marcabrus, fills Marcabruna») oder die erste Strophe von P.-C. 293,9: «Aujatz de chan, com enans'e meillura, / e Marcabrus, segon s'entensa pura, / sap la razon e·l vers lassar e faire / si que autr'om no l'en pot un mot traire». Sehr deutlich auch der Beginn von P.-C. 293,35: «*Pax in nomine Domini!* / Fetz Marcabrus lo vers e·l so. / Aujatz que di [...]». Cf. die betreffenden Lieder in *Poésies complètes du troubadour Marcabru*, ed. Jean-Marie-Lucien Dejeanne, Toulouse, Privat, 1909, 77, 37, 169.

26 Auch in P.-C. 183,11 wird zur Begründung des ästhetischen Selbstlobs in Strophe VII («et ieu meteus m'en lau», v. 41) in den beiden Tornadas auf den «vers» selbst als Garant verwiesen: «sia·l prezens / mos vers, e vueill que d'aquest lau / me sia guirens», v. 44–46, 48–50).

mester, so·m va, / tant ensenhatz» (v. 39–40), mit der Zusammenfassung: «que be·n sai gazanhar mon pa / en totz mercatz» (v. 41–42). In diesem aus einem «bon obrador» (v. 3) hervorgegangenen «gab» des poetisch-erotischen, kraftmeiernden Handwerkers, der alles weiß, die Welt in all ihrer Gegensätzlichkeit genauestens kennt und deshalb zu allen Glanzleistungen fähig ist,[27] wird zugleich die selbstparodistische Infragestellung des «gabar» und «vantar» eigener Autorität als deren zwangsläufige, vor allem performative Implikation deutlich. Und dies umso mehr, als die mit dem einschränkenden «pero» einsetzende Strophe VII sogar die Möglichkeit der Niederlage bei einem «joc grosser» (v. 45) eröffnet, es dem die Herausforderung annehmenden Sexprotz allerdings sogleich wieder gelingt, seine Potenz im sexuellen Würfelspiel zu reaktivieren. Dass dagegen im völlig anders gearteten Lied P.-C. 183,8 des «trovatore bifronte»[28] die Kunst des «gabar» geradezu in Abrede gestellt wird – «Eu, so sabetz, no·m dei gabar / ni de grans laus no·m sai formir» (v. 7–8) –, vermag sogar den selbstparodistischen Charakter jener Lieder Wilhelms IX. nahezulegen, die sich zumindest vordergründig und solange das Prinzip der Reziprozität, des «do ut des» gilt, auf Thema und Substanz der trobadoresken Liebesideologie einlassen.

Unter diesem Gesichtspunkt wird gerade bei Wilhelm IX. ein Aspekt der Herstellung von Autorität evident, der bei späteren Trobadors eher selten ist und der selbstverständlich ebenfalls etwas mit der herausragenden sozialen Position des Dichterfürsten zu tun hat: das gekonnte ironische Spiel mit dem Rezipienten. Sind die in der Regel apodiktischen Aussagen in den meisten Liedern in erster Linie dazu angetan, an der Autorität des Trobadors keinen Zweifel aufkommen zu lassen, so überschreitet die häufige Geste der Übersteigerung immer wieder die Grenze zu selbstparodistischer Autoritätsminderung. Außerdem werden dem Hörer gelegentlich auch Signale offeriert, die ihm erlauben könnten, das Spiel des Dichters mit seinen Rezipienten zu durchschauen. Ein Beispiel dafür ist das bekannteste Companho-Lied (P.-C. 183,3): Das Ich des Dichters und Sängers macht den seiner Autorität auch im Zeitpunkt und im Rahmen der Performanz untertanen Zuhörern von Anfang an klar: Dieser «vers» ist «covinen» (v. 1), an ihm ist nichts auszusetzen, auch wenn – oder besser: gerade weil in ihm «foudatz» und nicht «sen» das Übergewicht zukommt. Wer ihn nicht begreift und nicht gerne auswendig lernt, ist ein «vilan» (v. 4). Die Zuhörer werden alles tun, um nicht zu dieser Gruppe zu gehören. Der Trobador hat sie auch damit im Griff, dass er ihnen –andeutungsweise bereits mit der Benennung des Dilemmas

---

27 Cf. die Strophen II und III, die wie eine Positivierung des *Vers de dreit nien* aussehen und dennoch nichts anderes meinen dürften als dieser.
28 Immer noch erhellend: Rajna (1928).

in Vers 9[29] – die Rolle von wichtigen Ratgebern zuweist («Cavalier, datz mi conseill d'un pensamen», v. 22), ohne die das Dilemma nicht zu lösen sei, denn der Dichter selbst ist, wie er bekennt, so ratlos wie noch nie («anc mais no fui eissaratz de cauzimen: / re no sai ab cal me tenha [...],» v. 23–24). Wie wenig mit dieser inszenierten Rat- und Hilflosigkeit ein Autoritätsverlust dessen verknüpft ist, der sonst so selbstsicher, ja apodiktisch alles zu wissen verkündet, und wie wenig der Performator seiner Hörerschaft mit dieser sie aufwertenden Rollenzuweisung als unverzichtbare Ratgeber des Herrn Autorität zu attribuieren beabsichtigt, hätten die «companho» bereits in Vers 18 erkennen können: Das in «Cofolen» aufgezogene, an Schönheit nirgendwo übertroffene Pferd «non er ja camjatz, ni per aur ni per argen». Mit anderen Worten: Liebe Mannen, nehmt mir doch einmal die schwierige Entscheidung ab, falls ihr nicht merkt, dass ich mich längst gegen die Wahl als solche entschieden habe, da das angebliche Dilemma für mich gar keines ist. Indem Wilhelm IX. dies im letzten Dreizeiler durch die feudale Blume zum Ausdruck bringt, stellt der Dichter-Herzog auf den beiden miteinander korrelierten Ebenen der realen Machtverhältnisse und der Poesie seine zunächst, aber nur spielerisch-scheinbar in Frage gestellte Autorität voll und ganz wieder her: Genauso wie er sich weder für Gimel noch für Niol entscheiden wird, da beide ihm untertan und treu ergeben sind, so sieht er auch keine Veranlassung, auf Agnes oder Arsen zu verzichten: «De Gimel ai lo castel e·l mandamen / e per Niol fauc ergueill a tota gen: / c'ambedui me son jurat e plevit per sagramen» (v. 25–27). Natürlich: Die «companho» des Trobadors haben zweifellos den Trick ihres Herrn durchschaut. Ihn zu erkennen, vermag indessen am ungleichen Verhältnis der auktorialen Autorität des Ich zur rezeptionellen Autorität der «vos» nichts zu ändern, an die sich doch letztlich die im Kontext der trobadoresken Liebeskonzeption unverfänglich klingende Aufforderung zum sozialen Gehorsam gegenüber allen «estranhs» und «vezis» richtet: «Obediensa deu portar / a maintas gens, qui vol amar» (P.-C. 183,11, v. 27, 31–32).[30]

Ein Lied Wilhelms IX. dagegen zeichnet sich dadurch aus, dass es die Unterordnung der Autorität des Dichter-Ich – bei unverminderter Fokussierung des Interesses auf dieses Ich – unter eine andere, stärkere Autorität demonstriert: das sogenannte 'Bußlied', das aber völlig ohne Buße auskommt, oder 'Abschiedslied', oder auch eine Art antizipierter Planh des Dichters auf sich selbst (P.-C. 183,10).[31] Der nahe Tod bedeutet Relativierung der eigenen Autorität, Erkenntnis der

---

29 «ma no·ls puesc tener amdos, que l'uns l'autre non consen».

30 Dazu, auf zahlreichen Studien zu Wilhelm IX., etwa von Erich Köhler, aufbauend, Mancini (1984).

31 Cf. dazu die Einschätzung des Herausgebers Pasero (1973, 272–274).

eigenen Schwäche, Trauer über den Verlust, Angst vor dem Ungewissen, Notwendigkeit von Bedauern über möglicherweise getanes Unrecht,[32] aber auch Rückschau in das selbstbestimmte Leben voller «orgueill» (v. 34). Er bedeutet vor allem (im Lied selbst von Strophe zu Strophe) wachsende Anerkennung einer höheren Autorität, derjenigen Gottes, die bislang in Wilhelms Leben und Dichten eine eher marginale Rolle gespielt haben dürfte. Dabei kann von Reue, ein ganzes Leben lang seine eigene Autorität ausgelebt zu haben, keine Rede sein. Doch ihre Zeit wird binnen kurzem zu Ende sein:

> «Et ieu irai m'en a Cellui
> On tut peccador troban fi.
>
> Mout ai estat cuendes e gais,
> mas Nostre Seigner no·l vol mais.
>
> E pos Dieu platz, tot o acueill,
> e prec Li que·m reteng' am Si.» (v. 27–28, 29–30, 35–36).

Mit anderen Worten: Der «maistre certa» Wilhelm, der sich seiner Autorität auch dann immer bewusst war, wenn er sie in sein poetisches Spiel einbrachte, und der, «totius pudicitiae ac sanctitatis inimicus» (Gros 1885, 213, Anm. 4), sich immer wieder in einer gewissen Analogie zu göttlicher Autorität zu situieren wagte, fügt sich am Ende des Lebens dem wahren «maistre certa» der Welt,[33] aus dessen «obrador» auch eine Art poetische Leistung, eben diese Welt hervorgegangen ist. Die für die Lieder Wilhelms in dieser Dichte ungewöhnlichen Authentizitätssignale dieses 'vers' aber dienen hier paradoxerweise der Stärkung einer Autorität, die dabei ist, sich selbst zu liquidieren.

Bibliographie

Primärliteratur

Bibliographie der Troubadours, edd. Alfred Pillet/Henry Carstens, Halle, Niemeyer, 1933 (Repr. New York, Franklin, 1968).
Guglielmo IX d'Aquitania, *Poesie*, ed. Nicolò Pasero, Modena, S. T. E. M. Mucchi, 1973.

---

32 «Per merce prec mon conpaignon: / s'anc li fi tort, qu'il m'o perdon» (v. 21–22).
33 Cf. dazu einige (wenngleich nicht durchweg überzeugende) Überlegungen von Meneghetti (2006).

Pastorelle occitane, ed. Claudio Franchi, Alessandria, Edizioni dell'Orso, 2006 (= Franchi 2006a).
La pastourelle dans la poésie occitane du Moyen-Âge, ed. Jean Audiau, Paris, Boccard, 1923.
Poésies complètes du troubadour Marcabru, ed. Jean-Marie-Lucien Dejeanne, Toulouse, Privat, 1909.

Onlinequellen

http://gallica.bnf.fr/ark:/12148/btv1b6902053m.

Sekundärliteratur

Cepraga, Dan Octavian, *Sistema dei generi e dinamiche compilative: la posizione della pastorella nei canzonieri occitanici*, Critica del gesto 3 (2000), 827–870.
Fernandez Pereiro, Nydia G. B., *Originalidad y sinceridad en la poesía de amor trovadoresca*, La Plata, Instituto de Filología, 1968.
Franchi, Claudio, *Trobei pastora. Studio sulle pastorelle occitane*, Alessandria, Edizioni dell'Orso, 2006 (=2006b).
Gros, Geoffroy le, *Vita Bernardis abbatis de Tironio*, in: Camille Chabaneau (ed.), *Histoire générale du Languedoc*, vol. 10: *Les Biographies des troubadours en langue provençale*, Toulouse, Privat, 1885.
Jeanroy, Alfred, *La poésie lyrique des troubadours*, vol. 2, Toulouse/Paris, Privat, 1934.
Köhler, Erich, *Pastorela*, in: Hans Robert Jauss/Erich Köhler (edd.), *Grundriss der romanischen Literaturen des Mittelalters*, vol. 2: *Les genres lyriques*, t. 1, fasc. 5 Heidelberg, Winter, 1979, 33–43; als PDF unter http://www.freidok.uni-freiburg.de/volltexte/4230/pdf/Koehler_Pastorela.pdf.
Mancini, Mario, *Guglielmo IX «esprit fort»*, in: Mario Mancini, *La gaia scienza dei trovatori*, Parma, Pratiche, 1984, 59–76.
Meneghetti, Maria Luisa, *«Maistre (Certa)»: niveaux de savoir et conception du monde chez Guillaume IX d'Aquitaine*, Critica del testo 9 (2006), 765–773.
Pätzold, Alfred, *Die individuellen Eigentümlichkeiten einiger hervorragender Trobadors*, Marburg, Elwert, 1897.
Rajna, Pio, *Guglielmo conte di Poitiers, trovatore bifronte*, in: *Mélanges de linguistique et de littérature offerts à A. Jeanroy*, Paris, Droz, 1928, 349–360.
Rieger, Dietmar, *Gattungen und Gattungsbezeichnungen der Trobadorlyrik. Untersuchungen zum altprovenzalischen Sirventes*, Tübingen, Niemeyer, 1976.
Rieger, Dietmar, *Der «gardador» zwischen Roß und Zelter. Überlegungen zum 2. «Companho»-Lied Wilhelms IX. von Aquitanien*, Zeitschrift für romanische Philologie 94 (1978), 27–41.
Rieger, Dietmar, *«Senes breu de parguamina»? Zum Problem des «gelesenen Lieds» im Mittelalter*, Romanische Forschungen 99 (1987), 1–18 (= 1987a).
Rieger, Dietmar, *«Par devant lui chantent li jugleor». Mittelalterliche Dichtung im Kontext des «Gesamtkunstwerks» der höfischen Mahlzeit*, in: Irmgard Bitsch/Trude Ehlert/Xenja von

Ertzdorff (edd.), *Essen und Trinken in Mittelalter und Neuzeit*, Sigmaringen, Thorbecke, 1987, 27–44 (= 1987b).

Rieger, Dietmar, *«Par devant lui chantent li jugleor». La poésie médiévale dans le contexte du «Gesamtkunstwerk» du repas courtois*, in: Dietmar Rieger, *Chanter et Dire. Études sur la littérature du Moyen Age*, Paris, 1997, 89–110.

Rieger, Dietmar, *Norm und Störung. Zum Verhältnis «lyrischer» und «narrativer» Verfahren in der mittelalterlichen Lieddichtung Frankreichs*, in: Hartmut Bleumer/Caroline Emmelius (edd.), *Lyrische Narrationen – narrative Lyrik. Gattungsinterferenzen in der mittelalterlichen Literatur*, Berlin/Boston, De Gruyter, 2011, 103–119.

Rieger, Dietmar, *«L'autrier trobei la bergeira/que d'autra vez ai trobada». Die Pastourelle der Trobadors als Ich-Erzählung*, in: *Von sich selbst erzählen. Historische Dimensionen des Ich-Erzählens* (Kloster Irsee, 30. September–2. Oktober 2013) (im Druck).

Riquer, Martín de (ed.), *Obras completas del trovador Cerverí de Girona*, Barcelona, Instituto Español de Estudios Mediterráneos, 1947.

Schulze-Busacker, Elisabeth, *L'exorde de la pastourelle occitane*, Cultura Neolatina 38 (1978), 223–232.

Unzeitig, Monika, *Autorname und Autorschaft: Bezeichnung und Konstruktion in der deutschen und französischen Erzählliteratur des 12. und 13. Jahrhunderts*, Berlin/Boston, De Gruyter, 2010.

Wiacek, Wilhelmina M., *Lexique des noms géographiques et ethniques dans les poésies des troubadours des XIIᵉ et XIIIᵉ siècles*, Paris, Nizet, 1968.

Zumthor, Paul, *Essai de poétique médiévale*, Paris, Éditions du Seuil, 1972.

Zumthor, Paul, *La poésie et la voix dans la civilisation médiévale*, Paris, Presses Universitaires de France, 1984.

Ernstpeter Ruhe
Die Kunst der Authentifizierung

Der Philosoph Sydrac als Autor

Ein einsilbiges Wort stand am Anfang einer Wissenschaft, die seit der Spätantike immer wortreicher geworden ist: die der Literatur und ihrer Geschichte. Das kleine, aber folgenreiche Wort war das Interrogativpronomen «Quis». Die Frage nach dem Wer, dem Autor, leitete die Erläuterungen ein, die Texten und ihren Kommentaren im Mittelalter vorangestellt wurden, um über das Werk zu informieren.

Vor einem halben Jahrhundert ist diese Frage erneut aktuell geworden. Kaum hatte Michel Butor 1960 an den Schluss seines Romans *Degrés* die Frage gestellt: «qui parle?» (Butor 1960, 389), als Michel Foucault im ebenfalls letzten Satz seines Essays *Qu'est ce qu'un auteur* mit der rhetorischen Gegenfrage antwortete «Qu'importe qui parle?»[1] und Roland Barthes (1968) sogar provokativ in die Debatte warf, dieses Wesen genannt der Autor sei tot.

Wie bei allen kühnen Schneisen, die in althergebrachte Meinungsbestände geschlagen werden, haben diese Essays den heilsamen Effekt gehabt hat, mit ihren Thesen eine lebhafte Diskussion anzustoßen und den Blick für ein neues Hinsehen zu schärfen. Die Mediävistik hat sich hieran von Anfang an mit vielen Beiträgen beteiligt. Bei aller Fülle des inzwischen Erreichten bleibt gültig, womit sich schon ein Autor des 13. Jhs angesichts der großen Leistungen von Chrétien de Troyes fürs eigene Dichten rüstete: «tot est dit,/ Fors ce qui de novel avient».[2] Was für Huon de Méry Chrétien war, der Riese, von dessen Werk aus man nunmehr nach Neuem Ausschau zu halten hatte, ist für uns die bereits zusammengetragene, umfangreiche Forschungsliteratur, die ein gutes Fundament für weitere Entdeckungen und Differenzierungen in dem weiten Feld mittelalterlicher Autorschaft bildet.

Auctor und *auctoritas* – was sprachlich so eng verwandt ist, ist im Mittelalter auch in der Sache immer aufs engste miteinander verknüpft gewesen, ja bedingt sich gegenseitig: Um *auctor* zu sein, muss man *auctoritas* haben, und

---

1 Foucault (1969, 104). Foucault weist den Satz zu Beginn seines Vortrags als Zitat von Beckett aus: «Le thème dont je voudrais partir, j'en emprunte la formulation à Beckett: ‹Qu'importe qui parle, quelqu'un a dit qu'importe qui parle.›»; cf. hierzu im Detail Hartling (2009, 116–124).
2 Huon de Méry, *Le tournoi de l'Antéchrist*, edd. Georg Wimmer/Stéphanie Orgeur, Orléans, Paradigme, ²1995, 36, v. 8–9.

um *auctoritas* zu haben, muss man *auctor* sein. *Auctor* im vollen Sinne ist nur Gott, und bei ihm liegt auch die höchste Autorität («notitia autem Dei, qui veritas est sola, [...] praebet auctoritatem»[3]). Am nächsten kommen ihm die Menschen, denen er seinen Geist eingegeben hat, wie die Propheten des Alten Testaments. Ihre *auctoritas* leitet sich aus der göttlichen Offenbarung ab (*revelatio*), denn sie ist das sicherste Fundament, das es gibt: «auctoritas enim ex revelatione est, revelatio autem firmissimum fundamentum est quod haberi potest.»[4] Nach dem schönen Bild des 44. Psalms gleicht die Zunge des Propheten «dem Griffel des flinken Schreibers» («lingua mea calamus scribae velociter scribentis», Ps 44,2). Menschliches Schreiben jedweder Thematik kann an dieser *auctoritas* teilhaben, indem sie sich auf sie stützt, und so selbst zur zitierfähigen Autorität werden. In der Rückkehr an den Ursprung aller Kreativität, und sei diese Beziehung noch so ausgedünnt, kann sich immer wieder neu der aus *auctor* und *auctoritas* gebildete Kreis schließen.

Die Übertragung dieses Fundierungs- und Beglaubigungsverfahrens auf andere Textbereiche war einfach zu bewerkstelligen und bot vielfache Möglichkeiten bis hin zur spielerischen Nutzung, wie der Fall von Huon de Méry zeigt: «tot est dit» – in der Welt des Romans sei von der alles überragenden Autorität Chrétien alles gesagt worden? Diesem «solus Chrétien creator» lässt Huon die kleine Einschränkung folgen: ja, alles, «außer allem Neuen», und macht sich dann ans heitere Antichrist- bzw. Anti-Chrétien-Turnieren (cf. Ruhe 1989).

Unser Vorhaben ähnelt dem des mittelalterlichen Jenseitsreisenden insofern, als der Gegenstand, den wir behandeln, ebenfalls eine besondere Beziehung zum Thema der Autorität unterhält. Wenn die Sektionspräsentation von Susanne Friede und Michael Schwarze zurecht von der Annahme ausgeht, «dass mittelalterliche Literatur grundsätzlich auf normative Konzepte referiert, deren exemplarischer Gültigkeitsnachweis den einzelnen Text wesentlich legitimiert», so wird auch unser Fallbeispiel diesen Befund bestätigen, und sogar mit einer besonders umfassenden Authentifizierung, ihn zugleich aber auch mit diesem Aufwand umso wirkungsvoller subvertieren. Was zur Selbsterhöhung des Autors und seines Werks dienen soll, kann – so zeigt sich – genauso gut auch zum Gegenteil der gründlichen Auslöschung des Selbst führen, die in unserem Fall gezielt angestrebt wird, zum Besten des eigenen Werks. Der Autor entzieht sich so für immer in die Anonymität, hinterlässt hierbei aber Spuren beachtlicher Kunstfertigkeit, entsprechend der, die Sokrates wie folgt definiert in Valérys Dialog *Eupalinos ou*

---

3 Albertus Magnus, *Opera omnia*, vol. 18, *Praefatio in librum Baruch*, ed. Auguste Borgnet, Paris, Vivès, 1893, 355–356.
4 Ibid., 355.

l'architecte: Die Dichter «inventent des tours et des prestiges, qui sont comme la jonglerie de la raison.»[5] Es ist das treffende Motto für die folgenden Ausführungen, geht es doch genau um das Erfinden von Prestige und das Jonglieren mit viel Raisonnablem.

König und Philosoph

Unsere Fallstudie gilt dem enzyklopädischen Lehrdialog *La Fontaine de toutes sciences* des Philosophen Sydrac, einem voluminösen Werk aus der zweiten Hälfte des 13. Jahrhunderts, das bis in die Mitte des 16. Jahrhunderts eine außerordentliche Verbreitung erfuhr.[6] Die Forschung hat lange einen weiten Bogen um den Text gemacht, nicht nur weil er so umfangreich und dazu auch noch in zwei Fassungen überliefert ist, einer kürzeren und einer längeren, wobei die letztere auch bis in die Mitte des 16. Jahrhunderts als Vorlage für die zahlreichen Drucke diente –, sondern vor allem weil er von den wenigen, die sich seit dem 19. Jahrhundert über ihn gebeugt hatten, reichlich mit abfälligen Urteilen bedacht worden war: Langlois – um nur ihn zu zitieren, der sich immerhin die Mühe einer ausführlichen Inhaltsanalyse machte –, fand in ihm «une détestable logorrhée d'homme sans instinct et sans culture littéraire ni autre», kurz: das Werk eines «sot» (Langlois 1926, 199 und 214).

Machen wir uns selbst an die Lektüre, die gleich mit einer Überraschung beginnt. Denn statt nüchtern den Wissensstoff auszubreiten, wie man dies von einem enzyklopädischen Text erwartet, wird erst einmal erzählt. Das Werk ist doppelt gerahmt: In einem ersten Prolog wird die peripetienreiche Geschichte der Entstehung und Tradierung des Werks entfaltet. Auf die anschließende Inhaltsangabe mit dem Register der Hunderte von Fragen, die behandelt werden, folgt ein weiterer Prolog mit einer Geschichte, die weit umfangreicher entwickelt wird. Sie erzählt, wie der lange Dialog zwischen König Boctus und dem «philosophe et astronomien» Sydrac durch Probleme beim Bau einer Festung ausgelöst wurde, von der aus Boctus das benachbarte Königreich an den Grenzen Indiens erobern wollte; Sydrac wird geholt, weil der Turm immer wieder einstürzt, findet die

---

5 Valéry, Paul, *Oeuvres*, ed. Jean Hytier, Paris, Gallimard, Editions de la Pléiade, t. II, 1960, 79–147, hier 132.

6 Der Text wird im Folgenden zitiert nach unserer Ausgabe *Sydrac le philosophe, Le livre de la fontaine de toutes sciences. Edition des enzyklopädischen Lehrdialogs aus dem XIII. Jahrhundert*, ed. Ernstpeter Ruhe, Wiesbaden, Reichert, 2000. Im Folgenden wird der Text als *Livre de Sydrac* abgekürzt.

Ursache dank des Astrologiebuches von Noah, das ihm weitervererbt wurde, und provoziert durch seine Ablehnung der Anbetung der Boctus-Götter eine Auseinandersetzung, in der er durch die Machtbeweise seines Gottes und das Sichtbarmachen der Trinität den König vom rechten Glauben zu überzeugen beginnt. Am Ende aller über 1200 Fragen, die Boctus zur Religion und zu vielen Wissensgebieten stellt und beantwortet bekommt, bekehrt er sich und siegt über das Nachbarreich. Abschließend wird noch kurz das Leben der Protagonisten bis zu ihrem Tod in biblischem Alter evoziert. Der letzte Satz stellt lakonisch fest, dass sich nach dem Ableben der beiden alles als vergeblich erwiesen habe: «par l'enging du diable» seien alle bekehrten Völker zum alten Götzenglauben zurückgekehrt.[7]

Ein überraschender Anfang, ein überraschender Schluss, mit dem alles zunichte wird – wie steht es nach diesem großen narrativen Aufwand und dem langen Frage-Antwort-Spiel mit der Antwort auf unsere Anfangsfrage «Qui parle?» Wir werden sehen, dass sich hier die gleiche Struktur des Gebens und Nehmens, des Konstruierens und des Dekonstruierens wiederholt.

Alles scheint zunächst ganz einfach, denn vom Incipit an gibt es einen klar benannten Autor, den Philosophen Sydrac; dazu bietet der erste Prolog viele Informationen zu ihm und seinem Werk, und diese Vorstellung des Autors gehorcht auch noch den genau geregelten Bedingungen seriöser Texterschließung im Mittelalter. Aber er wird sich bei genauerem Hinsehen als ein besonders komplexes Wesen erweisen, denn die Fülle der Informationen, die alles tut, um eine auktoriale Präsenz genau zu konturieren, führt letztlich zu einer zentralen Leere, zur geschickt verdeckten Absenz des Autors.

Um jeden Verdacht mangelnder Authentizität auszuschließen, werden die einschlägigen Verfahren der Zeit zur Legitimierung von Werk und Autor angewendet, die so geradezu lehrbuchartig gebündelt erscheinen. Für ihre hier zu unternehmende Analyse erweist sich Jean-François Lyotards Essay *La condition postmoderne* mit dem weniger bekannten Untertitel *Rapport sur le savoir* (1979) als hilfreich, der zwei Formen von Wissen unterscheidet: einerseits «le savoir narratif», das traditionelles, konsensuelles Kulturgut tradiert und hierfür die Form des «récit» wählt («Le récit est la forme par excellence de ce savoir» [Lyotard 1979, 38]), und andererseits das «savoir scientifique», das auf Innovation, auf die Entdeckung des Unbekannten ausgerichtet ist, typisch für die heutige Zeit, die von einer grundlegenden «incrédulité à l'égard des métarécits» (Lyotard 1979,7), d.h.

---

7 Später versucht der Teufel auch, die Verbreitung des *Livre de Sydrac* zu verhindern, scheitert aber an Gottes Wachsamkeit, cf. 2, Prol. 1, § 5: «Et ce livre d'une gent a autre aprés la mort du roi Boctus vint au povoir d'un grant home de Caldes; et aprés .i. grant tens par l'atrait du deable le vot ardoir, et Dieu ne vot pas que il fust perdus».

der Skepsis gegenüber den «großen Erzählungen», den großen, totalisierenden Denkmodellen geprägt ist.

Geteiltes Wissen: «Le savoir narratif»

Wie gut der erste Begriff auf die Rahmengeschichte des *Livre de Sydrac* anwendbar ist, ist unmittelbar evident. Die Erzählung vom Zusammentreffen des Philosophen mit dem König umschließt die Szene umfassender Wissensvermittlung. Sie entspricht der für «le savoir narratif» typischen Form der «récits», die nach Lyotard «définissent [...] ce qui a le droit de se dire et de se faire dans la culture, et, comme ils sont aussi une partie de celle-ci, ils se trouvent par là même légitimés» (Lyotard 1979, 43). Der anonyme Autor des Lehrdialogs steigert diese Legitimierung, indem er verschiedene, zentrale Erzählstoffe der Zeit im Geschehen um Sydrac kombiniert und seinen Helden damit erst recht mit der Aura des Verbürgten und Vertrauten umgibt.

Die Begegnung von König Boctus mit dem Philosophen Sydrac versetzt uns mit dem Thema der Götzenanbetung und der Bekehrung zum christlichen Glauben in die Welt des Alten Testaments, in der dieses Thema zentral ist.[8] Der anonyme Autor tut alles, um diesen Zusammenhang zu suggerieren, indem er bestimmte Assoziationen nahelegt. Da ist der Name Sydrac, der an das Weisheitsbuch des Jesus Sirach erinnert. Da ist vor allem aber Shadrach, in der Vulgata Sidrach genannt, einer der Begleiter des Propheten Daniel. Daniel selbst wird sich als besonders fruchtbare Filiation erweisen (cf. hierzu im Einzelnen Ruhe 2007). Mit großer Raffinesse wird alles getan, um die Identität von Sydrac mit dem Propheten zu suggerieren. Sydrac ist dazu Prophet in einem noch viel umfassenderen Sinne als Daniel, denn Gott hat ihm die Gabe gegeben, alles zu wissen, was sich über das Kommen Christi bis zum Ende der Welt ereignen wird. Diesen Zuwachs an Verfügung über die Zukunft verdankt Sydrac der Verwandtschaft mit einer zentralen Figur der Artusliteratur, in der Gott Merlin *pooir et sens* gegeben hatte *de savoir les choses qui estoient a avenir*.[9] Auf diese Quelle geht auch das Thema des Turms zurück, der immer wieder einstürzt, bis Merlin bzw. Sydrac die Verzauberung lösen und der Bau hält.[10]

---

8 Cf. z. B. *Exodus* 32,20; *Numeri* 25; 1 *Regum lib* (1 *Samuel*) 7,3; 2 *Paralipomenon* 14, 3; 15,8, 15,16.
9 Robert de Boron, *Merlin, Roman du XIIIe siècle*, ed. Alexandre Micha, Genève, Droz, 1979, 50.
10 Cf. im einzelnen zur Rolle des Merlin im *Livre de Sydrac* Ruhe (2007, 68–70 und 72–73). – Die prophetische Gabe Sydracs bestimmt auch den Dialog mit Boctus, und an keiner Stelle etabliert sich auch nur annähernd so etwas wie ein gleichwertiges Verhältnis der Gesprächspartner, wie

Die Suche nach den Kräutern, mit denen der Zauber gelöst werden sollte, bringt schließlich noch einen anderen großen Erzähltext ins Spiel: Es ist die im Mittelalter weitverbreitete Fabelsammlung *Kalila und Dimna*, die auf einen indischen Fürstenspiegel zurückgeht.[11] In ihr mündet die Suche nach Kräutern in den Bergen Indiens in die Liebe zur Weisheit, in Bekehrung und schließlich in ein neues Buch, das an die Tradition des Lehrdialogs anschließt. Das ist genau die Grundstruktur der Ereignisse um König Boctus.[12]

Das «savoir narratif» ist nach Lyotard «une composante immédiate et partagée [...] des [...] jeux de langage dont la combinaison forme le lien social» (Lyotard 1979, 46). Die Analyse des narrativen Rahmens des *Livre de Sydrac* bestätigt diesen Befund in eindrucksvoller Weise. Der für das Mittelalter grundlegende «métarécit» der christlichen Religion ist das Denkmodell, das die drei großen Bekehrungsgeschichten aus Bibel, Artusroman und Fabelsammlung verbindet,

---

dies Connochie-Bourgne beschreibt: «Le dialogue rompt avec la parole prophétique. Celui qui apprend est mis sur le même plan que celui qui sait. Une égalité est postulée. Un échange interactif s'instaure du fait que la raison parle en chacun des deux protagonistes. Le maître n'est plus que celui qui a reçu un savoir» (Connochie-Bourgne 2006, 126).

11 Dieses Weisheitsbuch ist benannt nach den beiden Schakalen, die im ersten Kapitel eine wichtige Rolle spielen. Es ist auf seinem Weg in den Okzident vielfach übersetzt worden (ins Syrische, Arabische, Persische, Hebräische, Türkische und Griechische). In der zweiten Hälfte des 13. Jhs, als der *Livre de Sydrac* entstand, war es in Westeuropa vor allem in zwei Versionen verbreitet: einer spanischen von ca. 1251 aus der Umgebung von Alfons X dem Weisen, und einer lateinischen, die zwischen 1263 und 1278 von Johannes von Capua angefertigt wurde (cf. hierzu die Edition von Geissler 1960). *Kalila und Dimna* verbindet mit dem *Livre de Sydrac* über das oben Ausgeführte hinaus auch die Anlage als Dialog zwischen König und Weisem, den der König jeweils in einem Buch aufschreiben lässt. Im Prolog wird darüber hinaus das Thema vielfacher Übersetzungen angesprochen, wie dies auch im *Livre de Sydrac* geschieht, cf. hierzu im Folgenden S. 67 f. – Zu *Kalila und Dimna* als Quelle des *Sydrac* cf. zuletzt den Hinweis bei Burton (1998, xlvi).

12 Zugleich ist in *Kalila und Dimna* die allegorische Deutung explizit gemacht, die im *Livre de Sydrac* implizit enthalten ist und vom Leser selbst erschlossen werden muss. Denn nachdem Boctus mit seinem Heer nach Indien ins Grüne Rabengebirge aufgebrochen war, dort die Hundskopfmenschen besiegt und so ihr kräuterreiches Land erobert hatte, sind eben diese Kräuter vergessen. Als am Ende der Turm im Namen der Trinität hochgemauert werden kann und nicht mehr einstürzt, wird klar, dass das den Zauber lösende «Kraut» der rechte, christliche Glaube war, zu dem sich Boctus mittlerweile bekehrt hat. Der Name des Orts, an dem das Kraut zu finden sein sollte, hätte allerdings den Leser frühzeitig auf die richtige allegorische Idee bringen können: Es ist *la Montaingne verte dou corbiau, la ou le corbbiau que Noe envoia descouvrir le deluge et trova la charoigne et s'assist* (*Livre de Sydrac*, 41, Prol. 2, § 12), also der Ort, mit dem sich in *Genesis* 8, 8 das Ende der Sintflut ankündigt, das Gott für alle Zeiten den ewigen Bund mit allem Lebendigen stiften lässt (*Gen* 9, 1–17). Er ist das allen heidnischen Zauber auflösende Kraut, in dessen Besitz sich Boctus, ohne es zu wissen, mit seiner Bekehrung gebracht hat.

die zur Fiktion um die Figur des Sydrac kombiniert werden. Es ist narratives Wissen der Zeit, das zum Fundus der Kultur gehört und dessen Legitimität nicht in Frage steht.

Für alle drei miteinander raffiniert verschränkten Geschichten und der aus ihnen geformten um Sydrac und Boctus gilt, was Lyotard zur Definition des «savoir narratif» anführt: «Les récits [...] déterminent des critères de compétence et [...] en illustrent l'application» (Lyotard 1979, 43). Der lange Dialog zwischen Sydrac und Boctus, der in die Rahmengeschichte des zweiten Prologs eingebettet ist und ihr Zentrum ausmacht, entwirft genau dies: eine Idealszene der Wissensvermittlung, nachdem die Kompetenzfrage in der Interaktion zwischen den beiden Protagonisten beantwortet ist. Der Belehrende, gestützt auf ein Buch allerhöchster Deszendenz, symbolisiert das Wissen in seiner Totalität. Der Belehrte, als König höchster Repräsentant weltlicher Macht, unterstellt sich dem Philosophen (cf. Ruhe 2003, bes. 73). Dieser Dialog wird erst möglich, nachdem eine andere Hierarchie geklärt ist, die für die Epoche grundlegend ist, die zwischen Religion und Wissen: Der «mécréant» muss erst für den Glauben an die Trinität gewonnen werden, damit auf diesem Fundament das Gebäude der für ihn neuen, christlichen Kultur aufgerichtet werden kann.

Typisch für das «narrative Wissen» ist nach Lyotard die Kombination von Einheit und Vielheit, von einer «perspective d'ensemble», die die Kompetenzen bündelt und ordnet, deren Kriterien im «récit» in einer «pluralité de jeux de langage» entfaltet werden. Er illustriert dieses Fazit mit einer Reihe von Beispielen:

> «trouvent aisément place dans le récit des énoncés dénotatifs, portant par exemple sur ce qu'il en est du ciel, des saisons, de la flore et de la faune, des énoncés déontiques prescrivant ce qui doit être fait quan(d)[t] à ces mêmes référents ou quant à la parenté, à la différence des sexes, aux enfants, aux voisins, aux étrangers, etc. [...]» (Lyotard 1979, 39).

Diese Auflistung der verschiedenen Sprechweisen und Themen liest sich, als sei sie geradezu im Hinblick auf das *Livre de Sydrac* verfasst worden, so genau passen die Elemente auf diesen mittelalterlichen Lehrdialog.

Geprüftes Wissen: «Le savoir scientifique»

Die ganz auf die Postmoderne ausgerichtete Konzeption des «savoir scientifique» bei Lyotard lässt sich naturgemäß nicht direkt auf die uns hier interessierende Epoche übertragen. Begreift man aber «scientifique» im Sinne der Zeit, so zeigt sich, dass sich der *Livre de Sydrac* fest im Zentrum des Wissenschaftsbetriebs verankert, indem er sich gleich zu Beginn – unter der Oberfläche einer Fülle von angedeuteten Geschichten verborgen – an dessen spezifischem Authentifizierungsverfahren ausrichtet: Es handelt sich um die Tradition der sogenannten *accessus ad auctores*, den einleitenden Ort mittelalterlicher Kommentare, an dem über die uns hier beschäftigende Problemstellung von Autorschaft und Autorität reflektiert wurde, denn die Identität und Bedeutung des Autors ist entscheidend für die Legitimität des so eingeleiteten Werks. In diesem Kontext – so unsere These – argumentiert der *Livre de Sydrac* auf der Höhe seiner Zeit, des späten XIII. Jahrhunderts, die gerade zu *auctor* und *auctoritas* ein sehr differenziertes Instrumentarium entwickelt hatte.

Im Gegensatz zur Leistung der Pluralität, wie sie sich soeben für das narrative Wissen im Falle des *Sydrac* eindrucksvoll bestätigt, zeichnet sich wissenschaftliches Wissen nach Lyotard durch Exklusivität aus:

> «Le savoir scientifique exige l'isolement d'un jeu de langage, le dénotatif; et l'exclusion des autres. Le critère d'acceptabilité d'un énoncé est sa valeur de vérité. [...] On est donc [...] scientifique si l'on peut proférer des énoncés vérifiables ou falsifiables au sujet de référents accessibles aux experts» (Lyotard 1979, 45s.).

Der erste Prolog des *Livre de Sydrac* entstammt dieser Welt der Experten, wie die Protokollnotiz im Schlussabsatz erläutert (§ 12): Ein Gremium von «maistres et clers» habe im Jahr 1243 das Buch in Toledo geprüft und das Ergebnis ihrer Prüfung in diesem Prolog festgehalten. Als Ergebnis dieses Eingriffs des Kontrollgremiums wird ein perfekter *accessus ad auctores* präsentiert, dessen Regelkonformität sich allerdings bei genauerem Hinsehen als durchaus brüchig erweisen wird.

Zur Charakterisierung der *accessus*-Tradition sei hier zunächst kurz Folgendes ins Gedächtnis gerufen:[13] Im Rahmen des mittelalterlichen Schul- und Universitätsunterrichts kam den *accessus ad auctores* die Funktion zu, als Einleitung der für die Lehre relevanten Werke die Fragen zu Autor und Text zu beantworten, eine Faktensammlung, die eine wichtige Etappe in der Vorgeschichte der Literaturgeschichtsschreibung darstellt, wie sie sich im modernen Sinne seit dem Ende des 18. Jhs entwickelte. Den *accessus* lag eine systematische Struktur zugrunde, die mehr oder weniger differenziert sein konnte. Remigius von Auxerre, Verfasser

---

13 Zu den *accessus* cf. die einschlägigen Publikationen von Quain (1945; ein leicht überarbeiteter Nachdruck erschien in Buchform 1986) und Huygens (1953, 296–311, 460–484; eine überarbeitete und erweiterte Fassung erschien 1970). – Zur Verwendung des *accessus ad auctores* in der zeitgenössischen Enzyklopädie *Le livre du Tresor* von Brunetto Latini cf. Meier (1988, bes. Kap. 2: Das Accessusschema, 335–342).

vieler grundlegender Kommentare zu für den Lehrbetrieb einschlägigen Texten, unterschied drei verschiedene Schemata, die zu seiner Zeit bekannt waren (Remigius lebte von ca. 841 bis ca. 908):[14] Vier Fragen seien zu Beginn eines jeden Werks zu stellen, die nach der Person des Autors, dem Ort, an dem er lebte, und der Zeit seines Schaffens, schließlich die nach der *causa scribendi*, dem Anlass der Abfassung: «Qvatvor sunt requirenda in initio uniuscuiusque libri: persona uidelicet, locus, tempus et causa scribendi.» Früher (*apud antecessores*) seien sieben Fragen üblich gewesen: *quis, quid, ubi, quibus auxiliis, cur, quomodo, quando*, d. h. die nach dem Autor, nach dem Text, nach dem Ort der Abfassung, nach den Quellen, nach dem Anlass der Abfassung, nach der Form (ob in Prosa oder Vers abgefasst), schließlich die nach der Abfassungszeit. Heute aber, *apud modernos*, würden nur noch drei Fragen gestellt: «uita poete, titulus operis et ad quam partem phylosophiae spectet», die nach der Biographie des Autors, nach dem Titel seines Werks und die nach der Zuordnung zu einem der drei Teile der Philosophie,[15] «in physicam, in lo[g]icam, in ethicam» (cf. Ruhe 1968, 19, Anm. 4).

Im zweiten Drittel des 13. Jahrhunderts – also kurz vor der Abfassungszeit des *Livre de Sydrac* – ist im Gefolge der Aristoteles-Rezeption ein neues *accessus*-Schema hinzugetreten, das nach den vier Ursachen eines Werks fragte, dem Autor als *causa efficiens*, dem Thema als *causa materialis*, der Form als *causa formalis* und schließlich dem Ziel und Nutzen des Werkes, der *intentio*, als *causa finalis*. Hierzu konnten aus den älteren Modellen z. B. Fragen nach dem *titulus operis* hinzutreten sowie die, wie es im Spektrum der Wissenschaften einzuordnen sei («ad quam partem phylosophiae spectet»). Der Prolog des Gelehrtengremiums aus Toledo zum *Livre de Sydrac* orientiert sich an einem solchen Mischtypus des Fragenschemas der *accessus ad auctores*-Tradition, wie die folgende Analyse zeigen soll.

Causa efficiens (*Quis*; *vita poetae*): Am Anfang stehen die Ausführungen zur Biographie Sydracs, seiner Abstammung aus dem Geschlecht von Noahs Sohn Japhet[16] und der besonderen Gabe, mit der ihn Gott ausstattete, nämlich alles

---

14 Cf. zum Folgenden Ruhe (1968, 16–19). Die oben folgenden Zitate finden sich auf den Seiten 17–18.

15 Die Differenzierung der Fragenschemata von *antiqui* und *moderni* wird in der Forschung immer erst Bernhard von Utrecht zugewiesen, von dem sie Conrad von Hirsau in seinem *Dialogus super auctores* übernommen habe, cf. so den Editor des *Dialogus* Huygens (Huygens, Robert B. C., *Conrad de Hirsau, Dialogus super auctores*, Berchem-Bruxelles 1955, 19), der Bernhard deshalb «toute la renommée d'originalité» zuschrieb. Die obigen Zitate belegen, dass diese Originalität in Wirklichkeit Remigius von Auxerre zukommt, cf. hierzu auch Ruhe (1968, 18, Anm. 1).

16 Die Angabe von Connochie-Bourgne (2006, 122), Sydrac sei «patriarche, fils de Japhet», beruht auf einem Missverständnis: Sydrac entstammt lediglich der «generacion de Jafem, fis de

zu wissen, was vom Anfang der Welt bis zu seiner Zeit sich ereignet hatte – für die das Jahr 847 nach Noahs Tod angegeben wird und somit die Frage nach dem *quando* oder *tempus* zwar nicht für den *Livre* selbst, aber für die Lebenszeit von Sydrac beantwortet wird – und von da ab bis zum Ende der Welt. Gott ließ Sydrac außerdem die besondere Gunst zuteil werden, die Form der Trinität sehen zu dürfen, die dann Sydrac zur Konversion eines heidnischen Königs nutzen konnte. Darüber hinaus ließ ihn Gott alles über die Astronomie wissen sowie überhaupt alles «de toutes choses esperitueles et corporeles» (Prol. 1, § 3).

Die Autorfunktion erscheint damit einfach und umfassend präzisiert zu sein, sie erweist sich aber in Wirklichkeit durch mehrfache Differenzierungen als sehr komplex. Sie präsentiert sich einerseits als eine dreifach gegliederte Kette von Autoren als *causae efficientes*, ganz so wie sie sich in Bibelkommentaren des 13. Jhs, etwa bei Albertus Magnus, Heinrich von Gent, Bonaventura oder Thomas von Aquin finden lässt. An oberster Stelle steht Gott als *causa prima*: Er ist es, der «empli Sydrac de toutes sciences», er «daigna li demoustrer la sainte trinité».[17] Denn, so könnte man mit einem zentralen Satz der Kommentarliteratur der Zeit fortfahren: «Solus ergo deus proprie potest dici auctor huius scientiae.»[18] Der Mensch Sydrac, dem Gott dieses Wissen eingegeben hat, ist die *causa efficiens secunda*, entsprechend der Formulierung Heinrichs von Gent, dass die von Gott inspirierten Menschen wahre, wenn auch sekundäre Autoren genannt werden müssen («veri licet secundarii debent dici auctores»), schrieben sie doch aufgrund des Wissensschatzes, der ihnen eingegeben worden sei («ex thesauro artis sibi infusae»).[19]

Unser Lehrdialog differenziert an dieser Stelle noch weiter, indem er auf die nächsten *accessus*-Fragen nach der *causa finalis* (*cur* oder *causa scribendi*) und dem *titulus operis* zu sprechen kommt: Als Schreibanlass wird die Begegnung mit dem König angeführt, der Sydrac «por aucunes besoignes» hatte holen lassen, die nicht weiter erläutert werden, da sie ja in diesem Buch noch erzählt würden; es sei ja schließlich nicht sinnvoll, die gleiche Sache zweimal zu erzählen. Boctus habe Sydrac viele Fragen gestellt und da die Antworten ihm sehr gefallen hätten, alles in einem Buch aufschreiben lassen. Diesem Buch habe Boctus den Titel *Le*

Noe» (*Livre de Sydrac*, 1, Prol. 1, § 2). Zu Japhet und seinen Kindern, vor allem seinem Sohn Arie-maf, cf. den Beginn des der Astrologie gewidmeten Teils des *Livre de Sydrac* (Frage 960, 315–316).
17 *Livre de Sydrac*, 1, Prol. 1, §§ 2 und 3.
18 Henricus Gandensis, *Summa quaestionum ordinarium*, vol. 1, ed. Josse Bade, Paris, 1520 (Nachdruck St. Bonaventure, New York, The Franciscon Institute, 1953), fol. 71v, zit. nach Dahan (1999, 42, Anm. 1).
19 Zit. nach Dahan (1999, 42, Anm. 1).

livre de la fontaine de toutes sciences gegeben, und das sei das Buch, das der Leser jetzt vor sich habe (Prol. 1, § 4).

Die Untergliederung der *causa efficiens secunda*, die mit der Unterscheidung zwischen dem von Gott Inspirierten, der mündlich sein Wissen vermittelt, und dem, der es erfragt und aufschreiben lässt, ähnelt der Differenzierung einer *triplex causa efficiens*, die Bonaventura in seinem Kommentar zum *Buch der Weisheit* vornimmt zwischen Gott als Inspirator, der inventio-Gabe Salomos und dem Kompilator Philo, «sapientissimus Iudaeorum», der alles aufschrieb.[20] Der *Livre de Sydrac* geht hier zugleich noch einen Schritt weiter, indem er vor die Verschriftlichung eine Situation der Mündlichkeit eingeschaltet hat mit dem Dialog zwischen König und Philosoph. In die Dreier-Kette der *causae efficientes* ist dementsprechend eine vierte Instanz eingefügt mit Boctus als Mitautor, der durch seine Fragen die Antworten Sydracs provoziert. Da ihm so endlich sein Wissensdurst umfassend gestillt wird, gibt er entsprechend zufrieden den Auftrag zur Verschriftlichung und lässt das so entstandene Werk überschreiben als *Le Livre de la fontaine de toutes sciences*. Es bleibt in den Titelrubriken der Handschriften und Drucke immer ausschließlich mit dem Namen Sydrac verbunden, entsprechend der bescheideneren Rolle des Königs.

Blickt man im Lichte dieser ausgefeilten Autoren-Differenzierung auf die Bibelkommentare zurück, so fällt auf, dass in unserem Text die Unterscheidung zwischen den prinzipiellen *causae efficientes* durch die Einführung der oralen Vermittlungsszene verdoppelt worden ist. Unterschieden die Kommentare immer zwischen der auktorialen Erstinstanz Gott, dem unbeweglichen Beweger («causa efficiens [...] quia movens et non mota») und den von ihm Inspirierten wie David oder Salomon als bewegte Beweger («causa efficiens [...] movens autem et mota»),[21] so finden wir das gleiche Verhältnis auf der menschlichen Ebene wieder zwischen Sydrac, dem von Gott Bewegten, der den König zu Fragen und Glauben anregt, und Boctus, dem von Sydrac in seinem Heidenglauben Erschütterten, der selber nicht nur den Philosophen zum Antworten bringt, sondern auch als ein vom Dialog Bewegter schließlich den *scriptor* mit dem Aufschreiben beauftragt.

Im ersten Prolog enden damit die Informationen zum Autor. In der folgenden Rahmengeschichte wird aber noch ein weiterer Schritt zur Differenzierung

---

20 Bonaventura, *Opera omnia*, vol. 6, ed. Quaracchi, 1893, 108: «Notandum quod triplex est causa efficiens huius libri: prima per modum inspirantis, scilicet Deus [...] Secunda causa efficiens per modum invenientis est ipse Salomon [...] Proxima causa efficiens per modum compilantis fuit Philo, sapientissimus Iudaeorum [...].» Zit. nach Dahan (2001, 258, Anm. 15).
21 Albertus Magnus, *Opera omnia*, vol. 15, *Commentarius in primam partem psalmorum*, ed. Auguste Borgnet, Paris, Vivès, 1892, 5, zit. nach Dahan (2001, 258).

getan und eine Intertextualitätsperspektive als fünfte *causa efficiens* eröffnet. Es erscheinen nämlich zwei Mitautoren, die Sydrac ein wichtiges Buch hinterlassen haben, aus dem er schöpft. Denn Gott hatte schon Sydracs Vorfahren Noah und dessen Sohn Japhet die Geheimnisse der Astronomie übermittelt, die beide in einem Buch festhielten, das nun der Philosoph besitzt und in dem er die Lösung für das Rätsel des immer wieder einstürzenden Turms findet. Damit ist das Quellenproblem in dem Punkt angesprochen, der als besonders heikel gelten musste, denn die ausgedehnte Darlegung der Astrologie im *Livre de Sydrac* ist die erste, die in französischer Sprache vorgelegt wurde, was sicher zum großen Erfolg der *Fontaine de toutes sciences* beitrug (cf. Ruhe 2011). Entsprechend hoch werden die Autoritäten angesetzt, die dieses Wissen legitimieren und die wieder die gleiche, uns schon bekannte Kette von *causae efficientes* bilden, die von Gott als Inspirator zum Buch führt, das von den inspirierten Menschen – Noah und Japhet in diesem Fall – aufgeschrieben wurde.

Kehren wir zu dem Punkt zurück, an dem der Titel des Werks spezifiziert wurde. Die umfangreichen Ausführungen, die sich anschließen (§ 5–8), scheinen auf den ersten Blick nicht in dieses Schema zu passen; ihr Sinn erschließt sich erst am Ende der langen Passage. Geschildert wird mit vielen beglaubigenden Details die lange Tradierungsgeschichte des *Livre* seit dem Tode von Boctus, die vom fernen Osten und der Zeit des Alten Testament dann mit dem Kommen Christi nach Spanien führt, wo das Buch vom Griechischen ins Lateinische übersetzt[22] und vom spanischen König sehr geschätzt wurde, der es auf Wunsch des Herrschers von Tunis für diesen ins Arabische übersetzen ließ, bis später Kaiser Friedrich II. von dem Buch erfuhr und wieder für die Rückübersetzung vom Arabischen ins Lateinische sorgte; von dieser habe sich Theoderich, der Philosoph des Kaisers, heimlich ein Privatexemplar anfertigen lassen, das er später dem Patriarchen von Antiochia zum Geschenk machte, der es lebenslang benutzte. Einer seiner Kleriker, ein Jehan Pierre de Lyon, habe schließlich eine Kopie angefertigt und den Text wieder dorthin gebracht, wo die Geschichte des ins Lateinische übersetzten Textes einst begonnen hatte: «Ensi revint arriere a Tolete, [...]» (Prol. 1, § 8).

Die auffällige Kreisstruktur dieser Rezeptionsgeschichte gibt zu denken, denn sie passt perfekt – nur zu perfekt, möchte man sagen – zu dem Ort, an dem dieser Prolog von dem Gremium von Experten verfasst worden sein soll. Ihre Intervention wird durch den Ort legitimiert, an den dieser Text im Jahr 1243 angeblich

---

22 Diese Angabe, die ebenso fiktiv ist wie alle anderen, wird bei Connochie-Bourgne (2006, 123), als wahrscheinlich den Fakten entsprechend eingestuft: «le grec semble bien être la langue originelle puisque la première mention de traduction précise [...].»

wieder zurückgekehrt war und dies wohl wieder in griechischer Sprache, so dass er erneut übersetzt werden musste, eine Tätigkeit, für die Toledo in seiner Zeit berühmt war. Von ihm aus habe die Wirkungsgeschichte im Mittelmeerraum ihren Anfang genommen, und von ihm aus – so wird suggeriert – soll das Buch nun, geprüft und gebilligt von den «maistres et clers» dieser Stadt, in eine neue Erfolgsgeschichte starten. Diese Erwartung erscheint nur konsequent nach dem Schicksal, das dem *Livre de la fontaine de toutes sciences* seit dem Tod des Boctus angeblich über viele Jahrhunderte hinweg zuteil wurde und ihm immer begeistertes Interesse bei den Spitzen der geistlichen und weltlichen Hierarchie und bei führenden Intellektuellen sicherte, bei Erzbischöfen, Patriarchen, Kaisern, arabischen Herrschern und Philosophen.

Wie perfekt der Kreis konstruiert ist und wie genau mit ihm auch die *accessus*-Struktur eingehalten wird, verrät sich erst im letzten Satz, den man ob seiner Kürze nach der langen Stationenliste der Tradierungsgeschichte leicht überlesen kann:

> «Ensi revint arriere a Tolete, et si sont translaté de lui plusors de bons livres en autrui non de que ce livre ne l'a pas cescun.» (§ 8)

Der Kreis erweist sich damit als ein doppelter, denn die Überlieferungsgeschichte, die mit der Übersetzung aus dem Griechischen von Toledo nach Toledo führte, stand – wie sich nunmehr zeigt – im Dienste der Diskussion um den *titulus operis* («Le roi [...] li mist non ‹Le livre de la fontaine de toutes sciences›, ce est ce livre», § 4), die erst hier abgeschlossen wird, wie die Wiederaufnahme der Formel «ce livre» unterstreicht («ce livre ne l'a pas cescun», § 8). Die lange Geschichte von der Wanderung des Textes durch Zeiten und Räume war präsentiert worden als eine der vielfachen Wandlung durch Übersetzung. Dieses Schicksal habe das Buch, heißt es nun abschließend, erneut nach seiner Rückkehr nach Toledo erfahren, und zwar insofern, als viele gute Bücher als Übersetzungen aus dieser Quelle geflossen seien. Da diese Übersetzungen andere Titel bekommen hätten, habe nicht jeder «ce livre», das den Toletaner Magistern beim Verfassen ihres Prologs vorliegt so wie es dies für alle späteren Leser tat und bis heute tut, denn dieser Prolog ist fester Bestandteil der *Fontaine de toutes sciences*.

Hinter dem komplizierten, weil sehr knapp formulierten Satz verbirgt sich ein raffiniertes literarisches Spiel. Die Magisterrunde möchte unterschieden wissen zwischen dem Original des *Livre de Sydrac* und Büchern, die unter anderem Titel aus diesem Buch übersetzt worden sind. Diese Bücher – so kann man ergänzen – weisen notwendig starke Ähnlichkeiten mit dem Original auf, sind aber eben nicht mit ihm identisch. Insofern täuschen sich Leser, die solche Übersetzungen benutzen und glauben, sie hätten das Original vor sich.

Der Prolog sagt uns nicht, um welche Übersetzungen es sich handeln soll. Wir können die Lücke heute teilweise füllen. Denn hier wird ein originelles ironisches Spiel mit der Originalität getrieben, das die Verhältnisse auf den Kopf stellt.[23] Leser konnten in der Tat andere Bücher besitzen, in denen das Gleiche stand wie im Sydrac, ohne dass sie damit *La fontaine de toutes sciences* besaßen, und diese Bücher hatten auch in der Tat andere Titel wie z. B. *Le Lucidaire*, *L'Image du monde*, *Le Secré des secrés* oder *Le Miroir du Monde*: Es handelt sich um Quellen, aus denen die *Fontaine de toutes sciences* schöpfte und von denen es noch einige mehr gegeben haben dürfte, die zu identifizieren bleiben.[24]

Der *accessus* könnte damit traditionsgerecht abgeschlossen sein, und der Prolog endet denn auch mit der Bitte an Gott, dass der Text in Zukunft an Personen geraten möge, die «puissent entendre et retenir ce que il dit et metre le en heuvre a salvation du cors et de l'ame. Amen.» (§ 8) Es folgen dann aber doch noch zwei Teile. Der erste, mit dem Fachbegriff *argument* als Inhaltsangabe ausgewiesen (§§ 10–11), ist ein Nachtrag zur Frage des *Quid*, der *causa materialis*, des im Dialog behandelten Stoffs. Die lange Reihung der immer nur äußerst kurz angetippten Themen, die zugleich eine gewisse Ordnung stiftet, versucht, der Fülle des enzyklopädischen Lehrdialogs wenigstens ein bisschen gerecht zu werden. Sie macht in ihrer Länge zugleich die Ausgliederung des *argumentum* aus dem eigentlichen Prolog verständlich. Darüber hinaus bereitet sie den abschließenden Teil vor, in dem eben dieses Problem der Ordnung des Stoffs von zentraler Bedeutung ist.

In coda veritas

Im letzten Absatz (§ 12) geben sich die «maistres et clers» aus Toledo als Autoren des Prologs und des «argument» zu erkennen und stellen ihren Text wiederum nach dem Verfahren des *accessus ad auctores* vor, also eine Art Meta-*accessus*, mit Datum («En l'an de Nostre Seignor Jhesu Crist .m.ij.c.xliij. furent fait le prologue et l'argument de cest livre»), Ort («a Tolete»), Autorangabe («par plusors maistres et clers») und Schreibanlass. Der Ton ist herablassend-distanziert, gekonnt auf das spezifische Milieu der Gebildeten abgestimmt: Die Kleriker verhehlen nicht, dass viel Nachsicht mit dem alten Text nötig ist, da er ihrer Welt der

---

23 Ein vergleichbarer Fall findet sich im *Roman d'Ipomédon* von Hue de Rotelande, der im Epilog den Thebenroman, zu dem er mit seinem Text eine Vorgeschichte erfindet, als nach seinem Werk entwickelt ausgibt, cf. Mora (2001, 224).

24 Zu den zitierten Quellen des *Livre de Sydrac* cf. Wins (1993, bes. 45–51).

Gebildeten eigentlich unwürdig ist, aber doch, weil nützlich für die Laien («des gens au monde»), durchgehen kann.[25]

Zum Text mussten sie drei Entscheidungen treffen entsprechend der Rolle des Gremiums einzugreifen, wo das von ihnen begutachtete Werk dies erfordert. Da war zunächst Klarheit zu schaffen bezüglich der Person des Sydrac. Obwohl Gott ihm die Gabe gegeben habe, das Kommen Christi zu prophezeihen («de profetizier de la venue de Jhesu Crist», §12), hätten sie ihn nicht als Propheten eingestuft, da «le sage Sydrac» Philosoph sei.[26] Die Argumentation dreht sich auffällig im Kreis und läuft auf eine Tautologie hinaus (Ein Philosoph ist Philosoph und kein Prophet). Diese leichtfüßige Art, ein Problem zu erledigen, macht erst recht auf das Problem aufmerksam, das mit der Sydrac-Figur in der Tat gegeben ist, wird sie doch – wie wir sahen – in der Rahmengeschichte einem Propheten (nach dem Vorbild Daniels und Merlins) aufs äußerste angenähert, ohne dass der letzte Schritt der Identifikation je getan würde. Indem der heikle Punkt hier angesprochen wird, fällt eben der Begriff des Propheten, den der Text ansonsten sorgfältig ausspart und z. B. zuvor noch durch den unverfänglicheren des «nonceor as autres» geschickt umgangen hatte (§3). Die strengen Prüfer demonstrieren, dass sie sich nicht düpieren lassen, dass sie das in heilige Höhen gesteigerte Spiel durchschauen. Sie stutzen es kurzerhand auf Normalmaß zurück.

Ein zweites Problem stellte sich mit der mangelnden Ordnung des Textes, die scholastischer Systematierfreude missfallen musste und nach den Normen der Magister unbedingt hätte bereinigt werden müssen. Da keine Einigung über eine thematische Ordnung hätte erreicht werden können («de metre en cest livre les chapitres qui touchent a une raison les uns après les autres», §12), hätten sie auf diesen Eingriff verzichtet und alles belassen, wie es sich im Dialog mit Boctus eben so ergeben habe. Wie schwierig, wenn nicht undenkbar ein solcher systematisierender Eingriff gewesen wäre, dokumentiert einleuchtend das vorangehende, mühsam wenigstens etwas ordnende *argument*, das ja vielleicht auch eben diese Funktion haben sollte, das Unmögliche eines solchen Unterfangens ahnen zu lassen. Festzuhalten ist, dass auch in diesem Fall eine Auffälligkeit angesprochen wird, die die *Fontaine de toutes sciences* epochen- und gattungsuntypisch macht, untypisch für die aktuelle Welt der Gelehrten, typisch für eine ferne Zeit der Frühe.

---

25 *Livre de Sydrac*, 3, Prol. 1, §12: «de quoi il virent que cest livres est et sera proufitable as ames et as cors des gens au monde».

26 Dementsprechend wird Sydrac vom Incipit an als «Sydrac le philosophe» bezeichnet, *Livre de Sydrac*, 1; cf. die Rubrik zu Beginn des Fragenkatalogs («sage philosophe Sydrac», 5) und das Explicit («Syderac, le sage philosophe», 422).

Die abschließende Angabe, das Gremium in Toledo habe manches glossieren müssen («aucunes choses glosees de cest livre par la conoissance des choses qui furent avant de nos et par l'art de phylosophie», § 12), sollte wohl dem Eindruck entgegentreten, die Fachleute hätten so wie strukturell, auch inhaltlich auf Eingriffe verzichtet und das Buch nicht auf den aktuellen Stand des Wissens gebracht. Nein, sie hätten dies getan nach den Regeln ihres Fachs, wobei man hinter dem Ausdruck «par l'art de phylosophie» wohl die *septem artes* verstehen darf, deren umfassender Wissensschatz für eine Kommentierung des enzyklopädischen Werks auch nötig gewesen wäre. Wo sie eingegriffen haben wollen, erfahren wir allerdings nicht. Im Buch selbst ist nichts dergleichen kenntlich gemacht.

Auf der Suche nach dem Autor des *Livre de Sydrac* wird uns eine Fülle von Fakten zur Beantwortung angeboten, die das enzyklopädische Werk geradezu auch zur *Fontaine de toutes sciences auctoriales* machen. Der Autor wird nicht nur mit jedem Detail in seiner zeitlichen Entrücktheit fixiert, sondern auch zunehmend mit der Vielzahl von Autor-Funktionen aufgelöst in das, was er eigentlich ist: eine komplexe Konstruktion zur besonders abgesicherten Legitimation des Werks, das das seine sein soll. Am Ende wird klar, dass er nicht einmal als fiktionale Figur irgendetwas geschrieben hat, sondern als oraler Vermittler konzipiert ist, der unter seinem Namen Verschriftlichtes verbürgen soll. Also eine Spiegelfigur für den wirklichen Verfasser, der mit seinem Werk ebenfalls Wissen vermitteln will und sich zugunsten des Anspruchs auf die besonders gut authentifizierte Dignität seiner Arbeit für immer in die Anonymität zurückgezogen hat?

«Wir kennen im Mittelalter in der Regel nicht den Autor, der den Text hervorgebracht hat, sondern nur den Text, der den Autor hervorbringt,» so lautet der schöne Kernsatz von Horst Wenzels Aufsatz zu den mittelalterlichen Autorenbildern (Wenzel 1998, 5). Der anonyme Erfinder der Figur des Sydrac und seines Buches bietet hierzu die besondere Variante, dass der Text, der den Autor hervorbringt, auch einer sein kann, der den Autor umbringt – und dies auch noch gewollt, wie er an sich selbst demonstriert.

Der Autor als Gewebe aus Autoren und den auktorialen Funktionen rund ums mittelalterliche Schreiben erweist sich als ein gezielt löchrig angelegtes Maschenwerk. Der Blick durch die Lücken im Text, die dekonstruktive Subvertierungen eröffnen, geht ins Dunkel. Wir erahnen eine versierte Person, die alle Fäden des Metiers kennt, die des «savoir scientifique» ebenso wie die des «savoir narratif», die uns an ihnen bewegt und in ihren Bann schlägt mit der geschickten Erfindung «des tours et des prestiges, qui sont comme la jonglerie de la raison».

Die Hoffnung ist müßig, trotzdem: Wir wüssten nur zu gern ihren Namen. Da sie sich selbst zur namenlosen Schattenexistenz verdammt hat, kann sie zumindest nicht über diesen naiven Wunsch lachen, ganz wie Valérys Dialogpartner

Sokrates, der als Schatten im Totenreich feststellen muss: «Je me sens devoir rire, mais, je ne puis pas...» (Valéry 1960, 127).

Bibliographie

Primärliteratur

Albertus Magnus, *Opera omnia*, vol. 15: *Commentarius in primam partem psalmorum*, ed. Auguste Borgnet, Paris, Vivès, 1892.

Albertus Magnus, *Opera omnia*, vol. 18: *Praefatio in librum Baruch*, ed. Auguste Borgnet, Paris, Vivès, 1893.

Conrad de Hirsau, *Dialogus super auctores*, ed. Robert B. C. Huygens, Berchem-Bruxelles, Latomus, 1955, 13–65.

Henricus Gandensis, *Summa quaestionum ordinarium*, vol. 1, ed. Josse Bade, Paris, 1520 (Nachdruck St. Bonaventure, New York, The Franciscan Institute, 1953).

Huon de Méry, *Le tournoi de l'Antéchrist*, edd. Georg Wimmer/Stéphanie Orgeur, Orléans, Paradigme, ²1995.

Robert de Boron, *Merlin, Roman du XIIIᵉ siècle*, ed. Alexandre Micha, Droz, Genève, 1979.

Sydrac le philosophe, Le livre de la fontaine de toutes sciences. Edition des enzyklopädischen Lehrdialogs aus dem XIII. Jahrhundert, ed. Ernstpeter Ruhe, Wiesbaden, Reichert, 2000.

Valéry, Paul, *Oeuvres*, vol. 2, ed. Jean Hytier, Paris, Gallimard, Éditions de la Pléiade, 1960.

Sekundärliteratur

Barthes, Roland, *La mort de l'auteur*, Manteia 5 (1968), 12–17.

Burton, Tom L., *Sidrak and Bokkus*, Oxford, Oxford University Press, 1998.

Butor, Michel, *Degrés*, Paris, Gallimard, 1960.

Connochie-Bourgne, Chantal, *Mise en récit et discours scientifique: les encyclopédies du XIIIᵉ siècle en langue vulgaire*, in: Claude Thomasset (ed.), *L'écriture du texte scientifique au moyen âge*, Paris, Presses de l'Université Paris-Sorbonne, 2006, 117–132.

Dahan, Gilbert, *L'exégèse chrétienne de la Bible en Occident médiéval, XIIᵉ–XIVᵉ siècle,* Paris, Les Editions du Cerf, 1999.

Dahan, Gilbert, *Innovation et tradition dans l'exégèse chrétienne de la Bible en Occident (XIIᵉ–XIVᵉ siècle)*, in: Michel Zimmermann (ed.), *Auctor & auctoritas. Invention et conformisme dans l'écriture médiévale*, Paris, École des Chartes, 2001, 255–266.

Foucault, Michel, *Qu'est-ce qu'un auteur*, Bulletin de la Société française de Philosophie 63, 3 (1969), 73–104.

Geissler, Friedmar, *Beispiele der alten Weisen. Des Johann von Capua Übersetzung der hebräischen Bearbeitung des indischen Pancatantra ins Lateinische*, Berlin, Akademie Verlag, 1960.

Hartling, Florian, *Der digitale Autor: Autorschaft im Zeitalter des Internets*, Bielefeld, transcript, 2009.

Huygens, Robert B. C., *Accessus ad auctores*, Latomus 12 (1953), 296–311, 460–484.

Langlois, Charles-Victor, *La vie en France au moyen âge*, vol. 3: *La connaissance de la nature et du monde au moyen âge*, Paris, Hachette, 1926, 198–275.

Lyotard, Jean-François, *La condition postmoderne. Rapport sur le savoir*, Paris, Editions de Minuit, 1979.

Meier, Christel, *Cosmos politicus. Der Funktionswandel der Enzyklopädie bei Brunetto Latini*, Frühmittelalterliche Studien 22 (1988), 315–356.

Mora, Francine, *Remploi et sens du jeu dans quelques textes médio-latins et français des XIIe et XIIIe siècles: Baudri de Bourgueil, Hue de Rotelande, Renaut de Beaujeu*, in: Michel Zimmermann (ed.), *Auctor & auctoritas. Invention et conformisme dans l'écriture médiévale*, Paris, Ecole des Chartes, 2001, 219–230.

Quain, Erwin A., *The Medieval Accessus ad Auctores*, Traditio 3 (1945), 215–264 (Nachdruck New York, Fordham University Press, 1986).

Ruhe, Doris, *Ratgeber. Hierarchie und Strategien der Kommunikation*, in: Karl-Heinz Spiess/ Oliver Auge (edd.), *Medien der Kommunikation im Mittelalter*, Stuttgart, Steiner, 2003, 63–82.

Ruhe, Doris, *L'astrologie en chambre. La science des astres dans «Le livre de Sydrac»*, Romania 129 (2011), 340–368.

Ruhe, Ernstpeter, *Untersuchungen zu den altfranzösischen Übersetzungen der Disticha Catonis*, München, Hueber, 1968.

Ruhe, Ernstpeter, *Die Turnierkunst des Huon de Méry*, Zeitschrift für romanische Philologie 105 (1989), 63–80.

Ruhe, Ernstpeter *Sydrac le philosophe. Le livre de la fontaine de toutes sciences. Edition des enzyklopädischen Lehrdialogs aus dem XIII. Jahrhundert*, Wiesbaden, Reichert, 2000.

Ruhe, Ernstpeter, *L'invention d'un prophète: «Le livre de Sydrac»*, in: Richard Trachsler (ed.), *Moult obscures paroles. Etudes sur la prophétie médiévale*, Paris, Presses de l'Université Paris-Sorbonne, 2007, 65–78.

Wenzel, Horst, *Autorenbilder. Zur Ausdifferenzierung von Autorenfunktionen in mittelalterlichen Miniaturen*, in: Elisabeth Andersen/Jens Haustein/Anne Simon/Peter Strohschneider (edd.), *Autor und Autorschaft im Mittelalter*, Tübingen, Niemeyer, 1998, 1–13.

Wins, Beate, *«Le Livre de Sidrac» – Stand der Forschung und neue Ergebnisse*, in: Horst Brunner/Norbert Richard Wolf (edd.), *Wissensliteratur im Mittelalter und in der Frühen Neuzeit. Bedingungen, Typen, Publikum, Sprache*, Wiesbaden, Reichert, 1993, 36–52.

Zimmermann, Michel (ed.), *Auctor & auctoritas. Invention et conformisme dans l'écriture médiévale*, Paris, École des Chartes, 2001.

David Nelting

«... *per sonare un poco in questi versi* ...»

Dichterische Autorität und Selbstautorisierung bei Dante (Inf. IV – Par. XXXIII)[1]

Dante and the Making of a Modern Author, so lautet der Titel einer von Albert Russell Ascoli 2008 veröffentlichten und, wie ich finde, bedeutenden Studie zu Dantes Konzept von Autorschaft (cf. Ascoli 2011). In seinem Band geht es Ascoli darum zu zeigen, dass der vermeintlich so mittelalterlich scholastische Dante vor allem in Texten wie *De Vulgari eloquentia* und *Convivio* bereits protomoderne Konzepte literarischer Autorschaft entwickelt. Auch wenn ich die Zuordnung des Modernitätsbegriffs in Hinblick auf Dante rationalitätsgeschichtlich für nicht unproblematisch halte, so ist doch nicht von der Hand zu weisen, dass Dante, wie Ascoli deutlich macht, den Geltungsbereich poetischer Autorschaft massiv ausdehnt und dabei Figuren der Fülle hervorbringt, die auf frappante Weise jener dichterischen Diskursmacht präludieren, welche man gemeinhin mit der Neuzeit in Verbindung zu bringen geneigt ist. Während Ascoli sich in diesem Zusammenhang auf Dantes theoretische Einlassungen konzentriert, möchte ich im Folgenden anzudeuten versuchen, wie Dante durch bestimmte poetische Handlungsschemata und Bildgebungsverfahren seine Autorschaft in Szene setzt und sich auf diese Weise in der Performanz seiner *poiesis* energisch selbst autorisiert. Dadurch kommt es, so meine These, zu einer für das Mittelalter in der Tat ungewöhnlichen, außerordentlich prononcierten Aufwertung der Dichtung und ihres Autors als einer schöpferischen Instanz, die das Werk durchweg dominiert und deren umfassende Autorität zu einem der wichtigen Themen des eigenen Textes avanciert. Meine Darstellung umfasst dabei im Großen und Ganzen zwei miteinander verschränkte Argumentationsbereiche: zum einen möchte ich einige Gedanken zu Dantes Selbstautorisierung als Dichterpersönlichkeit aufgreifen, die ich bereits andernorts ähnlich formuliert habe (cf. Nelting 2014). Zum anderen komme ich auf das Faktum zu sprechen, dass und wie Dante in Ergänzung zu seiner Selbstautorisierung als Dichter auf literar- und rationalitätsgeschichtlich höchst ungewöhnliche Weise die Dichtung selbst als Medium höchster Erkennt-

---

1 Die vorliegende Skizze ist Teil eines größeren, von der Fritz Thyssen Stiftung geförderten Forschungsprojekts («Singularisierung – Sodalisierung. Poetische Selbstautorisierung in der italienischen und französischen Literatur der Frühen Neuzeit»).

nis, als Königsweg zu irdischer und himmlischer Weisheit empfiehlt und ihr solchermaßen umfassende Autorität zuweist.

Evidentia corporalis –
Dantes welthaltige Körperlichkeit

Eine erste wichtige Auffälligkeit in Hinblick auf Dantes Inszenierung seiner Autorschaft ist die Tatsache, dass Dante im Gegensatz zu den üblichen mittelalterlichen Jenseitsvisionen in der Jenseitsreise der *Commedia* in seiner integralen weltlichen Körperlichkeit auftritt (cf. Segre 1990, 25–48; Dinzelbacher 1981), wie die zahlreichen Dialogsituationen und die körperlichen Reaktionen Dantes auf das Gesehene deutlich machen.[2] Die starke Fokussierung der historischen Weltlichkeit des Autors aktualisiert dabei mit größter Konsequenz im Innern der Dichtung das mittelalterliche Interesse an der Autorpersönlichkeit als einer biographischen Konkretion moralischer und ethischer Relevanz, ein Interesse, das sich von den spätantiken *accessus* an herausgebildet hatte und das Alastair Minnis als ein zentrales Merkmal der aristotelisch geprägten Kommentarliteratur herausgestellt hat.[3] Die welthaltige Menschlichkeit Dantes in der *Commedia* steht so nicht nur in Zusammenhang mit dem Auerbachs berühmtem Wort zufolge ebenso mimetisch wie typologisch grundierten Anspruch, Dichter der irdischen Welt in der jenseitigen zu sein,[4] sondern sie steht auch und vielleicht zuvörderst im Dienst einer Selbstinszenierung des Autors als Produktivkraft mit umfassendem Autoritätsstatus im Dies- und Jenseits. Das körperliche Menschsein des Jen-

---

2 Ich erinnere nur an die einschlägig vielleicht berühmteste Stelle, wenn Dante angelegentlich des Berichts, den Francesca in Inferno V von ihrer ehebrecherischen Beziehung zu Paolo gibt, seine körperliche Reaktion als solche benennt: «io venni men così com'io morisse, / e caddi come corpo morto cade.» (Inf. V, 141s.); hier und im Folgenden unter Angabe der üblichen Siglen im Fließtext zitiert nach Dante Alighieri, *Commedia*, vol. 1–3, ed. Anna Maria Chiavacci Leonardi, Milano, Mondadori, 1991/1994/1997.

3 Die zunehmende Fokussierung auf die *intentio auctoris* bzw. die «moral activity» (Minnis 1988, 103) des Autors führt zur Ausbildung der *vita auctoris* im Rahmen des *accessus*-Schemas, das sich am Aristotelischen Prolog orientiert. Die *causa efficiens*, die sowohl den moralischen Wert des Autors erörtert als auch seine Fehler und Sünden herausstellt, nimmt einen immer größeren Stellenwert ein und führt den Autor, nachgerade als «antecedent of the production of humanistic lives of the poets» (Minnis 1988, 113) in ein zunehmend «persönliches» Verhältnis zum Leser: «the auctor is becoming the reader's respected friend» (Minnis 1988, 7).

4 Eine kritische Auseinandersetzung mit der Auerbach'schen These findet sich bei Kablitz (1994).

seitsreisenden und Autors ist so eine personale Figuration mit klarer Funktion: Autorschaft als Produktivität dem Leser gegenüber eindrücklich und sinnfällig präsent zu machen, Dantes Autorität durch eine Figur plastischer Lebendigkeit Evidenz zu verleihen. Dabei gilt, dass Dantes poetisches Selbst eine «doppelte Autorschaft» (cf. Regn 2007) verkörpert: zum einen tritt er in die Rolle eines prophetischen Sprechers ein, welcher als *scriba Dei* aufschreibt, was ihm mit göttlichem Auftrag und heilsgeschichtlichem Wahrheitsstatus eingegeben wird. Programmatisch bedeutet ihm Beatrice in Purg. XXXII, 103ss.: «[...] in pro del mondo che mal vive, / al carro tieni or li occhi, e quel che vedi, / ritornato di lá, fa che tu scrive.» Hier positioniert sich Dante als prophetischer Fortsetzer einer göttlich inspirierten Autorschaft, die bei dem Apokalyptiker Johannes ansetzt und diesen fortschreibt, denn in der *Offenbarung* heißt es ja: «Schreib auf, was du gesehen hast».[5] Dante etabliert hier eine gemeinsame autorschaftliche Basis mit dem Apokalyptiker des Neuen Testaments; seine Autorschaft führt in diesem Sinne demonstrativ fort, womit die Heilige Schrift endet.[6] Zum anderen aber tritt Dante als zutiefst diesseitiger, weltlicher Dichter im emphatischen Sinne auf, als einer, der in Purg. XXIV von Bonagiunta da Lucca begeistert als höchst innovativer Dichter weltlicher Liebeslyrik gefeiert wird. Bonagiunta fragt Dante: «Ma dí s'i' veggio qui colui che fore / trasse le nove rime, cominciando / ‹Donne ch'avete intelletto d'amore›» (Purg. XXIV, 49s.), und nach Dantes zustimmender Antwort erwidert er enthusiasmiert: «O frate, issa vegg'io [...] il nodo / che'l Notaro e Guittone e me ritenne / di qua dal dolce stil novo ch'io odo!» (Purg. XXIV, 55ss.). Bonagiunta *sieht* hier also in der auffälligen Wiederholung des Lexems *veggio* Dante als Autor vor sich. Es ist die sinnliche Verkörperung der dichterischen Autorität in der Person Dantes, die Bonagiunta hier nachhaltig überwältigt. Dantes Autorschaft wird dabei über zwei Dispositive modelliert, die morphologisch gegenstrebig und funktional komplementär zueinander stehen und die ich als Singularisierung und als Sodalisierung bezeichnen möchte, also als Ausweis individueller Exzellenz einerseits und als einvernehmliche Gemeinschaftlichkeit andererseits. Zunächst stellt Bonagiunta ja eine familiarisierende Nähe zu Dante her («o frate»),

---

5 Cf. *Offenbarung des Johannes* 1,19: «scribe ergo quae vidisti [...]», «Schreib auf, was du gesehen hast»; ebenso zuvor 1,11: «quod vides scribe in libro», «Was du siehst, das schreibe in ein Buch»; *Biblia sacra iuxta Vulgatam versionem, Editio quinta*, ed. Robert Weber, Stuttgart, Deutsche Bibelgesellschaft, 2007; in der Einheitsübersetzung der Katholischen Bibelanstalt, Stuttgart, Deutsche Bibelgesellschaft, 1980.

6 Die breite Diskussion zu Dante als inspiriertem Autor, dessen Anspruch in der Vermittlung eines im biblisch-theologischen Verständnis historischen Literalsinns (nebst den weiteren exegetischen Schriftsinnen) besteht, bezieht sich nach wie vor im Kern auf den «Klassiker» von Hollander (1976).

dann aber benennt er Dantes einzigartige und uneinholbare dichterische Exzellenz, denn Bonagiunta bezieht sich mit seiner Aussage ja nicht auf einen *dolce stil novo* als gemeinschaftliches Phänomen, sondern einzig und allein auf Dante und seine Kanzone *Donne ch'avete intelletto d'amore*.[7] Dantes Selbstinszenierung als Autorpersönlichkeit verschränkt meinem Leseeindruck nach freilich nicht nur in der vorliegenden Episode, sondern in der *Commedia* insgesamt diese beiden Dispositive der Singularisierung und der Sodalisierung als Begründungsfiguren der eigenen Autorität. Den in der *Commedia* auf Schritt und Tritt drängenden Aspekt der auktorialen Selbst-Singularisierung möchte ich an dieser Stelle nur streifen. Nahezu uneingeschränkt wird die Autorität des Erzählers der Jenseitsreise durch jene plakative Singularisierung bestimmt, die Dante im Auftakt zu Inf. II noch vor dem Musenanruf als «io sol uno» vorstellt und so das Außergewöhnliche nicht nur seiner Jenseitserfahrung, sondern auch ihrer Repräsentation durch sich als den einzigartigen Autor der *Commedia* anschaulich macht.[8] Diese heilsgeschichtliche und auch poetische Einzigartigkeit Dantes durchzieht sodann machtvoll den Fortgang des Textes. Den Status Dantes als Auserwählter, dessen Autorschaft heilsgeschichtliche Bedeutsamkeit transportiert, macht vielleicht wie kaum eine zweite Stelle des Textes jener Moment deutlich, in dem der allegorische Triumphzug Christi sich zielsicher auf den Auserwählten Dante zubewegt und mit einem Donnerhall vor diesem stehen bleibt. Und wenn Dante parallel dazu immer wieder auch auf seiner rhetorisch-poetischen Überlegenheit über seine Zeitgenossen besteht, dann kommt dieser Aspekt besonders nachdrücklich etwa in den Eröffnungsinvokationen von Fegfeuer und Paradies zur Anschauung, wo über antike Mytheme (der über die Pieriden siegreichen Kalliope und dem über Marsyas siegreichen Apoll) das agonale Momentum vormoderner Nachahmungsdichtung demonstrativ aufgenommen und unverhohlen aggressiv auf eine uneinholbare Distanzierung und Überlegenheit abgestellt wird.[9] Dabei mündet die Identifika-

---

7 Nicht von ungefähr sieht Dante in Purgatorio XXVI ja in dem als «padre mio» (Purg. XXVI, 97s.) gelobten Guido Guinizelli keineswegs einen Vertreter des *dolce stil novo* – das heilsgeschichtliche *novum* des Neuen Lebens und des Neuen Testamentes bleibt Dante selbst vorbehalten –, sondern er sieht in Guinizelli einen Autor von «dolci detti» (Purg. XXVI, 112), die er einem allein stilgeschichtlich relevanten «uso moderno» (Purg. XXVI, 113) zurechnet.

8 Cf. Inf. II, 3–6: «[...]; e io sol uno / m'apparecchiava a sostener la guerra / sì del cammino e sì de la pietate, / che ritrarrà la mente che non erra.»

9 In dem Rückgriff auf Ovid positioniert sich Dante übrigens in auffälliger und konzeptuell aufschlussreicher Distanz zu der allegoretischen Tradition des Umgangs mit dem antiken Text (der durch die *favola* des Orpheus in Dantes eigenem *Convivio* II, 1, 3–4, als Beispiel für die *allegoria dei poeti* herhält) im Mittelalter, wenn an die Stelle einer allegorischen Deutung Ovids die Nutzung Ovidischer Mytheme zur metapoetischen Selbstdarstellung des machtvollen Autors tritt:

tion Dantes mit der je siegreichen Partei in Paradiso I mit Dantes Anschluss an Apoll in die unverblümte Selbstzuschreibung oder zumindest Einforderung des, so Dante, überaus seltenen apollinischen Lorbeers, der Dantes Leistung von den andernorts zu beobachtenden *umane voglie* absetzt und mit größtem Nachdruck über gewöhnliches menschliches Maß hinaushebt. Die betreffenden Passus sind bekannt und von der neueren Danteforschung auch bereits in dieser Hinsicht untersucht worden.[10] Etwas näher beleuchten möchte ich freilich Dantes Einsatz auktorialer Sodalisierung.

Selbstautorisierung im Horizont dichterischer Gemeinschaft

In der *Commedia* finden sich mehrere ausdrückliche Sodalisierungen, welche zum einen die weltlich dichterische Autorschaft Dantes autorisieren und zum anderen seine prophetisch heilsgeschichtliche Autorschaft absichern. Zuerst zu nennen ist die sehr eng inszenierte freundschaftliche Verbundenheit mit Vergil, dem «buon maestro» (Inf. IV, 31; 85) und «autore» (Inf. I, 85: «Tu se' lo mio maestro e 'l mio autore») Dantes, der Vergils Werk mit großer Liebe[11] gelesen haben will und daraus seinen eigenen «bello stile»[12] bezogen hat. Dieser in der

---

«Through this metapoetic moment in the poem Dante manifestly grapples with his specifically Christian poetics, and, in so doing, convincingly reasserts the novelty and preeminence of his poetic project.» (Levenstein 2008, 2; zu Par. I cf. Levenstein 2003).

10 Cf. hierzu Regn (2009; 2007). Auf der Linie der Dehierarchisierung göttlicher und weltlicher Inspiration liest Regn auch Dantes Musenanrufe (Inf. II,7–9; Purg. I,9–12; Par. XXV, 1–2) bzw. die Invokation Apolls in Par. I,13–33, in denen die Bedeutung dichterischen Könnens durch das Steigerungsprinzip der Invokationen – von der Anrufung der Musen im Allgemeinen über Calliope bis hin zu Apollo – unterstrichen wird (cf. Regn 2009, 376s.) und der Inspirationsgedanke sich im Sinne einer auktorialen auf *ingenium* und *mens* konzentrierten Selbstkonzeption konkretisiert. Auch durch die Gottesinvokationen in Par. XXX und Par. XXXIII wird nicht, wie zu erwarten, die *ars* des Dichters zu Gunsten einer rein religiösen Inspirationsbitte aufgehoben, sondern es wird im Gegenteil die Bitte um eine «lingua [...] possente» (Par. XXXIII, 70) an den christlichen Gott gerichtet, womit das Signum weltlicher Poetik in den Bereich religiöser Prophezeihung eingespeist wird (cf. Regn 2007, 171ss.) Mit dieser Dichtungskonzeption antizipiert Dante «the aesthetization of the world and it's concepts of meaning and order which characterizes the early modern episteme of positioning of the author» (Regn 2007, 183). Cf. auch Hempfer (2009).

11 «Vagliami il lungo studio e il grande amore, / che m'han fatto cercar lo tuo volume» Inf. I, 83/84.

12 «Tu se' lo mio maestro e 'l mio autore: / tu se' solo colui, da cu' io tolsi / lo bello stile, che m'ha fatto onore.» Inf. I, 85s.

Sprech- und Reisesituation vergegenwärtigende und vergemeinschaftlichende Bezug auf Vergil als verehrte Stilautorität öffnet sich bereits sehr früh im Textverlauf auf eine größere poetische Sodalisierung, wenn Dante in die «bella scola» der antiken Dichter Aufnahme findet. Im berühmten vierten Gesang des *Inferno* hat Dante hart an der Grenze zur Häresie (cf. Iannucci 1993, 19–39, besonders 19–22) entgegen der theologischen Lehrmeinung nicht nur die ungetauften Kinder und die Väter aus dem Alten Testament in den Limbus versetzt, sondern auch herausragende Figuren der heidnischen Antike, unter ihnen besonders prominent ihre kanonischen Dichter. Dante setzt hier mit Homer, Horaz, Ovid, Lukan und dem diese vier überstrahlenden Vergil vergegenwärtigend eine Dichtergemeinschaft ins Bild, deren Mitglieder dem Jenseitswanderer bereits aus größerem Abstand als ruhmreiche Persönlichkeiten erscheinen. Schon von weitem wird Dante klar, dass sich in dem vorausliegenden Bereich aufgrund von symbolkräftig besseren Lichtverhältnissen ehrenvolle Persönlichkeiten[13] befinden müssen. Interessiert fragt Dante seinen Führer Vergil:

> «‹O tu ch'onori scïenzïa e arte,
> questi chi son c'hanno cotanta onranza,
> che dal modo de li altri diparte?›
> E quelli a me: ‹L'onrata nominanza
> che di lor suona sù ne la tua vita,
> grazia acquista in ciel che sì li avanza.›
> Intanto voce fu per me udita:
> ‹Onorate l'altissimo poeta:
> l'ombra sua torna, ch'era dipartita.›
> Poi che la voce fu restata e queta,
> vidi quattro grand'ombre a noi venire:
> sembïanz'avevan né trista né lieta.
> Lo buon maestro cominciò a dire:
> ‹Mira colui con quella spada in mano,
> che vien dinanzi ai tre sì come sire:
> quelli è Omero, poeta sovrano;
> l'altro è Orazio satiro che vene;
> Ovidio è 'l terzo, e l'ultimo Lucano.
> Però che ciascun meco si convene
> nel nome che sonò la voce sola,
> fannomi onore, e di ciò fanno bene.›
> Così vid'i' adunar la bella scola
> di quel segnor de l'altissimo canto

---

13 «Non era lunga ancor la nostra via / di qua dal sonno, quand'io vidi un fuoco / ch'emisperio di tenebre vincìa. / Di lungi v'eravamo ancora un poco, / ma non sì, ch'io non discernessi in parte / ch'orrevol gente possedea quel loco.» Inf. IV, 67–72.

che sovra gli altri com'aquila vola.
Da ch'ebber ragionato insieme alquanto,
volsersi a me con salutevol cenno,
e 'l mio maestro sorrise di tanto;
e più d'onore ancora assai mi fenno,
ch'e'sì mi fecer de la loro schiera,
sì ch'io fui sesto tra cotanto senno.» (Inf. IV, 73–102).

Mit diesem Passus, der sich texttopologisch gesehen auffällig mittig im Gesang befindet, ist eine lebendige, historisch übergreifende Gemeinschaft Dantes mit den exzellentesten Dichtern der Antike hergestellt, der, so Curtius, «geweihten Korporation» (Curtius 1993, 371) der *bella scola*. Dies geschieht in einem ziemlich gravitätischen Stil, der auf Nachdrücklichkeiten wie Imperativ, Anapher und Wiederholung setzt, wobei das Lexem «onore» in Varianten insgesamt fünfmal vorkommt und so für einen Effekt einschlägiger Bedeutsamkeit sorgt.[14] Demonstrativ rückt Dante seine Dichtung im *volgare* in die ehrwürdige Tradition antiken Dichtens, indem er, so Amilcare Iannucci, im Sinne einer «autodefinizione poetica» (cf. Iannucci 1993, 24) seine wichtigsten antiken Vorbilder nennt. Mehr noch: dass Dante auf Augenhöhe an die antiken Autoritäten anschließt und von diesen als Ihresgleichen geschätzt wird, autorisiert und nobilitiert sein Projekt volkssprachlicher Dichtung, und dies nicht nur in der Situation, sondern auch auf der Ebene ihrer sprachlichen Vermittlung. Wenn nämlich Dantes Aufnahme in die *bella scola* als *onore* gefasst wird, verschränkt sich Dantes Selbstinszenierung sprachmateriell mit dem Ansehen Vergils, welcher zuvor mit dem Lexem verbunden («onorate l'altissimo poeta» (Inf. I, 80); «fannomi onore» (Inf. I, 93)) und bereits eingangs der *Commedia* von Dante als «de li altri poeti onore e lume» (Inf. I, 82) bezeichnet wurde. Die Aufnahme in die *bella scola* führt freilich nicht nur Dantes Traditionsbewusstsein und die Tauglichkeit seiner volkssprachlichen Dichtung nach Maßstab der antiken Autoritäten vor Augen, sondern auch die Überlegenheit des Autors Dante über seine Zeitgenossen. Nachdem in Inf. II, 105 Lucia im Lichte göttlicher Gnade Dante als den Dichter der Beatrice von der

---

14 Dass *onore* im Zusammenhang mit dem Auftreten antiker Dichter gehäuft gebraucht wird, ist wenig verwunderlich, gehört doch *honos* zu einem der ältesten römisch (republikanischen) Wertbegriffe. Im Gegensatz zu *gloria*, welche als «doppelseitiger» Begriff vom Anerkennenden abhängig ist (Cicero: «gloria est frequens de aliquo fama com laude», *De inv.* 166), impliziert *honos* stärker den messbaren, «objektiven» Wert der Tugendhaftigkeit des G*eehrten*. Lexikalisch besonders hervorgehoben erscheint daher an dieser Stelle nicht nur die «Gegenseitigkeit» der Ehre (zwischen antiken Dichtern und Dante), sondern auch der objektive Wert des Dichters, welcher unabhängig von der Anerkennung einer *Menge* auf überzeitliche Autorität verweist. Cf. genauer Drexler (1967).

«volgare schiera» seiner Zeitgenossen abgesondert und so bereits mit der Aura der Einzigartigkeit versehen hatte,[15] unterstreicht «sí mi fecer de la loro schiera» als sprachliche Inszenierung einer Handlung in gesteigerter Form Dantes außerordentlichen Anspruch in Abgrenzung von seinen Zeitgenossen durch die Vergemeinschaftlichung mit der *schiera* der Alten. Auf die Distanzierung von der *volgare schiera* folgt die aktive Aufnahme in die Gemeinschaft der elitären *schiera* antiker Autoritäten, womit sich Dantes Anspruch auf eine unter seinen Zeitgenossen singuläre «zeitlose Autorität»[16] erfüllt: die Gemeinschaft mit den antiken Autoritäten begründet Dantes herausragende, einzigartige Position unter seinen Zeitgenossen. Sodalisierung und Singularisierung ergänzen sich somit auf nachhaltige Weise, wobei das Prinzip der Singularisierung freilich nicht nur auf Dantes Positionierung unter den Dichtern seiner Zeit zielt, sondern auch innerhalb der Vergemeinschaftlichung mit der *bella scola* wiederum zum Tragen kommt. Dante zieht nicht nur gleich mit den paganen Dichterautoritäten, insonderheit mit dem *altissimo poeta* Vergil, sondern platziert sich innerhalb der *bella scola* seinerseits auch auf eine herausragende Weise. Der Schlusspunkt der Passage betont nämlich eine Sukzession: aufgenommen wird Dante in die Schar der kanonischen Dichterautoren als letzter einer Reihe, als «sesto tra cotanto senno.» Dies macht Zweierlei deutlich: erstens erscheint Dante gleichsam als Zielpunkt der antiken Dichtkunst, in dessen Kunst sich das poetische Vermögen der antiken Autoren verdichtet.[17] Dante summiert und aktualisiert mit seiner Autorschaft die formalästhetische Kompetenz der größten poetischen Autoritäten; damit wird er in einer als solcher inszenierten langen Traditionslinie sozusagen zu einer neuen und einzigartigen «Super-Autorität». Zweitens deutet sich in dieser Position auch eine Erfüllung nicht nur im poetischen Sinne an, sondern auch im heilsgeschichtlichen Verständnis. Als Letzter der *bella scola* wird Dante,

---

15 Beatrice berichtet in Inf. II, 103ss. von ihrem Auftrag: «Disse [Lucia]: – Beatrice, loda di Dio vera, / ché non soccorri quei che t'amò tanto, / ch'uscì per te de la volgare schiera?» Cf. zu diesem Passus mit Blick auf Dantes poetische Selbstlegitimierung zuletzt die Einlassungen von Kablitz (2013, 178–188).

16 Curtius (1993, 28). Cf. hierzu resümierend Iannucci (2000, 175s.): «It must be stressed that the meeting with the poets contains a double act of inclusion. As Dante, the pilgrim-poet is being welcomed into the *bella scola* at the narrative level, Dante the poet is incorporating the works of the classical authors into his own poem. [...] Through association with the poets of ‹timeless authority› Dante transfers that authority to himself».

17 Dantes poetische Aktualisierung der «classics» beleuchtet allgemein Brownlee (1993); im Speziellen behandeln Dantes Aneignung der Autoritäten der *bella scola* die in Iannuccis wichtigem Band *Dante e la «bella scola» della poesia* versammelten Beiträge von Giorgio Brugnoli, Claudia Villa, Michelangelo Picone, Violetta de Angelis, Zymunt G. Baránski und Robert Hollander.

so die bekanntlich bibelexegetisch grundierte Textlogik der *Commedia*, heilsgeschichtlich gesehen der Erste sein. Dies bezieht sich zunächst darauf, dass Dante
als christlicher Dichter die antik profane Tradition im Sinne einer *interpretatio
christiana* der einschlägig dichterischen Stilverfahren grundsätzlich christlich
anagogisch ausstattet und bereits auf der Ebene des Literalsinns die Tradition
mit ontologisch höherem, wahrheitssinnigem Status fortschreibt.[18] Im weiteren
Textverlauf belässt es Dante freilich nicht bei dieser, innerhalb der Situation von
Inf. IV bereits offenkundigen Perspektive heilsgeschichtlicher Erfüllung antiker
Dichtkunst durch Dante im Zeitalter christlicher Gnade. Vielmehr thematisiert er
die anagogische Dimension seiner Autorschaft in scharfer Abgrenzung von der
antiken Dichtung, indem er am Ausgang des *Purgatorio* eine neue Form auktorialer Gemeinschaft eröffnet, welche angesichts der bevorstehenden Paradies-
erfahrung diejenige Gemeinschaft der *bella scola* ersetzen soll.

Selbstautorisierung im Horizont biblischer Gemeinschaft

Ganz im Sinn einer bibeltypologischen Relation von Ankündigung im Alten
Leben und Erfüllung im Neuen Leben greift Dante im irdischen Paradies das Bild
einer Gemeinschaft kanonischer Autoren wieder auf und setzt die in der *Vita nova*
begonnene Sakralisierung der eigenen Dichtung fort. Hier, im irdischen Paradies,
sind es nicht mehr die Autoren der *bella scola*, sondern die Autoren der Bibel, des
alten und des neuen Testamentes, die in Purg. XXXII zunächst als Prozession um
den von Christus in Form eines Greifs gezogenen Wagen der Kirche herum vor
Dante erscheinen. Dante erkennt in Purg. XXIX, 83 in den «ventiquattro seniori
[...] / coronati [...] di fiordaliso» im Verweis auf Offb. 4,4 die ehrwürdig personifizierten 24 (sic) Bücher des Alten Testaments.[19] Unmittelbar folgen, ganz wie in
Offb. 4, 6–7, «quattro animali, / coronati ciascun di verde fronda» (Purg. XXIX,

---

18 Cf. zur «typologischen Erfüllung» der antiken Tradition durch Dante Picone (1997); zum
Problem des anagogischen Literalsinns cf. Kablitz (1999, 356): «Die Jenseitsreise der *Commedia*
verwandelt die Ordnung der allegorischen Poetik in eine narrative Figur zurück. Sie macht den
sensus anagogicus zum Literalsinn einer Geschichte, welche die Anschauung jenseitiger Wirklichkeit zum Inhalt hat.»
19 Zum Verweis auf die *Apokalypse* und die (hieronymianische) Lesart der 24 Ältesten um den
Thron Gottes als Autoren der Bücher des Alten Testaments cf. resümierend den Stellenkommen-
tar von Anna Maria Chiavacci Leonardi, in: Dante Alighieri, *Commedia*, vol. 2, ed. Anna Maria
Chiavacci Leonardi, Milano, Mondadori, 1994, 864.

92s.), welche allegorisch die Evangelisten des Neuen Lebens in Christus repräsentieren. In diese heilige Gemeinschaft der «milizia del celeste regno» (Purg.
XXXII, 22) reiht sich Dante unter den Klängen einer «angelica nota» (Purg. XXXII,
33) ein, und zwar zusammen mit Matelda und mit dem Dante zufolge zum Chris-
tentum konvertierten und auch bereits purgierten Statius, wobei das hierfür verwendete Verbum «seguitare» (29) die «sequela Christi» auch lexematisch unterstreicht. Diese neue Gemeinschaft wird in Purg. XXXIII von Beatrice ausdrücklich
gegen Dantes bisherige Sodalisierung ins Feld geführt: «‹Perché conoschi›, disse,
‹quella scuola / ch'hai seguitata, e veggi sua dottrina / come può seguitar la mia
parola; / e veggi vostra via da la divina / distar cotanto, quanto si discorda / da
terra il ciel che più alto festina›» (Purg. XXXIII, 85–90). Mit der Aufnahme des
Autors Dante in die Gemeinschaft der Prozession verändert sich seine Autorschaft, die nun im Gegensatz zur weltlichen Philosophie und zur Rhetorizität
der *bella scola* auf das Aufschreiben der wahrhaftigen Ansicht des Jenseits aus-
gelegt ist. Dante wird zum *scriba Dei*, zum Schreiber im Auftrag jenes «verace
autore», als der Gott in Par. XXVI bestimmt wird. Beatrices bereits erwähnte Ein-
lassung des «quel che vedi, / ritornato di là, fa che tu scrive» (Purg. XXXII, 104s.),
jene an Offb. 1 ausgerichtete Aufforderung also, schlicht das aufzuschreiben,
was er gesehen hat, und damit die Konzeption von Dante als *scriba Dei*, wird
als zentrales autorschaftliches Konzept in Purg. XXXIII noch einmal bekräftigt,
wenn es dort heißt: «Tu nota; e sì come da me son porte, / cosí queste parole
segna a' vivi / del viver ch'è un correre a la morte. / E aggi a mente, quando tu
le scrivi, / di non celar qual hai vista la pianta [...]» (Purg. XXXIII, 52–56). Dante
tritt so aus dem Geltungsbereich der antiken *scola* heraus und autorisiert sich auf
einer höheren, nun christlich substanzhaften Seinsebene in der Gemeinschaft
der Bibelautoren als Vermittler göttlicher Wahrheit. *Sub specie aeternitatis* voll-
endet, überbietet und erfüllt Dante damit die *bella scola* der paganen Autoren.
Dass die gemeinschaftliche Verbundenheit mit der *bella scola* der Antike, dass
Dantes Autorschaft als rhetorisch-stilistische Produktivkraft damit freilich nicht
ausgeschaltet ist, sondern bis zum Ende des Werkes fortbesteht, gehört dabei zu
den zentralen Spannungsmomenten der *Commedia* und indiziert einen diskurs-
historisch auffälligen Autoritätsstatus der Dichtung als Medium weitreichender
Sinnstiftung. Um dies zumindest ansatzweise darzustellen, möchte ich noch
einmal Dantes Modell der Selbstautorisierung *qua* Sodalisierung in seiner Eigenschaft als einschlägig neuartiges Dispositiv in den Blick nehmen. In Dantes dichterischer Selbstautorisierung korrespondiert nämlich eine, wie ich nun andeuten
möchte, formal neuartige Inszenierung und Aufwertung des auktorialen Selbst
mit einer rationalitätsgeschichtlich neuen Aufwertung der Dichtung als Medium
des Zugangs zu Wahrheit.

Die Stimme des Dichters und die Autorität der Dichtung

In beiden Varianten der Sodalisierung, in der mundan-dichterischen Vergemein-schaftlichung und in der sakral-prophetischen Vergemeinschaftlichung, scheint mir Dantes Sodalisierung historisch eine neue Qualität in die Selbstautorisierung eines Autors innerhalb seines eigenen Werks zu bringen. Ich hatte eingangs erwähnt, dass es ein spät- und nachantikes Interesse an der Biographie eines Autors ist, das mit der Autorität und der Zuschreibung von Autorität von Texten verschränkt wird. Bei Dante mündet dieses biographische Interesse am Autor in eine, wie zu sehen war, offensiv lebendige Form der Selbstautorisierung, wenn der Autor im Text in seiner lebensweltlichen Körperlichkeit auftritt. Aber nicht nur Dante selbst, sondern auch die historisch entlegenen Dichter der *bella scola* werden sichtbar und als Sprecher lautlich präsent gemacht: neben Vergil ver-nimmt Dante auch Homers Stimme aus der *bella scola*, wobei die mehrfache Nennung der *voce* in den Versen 79–92 dieses Prinzip lexematisch unterstreicht: «Intanto voce fu per me udita [...] Però che ciascun meco si convene / nel nome che sonò la voce sola».[20] Diese stimmliche Vergegenwärtigung einer überzeitli-chen Sodalität scheint mir nun sowohl in Bezug auf die antike als auch auf mittel-alterliche Literatur eine neue Modellierung dichterischer Gemeinschaftlichkeit darzustellen.

Gewiss finden sich in der für Dante vor allem wichtigen lateinischen Antike Formen der Selbstautorisierung durch Vergemeinschaftlichung, dies freilich bleibt üblicherweise auf zitatliche Anspielungen oder auf die in der *imitatio veterum* konstitutive Benennung von Gemeinsamkeiten im Bereich von Thema, Gattung, Topoi und so fort beschränkt und ist somit nicht relevant in dem hier skizzierten Sinn.[21] Erste Ansätze zu einer personenbezogenen Sodalisierung

---

20 Inf. IV, 79; 91s.; cf. auch 82s.: «Poi che la voce fu restata e queta, [...] lo buon maestro cominciò a dire [...].»

21 Besonders auffällig ist dies zu beobachten in der Literatur der späten Republik und frühen Kaiserzeit, die sich von politischen Themen abwendet und bewusst vermehrt an griechische Kleinformen anschließt, wie dies zum Beispiel bei den Neoterikern nicht nur in Bezug auf die Vielfalt der Metren oder Gattungen – auffällig hier zum Beispiel das Epyllion, das Epigramm oder Gelegenheitsgedichte –, sondern auch in Bezug auf Topoi – ich verweise nur auf die be-rühmte Kallimachosimitatio der «Locke der Berenike» (Carm. 66) – und Themen, Hinwendung zum Mythos, zu Erotik- oder Spottgedichten, und in Bezug auf einen elaborierten Stil im Sinne eines *stilus tenuis* der Fall ist. Ähnliche Gruppierungsphänomene sind bei den römischen Elegi-kern zu beobachten, verstärkt noch durch die typische römische Prägung der Elegie als Liebes-elegie. Aber auch quer zu solchen Gruppierungen gehören motivische Gemeinsamkeiten, wie

und einem bewussten gemeinschaftlichen Kanonisierungsstreben finden sich im Bereich der frühkaiserzeitlichen Selbststilisierung gattungsübergreifend bei Horaz, der in mehreren seiner Oden Maecenas als persönlichen Freund, als «dulce decus meum» benennt und feiert[22] und sich mit befreundeten Dichtern des Maecenaskreises, wie vor allem Vergil und Varius, über die autobiographische Erinnerung[23] in einer affektiv einander zugeneigten, über moralische Tugend und über dichterische Qualität verbundenen Gemeinschaft «in amicorum numero» darstellt.[24] In politischer Hinsicht verbindet sich Horaz – durch die Adressierung des Augustus und zum Beispiel durch die Exaltation des Vestakultes – mit einem konturierten gemeinschaftlichen Wertehorizont und zieht daraus auch eigene Autorität: so lange der aus der frührömischen Religion tradierte vestalische Brauch Bestand habe, so heißt es in Horaz' *Carmen* 3,30, so lange werde das römische Imperium und so lange solle Horaz' eigener Dichterruhm dauern.[25] Freilich kann auch hier von einer Vergemeinschaftlichung, die wie bei

---

der Gedanke des *poeta creator* einer Gattung in der römischen Literatur (z. B. «liber per vaccum posui vestigia princeps» Hor. Ep. 1,19,21; «principem copiae atque inventorum bene de nomine ac dignitate populi Romani meritum» Cic., *Brutus*, 253ss.) oder der Gedanke der *fama* in der Nachwelt (cf. die auffälligen textuellen Parallelen zwischen Horaz III,30 und der Sphragis der *Metamorphosen* 15,876ss.), der häufig durch eine enge Verknüpfung zwischen Autor und Werk, dem *libellum* oder bei Ovid dann schon dem *opus* gekennzeichnet ist (cf. Catull Carm. I,1; Horaz Epist. I,20; Ovid Am. 3,15,19s.; Tr. 4,10,124; Met. 15,852), zum Repertoire des Dichters (zitiert nach: Quintus Flaccus Horatius: *Opera*, ed. Friedrich Klinger, Leipzig 1970; Marcus Tullius Cicero, *Brutus*, ed. Bernhard Kytzler, Düsseldorf, Artemis & Winkler, 2000).

22 So in Carm. 1,1,2 oder in 2,17,3s.: «Maecenas, mearum grande decus columenque rerum»; auch als Trinkgenosse «beate Maecenas» Epod. 9,4 oder in seiner Funktion als Dichterpatron enkomiastisch «Tyrrhena regum progenies, tibi / [...] Maecenas» 3,29,1ss. ist Maecenas im Werk des Horaz zu finden. In dieser vielfältigen Modellierung überschießt Horaz den topischen Rahmen eines Patronageverhältnisses, cf. genauer Konstan (1995).

23 Serm. 1,5 schildert vor allem die persönlichen Begebenheiten einer politisch motivierten Reise, in der Maecenas, Plotius, Varius und Vergil emotional bewegend als «animae qualis neque candidiores / terra tulit neque quis me sit devinctior alter» erinnert werden: «Freundesseelen ohne Fehl und Falsch: edlere trug die Erde nimmer, und niemand ist ihnen dankbarer ergeben als ich» Hor. Serm. 1,5,41ss.; ähnlich im berühmten Freundschaftpropemptikon Carm. 1,3 wo Vergil als «animae dimidium meae» paraphrasiert wird: «meiner Seele andere Hälfte» Hor. Carm. 1,3,8.

24 Hor. Serm. 1,6,5,62. Dieser Freundeskreis wird am Abschluss des ersten Satirenbuches, das gewissermaßen den Auftakt von Horaz' Dichtung markiert, konkretisiert als eine Gruppe von zeitgenössischen, sich über literarische Qualität auszeichnenden Dichtern, innerhalb deren sich in Zukunft sein Dichten vollziehen werde und welche die von Augustus auserwählte und verbürgte zeitgenössische Dichterelite der *poetae perfecti* darstellt, cf. Hor. Serm. 1,10,81–92.

25 «usque ego postera / crescam laude recens, dum Capitolium / scandet com tacita virgine Pontifex» 3,30,7ss. In derselben Ode weist auch die metonymische Bezeichnung des Todes durch

Dante Gemeinschaft als lebendige Präsenz und intensives Einvernehmen über die Zeiten hinweg vor Augen der Leser stellt, nicht die Rede sein. Nun führt die dantistische Quellenforschung die Szene von Dantes Aufnahme in die historische Reihe der *bella scola* dennoch gern auf die antike Tradition zurück, genauer: auf Ovids Trauerlieder. Und in der Tat betreibt Ovid in den *Tristia* (4,10) eine, so Jo-Marie Claassen, dichterische «self-promotion» (Claassen 2009, 178), in der er sich als letzter Elegiker in einer chronologischen Reihe mit Tibull, Gallus und Properz verortet. Dabei setzt er durchaus auch auf das Bild dichterischer Sodalisierung, wenn er den persönlichen Austausch mit Macer, Properz, Ponticus, Bassus und Horaz *iure sodalicii* als Grundlage der eigenen Autorschaft ausgibt.[26] Gleichwohl liegen zwei ganz wesentliche Unterschiede zu Dante darin, dass Ovid in seinem Rückblick keine vergegenwärtigende Inszenierung der Dichterfreunde betreibt und dass er allein seine Zeitgenossen in die Gemeinschaft einbezieht. Insofern scheint mir in Dantes anschaulicher[27] Vergegenwärtigung einer überzeitlichen

---

den Namen der frührömischen Todesgöttin Libitina («non omnis moriar multaque pars mei / vitabit Libitinam» 3,30,6s.) auf die Bindung des Dichters an die früh-römische, von Augustus neu erweckte überpersönliche Staatsreligion hin, die im Sinne der *restauratio religionis* einen Grundpfeiler augusteischer Kulturpolitik darstellt. Derartige Verbindungen finden sich in Horaz' Werk häufig (cf. das *Carmen seculare* und Horaz' Anspruch, als Autor fortzuleben 4,6,41ss.), und unterstreichen die Position eines Autors, dessen Autorität – auch – auf der wertegemeinschaftlichen Repräsentation römischer Tugenden beruht.

26 Cf. *Tristia* 4,10,41–56: «temporis illius colui fovique poëtas, / quodque aderant vates, rebar adesse deos. / saepe suas volucres legit mihi grandior aevo, / quaeque nocet serpens, quae iuvat herba, Macer. / saepe suos solitus recitare Propertius ignes / iure sodalicii, quo mihi iunctus erat. / Ponticus heroo, Bassus quoque clarius iambis / dulcia convictus membra fuere mei. / et tenuit nostras numerosus Horatius aures, / dum ferit Ausonia carmina culta lyra. / Vergilium vidi tantum: nec avara Tibullo / tempus amicitiae fata dedere meae. / successor fuit hic tibi, Galle, Propertius illi; / quartus ab his serie temporibus ipse fui. / utque ego maiores, sic me coluere minores, / notaque non tarde facta Thalia mea est». «Dichter, die damals lebten, verehrt'ich, für Dichter entbrannt' ich: soviel Sänger, soviel Götter vermeint' ich zu sehn. Oft hat Macer, der älter als ich, sein Gedicht mir gelesen über die Schlangen, ihr Gift, Vögel und heilendes Kraut. Oftmals trug mir Propertius vor seine Liebesgedichte nach Kameradschaftsbrauch, wie er mit mir ihn verband. Ponticus, groß im heroischen Versmaß, Bassus, berühmt durch Jamben, waren im Kreis meiner Gefährten mir lieb. Reich an Formen, entzückte Horatius unsere Ohren, der im ausonischen Ton sang sein vollendetes Lied. Sehn nur konnt' ich Vergil; auch ließ das geizige Schicksal keine Zeit dem Tibull, Freundschaft zu pflegen mit mir. Gallus, er kam nach dir, Propertius kam nach Tibullus, und, in der Folge der Zeit, schloß ich als vierter mich an. Und wie den Älteren ich, erwiesen mir Jüngere Ehre, und beizeiten schon ward meine Thalia bekannt.» Publius Ovidius Naso, *Briefe aus der Verbannung. Tristia Epistulae ex ponto (lat.-dt.)*, übersetzt von Wilhelm Willige, eingeleitet und erläutert von Niklas Holzberg, München/Zürich, Artemis, 1990, 220.

27 Die synästhetische Anschaulichkeit in der Darstellung durch die Betonung des Hörens und Sehens der Gemeinschaft antiker Dichter in Inf. IV, und die angedeutete Aufhebung des Erzähl-

Sodalität eine besondere Novation auch gegenüber dem Ovidischen Muster zu liegen.

Auch im Vergleich mit spätantiker und mittelalterlicher Literatur ist Dantes vergegenwärtigende Sodalisierung mit vorgängigen Autoritäten ein sehr auffälliger Schachzug im Spiel poietischer Selbstautorisierung. Zwar hat Dennis Trout am Beispiel von Sulpicius Severus und Paulinos von Nola gezeigt, wie sich in der spätantiken Patristik ein *self-fashioning* herausbildet, das über die Diskurstraditionen von *amicitia* und *clientela* auf Vergemeinschaftlichung setzt und so Autorität konstituiert.[28] Desungeachtet gilt für den Großteil doktrinal argumentierender Literatur, dass der Autoritätsbezug innerhalb der Texte nicht als Freundschafts- und Gemeinschaftsmodell aktualisiert und evident gemacht wird, sondern als gelehrte Zitation in konventionellen Bahnen verläuft; und das freundschaftlich dialogische Rollenspiel der weltlichen Dichtung, das sich allegorisch in den mittellateinischen Eklogen des 14. Jahrhunderts entfaltet, beginnt nicht von ungefähr mit Dante, wie die wichtige Studie von Konrad Krautter (1983) deutlich gemacht hat. Im Bereich der volkssprachlichen Literatur schließlich hat man es von der *scuola siciliana* an zwar mit einer Gruppenlyrik zu tun, die sich als Korrespondenzlyrik entfaltet und dabei einen gemeinsamen Wertehorizont, etwa der Florentiner *fedeli d'amore*, voraussetzt.[29] Diese Gemeinschaftlichkeit wird aber auch nicht über personelle oder gar biographisch markierte Figurationen konkret anschaulich gemacht, sondern verbleibt auf der Ebene formaler intertextueller Verweisung.

---

abstandes durch die Hinwendung der Gruppe an Dante in einem «salutevol cenno», heben diesen gleichsam in die Position eines Augenzeugen und erzeugen Glaubwürdigkeit und daraus folgende mimetisch legitimierte Evidenz (cf. zu den Merkmalen der affektischen Figur der *evidentia* Lausberg 2008, § 810 und § 815), wogegen Ovid in diskursiver Distanz gleichsam ohne sinnliche Kontur auf die Erinnerung an die «tempora illa» verweist.

28 Cf. Trout (1993); diese Art von freundschaftlicher Vergemeinschaftlichung des Wissens bleibt innerhalb eines «network of friendship and favor» (Trout 1993, 128), ebenso wie in der antiken Literatur, einerseits auf eine zeitgenössische Gemeinschaft von Autoren und/oder Heiligen gebunden, andererseits konstituiert sie sich über bestimmte moralphilosophische Inhalte, zuallererst ethisch tugendhaftes und exemplarisches Verhalten, das über das Schreiben einer Heiligenvita in Form von «persuasive power of biographical exemplars» (Trout 1993, 129) auf den Autor zurückstrahlt und für diesen zum «public support» innerhalb seiner Lebenswirklichkeit wird: «But in publicizing the ties of *amicitia* and *clientela* which bound them to the subjects of their texts, Paulinus and severus were also fashioning their own public identities» (Trout 1993, 129).

29 Zur vergleichsweise unpersönlichen Textualität dieses Austausches cf. Kablitz (1991); Bernsen (2001). Hier ist zu beobachten, dass nicht das Bild einer lebendigen Sodalität modelliert wird, sondern dass der Sprecher und seine Affekte gleichsam protoindividuell in Szene gesetzt werden.

Dante leistet in Inf. IV freilich nicht nur eine morphologisch neuartige Form der dichterischen Selbstautorisierung. Die morphologische Neuartigkeit von Dantes dichterischer Selbstautorisierung geht zusammen mit einer nachdrücklichen und im Feld scholastischer Rationalität ebenfalls neuartigen Aufwertung des Dichters und der Dichtung als Medium verbindlicher und weitreichender Sinnstiftung. Die Stimme des dichterischen Autors und die Dichtung selbst werden in Inf. IV nicht nur als formalästhetische Autorität, sondern auch als doktrinales Medium nachhaltig aufgewertet, und zwar in offenkundigem Widerspruch zu der scholastischen Auffassung von Dichtung als der, so Thomas von Aquin in der Tradition philosophisch-theologischer Ablehnung fiktionaler Rede, «infima inter omnes doctrinas».[30] Für Dante ist, wie sich an Inf. IV zeigen lässt, die *poesia* ganz im Gegensatz zu dem ansonsten in der *Commedia* systematisch bis in die Ebene der Bildgebung hinein aufgerufenen Diskursuniversum der thomistischen Scholastik (cf. nach wie vor Felten 1972; Felten 1984) privilegiertes Medium für den Zugang zu Wissen und Wahrheit. Nach Dantes Aufnahme in die *bella scola* nämlich kommt wieder Bewegung in die Reise: die nunmehr sechs kanonischen Dichterautoritäten schreiten weiter in das Licht und kommen am Fuß des in fast vierzig Versen inszenierten[31] *nobile castello* der irdischen Weisheit an, das in der Danteforschung als solches breitest behandelt worden ist (cf. resümierend Consoli 1970). Das *nobile castello* ist jener Ort, in dem Dante die Vertreter vorchristlicher moralischer Vorbildhaftigkeit und vor- bzw. nichtchristlicher philosophischer und

---

30 «Procedere autem per similitudines varias et repraesentationes, est proprium poeticae, quae est infima inter omnes doctrinas». Thomas von Aquin, *Gottes Dasein und Wesen*, vollständige, ungekürzte deutsch-lateinische Ausgabe der *Summa theologica*, vol. 1, übersetzt von Dominikanern und Benediktinern Deutschlands und Österreichs, ed. Katholischer Akademikerverband, Salzburg, 1933, I 1,9, 27.

31 «Venimmo al piè d'un nobile castello, / sette volte cerchiato d'alte mura, / difeso intorno d'un bel fiumicello. / Questo passammo come terra dura; / per sette porte intrai con questi savi: / giugnemmo in prato di fresca verdura. / Genti v'eran con occhi tardi e gravi, / di grande autorità ne' lor sembianti: / parlavan rado, con voci soavi. / Traemmoci così da l'un de' canti, / in loco aperto, luminoso e alto, / sì che veder si potien tutti quanti. / Colà diritto, sovra 'l verde smalto, / mi fuor mostrati li spiriti magni, / che del vedere in me stesso m'essalto. / I' vidi Eletra con molti compagni, / tra'quai conobbi Ettor ed Enea, / Cesare armato con li occhi grifagni. / Vidi Cammilla e la Pantasilea; / da l'altra parte vidi 'l re Latino / che con Lavina sua figlia sedea. / Vidi quel Bruto che cacciò Tarquino, / Lucrezia, Iulia, Marzïa e Corniglia; / e solo, in parte, vidi 'l Saladino. / Poi ch'innalzai un poco più le ciglia, / vidi 'l maestro di color che sanno / seder tra filosofica famiglia. / Tutti lo miran, tutti onor li fanno: / quivi vid' ïo Socrate e Platone, / che 'nnanzi a li altri più presso li stanno; / Democrito che 'l mondo a caso pone, / Dïogenès, Anassagora e Tale, / Empedoclès, Eraclito e Zenone; / e vidi il buono accoglitor del quale, / Dïascoride dico; e vidi Orfeo, / Tulïo e Lino e Seneca morale; / Euclide geomètra e Tolomeo, / Ipocràte, Avicenna e Galïeno, / Averoìs, che 'l gran comento feo.» (Inf. IV, 106–144).

naturwissenschaftlicher Weisheit versammelt hat; mit «grande autorità» (Inf. IV, 113) erscheinen dort nachgerade enzyklopädisch «spiriti magni» (Inf. IV, 119) von Hektor, Aeneas, Cäsar und Lukrezia über Aristoteles, Socrates, Platon und Demokrit bis hin zu Seneca, Euklid, Ptolemäus, Hippokrates, Galen und Averroes. Über die komplexe Reihung dieser Autoritäten ließe sich Vieles sagen; darum ist es mir an dieser Stelle aber nicht zu tun; vielmehr geht es mir um den schlichten, aber wichtigen Bezug des *nobile castello* zu Dantes Aufnahme in die *bella scola* innerhalb der Darstellungsökonomie des vierten Gesangs. Das *nobile castello* als Ort vorbildlichen, ja autoritativen Weltwissens, als privilegierter *luogo della sapienza* (Consoli 1970, 865) ist von einem Wasserlauf, einem «bel fiumicello» (Inf. IV, 108), umgeben, den die sechs Dichter – die *bellezza* ist schließlich ihr Terrain – völlig mühelos überwinden, «questo passammo come terra dura» (Inf. IV, 109). Dante und die antiken Dichter treten ein und gelangen an einen quasi paradiesischen Ort, auf einen «prato di fresca verdura» (Inf. IV, 110). Und jetzt geschieht etwas Auffälliges: Während Dante zuvor in der Gesellschaft der Dichter insbesondere die in ihrer Lautlichkeit poetisch gestaltende Stimme in der Sinneswahrnehmung hervorgehoben hatte, so ist es mit dem Eintritt ins *nobile castello* der im weltlichen Sinn weisen «spiriti magni» der Gesichtssinn, welcher die Wahrnehmung dominiert. Nun ist das «Sehen» in der *Commedia* bekanntermaßen durchweg von großer Rekurrenz und Bedeutung – die doppelte «vedrai»-Annonce Vergils in Inf. I markiert dieses Faktum unmissverständlich;[32] gleichwohl lässt sich an dieser Stelle meinem Eindruck nach eine besondere quantitative und qualitative Relevanz des Gesichtssinns beobachten. Dies betrifft zunächst einmal die *spiriti magni* des *nobile castello* selbst, von denen es bei ihrem ersten Anblick heißt: «Genti v'eran con occhi tardi e gravi / di grande autorità ne'lor sembianti» (Inf. IV, 112–113). Diese Fokussierung auf den Gesichtssinn betrifft in der unmittelbaren Folge auch Dante und seine Begleiter, die nun weniger hören («parlavan rado» (Inf. IV, 114), heißt es von den weisen Bewohnern des *castello*, womit die auditive Dimension der Sequenz auch schon erschöpft ist) als vielmehr sehen. Die Funktion dieser veränderten Sinneswahrnehmung liegt nicht nur in der innerhalb des Gesangs recht exklusiven Zurichtung stimmlich-sprachlicher oder besser: sinnlich-elokutioneller Kompetenz auf den Kreis der Dichter, sondern meinem Eindruck nach vor allem auch darin, die Erfahrung der Begegnung Dantes und seiner Dichterfreunde mit dem philosophischen, moralischen, mathematischen,

---

32 «[...] vedrai li antichi spiriti dolenti, / ch'a la seconda morte ciascun grida: / e vederai color che son contenti [...]» (Inf. I, 116–118). Dem doppelten *vedrai* steht in dem betreffenden Satzgefüge, das von 112 bis 120 reicht, nur ein *udirai* (115) gegenüber. Zu Rekurrenz und lexikalischer Bedeutungsextension von *vedere* bei Dante insgesamt cf. Consoli (1976).

medizinischen Wissen des *nobile castello* als Erkenntnis sprachmateriell effekt-
voll in Szene zu setzen. Die Lesart des «Sehens» als «Erkennens», als «Einsicht»
der *anima sensitiva* und *intellectiva*[33] wird wortfeldseitig unverkennbar gestützt:
in den 33 Versen (112–144) der Beschreibung der Bewohner des *nobile castello*
findet sich das Lexem *vedere* elfmal, flankiert und damit sprachmateriell eindeutig semantisiert von einem *mostrare* und einem *conoscere* (Inf. IV, 119 resp. 122).
In der Räumlichkeit von Inf. IV, in der Bewegung des Jenseitsreisenden in dieser
Räumlichkeit und mit dem Wechsel von der Privilegierung der dichterischen
Stimme hin zum Sehen als performativer Illustration des «Erkennens» haben
wir es also mit einer bemerkenswerten Sukzession zu tun, von der Stimme zum
Sehen, von der Dichtung zur Erkenntnis. Über die *bella scola* der Poesie gelangt
Dante in das *nobile castello* der Weisheit; die Stimme der Dichter wird durch die
Erkenntnis des philosophischen und naturkundlichen Wissens als Zielpunkt
des Gesangs überboten, gleichzeitig aber ist es die Stimme der Dichtung, welche
gleichsam die unabdingbare Zugangsvoraussetzung zu dem Weltwissen, zur
sapienza, darstellt. Dichtung, so müssen wir folgern, ist ideales Aneignungsdis-
positiv der Weisheit; dem Dichter öffnet sich mühelos das Tor zum *nobile castello*
der Weisheit. Mit anderen Worten: der Königsweg zur moralischen und wissenschaftlichen Erkenntnis ist Dantes Szenario in Inf. IV zufolge offenbar die *poesia*.

Diese eindrückliche Selbstermächtigung der Dichtung als Medium doktrina-
ler Erkenntnis bleibt, und dies scheint mir eine dabei noch verblüffendere Pointe
darzustellen, freilich nicht auf das antik-heidnische bzw. allgemein nicht christliche (Averroes) Weltwissen beschränkt, sondern es dehnt sich auch aus auf die
heilsgeschichtliche Wahrheitsschau. Dass diese Haltung des Dichters Dante im
Gegensatz zu der scheinbaren Abwendung von der weltlichen Dichtkunst im irdischen Paradies und im Gegensatz zu der Einschreibung in eine typologisch bib-
lische Autorschaft die Grundlage der *Commedia* und des dantesken Schreibens
insgesamt ist, weiß selbstverständlich jeder, der den Text einmal gelesen hat. Der
springende Punkt in diesem Zusammenhang scheint mir freilich darin zu liegen,
wie man mit der Tatsache umgeht, dass Dante diese Rolle des dichterischen Sprechens nicht nur implizit in seiner dichterischen Praxis fortwährend mitführt –
denn er wechselt ja nicht etwa in eine kunstlose Prosa –, sondern dass er sie
auch offensiv betont. Dies geschieht nicht nur in Stellen wie der Eröffnung von
Par. I und andernorts,[34] wo Dante die gleichzeitige Weltlichkeit und Jenseitigkeit

---

33 Die epistemischen Voraussetzungen des «Sehens» als «Einsicht» (bis hin zum Prinzip des
videre per essentiam) bei Dante beschreibt anschaulich Leo (1957, 20–25).
34 Noch in Par. XXV stellt sich Dante als *poeta* vor, der aufgrund der doppelten, himmlischen
und irdischen, Verfasstheit der *Commedia* in Florenz die Krönung erlangen will: «Se mai contin-

seines *poema sacro* unterstreicht. Es geschieht auch an ganz besonders prekärer Stelle, und zwar im 33. Gesang des Paradieses unmittelbar vor der Gottesschau. Dort wird das doktrinale Erfassen – das betreffende Verbum lautet «concepire» – der nicht mehr menschlichen, sondern nunmehr göttlichen Weisheit und Wahrheit auf prononcierteste Weise mit der Dichtung in Verbindung gebracht:

> «O somma luce che tanto ti levi
> da' concetti mortali, a la mia mente
> ripresta un poco di quell che parevi,
> e fa la lingua mia tanto possente,
> ch'una favilla sol de la tua gloria
> possa lasciare a la future gente;
> ché, per tornare alquanto a mia memoria
> e per sonare un poco in questi versi,
> più si conceperà di tua vittoria.» (Par. XXXIII, 67–75).

Recht genau in der Mitte, in den Versen 67–75 des 145 Verse zählenden letzten Paradies-Gesangs (wobei *versi* als prominentes Reimwort in Vers 74 platziert ist), betont Dante die poetische, genauer: die klanglich-stimmliche und metrische Qualität seiner Rede – *lingua, sonare, versi* lauten die einschlägigen Lexeme –, welche für die Vermittlung der heilsgeschichtlichen Botschaft offenbar einen rhetorischen Mehrwert zu schaffen imstand sein soll. Die *vittoria* Gottes soll also insbesondere durch Verfahren der Dichtung erfahrbar und verstehbar gemacht werden; die Dichtung der *Commedia* und der Dichter Dante gewinnen damit höchste Autorität sogar in Hinblick auf die Vermittlung letzter heilsgeschichtlicher Wahrheit. Mit anderen Worten: Die Autorität des Dichters und die Autorität der Dichtung treten auch und gerade in Par. XXXIII unmittelbar vor der Gottesschau auf bemerkenswerte Weise in den Vordergrund: es sind dichterische Verse, welche auch in der Pragmatik dieser Situation selbstredend durch den Jenseitsreisenden und Autor Dante im Sinne aristotelischer *poiesis* «produziert» werden, die Gottes Sieg den Menschen in höchstem Maße überzeugend vermitteln sollen. Die Distanz Dantes zu den Lehrsätzen der Scholastik, welche den, so Benedetto Croce, «romanzo teologico» (Croce 1922, 60) der *Commedia* insbesondere im Paradies doch so vielerorts unbestritten prägt, ist damit an dieser Stelle immens, und sie ist markant ausgestellt. Diese Position ist letztlich die äußerste Konsequenz, die Dante aus der dichterischen Selbstautorisierung, welche er in Inf. IV begon-

---

ga che 'l poema sacro / al quale ha posto mano e cielo e terra, / sì che m'ha fatto per molti anni macro, / [...] ritornerò poeta, e in sul fonte / del mio battesmo prenderò 'l cappello» (Par. XXV, 1–9).

nen hat, zieht. «Wahrheit» und zwar auch theologische und prophetische Wahrheit beginnt hier, sich in Abhängigkeit von der Virtuosität ihrer Darstellung und der Exzellenz des Autors dieser Darstellung zu konfigurieren und zu bemessen.

Ich fasse zusammen. Dantes performative Selbstautorisierung durch Singularisierung und Sodalisierung emergiert als quantitativ und qualitativ neuartiges Phänomen an der Wende zum 14. Jahrhundert. Ohne dies nun teleologisch naiv und rationalitätsgeschichtlich schief als Innovation feiern zu wollen, so ist Dantes Selbstautorisierung unter diesen Voraussetzungen doch als wichtiger Indikator einer historisch veränderten Auffassung von dichterischer Autorschaft und von Dichtung zu veranschlagen. Mit Dante avanciert der Autor im Text zu einer Produktionsinstanz, die sich über die Zeiten hinweg selbst ostentativ als umfassende Autorität ermächtigt. Der dichterische Autor wird im Werk als Gestaltungsmacht vorgeführt und inthronisiert; der Ausweis eigener Autorität wird so zu einem zentralen Thema der Dichtung selbst und die formalästhetische, poetische Exzellenz des Dichter-Autors generiert mehr als andere Diskurse den Zugang zu Wissen und Wahrheit. Dante schreibt auf diese Weise dem dichterischen Autor und der Dichtung eine neuartige Geltung zu, welche sich mit der Aufwertung des singulären poietischen Selbst in ihrer Rationalität notwendig auf Kosten eines überindividuell stabilen, «mittelalterlichen» Analogismus entfaltet. So «modern» diese Position freilich auch anmuten mag: vergessen werden darf dabei nicht, dass sich in Dantes *poema sacro* intentional Diesseitigkeit und Jenseitigkeit ganz grundsätzlich durchdringen, auch wenn die fortwährende Thematisierung von Dantes rhetorisch-poetischer Gestaltungsmacht in der *Commedia* auf ein beginnendes Defizit der Durchsetzungsfähigkeit heilsgeschichtlicher Wahrheitsrede hindeutet. Erklärtes und auf Aussageebene ungebrochenes Ziel von Dantes Großprojekt ist und bleibt, scholastische Kosmologie durch die Stimme des Dichters anschaulich zu vermitteln, die *vittoria* Gottes im Klang der *versi* des Autors Dante evident zu machen. Dass die für dieses Anliegen erforderliche erhebliche Aufwertung des Autoritätsstatus von Dichter und Dichtung dabei der scholastischen Doxa entgegensteht und das selbst gesetzte Ziel insofern systematisch unterläuft, als die Selbstermächtigung des Dichters das Mundane mit dem Sakralen vermengt, gehört zu den großen Paradoxien der italienischen Literaturgeschichte.

Bibliographie

Primärliteratur

Dante Alighieri, *Commedia*, vol. 1–3, ed. Anna Maria Chiavacci Leonardi, Milano, Zanichelli, 1991/1994/1997.

Biblia sacra iuxta Vulgatam versionem, Editio quinta, ed. Robert Weber, Stuttgart, Deutsche Bibelgesellschaft, 2007; in der Einheitsübersetzung der Katholischen Bibelanstalt, Stuttgart, Deutsche Bibelgesellschaft, 1980.

Marcus Tullius Cicero, *Brutus*, ed. Bernhard Kytzler, Düsseldorf, Artemis & Winkler, 2000.

Quintus Horatius Flaccus, *Sämtliche Werke (lat. u dt.)*, vol. 1: *Carmina; Oden und Epoden*, nach Kayser, Nordenflycht und Burger, ed. Hans Färber, vol. 2: *Sermones et Epistulae*, ed. Wilhelm Schöne, bearbeitet von Hans Färber, München/Zürich, Artemis, 1985.

Publius Ovidius Naso, *Tristiae Epistulae ex Ponto/Briefe aus der Verbannung (lat.-dt.)*, übersetzt von Wilhelm Willige, eingeleitet und erläutert von Georg Luck, Zürich, Artemis, 1963.

Publius Ovidius Naso, *Briefe aus der Verbannung. Tristia Epistulae ex ponto (lat.-dt.)*, übersetzt von Wilhelm Willige, eingeleitet und erläutert von Niklas Holzberg, München/Zürich, Artemis, 1990.

Thomas von Aquin, *Gottes Dasein und Wesen*, vollständige, ungekürzte deutsch-lateinische Ausgabe der *Summa theologica*, vol. 1, übersetzt von Dominikanern und Benediktinern Deutschlands und Österreichs, ed. Katholischer Akademikerverband, Salzburg, 1933.

Sekundärliteratur

Ascoli, Albert Russell, *Dante and the Making of a Modern Author*, Cambridge, University Press, 2011.

Bernsen, Michael, *Die Problematisierung lyrischen Sprechens im Mittelalter. Eine Untersuchung zum Diskurswandel der mittelalterlichen Liebesdichtung von den Provenzalen bis zu Petrarca*, Tübingen, Niemeyer, 2001.

Brownlee, Kevin, *Dante and the Classical Poets*, in: Rachel Jacoff (ed.), *The Cambridge Companion to Dante*, Cambridge, University Press, 1993, 100–119.

Claassen, Jo-Marie, *Tristia*, in: Peter E. Knox (ed.), *A Companion to Ovid*, Chichester, Blackwell Publishing, 2009, 170–183.

Consoli, Domenico, *Il nobile castello*, in: Umberto Bosco (ed.), *Enciclopedia Dantesca*, vol. 1: *A-Cil*, [passim] Roma, Istituto dell'Enciclopedia Italiana Treccani, 1970, 864–866.

Consoli, Domenico, *Vedere*, in: Umberto Bosco (ed.), *Enciclopedia Dantesca*, vol. 5: San-Z, Roma, Istituto dell'Enciclopedia Italiana Treccani, 1976, 894–896.

Croce, Benedetto, *La Poesia di Dante*, Bari, Laterza, 1922.

Curtius, Ernst Robert, *Europäische Literatur und lateinisches Mittelalter*, Tübingen/Basel, Francke, 1993.

Dinzelbacher, Peter, *Vision und Visionsliteratur im Mittelalter*, Stuttgart, Hiersemann, 1981.

Drexler, Hans, *Honos*, in: Hans Oppermann (ed.), *Römische Wertbegriffe*, Darmstadt, Wissenschaftliche Buchgesellschaft, 1967, 446–467.

Felten, Hans, *Wissen und Poesie. Die Begriffswelt der «Divina Commedia» im Vergleich mit theologischen Lateintexten*, München, Fink, 1972.

Felten, Hans, *Dantes Metaphorik als verkürzte und konzentrierte Theologie*, Deutsches Dante-Jahrbuch 59 (1984), 89–106.

Hempfer, Klaus W., *Zur Enthierarchisierung von «religiösem» und «literarischem» Diskurs in der italienischen Renaissance*, in: Peter Strohschneider (ed.), *Literarische und religiöse Kommunikation in Mittelalter und früher Neuzeit*, Berlin/New York, De Gruyter, 2009, 183–221.

Hollander, Robert, *Dante Theologus-Poeta*, Dante Studies 94 (1976), 91–136.

Iannucci, Amilcare A., *Dante e la «bella scola» della poesia (Inf. 4,64–105)*, in: Amilcare A. Iannucci (ed.), *Dante e la «bella scola» della poesia. Autorità e sfida poetica*, Ravenna, Longo, 1993, 19–39.

Iannucci, Amilcare A., *Classical Canon*, in: Richard Lansing (ed.), *The Dante Encyclopedia*, New York, Routledge, 2000, 175–176.

Kablitz, Andreas, *Intertextualität als Substanzkonstitution. Zur Lyrik des Frauenlobs im Duecento: Giacomo da Lentini, Guido Guinizelli, Guido Cavalcanti, Dante Alighieri*, Poetica 23 (1991), 20–67.

Kablitz, Andreas, *Die Zeichen des Alltags und die Zeichen der Hölle. Dantes «Inferno» und der mittelalterliche «Realismus»*, in: Annette Sabban/Christian Schmitt (edd.), *Sprachlicher Alltag. Linguistik – Rhetorik – Literaturwissenschaft. Festschrift für Wolf-Dieter Stempel, 7. Juli 1994*, Tübingen, Niemeyer, 1994, 145–199.

Kablitz, Andreas, *Dichtung und Offenbarung. Dantes «Göttliche Komödie» und die Begründung einer christlichen Poetik*, in: Andreas Kablitz/Christoph Markschies (edd.), *Heilige Texte. Religion und Rationalität*, Berlin/Boston, De Gruyter, 2013, 167–203.

Konstan, David, *Patrons and friends*, Classical Philology 90 (1995), 328–342.

Krautter, Konrad, *Die Renaissance der Bukolik in der lateinischen Literatur des XIV. Jahrhunderts: von Dante bis Petrarca*, München, Fink, 1983.

Lausberg, Heinrich, *Handbuch der literarischen Rhetorik*, Stuttgart, Franz Steiner, [4]2008 (1960).

Leo, Ulrich: *Sehen und Schauen bei Dante*, in: Ulrich Leo, *Sehen und Wirklichkeit bei Dante*. Mit einem Nachtrag über das Problem der Literaturgeschichte, Frankfurt a. Main, Klostermann, 1957, 11–45.

Levenstein, Jessica, *Resurrecting Ovid's Pierides: Dante's Invocation to Calliope in «Purgatorio» 1,7–12*, Dante Studies 126 (2008), 1–19.

Levenstein, Jessica, *The Re-Formation of Marsyas in «Paradiso» 1*, in: Teodolinda Barolini/H. Wayne Storey (edd.), *Dante for the new Millennium*, Fordham, University Press, 2003, 408–421.

Minnis, Alastair, *Medieval Theory of Authorship. Scholastic Literary Attitudes in the Later Middle Ages*, Pennsylvania, University Press, [2]1988.

Nelting, David, *«...si mi fecer de la loro schiera» – Selbstautorisierung bei Dante an der Schwelle zur Frühen Neuzeit*, Germanisch-Romanische Monatsschrift 64 (2014), 1–24.

Picone, Michelangelo, *Dante and the Classics*, in: Amilcare A. Iannucci (ed.), *Dante: Contemporary Perspectives*, Toronto, University Press, 1997, 51–73.

Regn, Gerhard, *Double Authorship, Prophetic and Poetic Inspiration in Dante's Paradise*, Modern Language Notes 122:1 (2007), 167–185.

Regn, Gerhard, *Gott als Dichter: Das Spiegelbild der Fiktion in Dantes «Paradiso»*, in: Ursula Peters/Rainer Warning (edd.), *Fiktion und Fiktionalität in den Literaturen des Mittelalters*, München, Fink, 2009, 365–385.

Segre, Cesare, *Viaggi e visioni d'oltremondo sino alla «Commedia» di Dante*, in: Cesare Segre, *Fuori del mondo. I modelli nella follia e nelle immagini dell'aldilà*, Turin, Einaudi, 1990, 25–48.

Trout, Dennis, *Amicitia, Auctoritas, and Self-Fashioning Texts: Paulinus von Nola and Sulpicius Severus*, in: Frank L. Cross/Elizabeth A. Livingstone (edd.), *Studia Patristica*, Leuven, Peeters, 1993, 123–129.

Cornelia Wild
Autorschaft unter Diktat

Ossip Mandelstam hat Autorschaft für Dante Alighieri auf das Diktat zurückgeführt und ihm damit eine Rolle zugeschrieben, die in der mittelalterlichen Autorschaftskonzeption als Schreiber bezeichnet wird:

> «Dante und die Phantasie – das ist doch unvereinbar! Schämt euch, ihr französischen
> Romantiker, ihr unglücklichen *Incroyables* mit euren roten Westen, die ihr Alighieri ver-
> leumdet habt! Was für eine Phantasie hat er denn? Er schreibt nach Diktat, er ist ein
> Kopist, ein Übersetzer. Sein Rücken ist krumm geworden in der Haltung des Schreibers, der
> erschrocken auf das illuminierte Original schielt, das ihm aus der Bibliothek des Priors aus-
> geliehen wurde. Abschreiben ist gar kein Ausdruck: Hier geht es um eine Reinschrift nach
> dem Diktat der grausamsten und ungeduldigsten Diktierer. Der Diktierer und Anordner ist
> weit wichtiger als der sogenannte Dichter» (Mandelstam 2004, 167).

Die hier behauptete Haltung Dantes, der krummgewordene Rücken des Kopisten,
ist alles andere als die eines selbstbewussten Autors. Es ist die Haltung eines
Schreibers, der abschreibt und aufschreibt, was ihm diktiert wird, ganz so wie ihn
später – nämlich im 19. Jahrhundert – Melville oder Flaubert mit ihren stumpfen
und sturen Kopisten und Schreibern zu Helden der modernen Literatur gemacht
haben. Autorschaft wird damit im Sinne eines antiken Verständnisses als Rückgriff auf vorhandenes Wissen gedacht, d. h. dass hier ein Konzept aufgerufen wird,
das Autorschaft durch *auctoritas*, Autorität, legitimiert: Den Text autorisiert das
autoritative Zitat, das abgeschrieben werden muss und auf das Dante in der von
Mandelstam entworfenen Szene wie ein Schüler, der alles richtig machen will,
furchtsam hinschielt. In der skizzierten, untergebenen Haltung klingt die Anerkennung eines Systems mit, in dem man sich auf die Väter- und Schrifttradition als
Autoritäten beruft (cf. Veit 1971, 724–727; zur Haltung der *poetic humility* cf. Barolini
1987, 220). Dante tritt als Schreiber auf, der abschreibt und kopiert und sich dem
Einfluss fremder Rede, ob göttlicher Art oder durch antike Vorbilder, unterwirft.

Die Komplexität dieser Autorschaftskonzeption entsteht bei Dante allerdings
vor allem dadurch, dass die Funktion der Autorität mit einer weiblichen Figur,
Beatrice, verknüpft wird und auf diese Weise derjenigen Frauengestalt, die Dante
seit der *Vita nuova* bis hin zur *Divina Commedia* als das weibliche Gegenüber des
Ichs inszeniert hat, eine Position innerhalb dieser Konzeption zugewiesen wird.
Denn es ist eben die strenge Beatrice, der Dante seine *Commedia* wie ein Schüler
seiner Lehrerin vorlegt: «[...] Jetzt bemühe ich mich noch ein wenig, dann muß
das tränengenetzte Heft des bärtigen Schülers der strengen Beatrice vorgelegt
werden, die nicht nur in Ruhm, sondern auch in Gelehrsamkeit erstrahlt» (Man-

delstam 2004, 167). Dante erscheint als Schreiber, Beatrice als Diktierer, wobei in dieser Vorstellung der Ruhm nicht dem Autor Dante, sondern der diktierenden Beatrice zukommt. Was das Zitat damit zeigt, ist, dass offensichtlich Autorschaft auf zwei Instanzen, die beide am poetischen Prozess beteiligt sind, verteilt wird.

Mit Blick auf das mittelalterliche System der Autorschaft fällt auf, dass das Beispiel kein Einzelfall ist. Es ist spezifisch für die mittelalterliche Konzeption von Autorschaft, dass jungfräuliche und engelsgleiche Münder den Dichtern Worte vorsprechen, die diese dann zu ihrem eigenen Ruhm aufschreiben. Als Figuren im Text sind sie nicht nur Medien, sondern Bestandteil der Autorschaft ihrer Schreiber. Ihre Münder sind es, durch die sie die Autoren zum Schreiben legitimieren. Diese dienen hierbei nicht nur der Verlebendigung der schriftlichen Texte (cf. Jauß 1972), sondern figurieren Autorschaft und zwar gerade dort, wo sie zum Einsatz kommen: am Schnittpunkt von irdischer und göttlicher *auctoritas*.

Dass sich Autorschaft bei Dante in doppelter Hinsicht, nämlich irdisch und göttlich, legitimiert, ist bereits herausgestellt worden.[1] Dabei steht jedoch noch aus zu fragen, wie genau sich die irdische Rede konstituiert. Die doppelte Autorschaft verdoppelt sich nämlich ein weiteres Mal, wenn weibliche Figuren im Text als Instanzen der *auctoritas* inszeniert werden, wenn also die Texte mit den Mündern von weiblichen Figuren gesprochen, gesungen und diktiert werden. Das Spezifikum mittelalterlicher Autorschaft zeigt sich nicht nur mit Blick auf die Ambiguität eines Sprechens, das die Autorschaft in ein doppeltes Licht rückt, sondern auch darin, dass diese Verdoppelung angesichts weiblicher Münder, die im Text inszeniert werden, nochmals differenziert werden kann. Diese Münder sind nicht nur Figuren im Text, sondern auch Figuren der *auctoritas*. Anhand dreier solcher Figuren der Autorität – der Heiligen Caterina da Siena, Dantes Beatrice und Petrarcas Laura – möchte ich somit im Folgenden den Blick auf den Ort des Sprechens lenken.[2] Im Rückgriff auf das Mittelalter als erste Szene der Formulierung von Autorschaft in Volkssprache geht es mir um das Befragen der Konstituierung von Autorschaft als grundsätzlicher Frage nach den Verfahren der Begründung der Rede. Dabei zeigt sich, dass gerade da, wo Autorschaft als selbstbewusste Rede begründet wird, die Begründung selbst auf einer noch ganz

---

1 Gerhard Regn hat Dantes Autorschaft als doppelte Autorschaft, nämlich irdische und göttliche, poetische und prophetische bestimmt. Mit der emblematischen Formulierung «'l poema sacro, / al quale ha posto mano e cielo e terra» habe Dante göttliche und irdische Autorschaft überkreuzt. Cf. Regn (2007, 182); cf. Mehltretter (2005).

2 Die Frage nach dem Sprechen als Problem der Autorschaft wurde durch die Autorschaftsdebatte der 60er Jahre aufgeworfen. Ausgehend von der Indifferenz des Sprechens in der modernen Literatur ist darüber nachgedacht worden, wie der Ort des Sprechens als Frage von Autorschaft bestimmt werden kann. Cf. Foucault (2001, 817 und 820); cf. Barthes (1994, 491).

anderen Struktur beruht. Sie gründet in einer Ökonomie von Autorschaft, bei der der Autor auf eine andere Stimme verwiesen bleibt und die man deshalb Autorschaft unter Einfluss nennen kann.

1 Auctoritas: scriptor, compilator, auctor, autor, actor

Die Frage nach Autorschaft ist im Mittelalter zwischen zwei Polen aufgespannt. Auf der einen Seite meint Autorschaft schlicht und einfach die Reproduktion dessen, was die anderen geschrieben haben. Demgegenüber, und das ist der andere Pol, ist die Kreation aus sich selbst heraus eine Vorstellung, die den Begriff der Autorschaft prägt. Wie immer wieder betont worden ist, hat Bonaventura in entscheidendem Maße zur Systematisierung des Begriffs beigetragen, wenn er vier Funktionen von Autorschaft unterscheidet: den *scriptor* als denjenigen, der den Text eines anderen abschreibt, *compilator*, als denjenigen, der mehrere Texte anderer abschreibt und zusammenbringt, *commentator*, als denjenigen, der Texte anderer kommentiert, und *autore*, als denjenigem, der nicht mehr nur reproduziert, was andere geschrieben haben, sondern selbst zu dem beiträgt, was er schreibt (cf. Picone 2005, 178; Müller 1996). Alle vier Funktionen von Autorschaft bezeichnen die Rollen, die der mittelalterliche Autor annehmen kann. Sie unterscheiden sich hierbei in ihrer Graduation gegenüber *auctoritas*, Autorität, wobei die Skala vom *scriptor* als dem am meisten auf Autorität bezogenem Konzept von Autorschaft bis hin zum *auctor* am anderen Ende reicht, insofern der *auctor* einen eigenen Text verfasst (cf. Minnis 1984, 94). Mittelalterliche Autorschaft konstituiert sich dabei stets über *auctoritas*, der gegenüber sie integrativ verfährt, insofern die Autoritäten auf Augenhöhe gestellt und respektiert werden. Das beste Beispiel hierfür ist Dante in der *Divina Commedia*, der Seite an Seite mit Vergil fast das ganze *Inferno* und einen guten Teil des *Purgatorio* durchquert.

Im Unterschied also zum modernen Konzept von Autorschaft, das das Subjekt durch die Proklamation des Todes des Autors verabschieden wollte, bestimmt sich mittelalterliche Autorschaft über *auctoritas* und nicht durch das *autos* (Selbst) (cf. Solla 2013, 39). Eine grundlegende Unterscheidung, die damit zu tun hat, besteht zwischen *autore/auctoritas* und dem Dichter, *poeta*. Der durch Apollon Angerufene ist der *poeta*, was noch nicht gleichzusetzen ist mit *autore*. Man hat es daher mit zwei getrennten Bereichen zu tun (cf. Dante, Par. I, 28),[3] was

---

3 Dante Alighieri, *La Commedia. Secondo l'antica vulgata*, 4 vol., ed. Giorgio Petrocchi, Florenz,

auch damit zusammen hängt, dass die letztgültige Wahrheit bei Gott als *auctor* zu suchen ist.

Die zwei Pole des Autorschaftskonzepts zeigen, dass das Problem, das mit dem postmodernen Autor verbunden war, im Mittelalter nicht bestanden hat und insofern eine Beschäftigung mit Autorschaft die Frage des Verhältnisses zur Autorität impliziert, und zwar nicht als Frage nach dem Subjekt, sondern als Frage nach dem Status von Texten und der Beziehung zu diesen. D. h. bei der Bestimmung von Autorschaft geht es in erster Linie sowohl um die Frage, wie die Klassiker gelesen werden, als auch wie sich das eigene Werk gegenüber den Klassikern positioniert. Die moderne Frage nach dem Urheber des Textes als dem *poeta*, spielt innerhalb dieser Konzeption von Autor/Autorität keine oder zumindest eine untergeordnete Rolle.[4] Daher verortet Dante auch Autorität und Autorschaft Vergils auf textlicher Ebene: Was Vergil als Autor auszeichnet und seine Autorität garantiert, ist eine Frage des Stils nicht des Seins: «lo bello stilo che m'ha fatto onore» (Inf. I, 87). Innerhalb dieses Systems müsste also Autorschaft durch Beobachtungen zur Auslegungspraxis bestimmt werden. So zeigt Michelangelo Picone für die *Vita nuova*, dass Dantes Theorie von Autorschaft zu einem veränderten Auslegungsverfahren führt, nämlich dem Übergang von (antiker) Rhetorik zu (christlicher) Hermeneutik (Picone 2005, 186). *Auctores* meint dementsprechend nicht in erster Linie eine bestimmte Person, sondern die Texte selbst. Autorschaft wird hierbei folglich strikt als etwas Zum-Text-Gehörendes aufgefasst, «something understood to reside in the text itself» (Carruthers 1990, 191), als Frage also danach, wie unterschiedliche Auslegungsverfahren miteinander vermittelt werden oder wie man sich durch rhetorische Verfahren wie *amplificatio*, *imitatio*, *recitatio* dazu positionieren kann (Carruthers 1990, 190–191).

Im *Convivio* besteht Dante darauf, dass der Autorbegriff zwei etymologische Linien hat. Während *auctor* von lateinisch *augere* kommt und somit wachsen, vermehren heißt (bzw. Émile Benveniste zufolge auch «etwas zu produzieren», «l'acte de produire hors de son propre» [Beneviste 1969, 148–151]), hat *autor* im *Convivio* zwei Wurzeln und damit eine doppelte Bedeutung: Zum einen leitet sich Dante zufolge *autor* von lateinisch *auieo* (verbinden) ab, bezieht sich also auf eine rein linguistische Tätigkeit des Wörter-Verbindens, «legare parole» (Conv. IV, vi, 3).[5]

Le Lettere, ³2003. Im Folgenden wird der Text unter Angabe der gängigen Siglen im Fließtext zitiert.

4 Chenu (1927) hat einen Bedeutungswandel in der Verwendung von *auctor*, *actor* und *autor* bemerkt. *Actor* (von lat. *ago*) nimmt die Bedeutung vom Autor eines Werkes an.

5 Dante Alighieri, *Il convivio*, ed. Maria Simonelli, Bologna, Pàtron, 1966. Im Folgenden wird der Text unter Angabe der Sigle «Conv.» im Fließtext zitiert.

Dante hat hierbei vermutlich die *ars dictaminis* im Blick, auf die Mary Carruthers als Tätigkeit der Komposition im Prozess der Behauptung von Autorität hingewiesen hat (Carruthers 1990, 197–199). Zum anderen leitet es sich vom Griechischen her und heißt *autentin*, was ins Lateinische übersetzt heißen würde «degno di fede e d'obedienza» (Conv. IV, vi, 5), somit also *auctoritas* bezeichnet. In beiden Fällen aber bleibt offensichtlich die Frage des Autors auf den Text bezogen (cf. Ascoli 1989).

Die in den folgenden Beispielen inszenierte Autorschaft durch weibliche Münder richtet sich dementsprechend auf die Konstituierung einer textlichen Autorität, die dazu beitragen soll, dass die Texte Autorität erlangen, d. h. würdig genug sind, zitiert zu werden. Die moderne Frage nach dem Autorsubjekt ist demgegenüber sekundär, insofern sie die mittelalterlichen Texte nicht primär interessiert hat. Interessiert hat diese Texte offensichtlich aber die Funktion von Frauenfiguren, die in jeweils spezifischer Weise mit der Inszenierung von Autorschaft und Autorität in Zusammenhang gebracht werden, was im Folgenden an ihren vielleicht drei berühmtesten Beispielen gezeigt werden soll.

2 *Scriba Dei*: Caterina da Siena

Die doppelte Konzeption von Autorschaft und Autorität durch den Mund einer Frau wird da sichtbar, wo die Rede durch den Mund einer Heiligen gesprochen wird. Insbesondere das 13. Jahrhundert zeichnete sich durch eine umfassende Frauenfrömmigkeit aus (cf. Vauchez 1994; Bynum 1991), sodass es nahe lag, dass nicht nur die Produktion von Heiligenviten zunahm, sondern auch, dass die Heiligenvita ein Ort wurde, an dem inspirierte Rede durch weibliche Münder inszeniert wurde. Da sich auch Dante und Francesco Petrarca am Modell inspirierter Rede abarbeiten, soll zunächst diese selbst am Ort ihrer Produktion im mittelalterlichen Dispositiv der inspirierten Rede in den Blick rücken. Bevor aber die Inszenierung von Autorschaft und Autorität an den profanen Texten untersucht werden soll, wird die Heiligenlegende in Hinblick auf die Inszenierung von *auctoritas* befragt. Die Heiligenlegende einer der wichtigsten Heiligen Italiens, Caterinas da Siena, ist dabei der Ort der Inszenierung nicht nur von Heiligkeit, sondern auch des Schreibens einer Frau in Volkssprache. Caterina gilt als die erste weibliche Autorin der italienischen Sprache (cf. Cavallini 2005). Dabei ist die Tatsache, dass sie schreibt, nicht selbstverständlich, sondern göttlicher Autorität unterworfen. Es bedarf eines großen Aufwandes, das Schreiben der weiblichen Heiligen zu legitimieren. Autorisiert wird es durch den göttlichen Auftrag, durch den das in Ekstase empfangene Wort aus dem Mund der Jungfrau spricht und von ihren Sekretären (*scrittores*) aufgeschrieben wird. Einer ihrer Schreiber beschreibt seine Tätigkeit als einen Akt, bei dem er simultan das Diktat aus dem Mund der Heiligen niederschreibt. Der Schreiber schreibt förmlich die Worte vom Mund der Heiligen ab: «che io stesso in parte scrissi mente questa vergine, in modo mirabile, dettava con la sua boca virginea» (*Il processo castellano* 2009, 235; cf. Nocentini 2005; Tylus 2009; Wild 2014).

Auch in der Heiligenlegende wird die Szene des Diktats Caterinas festgehalten. Sie lässt sich, wie spätere Diktierszenen als eine «Urszene der Einsetzung» (Menke 2004, 286 und 282) bestimmen, durch die einem Text ein weiblicher Mund als sein Ursprung zugeschrieben wird:

> «Vnde circa biennium ante transitum eius tanta claritas ueritatis sibi diuinitus est apperta, quod coacta est ipsam per scripturam effundere ac scriptores suos rogare [...], quod, cum inextasi positam eam sentirent, ad scribendum essent parati, quitquid abore ipsius audirent. Sicque in breui tempore compositus est quidam liber, qui continet quendam dyalogum inter unam animam, que quatuor peticiones petebat adomino, et ipsum dominum sibi respondentem ac eam de multis vtilissimis ueritatibus informantem.»

> [«Ungefähr zwei Jahre vor ihrem Tod wurde ihr die Wahrheit so deutlich offenbart, daß sie nicht anders konnte, als sie in einen Text zu fassen. Deswegen bat sie ihre Schreiber [...], sich während ihrer Ekstasen bereitzuhalten und all das niederzuschreiben, was sie sagte. So entstand innerhalb kurzer Zeit ein gewisses Buch, das ein Gespräch zwischen einer Seele, die vier Bitten an den Herrn richtete, und dem Herrn, der darauf antwortete und sie über viele nützliche Wahrheiten belehrte, enthält.»][6] (LM III, 349).

Der Beichtvater und die Sekretäre werden als Auf- und Nachschreiber des inspirierten Diktats der Heiligen und ihrer Offenbarungen eingesetzt. Caterina selbst wird als zerbrechliches Gefäß göttlicher Rede – als «uasa fragilia» (LM I, 122) – behandelt (cf. Scott 1993, 91–93; Klinger 2006, 100–101). Dabei fallen in dieser Ordnung die Instanzen der Autorschaft in empfangenes und gesprochenes Wort sowie in den niedergeschriebenen Text auseinander. An der Schnittstelle zwischen der göttlichen und der irdischen Worte wird eine Jungfrau platziert, die in der *Legenda Maior* dementsprechend als Doppelgestalt inszeniert wird: als «irdischer Engel» [*angelus terrestris*] und als «himmlischer Mensch» [*homo celestis*] (LM Prolog I, 6), wodurch der Zugang zur Sphäre der Transzendenz als letztgültige Autorität ermöglicht werden soll.

---

6 Raimund von Capua, *Die Legenda Maior (Vita Catharinae Senensis) des Raimund von Capua*, 2 vol., ed. Jörg Jungmayr, Berlin, Weidler Verlag, 2004. Im Folgenden wird der Text unter Angabe der Sigle «LM» im Fließtext zitiert.

Die eigentliche Bedeutung des Diktats, das als empfangene Rede und wort-getreue Niederschrift immer wieder inszeniert wird, zeigt sich eigentlich aber erst in seiner Verselbstständigung. Dass in der Heiligenvita die Stimme des Beicht-vaters mit der Stimme der Heiligen verschmolzen ist, wurde in der Forschung mehrfach herausgestellt und es wurden dabei vor allem die Unterschiede zwi-schen der *Legenda Maior* und Caterinas eigenen Schriften gezeigt (cf. Scott 1999, 144–149; Scott 1993; zu demselben Problem bei Hildegard von Bingen cf. Newman 1999, 20–23). Wie gewinnt aber die Heiligenvita gerade dadurch, d. h. durch die Ambiguität von zwei Stimmen, an Autorität? Durch Caterinas Rede wird kon-sequenterweise auch die Autorschaft des Beichtvaters als göttlicher Auftrag und nach biblischem Vorbild legitimiert. Das Gottesdiktat des Johannes ist hierfür das Vorbild. In der biblischen Szene wird Johannes der Schreibauftrag durch eine Stimme «laut wie eine Posaune» erteilt: «Schreib das, was du siehst in ein Buch» (Apokalypse 1, 10). Die entsprechende Reformulierung in der *Legenda Maior* lautet «Quod uides, scribe in libro.» [Was du siehst, das schreibe in ein Buch] (LM 20–21). Die göttliche Stimme, die den Schreibauftrag erteilt, wird in der Heiligenvita durch die *bocca virginea* ersetzt, wenn der Beichtvater beschreibt, dass er Caterinas Stimme in seinem Inneren hört (cf. Teuber 2008, 57–79). Selbst noch in Abwesenheit des körperlichen jungfräulichen Mundes gibt Caterina die Worte vor, die der Beichtvater niederschreibt: «ita ut frequenter michi uisum fuerit ipsam quodammodo esse presentem et quasi michi dictantem, que scribo.» [Häufig habe ich das Gefühl, sie sei auf irgendeine Weise gegenwärtig und sage mir vor, was ich schreiben soll] (LM I, 123). Die äußere, göttliche Stimme wird in solchen Momenten in eine innere Stimme transformiert, die nicht nur das Schrei-ben legitimiert, sondern auch die medialen Bedingungen umkehrt: Denn wenn Caterina dem Beichtvater eingibt, was er schreiben soll, dann ist nicht sie sein, sondern er *ihr* Medium. Wer also hat hier gesprochen? Durch die Zusicherung an die Rede der Jungfrau verdoppelt sich deren Funktion: Sie erfolgt jetzt nicht mehr nur ausschließlich durch die göttliche Instanz, sondern auch durch den Mund der Heiligen. In dem Moment, in dem der Legendenschreiber *ihre* Rede schreibt, er also ihrem Diktat folgt, ist er auch zu ihrem Medium (und indirekt natürlich auch zum göttlichen Medium) geworden. Die Szene des Diktats ist insofern eine «scène mystérique» (Irigaray 1974): sie spiegelt die Sprechsituation der Heiligenlegende.

Der durch die Rede unter Einfluss entstandene Text, versieht die Heilige mit einer autoritativen Doppelrolle, in der sie nicht nur als Medium der göttlichen Worte auftritt, sondern immer wieder selbst in die Position der Diktierenden kommt. Der jungfräuliche Mund an der Schnittstelle von göttlicher und irdischer Rede figuriert eine doppelte Autorschaft, durch die sich die göttliche Autorität als prinzipiell ersetzbare und zwar ersetzbar durch einen weiblichen Mund erweist. Die Stimme des Textes, als deren Ursprung die göttliche Autorität gilt, wird durch diese Stimme *im* Text verdoppelt. Durch das Zugeständnis an ein solches Sprechen ist damit der weibliche Mund zum Ort der Produktion eines Sprechens geworden, das die Autorität der Heiligengeschichte sichert, nicht jedoch als etwas, das den Autor befestigt, sondern eher in Frage stellt. Durch eine Rede unter Einfluss bleibt das Ich der Rede auf eine andere Stimme verwiesen und zwar nicht nur in Bezug auf die göttliche Autorität, sondern auch auf die Instanzen im Text, durch die die Heiligenlegende als Text Autorität gestalten kann.

3 «fa che tu scrive»: Beatrice

Autorschaft bei Dante wurde eingangs als eine Szene vorgestellt, in der der Text der *Divina Commedia* von Beatrice diktiert wird. Man hat Beatrices Rolle daher immer wieder in Analogie zur Heiligen verstanden und dementsprechend ihre Aufgabe in der Führerschaft zur Erlösung in der poetischen Jenseitsvision gesehen. So bestimmt sie Charles Singleton: «She (and she alone) is that lady by means of whom mankind, *l'umana specie*, ascends» (Singleton 1957, 3). Dabei ist allerdings klar, dass Beatrice in dem hagiographischen Schema nicht gänzlich aufgeht. Ernst Robert Curtius hat bemerkt, dass, indem Dante Beatrice in den objektiven Heilsprozess einschaltet, er das kirchliche Lehrsystem sprengen würde (Curtius 1993, 377). Interessant ist jedoch an dieser Beobachtung nicht nur die bemerkte Überschreitung der theologischen Doxa, sondern vor allem, dass Beatrice in jedem Fall in den Heilsprozess einbezogen wird. Diese Integration ist allerdings nicht nur für die *histoire* von Bedeutung, sondern auch für den *discours*.

Dante selbst inszeniert den Ursprung poetischer Rede als Diktat, weshalb man in diesem Zusammenhang vom «Amordiktat» gesprochen hat (Warning 1983). In einer wegen ihrer poetologischen Implikationen berühmten Stelle, wird Dante als Dichter der sogenannten «nove rime» (Purg. XXIV, 50) inszeniert, wobei das Kennzeichen dieser neuen Reime nicht nur ein neuer süßer Stil ist, *dolce stil novo*, sondern auch, dass diese Dichtung nicht aus selbst heraus begründet werden kann. Die Begründung dieser neuen Dichtung erfolgt aus der Befehlsmacht heraus, die derjenige hat, der über das Sagen verfügt. Diese Macht legt Dante Amor in die Hand, wenn er sich selbst als Dichter portraitiert, der notiert, was Amor ihm eingibt:

> «I' mi son un, che quando
> Amor mi spira, noto, e a quel modo
> ch'e'ditta dentro vo significando.» (Purg. XXIV, 52–54).

Autorschaft ist im Bild des Schreibers verankert, der der Macht des diktierenden Amors folgt. Diese Deutung Amors verweist zurück auf Ovid, der in den
Amores vom Amor-Diktat spricht: «Ad mea formosos vultus adhibete puellae /
Carmina, purpureus quae mihi dictat Amor.»[7] Doch das metaphysische Prinzip
des Diktats durch Amor als Grund der Inspiration und des Schreibens wird über
den Ovid'schen Amor hinaus noch mit einer weiteren, einer weiblichen Figur
besetzt, wenn nicht nur der Gott der Liebe, sondern auch Beatrice Dante zum
Schreiben auffordert: «e quel che vedi, / ritornato di là, fa che tu scrive» (Purg.
XXXII, 104–105). Beatrice, die als «Führerin durchs Reich der himmlischen Glückseligkeit» (Regn 2005, 133) bezeichnet worden ist und deren *santo riso* bereits
auf das Versprechen eines himmlischen Lebens verweist (Steigerwald 2011), rückt
offensichtlich an den Platz, den Amor eingenommen hatte. Damit sieht es auf den
ersten Blick so aus, als wäre die lächelnde Führerin Medium dieses Gottes, der
jetzt die Gestalt einer weiblichen Figur angenommen hat und als solche Dante
gleichzeitig durch das Reich der himmlischen Glückseligkeit führt und zu göttlicher Autorschaft anleitet. Der Schreiber empfängt Schreibanweisungen von einer
weiblichen Instanz, die im Text selbst mit inszeniert wird, wie Amor, der dem
Liebenden seit Ovids *Amores* dem Liebenden seine Liebesworte diktiert. Hugo
Friedrich hatte daraus geschlussfolgert, dass hier, wie in der ihr vorausgehenden
Liebesdichtung, die Frau nichts anderes sein kann als das Medium Amors: «Die
Frau», hieß es, «bildet das Medium Amors. Nicht ihr, sondern nur mittels ihrer
entfaltet er sein göttliches Geschehen.» (Friedrich 1964, 59) Ist aber damit schon
die Funktion Beatrices erschöpft, rückt sie an die Stelle Amors, um diesen Platz
einfach nur auszufüllen oder aber verändert sich der Begriff von Autorschaft und
Autorität, wenn weibliche Münder am Ursprung der Rede stehen?

Interessant ist, dass Beatrices Funktion durch diese «neue Gemeinschaft»
(Nelting 2014, 16) auch darin besteht, Teil des Begründungszusammenhangs der
Autorschaft bzw. der Autorität zu sein und sie folglich auch für die Befragung des
Konzepts von Autorschaft herangezogen werden kann. Beatrice ist dabei als Teil
der Inszenierung von *auctoritas* aber immer mehr als eine Führerin, die den rich-
tigen Weg kennt, und sie ist auch nicht nur ein Medium für das göttliche Wort.
Denn sie gehört zum System der Inszenierung von *auctoritas*, und zwar in dem
oben bestimmten Sinn: nicht als Frage nach der Autorität einer Person, sondern
als Autorität des Textes. Mit dem Auftrag zum Schreiben aus Beatrices Mund
wird eine Beziehung zwischen Beatrice im Text und Dante als erzählendem bzw.
schreibendem Ich hergestellt. Wie Dante ist auch Beatrice gleichzeitig Figur im

---

7 Publius Ovidius Naso, *Amores. Liebesgedichte*, Lateinisch/Deutsch, ed. Michael von Albrecht,
Stuttgart, Reclam, 1997, II, 1, 37–38. Cf. *Amores* I, *Epigramma*, 24.

Text und Instanz, die an der Produktion von Rede beteiligt ist. Beatrices Aufgabe besteht folglich nicht nur darin, den Weg zum Paradies, sondern auch zur *Repräsentation* des Paradieses anzuleiten. Nicht nur zwischen dem erzählenden und dem erzählten Dante besteht daher eine Differenz, sondern auch auf der Ebene der diktierten Rede, insofern offensichtlich zwei Instanzen an der Fabrikation der Rede beteiligt sind. Wie Dante, der im Text sowohl als Figur im Text und als auch als derjenige, der diesen Text schreibt, inszeniert wird, gehört auch die Inszenierung Beatrices einer doppelten Ordnung an.

Es ist deshalb kein Zufall, dass die explizite Nennung eines Autors im Text, nämlich Vergil, der als «lo mio maestro e 'l mio autore» (Inf. I, 85) bezeichnet wird, somit also als Lehrer und Autor anerkannt wird, durch eine auffällige Inszenierung an zentraler Stelle durch Beatrice ersetzt wird. Im berühmten XXX. Gesang des *Purgatorio* kommt es zum plötzlichen Verschwinden Vergils, der seit dem zweiten Gesang Dante durch das Inferno und bis dahin durch das Purgatorio begleitet hatte. Auffällig war bereits, dass Beatrice Vergil zu Dante geschickt hatte: «I'son Beatrice che ti faccio andare» (Inf. II, 70). Auch Vergil hatte also im Auftrag Beatrices gehandelt. Entscheidend für die Konzeption von Autorschaft ist nun, dass offensichtlich die alte, antike *auctoritas* aus dem Text verschwinden muss, um den Platz für eine neue Autorschaft freizugeben. Wiederum wird Beatrice auch für die Besetzung der Leerstelle hinzugezogen. Denn in dem Moment, in dem Vergil verschwindet, tritt etwas anderes an diese freigewordene Stelle, und zwar die Anrufung Dantes bei seinem Namen. Da es sich um die einzige Textstelle der *Commedia* handelt, in der der Name Dante fällt, kann von einer deutlichen poetologischen Markierung ausgegangen werden. Dante schreibt seinen Namen in die *Commedia* ein, aber diese Unterschrift steht weder im Zeichen der Autorität Vergils, noch der Selbstautorisierung, sondern vielmehr fürsorglicher Apostrophe aus dem Mund Beatrices:

> «ma Virgilio n'avea lasciati scemi
> di sè, Virgilio dolcissimo patre,
> Virgilio a cui per mia salute die'mi; [...]
> ‹Dante, perchè Virgilio se ne vada,
> non pianger anco, non piangere ancora;
> chè pianger ti conven per altra spada.»» (Purg. XXX, 49–57).

Während Beatrice sich selbst beim Namen genannt hatte (Inf. II, 70), wird Dante von Beatrice beim Namen gerufen. Die Szene ist als Familienszene ausgestaltet, Vergil, *dolcissimo patre*, verschwindet und Beatrice übernimmt seine Rolle, wenn sie den Platz des Vaters, aber natürlich auch das väterliche Wort, das bisher Dante zu seinem «salute» angeleitet hatte, durch ihre Anrede ausfüllt. Die Ersetzungsszene als eine *Szene des Namens* deutet sich bereits in der dreifachen Nennung des Autornamens Vergil an. Der Unterschied zwischen den beiden Namen besteht darin, wer diesen Namen ausspricht. Während der Name des Autors «Vergil» durch die Erzählerfigur eingebracht wird, wird der Name des Autors/der Figur «Dante» als eine Anrufung durch Beatrice inszeniert. Schon Gmelin hatte in seinem Kommentar die Einmaligkeit der Textstelle hervorgehoben, und betont, wenn auch nicht entfaltet, dass der Ausruf aus dem Munde Beatrices kommt.[8] Der Sprechakt verhilft Dante zu seinem Namen, er wird zu seiner Signatur im Text, aber die Inszenierung macht deutlich, dass dieser Sprechakt Beatrices Diktat unterworfen ist. Durch die Anrede «Dante» wird die Figur, aber damit zugleich auch der Autor buchstäblich ins Leben gerufen, insofern wir es hierbei nicht nur mit dem Namen der Figur, sondern auch des Autors zu tun haben.

Beatrices Rede erfolgt also auf zwei Ebenen: Sie spricht zum einen als die glückselige Beatrice, die Dante, den Wanderer adressiert. Zum anderen adressiert sie ihn aber auch als den Dante der *Divina Commedia*, als denjenigen, dem sie den Schreibauftrag erteilen wird. Dante wird damit zum Autor durch Beatrices Mund, der fortan nicht mehr nur der Mund glückseligen, überirdischen Lächelns, sondern des Sprechens und eben auch des Ursprungs einer Autorschaft ist, deren Autorität nicht mehr die alte *auctoritas* ist, für die Vergil emblematisch eingestanden hatte, sondern eine, die durch Beatrices Autorität erfolgt. Auch hier also kommt die Szene der Begründung von Autorschaft nicht ohne den Einfluss einer anderen Stimme, einem weiblichen Mund aus.

4 La bocca angelica: Laura

Für den *Canzoniere* oder *Rerum vulgarium fragmenta* greift Francesco Petrarca ebenfalls auf das Modell des Schreibers zurück, wenn er sein Ich sagen lässt, dass es von Amor den Auftrag zum Schreiben bekommt:

> «Piú volte m'avea già detto: Scrivi,
> scrivi quel che vedesti in lettere d'oro;» (RVF 93, 1–2).[9]

---

8 Cf. Dante Alighieri, *Die göttliche Komödie,* ed. Hermann Gmelin, 2. Teil, Kommentar, *Der Läuterungsberg*, Stuttgart, Ernst Klett Verlag, 1959, 479.
9 Francesco Petrarca, *Le Rime,* edd. Giosuè Carducci/Severino Ferrari [1899], nuova presentazione di Gianfranco Contini, Florenz, Sansoni, 1972. Im Folgenden wird der Text unter Angabe der Sigle «RVF» im Fließtext zitiert.

Auch in meinem dritten Beispiel wird Autorschaft zunächst inszeniert als Legitimation durch göttliche *auctoritas*, wobei diese längst nicht über mehr die gleiche Autorität verfügt, wie noch bei Dante oder bei Caterina da Siena. In der Canzone 127 ist das Diktierte kein sicheres Wort, sondern «si confuso ditta» (V. 6) (cf. Kablitz 1992, 381–382). Die Skepsis gegenüber dem Diktierten resultiert daraus, dass ein anderes Mediensystem bevorzugt wird. Während bei Dante das Diktat in erster Linie das Sagen – das *dire* und *dittare* – betrifft und damit der Mündlichkeit zuzuordnen ist, ist das Diktat bei Petrarca ein Akt der Schrift. Das Sagen führt zur Verwirrung, aber als Schreibauftrag und Schrift im Herzen hat es Bestand (cf. «nel cor mi scrisse amore», RVF 5).

Dabei wird auch im *Canzoniere* eine weibliche Figur als Medium dieses Aufschreibesystems eingesetzt. Mit der Figur der Laura und ihrer Homophone, *l'aura* (Hauch), *lauro* (Lorbeer) usf., ist von jeher der Ruhm des Autors – nämlich Petrarca wie einst Vergil lorbeerbekränzt – an seine Figur gebunden, sodass Autorschaft mit dem Namen seines Gegenstandes zusammen fallen kann (cf. Segre 1983; Kablitz 1989). Petrarca wurde dementsprechend nicht nur als erster neuzeitlicher Autor, sondern darüber hinaus auch als Begründer eines Diskurses, «fondateur de discoursivité» (Regn 2000, 129; cf. Foucault 2001, 832) im Sinne Michel Foucaults bezeichnet, also als jemand, dessen Autor-Funktion darin besteht, nicht nur Autor seiner Bücher zu sein, sondern eine neue Redeweise zu begründen. Damit steht Petrarcas Bedeutung für die Frage der Autorschaft zweifelsohne fest (cf. Ascoli 2008). Wieder aber steht eine weibliche Instanz am Ursprung dieser jetzt sogar diskursiv relevant gewordenen Konzeption von Autorschaft. Denn auch Petrarca hat seiner «Dame» eine Stimme verliehen und unseren Blick auf ihren Mund gelenkt:

> «la bocca angelica, di perle piena
> et di rose et di dolci parole [...]» (RVF 200, 10–12).

Der engelhafte Mund voller Perlen und Rosen ist angefüllt mit süßen Worten, wobei mit dem Adjektiv «dolce» an den Stil der Stilnovisten erinnert wird. Sind die Worte, die aus Lauras Mund kommen, die Worte des *dolce stil novo*? Wie Caterinas Sprechen wird auch Lauras «dolce parola» der Sphäre der Transzendenz zugeordnet, wenn dieser die süßen Worte verströmende Mund ein Engelsmund ist. Und, wie immer wieder deutlich wird, empfängt das Ich von Lauras in doppelter Hinsicht, nämlich göttlich und irdisch bestimmten Worten, seine Kraft zur Rede:

> «E l'angelico canto e le parole,
> co 'l dolce spirto ond' io non posso aitarme,
> son l'aura inanzi a cui mia vita fugge.» (RVF 133, 12–14).

Laura und Lufthauch (*l'aura*) fallen sowohl durch Homophonie zusammen als auch durch ihre Funktion. Laura figuriert also schon von dem her den Ursprung der Autorschaft, als ihr Name die Figur für die Gründungsszene ist: Der Lorbeer und die Dame stehen für die Selbstinszenierung Petrarcas als neuer Vergil, als *maestro e autore*. Offensichtlich besteht also auch in diesem dritten Beispiel ein Zusammenhang zwischen der weiblichen Figur und der Frage nach Autorität und Autorschaft. Und auch hier erweist sich der weibliche Mund als Ort der Differenz. Denn während der Name die Chiffre für Petrarcas Ruhm ist, ist der süße Gesang Lauras der Ort der Verdoppelung des Liebesdiskurses. Denn die Liebesrede wird ja nicht nur von dem Ich gesprochen und gesungen, sondern sie geht auch von diesem zweiten Mund aus, der zudem in der Lage ist, die gleiche Tonart anzuschlagen, wie der *Canzoniere* oder wie der *dolce stil nuovo* Dantes. Hat also der berühmte Gedichtzyklus nicht nur einen, sondern vielleicht zwei (verschiedene oder zwei gleiche, aber eben zwei) Liebesdiskurse ausgebildet?

E 'n mezzo 'l cor mi sona una parola / Di lei (RVF 361, 11–12), heißt es in einem der Sonette, die Petrarca über die von ihm als Liebesobjekt adressierte Laura schreibt. Ihr Wort klingt in seinem Herzen wieder: Auch hier ist ihr Wort sein Wort, scheinen die beiden Liebessprachen ununterscheidbar, wenn die Worte des Herzens, die das Ich sagt, gleichzeitig Lauras Worte sind (cf. Cavarero 2010). Aber offensichtlich ist auch, dass das Ich eben in ihrem süßen Ton singt und damit den Liebesdiskurs auf zwei differenten Stimmen gründet. Diese Verdoppelung der Liebesrede ist bisher für Petrarcas Konzept der Selbstbegründung als Autor noch nicht herangezogen worden.

Diese Beobachtung führt mich zu dem letzten Gedicht des Zyklus', in dem Laura zugunsten einer weiteren Instanz, der himmlischen Jungfrau Marias, verabschiedet wird (cf. Küpper 2002). Die mit jeder Strophe apostrophierte Jungfrau («Vergine») hat mit der Anrufung und Bitte um Beistand für das Ich Lauras Platz eingenommen:

> «Vergine, tale è terra, et posto à in doglia
> lo mio cor, che vivendo in pianto il tenne [...]» (RVF 366, 92–94).

Die einst engelhafte Laura, die den Gesang des Ichs mit ihrem süßen, überirdischen Gesang verdoppelt hatte, ist durch diesen Platzwechsel so irdisch geworden, wie es nur geht: sie ist zu Staub geworden. Petrarca hat mit dem letzten Gedicht eine Spaltung in zwei Instanzen bewirkt, in himmlische Jungfrau und irdische Laura, was also auf der einen Seite die göttliche Jungfrau und auf der anderen Seite die irdische Laura hinterlässt.

Am Schnittpunkt der Autorschaft – jenem Ort der Begründung der Rede, den Caterina da Siena, Beatrice und Laura besetzt hatten –, kann sich mit dieser Operation ein Ich behaupten, das selbst den göttlichen Atem übernommen hat. Die Inszenierung des Todes der Geliebten und damit auch der Verabschiedung der süßen Rede Lauras, erst eigentlich dieser letzte Gesang, erweist sich als Voraussetzung für die Geburt des Autors als das Ende einer Rede, die einen weiblichen Mund an ihrem Ursprung gesehen hat. Erst in seinem letzten Gedicht also wird Petrarca zum Begründer eines neuen Diskurses: als Autor, dessen Auftauchen mit dem Verschwinden der süßen Rede Lauras, ihrer *dolce parola* – einhergeht, die doch gleichzeitig am Ursprung seines Schreibens gestanden hatte. Mit der letzten Kanzone, die den doppelten Liebesdiskurs aufgibt, verdrängt die neue Autorschaft jene Autorschaft unter Einfluss, die durch den Mund voller Perlen, Rosen und süßen Worten poetologisch markiert worden war und zur verwirrenden Verschmelzung zweier Reden geführt hatte. Erst dann, wenn sich in der letzten Kanzone der Liebesdiskurs nicht mehr durch Laura verdoppelt und damit das Ich seinen letzten Atemzug – «'l mïo spirto ultimo» (RVF 366, 137) – inszeniert, kann die Dichtung zum Substitut dieser Inszenierung des Todes werden und damit eine neue Körperschaft an die Stelle der alten *auctoritas* treten: ein Diskurs nämlich, für dessen Funktionieren der Name Petrarca einsteht.

Das romanische Mittelalter ist, wie sich in den drei Beispielen gezeigt hat, für die Frage der Autorschaft konstitutiv, insofern es, in dem Moment, wo Texte sich von der Autorität antiker Autoren lösen, am Anfang von etwas steht, womit Autorschaft immer noch zu tun hat: mit dem Verdecken einer anderen, nicht selbstidentischen Rede, die an ihrem Anfang gestanden hatte. Für die Frage nach Autorschaft und Autorität heißt das, dass sie nicht nur danach fragen muss, worin die Erneuerungen bestehen, sondern vielmehr auch, worauf das Konzept und die damit einhergehende Begründung eines neuen Diskurses den Blick verstellt. Denn die italienische Literatur des 14. Jahrhunderts markiert zugleich den Anfang und das Ende der Möglichkeit einer Autorschaft unter Einfluss, die in der Moderne mit der Frage: wer spricht? erneut in den Blick gerückt worden ist.

Bibliographie

Primärliteratur

Anonym, *Il processo Castellano. Santa Caterina da Siena nelle testimonianze al processo di canonizzazione di Venezia*, edd. Tito S. Centi/Angelo Belloni, Florenz, Nerbini, 2009.

Dante Alighieri, *La Commedia. Secondo l'antica vulgata*, 4 vol., ed. Giorgio Petrocchi, Florenz, Le Lettere, 2003. Dante Alighieri, *Il convivio*, ed. Maria Simonelli, Bologna, Pàtron, 1966.

Dante Alighieri, *Die göttliche Komödie*, ed. Hermann Gmelin, 2. Teil, Kommentar, *Der Läuterungsberg*, Stuttgart, Ernst Klett Verlag, 1959.

Publius Ovidius Naso, *Amores. Liebesgedichte*, Lateinisch/Deutsch, ed. Michael von Albrecht, Stuttgart, Reclam, 1997.

Francesco Petrarca, *Le Rime*, edd. Giosuè Carducci/Severino Ferrari [1899], nuova presentazione di Gianfranco Contini, Florenz, Sansoni, 1984.

Raimund von Capua, *Die Legenda Maior (Vita Catharinae Senensis) des Raimund von Capua*, 2 vol., ed. Jörg Jungmayr, Berlin, Weidler Verlag, 2004.

Sekundärliteratur

Ascoli, Albert Russel, *Dante and the Making of a Modern Author*, Cambridge, Cambridge University Press, 2008.

Ascoli, Albert Russel, *The Vowels of Authority (Dante's Convivio IV, vi 3–4)*, in: Kevin Brownlee/Walter Stephens (edd.), *Discourses of Authority in Medieval and Renaissance Literature*, Hanover/London, University Press of New England, 1989, 23–46.

Barthes, Roland, *La mort de l'auteur*, in: Roland Barthes, *Œuvres complètes*, vol. 2: *1966–1973*, Eric Marty (ed.), Paris, Editions du Seuil, 1994, 491–495.

Barolini, Teodolinda, *Arachne, Argus, and St. John: Transgressive Art in Dante and Ovid*, Mediaevalia 13 (1987), 208–226.

Benveniste, Émile, *Le vocabulaire des institutions indo-européennes*, vol. 2: *pouvoir, droit, religion*, Paris, Éditions de Minuit, 1969.

Bynum, Caroline Walker, *The Female Body and Religious Practice in the Later Middle Ages*, in: Caroline Walker Bynum, *Fragmentation and Redemption. Essays on Gender and the Human Body in Medieval Religion*, New York, Zone Books, 1991, 181–238.

Carruthers, Mary, *The Book of Memory. A Study of Memory in Medieval Culture*, Cambridge, University Press, 1990.

Cavallini, Giuliana, *Catherine of Siena*, London/New York, Bloomsbury, 2005.

Cavarero, Adriana, *A più voci. Filosofia dell'espressione vocale*, Mailand, Feltrinelli, 2010.

Chenu, Marie-Dominique, *Auctor, actor, autor*, Bulletin du Cange 3 (1927), 81–86.

Curtius, Ernst Robert, *Europäische Literatur und lateinisches Mittelalter*, Tübingen et al., Francke, [11]1993 (1948).

Foucault, Michel, *Qu'est-ce qu'un auteur?*, in: Michel Foucault, *Dits et écrits 1954–1988. Tome I: 1954–1975*, Daniel Defert/François Ewald (ed.), Paris, Gallimard, 2001, 817–849.

Friedrich, Hugo, *Epochen der italienischen Lyrik*, Frankfurt am Main, Klostermann, 1964.

Irigaray, Luce, *La Mystérique*, in: Luce Irigaray, *Speculum de l'autre femme*, Paris, Éditions de Minuit, 1974, 238–252.

Jauß, Hans Robert, *Theorie der Gattungen und Literatur des Mittelalters*, in: Maurice Delbouille (ed.), *Grundriß der romanischen Literaturen des Mittelalters*, vol. 1: *Géneralités*, Heidelberg, Winter, 1972, 107–138.

Kablitz, Andreas, *Die Herrin des «Canzoniere» und ihre Homonyme. Zu Petrarcas Umgang mit der Laura-Symbolik*, Romanische Forschungen 101 (1989), 14–41.

Kablitz, Andreas, *Die Selbstbestimmung des petrarkistischen Diskurses im Proöminalsonett (Giovanni Della Casa – Gaspara Stampa) im Spiegel der neueren Diskussion um den Petrarkismus*, Germanisch-romanische Monatsschrift 42 (1992), 381–414.

Klinger, Judith, *«Als sei Ich ein Anderer». Mystisches Subjekt, Geschlecht und Autorisierung bei Caterina von Siena*, in: Judith Klinger/Susanne Thiemann (edd.), *Geschlechtervariationen*.

Gender-Konzepte im Übergang zur Neuzeit, Potsdam, Universitätsverlag Potsdam, 2006, 83–129.

Küpper, Joachim, *Palinodie und Polysemie in der Mariencanzone (Mit einigen Gedanken zu den Bedingungen der Unterschiede von antiker und abendländischer Kunst)*, in: Joachim Küpper, *Petrarca. Das Schweigen der Veritas und die Worte des Dichters*, Berlin/New York, De Gruyter, 2002, 162–201.

Mandelstam, Ossip, *Gespräch über Dante. Gesammelte Essays 1925–1935*, Frankfurt am Main, Fischer, 2004.

Menke, Bettine, *«Mund» und «Wunde». Zur grundlosen Begründung von Texten*, in: Bettine Menke/Barbara Vinken (edd.), *Stigmata. Poetiken der Körperinschrift*, München, Fink, 2004, 269–294.

Mehltretter, Florian, *Gott als Dichter der irdischen Welt. Beatrice und die Allegorie in Dantes «Purgatorio» XXX–XXXIII*, Deutsches Dante-Jahrbuch 79/80 (2005), 103–160.

Minnis, Alastair J., *Medieval Theory of Authorship. Scholastic literary attitudes in the later Middle Ages*, London, Scolar Press, 1984.

Müller, Jan-Dirk, *Auctor – Actor – Author. Einige Anmerkungen zum Verständnis vom Autor in lateinischen Schriften des frühen und hohen Mittelalters*, in: Felix Philipp Ingold/Werner Wunderlich (edd.), *Der Autor im Dialog. Beiträge zu Autorität und Autorschaft*, St. Gallen, UVK, 1996, 17–31.

Nelting, David, *«... si mi fecer de la loro schiera» – Selbstautorisierung bei Dante an der Schwelle zur Frühen Neuzeit*, Germanisch-romanische Monatsschrift 64,1 (2014), 1–24.

Newman, Barbara, *Hildegard and Her Hagiographers. The Remaking of Female Sainthood*, in: Catherine M. Mooney (ed.), *Gendered Voices*, Philadelphia, University of Pennsylvania Press, 1999, 16–34.

Nocentini, Silvia, *Lo «scriptorium» di Tommaso Caffarini a Venezia*, Hagiographica 12 (2005), 79–144.

Picone, Michelangelo, *La teoria dell'Auctoritas nella «Vita nova»*, Tenzone 6 (2005), 173–191.

Regn, Gerhard, *«Allegorice pro laurea corona»: Dante, Petrarca und die Konstitution postmittelalterlicher Dichtungsallegorie*, Romanistisches Jahrbuch 51 (2000), 128–152.

Regn, Gerhard, *Dantes Beatrice und die Poetik des Heils*, in: Michael Neumann/Almut Schneider (edd.), *Mythen Europas. Schlüsselfiguren der Imagination*, vol. 3: *Zwischen Mittelalter und Neuzeit*, Regensburg, Pustet, 2005, 129–143.

Regn, Gerhard, *Double Authorship. Prophetic and Poetic Inspiration in Dante's Paradise*, Modern Language Notes 122:1 (2007), 167–185.

Scott, Karen, *«Io Catarina». Ecclesiastical Politics and Oral Culture in the Letters of Catherine of Siena*, in: Karen Cherewatuk/Ulrike Wiethaus (edd.), *Dear Sister. Medieval Women and the Epistolary Genre*, Philadelphia, University of Pennsylvania Press, 1993, 87–121.

Scott, Karen, *Mystical Death, Bodily Death. Catherine of Siena and Raymond of Capua on the Mystic's Encounter with God*, in: Catherine M. Mooney (ed.), *Gendered Voices. Medieval Saints and Their Interpreters*, Philadelphia, University of Pennsylvania Press, 1999, 136–167.

Segre, Cesare, *I sonetti dell'aura*, Lectura Petrarce 3 (1983), 57–78.

Singleton, Charles S., *Allegory*, in: Charles S. Singleton, *Dante Studies*, vol. 1: *Commedia. Elements of Structure*, Cambridge, Harvard University Press, [2]1957, 1–17.

Solla, Gianluca, *Auctor*, in: Eva Horn/Michèle Lowrie (edd.), *Denkfiguren. Für Anselm Haverkamp/Figures of Thought. For Anselm Haverkamp*, Berlin, August Verlag, 2013, 39–41.

Steigerwald, Jörn, *Beatrices Lachen und Adams Zeichen. Dantes Begründung einer literarischen «anthropologia christiana» in der Divina Commedia (Paradiso I–XXVII)*, Comparatio. Zeitschrift für Vergleichende Literaturwissenschaft 3:2 (2011), 209–239.

Teuber, Bernhard, *Selbstgespräch, Zwiegespräch, Seelengespräch. Zur Ökonomie spiritueller Kommunikation*, in: Béatrice Jakobs/Volker Kapp (edd.), *Seelengespräche*, Berlin, Duncker & Humblot, 2008, 57–79.

Tylus, Jane, *Reclaiming Catherine of Siena. Literacy, Literature, and the Signs of Others*, Chicago/London, University of Chicago Press, 2009.

Vauchez, André, *La spiritualité du Moyen Âge occidental. VIIIᵉ–XIIIᵉ siècle*, Paris, Édition du Seuil, 1994.

Veit, Walter, *Autorität. I*, in: Joachim Ritter et al. (edd.), *Historisches Wörterbuch der Philosophie*, vol. 1, Darmstadt, Wissenschaftliche Buchgesellschaft, 1971, Sp. 724–727.

Warning, Rainer, *Imitatio und Intertextualität. Zur Geschichte lyrischer Dekonstruktion der Amortheologie. Dante, Petrarca, Baudelaire*, in: Klaus W. Hempfer/Gerhard Regn (edd.), *Interpretation. Das Paradigma der europäischen Renaissance-Literatur. Festschrift für Alfred Noyer-Weidner zum 60. Geburtstag*. Wiesbaden, Steiner, 1983, 288–317.

Wild, Cornelia, *Aus zweiter Hand. Dialog und Providenz*, in: Matthias Hausmann/Marita Liebermann (edd.), *Inszenierte Gespräche. Zum Dialog als Gattung und Argumentationsmodus in der Romania vom Mittelalter bis zur Aufklärung*, Berlin, Weidler, 2014, 19–36.

Jörn Steigerwald
Doppelte Autorisierung

Giovanni Boccaccios *Esposizioni sopra la Comedia*[1]

Der 23. Oktober 1373 kann mit einigem Recht als der Geburtstag der Dantistik, wenn nicht gar der Italianistik angesehen werden, insofern als sich die Italianistik auch heute noch als eine Dantistik versteht.[2] Denn an diesem Tage hielt Giovanni Boccaccio die erste öffentliche Lectura Dantis, womit er nicht nur diese spezifische Form der interpretierenden Lektüre begründete, sondern mit seiner Erläuterung des Textes auch den Anspruch erhob, maßgeblich das Verständnis jener *Comedia* zu ermöglichen, die erst durch seine Interpretation endgültig zur *Divina Commedia* wurde.[3] Hinzu kommt, dass die öffentliche Erklärung der

---

1 Zitiert wird im Folgenden, wenn nicht anders angegeben, nach der Ausgabe *Tutte le opere di Giovanni Boccaccio*, ed. Vittore Branca, Milano, Mondadori, 1964ss. Im Folgenden wird der Text als «Esposizioni» im Fließtext zitiert. Boccaccio schreibt «Comedia» anstelle von «Commedia», so dass immer dann, wenn im Folgenden von «Comedia» gesprochen wird, auf Boccaccios Deutung in seinen Texten verwiesen wird, die traditionelle Schreibweise «Commedia» hingegen dann verwendet wird, wenn metasprachlich Dantes Opus genannt wird.

2 Dass Giovanno Boccaccio der erste Dantist war, gehört zu den Topoi der Dante- und der Boccaccio-Forschung, wobei erstere stärker fokussiert auf die Rezeption Dantes durch Boccaccio, während letztere in höherem Maße die Anverwandlung «Dantes» durch Boccaccio in den Blick nimmt. Gerne verwiesen wird in diesem Kontext auf Aldo Rossis aus dem Jahre 1960 stammendes Diktum, die Studien zu Boccaccios Dante-Rezeption und -exegese umfasse bereits eine «bibliografia elefantiaca», was seit der Zeit keineswegs an Gültigkeit verloren hat (Rossi 1960, 139). Die damit verbundene Herausforderung, zu klären, was im Allgemeinen darunter zu verstehen ist, dass Boccaccio ein Dantist sei, und inwiefern im Speziellen dieses Wissen von Bedeutung ist, um Boccaccios Werk zu verstehen, ist bis heute indes offen geblieben und zeitigt gerade in den vergangenen Jahren eine neue, intensiv geführte Diskussion im Anschluss an die Studie von Houston (2010a) wie die umfangreichen und häufig ausgesprochen kritischen Rezensionen zeigen. Verwiesen sei in diesem Kontext besonders auf die Rezension von Gropper (2014a). Zur Anverwandlung von Dantes Werken durch Boccaccio, gerade in jenen Texten, die nicht explizit als Auseinandersetzung mit Dante konzipiert sind, siehe nach wie vor grundlegend Hollander (1997).

3 «Eransi Iacopo e Piero, figliuoli di Dante, de' quali ciascuno era dicitore in rima, per persuasioni d'alcuni loro amici, messi a volere, in quanto per loro si potesse, supplire la paterna opera, acciò che imperfetta non procedesse; quando a Iacopo, il quale in ciò era molto più che l'altro fervente, apparve una mirabile visione, la quale non solamente dalla stolta presunzione il tolse, ma gli mostrò dove fossero li tredici canti, li quali alla *divina* Comedia mancavano, e da loro non saputi trovare.» Giovanni Boccaccio, *Trattatello in laude di Dante*, ed. Pier Giorgio Ricci, in: *Tutte*

Commedia am Ende eines längeren Prozesses steht, den man zum einen als kulturelle Heimholung des zuvor verbannten Dichters fassen kann und zum anderen als Begründung einer dezidiert christlichen und volkssprachlichen Literatur im Namen Dantes.

Dementsprechend stellen Boccaccios *Esposizioni sopra la Comedia*, so die leitende Überlegung, in mehrfacher Hinsicht ein bemerkenswertes Moment der Reflexion über das Zusammenspiel von Autorschaft und Autorisierung im Spätmittelalter dar. Erstens setzt Boccaccio darin sein Lob des Autors Dante fort, das er bereits in seinem *Trattatello in laude di Dante* 1351–1373 formuliert hatte, doch geschieht dies nun unter der Maßgabe städtischer Autorität, da er mit diesen Texten die ersten öffentlichen, d. h. von der Stadt Florenz in Auftrag gegebenen Lecturae Dantis hält. Zweitens wird Boccaccio durch diese staatliche Autorisierung zu der Autorität der Danteauslegung ernannt, wie auch umgekehrt der Autor Dante von der Stadt Florenz zu der literarischen Autorität erhoben wird, die mit der *Commedia* die Grundlage der vulgärsprachlichen Dichtung geschaffen hat. Schließlich nutzt Boccaccio drittens diese Autorisierung zu einer grundlegenden Reflexion über die Möglichkeiten und Grenzen der Dichtung, so dass die *Esposizioni* zugleich Auslegung der *Commedia* und Grundlegung der vulgärsprachlichen Dichtung, um nicht zu sagen: einer Ästhetik im Namen Dantes sind.

Die zu diskutierende These lautet, dass Boccaccio mit den *Esposizioni* auf eine doppelte Autorisierung abzielt, insofern sie sowohl den Autor der *Comedia* als auch den Autor des *Trattatello* resp. der *Esposizioni* betreffen und zugleich die im Anschluss an Dante konzipierte Dichtkunst Boccaccios autorisieren. Um diese These zu plausibilisieren, werde ich in einem ersten Schritt auf den *Trattatello* und die *Esposizioni* eingehen, um Gemeinsamkeiten sowie Unterschiede knapp zu skizzieren. Darauf aufbauend werde ich Boccaccios Konzepte des christlichen Autors sowie der Autorschaft analysieren, die er in den *Esposizioni* präsentiert, wobei ich mich auf die Ausführungen konzentriere, die er im Rahmen der Lectura des ersten Canto des *Inferno* vorlegt.[4] In einem dritten und letzten Schritt werde ich Boccaccios Verständnis der Mimesis als Nachahmung der Natur analysieren, wobei ich mich hierbei auf die Lectura des Canto XI des *Inferno* stütze, d. h. eines Textes, der in der kunsthistorischen Forschung zum Trecento als eine der zen-

---

le opere di Giovanni Boccaccio, ed. Vittore Branca, vol. 3, Milano, Mondadori, 1974, Paragrafo 185, 485 (meine Hervorhebung). Ich beziehe mich, wenn nicht anders angegeben, auf die erste Fassung des *Trattatello*. Im Folgenden wird der Text als «Trattatello» im Fließtext zitiert.

4 Es wäre ausgesprochen lohnend, Boccaccios Lectura von *Inferno* IV mit einzubeziehen, doch umfasst diese allein über 110 Seiten in der Ausgabe der *Opere*, so dass dies weit über das hier Mögliche hinausginge.

tralen Reflexionen über die Malerei angesehen wird und dementsprechend eine
mehr als prominente Position einnimmt, während er in der literaturwissenschaftlichen Forschung bislang kaum Beachtung erfahren hat.

1 Vom *Trattatello in laude di Dante* zu den *Esposizioni sopra la Comedia*[5]

Boccaccios Arbeit am *Trattatello* zieht sich über mehr als zwanzig Jahre hin,
wobei er bereits 1351 eine erste, umfangreiche Fassung vorlegt, 1360 eine zweite,
kürzere Fassung, der dann 1365 schließlich eine dritte, ebenfalls kürzere folgt, so
dass insgesamt drei Versionen vorhanden sind (cf. Ricci 1974). Nach mehreren
diplomatischen Missionen im Auftrag der Stadt Florenz kehrt Boccaccio schließlich 1370/71 nach Certaldo zurück und gehört dann wahrscheinlich jener Gruppe
von Florentinern an, die im Juni des Jahres 1373 bei den Priori delle Arti und beim
Gonfaloniere di Giustizia einen Antrag auf öffentliche Lesung der *Commedia*
stellen. Einem Antrag, dem nicht nur stattgegeben wird, sondern der auch Boccaccio die Möglichkeit gibt, seine Arbeit an Dante bzw. der *Commedia* zu vollenden, auch wenn diese unvollendet bleibt, da er nach der 60. Lesung im Frühjahr 1374 aus gesundheitlichen Gründen aufgeben muss, bevor er im Dezember
1375 stirbt (cf. Padoan 1965; Toynbee 1907).

Was auf den ersten Blick als ungebrochene Kontinuität erscheint, erweist
sich bei genauerem Hinsehen als ausgesprochen brüchig, da Ansatz und Ziel
von *Trattatello* und *Esposizioni* höchst unterschiedlich sind. Überein kommen
beide Schriften indes bei der Darstellung von Dantes Dichtkunst, da Boccaccio
zum einen in der allegorischen Gestaltung die eigentliche Leistung des Autors
Dante sieht und zum anderen dessen Autorschaft damit begründet, dass dieser
eine Dichtung geschaffen habe, die der Theologie ebenbürtig sei. Dennoch seien
einige Differenzen zwischen beiden Texten festgehalten, die Boccaccios Wahl als
öffentlichen Vorleser der *Comedia* zumindest bemerkenswert erscheinen lassen.

Boccaccios *Trattatello in laude di Dante* ist, was die Einleitung und die
Lebensbeschreibung Dantes betrifft, auch eine Anklage der Stadt Florenz, da
diese nicht nur einen ihrer berühmtesten Bürger ins Exil verbannt hat, das gemäß
Boccaccio zudem noch unverdient war, sondern es auch versäumt hat, diesen

---

5 Für die vorlegenden Überlegungen zu Boccaccios *Trattatello in laude di Dante* waren nachfolgende Studien von besonderer Bedeutung: Paolazzi (1982); Hollander (1986; 1997); Boli (1988);
Gross (2009).

berühmten Sohn der Stadt zu Lebzeiten oder zumindest nach dessen Ableben zurückzuholen.[6] Daraus ergibt sich die paradoxe Situation, dass der Autor Dante Alighieri in mindestens gleichem Maße als Florentiner und als Ravenner Dichter angesehen werden kann, zumal er dort große Teile der *Commedia* niedergeschrieben hat. Boccaccios Traktätlein ist in diesem Sinne ein erster Versuch der Wiedergutmachung, wenn nicht gar der Heimholung Dantes nach Florenz, der indes in Opposition zur damals aktuellen Politik der Stadt Florenz steht. Demgegenüber verdeutlicht die öffentliche Lesung der *Commedia* durch Boccaccio, dass sich ein grundlegender Wandel in der Politik der Stadt Florenz vollzogen hat, wie auch auf diese Weise eine der Forderungen Boccaccios erfüllt wird, die er dreizehn resp. acht Jahre zuvor im *Trattatello* aufgestellt hatte: die öffentliche Ehrung Dantes.

Wie der gelegentlich verwendete Titel der *Vita di Dante* nahelegt, konzentriert sich Boccaccio im *Trattatello* auf das Leben des Dichters und Politikers Dante sowie auf dessen Charakter, so dass der Autor Dante eine nachgeordnete Position einnimmt. Dies wird insbesondere daran ersichtlich, dass Boccaccio zum einen alle Werke Dantes vorstellt, wobei er der *Vita nuova* neben der *Commedia* eine hervorragende Stellung im Gesamtwerk einräumt, und zum anderen den Zusammenhang von Autor und Autorschaft, der zentral eingangs der *Esposizioni* behandelt wird, weitgehend außer Acht lässt.[7] Hinzu kommt, dass sich

---

6 Bereits im zweiten Absatz des *Trattatello* zeiht Boccaccio seine Florentiner Mitbürger ihres schändlichen Verhaltens, um dann mit ihrer fehlenden Verehrung Dantes zu schließen, die er nun nachholen möchte. Siehe: «Per li quali onori e purgazioni la assiria, la macedonica, la greca e ultimamente la romana republica aumentate, con l'opere le fini della terra, e con la fama toccaron le stelle. Le vestigie de' quali in così alti esempli, non solamente da' successori presenti, e massimamente da' miei Fiorentini, sono male seguite, ma intanto s'è disviato da esse, che ogni premio di virtù possiede l'ambizione; per che, sì come e io e ciascuno altro che a ciò con occhio ragionevole vuole guardare, non senza grandissima afflizione d'animo possiamo vedere li malvagi e perversi uomini a' luoghi eccelsi e a' sommi oficii e guiderdoni elevare, e li buoni scacciare, deprimere e abbassare. Alle quali cose qual fine serbi il giudicio di Dio, coloro il veggiano che il timone governano di questa nave: perciò che noi, più bassa turba, siamo trasportati dal fiotto, della Fortuna, ma non della colpa partecipi. E, come che con infinite ingratitudini e dissolute perdonanze apparenti si potessero le predette cose verificare, per meno scoprire li nostri difetti e per pervenire al mio principale intento, una sola mi fia assai avere raccontata (né questa fia poco o picciola), ricordando l'esilio del chiarissimo uomo Dante Alighieri. Il quale, antico cittadino né d'oscuri parenti nato, quanto per vertù e per scienzia e per buone operazioni meritasse, assai il mostrano e mostreranno le cose che da lui fatte appaiono: le quali, se in una republica giusta fossero state operate, niuno dubbio ci è che esse non gli avessero altissimi meriti apparecchiati.» *Trattatello*, Paragrafi 2–4, 437–438.

7 Boccaccios Ausführungen zu den Werken Dantes umfassen die Paragraphen 175–204, mithin 29 von 230 Paragraphen, so dass das Verhältnis von «homme» zu «œuvre» fast exakt eins zu zehn ausfällt. Siehe *Trattatello*, 481–489.

Boccaccio in nicht geringem Maße für Dantes Liebesleben interessiert und dabei mit bemerkenswerten Details aufwartet, um dann anhand von Dantes Ehe über den Sinn der Eheschließung bei Dichtern und Philosophen zu reflektieren, den er als nicht gegeben ansieht.[8] Umgekehrt dazu verhalten sich die *Esposizioni*, die den Dichter Dante fast vollständig außen vor lassen und sich mit dem Autor Dante, verstanden als Urheber der *Commedia*, sowie mit dessen Autorschaft beschäftigen.

Eine bedeutende Gemeinsamkeit gilt es hingegen bei allen Unterschieden festzuhalten, die von Bedeutung für das Verständnis von Dantes Autorschaft ist. Kurz bevor er ab Paragraph 163 auf den Charakter Dantes zu sprechen kommt, wendet sich Boccaccio in den Paragraphen 138–155 der Verteidigung der Poesie bzw. der Dichtkunst zu und argumentiert, durchaus mit Blick auf Dantes *Comedia*, dass Theologie und Poesie eins seien, da sie durch die Allegorie nicht nur verbunden, sondern gleichermaßen geprägt werden:

> «Dico che la teologia e la poesia quasi una cosa si possono dire, dove uno medesimo sia il suggetto; anzi dico più: che la teologia niun'altra cosa è che una poesia di Dio. E che altra cosa è che poetica fizione, nella Scrittura, dire Cristo essere ora leone e ora agnello e ora vermine, e quando drago e quando pietra, e in altre maniere molte, le quali voler tutte raccontare sarebbe lunghissimo? che altro suonano le parole del Salvatore nello evangelio, se non uno sermone da' sensi alieno? il quale parlare noi con più usato vocabolo chiamiamo ‹allegoria›. Dunque bene appare, non solamente la poesì essere teologia, ma ancora la teologia essere poesia. E certo, se le mie parole meritano poca fede in sì gran cosa, io non me ne turberò; ma credasi ad Aristotile, degnissimo testimonio ad ogni gran cosa, il quale afferma sé aver trovato li poeti essere stati li primi teologizzanti. E questo basti quanto a questa parte; e torniamo a mostrare perché a' poeti solamente, tra gli scienziati, l'onore della corona dell'alloro conceduto fosse.» (*Trattatello*, Paragrafi 154–155, 475s.).[9]

Boccaccios Argumentation ist bemerkenswert, da er nicht nur Theologie und Poesie gleichsetzt, sondern auch die Theologie als Dichtung Gottes bezeichnet. Unterstützt wird diese Behauptung dadurch, dass die Evangelien die Allegorie als Darstellungsmittel nutzen, so dass sie im wörtlichen Sinne zu einer Dichtkunst

---

8 Die Paragraphen 30–59 umfassen Dantes Liebe zu Beatrice, deren Tod mit Dantes anschließender Vermählung durch seine Eltern und eine darauf folgende Digression über den Ehestand. Siehe *Trattatello*, 444–451.

9 Auch wenn sich Boccaccio hier nicht explizit auf die *Commedia* bezieht, ist deren konzeptionelle Einbindung klar ersichtlich. Hinzu kommt, dass er in Paragraph 185 die *Comedia* erstmals als *Divina Commedia* bezeichnet, wodurch er eine doppelte Legitimation von Dantes *Commedia* erreicht, insofern er diese zum einen substanziell in die Tradition der antiken Dichtungen einreiht, die als göttliche Dichtung konzipiert waren, und er diese Legitimation zum anderen auch faktisch, oder vorsichtiger: nominell durch das Adjektiv «divina» eigens hervorhebt.

werden. Dementsprechend kann auch Aristoteles – und Boccaccio mit ihm – über die Poeten sagen, dass sie die ersten Theologen gewesen seien. Allerdings darf diese trianguläre Argumentation, die heidnische Dichtung, christliche Dichtung und Theologie über den Gebrauch der Allegorie zusammenführt, nicht darüber hinwegtäuschen, dass hier zwei grundlegend unterschiedliche Formen der Theologie vorhanden sind, die einen je eigenen, vor allem aber einen fundamental entgegengesetzten Wahrheitsanspruch haben, nämlich die pagane Theologie des antiken Griechenlands und die christliche Theologie – nicht nur – des Mittelalters. Dieser grundlegenden Differenz ist sich Boccaccio wohl bewusst, wie die Paragraphen 147–149 ausweisen, in denen er genau darauf eingeht und damit die Basis schafft für die eben genannte Analogie von Theologie und Dichtung:

> «E certo, se più non se ne dicesse che quello ch'è detto, assai si dovrebbe comprendere la teologia e la poesia convenirsi quanto nella forma dell'operare, ma nel suggetto dico quelle non solamente molto essere diverse, ma ancora avverse in alcuna parte: perciò che il suggetto della sacra teologia è la divina verità, quello dell'antica poesì sono gl'iddii de' Gentili e gli uomini. Avverse sono, in quanto la teologia niuna cosa presuppone se non vera; la poesia ne suppone alcune per vere, le quali sono falsissime ed erronee e contra la cristiana religione. Ma, perciò che alcuni disensati si levano contra li poeti, dicendo loro sconce favole e male a niuna verità consonanti avere composte, e che in altra forma che con favole dovevano la loro sofficienzia mostrare e a' mondani dare la loro dottrina; voglio ancora alquanto più oltre procedere col presente ragionamento.» (Trattatello, Paragrafi 147–149, 474).

Zwei wichtige Unterscheidungen führt Boccaccio in diesen Paragraphen an, die bedacht werden müssen, wenn man die nachfolgende Conclusio richtig verstehen will. Erstens kommen Poesie und Theologie nur in der «forma dell'operare», in der Gestalt ihres Wirkens überein, während sie zweitens hinsichtlich des behandelten «suggetto», des Gegenstandes, unterschiedlich sind. Hinzu kommt, dass der mit dem behandelten Gegenstand verbundene Anspruch zu kategorial differenten, wenn nicht sogar gegenläufigen Aussagen führen kann. Dies führt dazu, dass zwischen mehreren Ebenen unterschieden werden muss, die für das Verhältnis von Poesie und Theologie zentral sind. Der Anspruch der christlichen Theologie, die Boccaccio als «sacra teologia» setzt, besteht darin, die göttliche Wahrheit, die «divina verità», zu verkünden. Die Dichtung der Antiken hat zum Gegenstand hingegen die Götter der Heiden und die Menschen, so dass sie Gegenstände für wahr nimmt, was entweder vollkommen falsch und irrtümlich, «falsissime e erronee», oder gar dem christlichen Glauben zuwider ist. Die hier noch fehlende Leerstelle, die das Tertium zwischen antiker, heidnischer Dichtung und christlicher Theologie zu füllen vermag, ist dementsprechend die zeitgenössische, christliche Dichtung, an deren höchster Stelle dann die «divina Comedia» steht.

Eine christliche Dichtung, so lässt sich die implizite Argumentation Boccaccios in den beiden zitierten Passagen über die Verteidigung der Dichtung zusammenfassen, kommt mit der christlichen Theologie darin überein, dass sie die gleiche «forma dell'operare» verwendet, mithin die Allegorie als grundlegende Darstellungsform wählt. Hierdurch wird die «moderne» christliche Dichtung mit der antiken heidnischen Dichtung verbunden, da alle denselben modus operandi bevorzugen. Im Unterschied zur heidnischen Dichtung behandelt die christliche Dichtung nicht die heidnischen Götter oder, vorsichtiger formuliert, fokussiert auf diese wahlweise nur insofern, als sie diese als heidnische, dem christlichen Glauben entgegengestellte Götter kennzeichnet, oder insofern, als sie diese im Sinne der Mythographie christianisiert. Überein kommen christliche und antike Dichtung wiederum dahingehend, dass beide die Menschen zum Gegenstand haben. Doch auch hier gilt zu bedenken, dass der Mensch im christlichen Sinne stets als Subjekt Gottes zu verstehen ist, wodurch er sich von den Darstellungen des Menschen in der antiken Dichtung kategorial unterscheidet.

Christliche Dichtung und christliche Theologie werden folglich dadurch verbunden, dass sie zum einen dieselbe «forma dell'operare» anwenden und zum anderen auch dasselbe «suggetto» haben können, aber nicht müssen. Differenziert wird hierbei erneut hinsichtlich des Wahrheitsanspruchs der Rede, da die heilige Theologie stets als Wahrheitsrede anzusehen ist, die christliche Dichtung hingegen einiges für wahr nimmt («ne suppone alcune [cose] per vere»), was nun, im Gegensatz zur antiken Dichtung, auch als wahr angehen werden kann. Einfacher formuliert: Die Differenz zwischen antiker, heidnischer und «moderner», christlicher Dichtung besteht für Boccaccio darin, dass nur letztere die Allegorie an die Allegorese bindet und dergestalt zu einer eigenen Wahrheitsrede werden kann. Wie die «divina» *Comedia* verdeutlicht, unterscheidet sich diese Wahrheitsrede der christlichen Dichtung indes von der christlichen Theologie, da sie auf einer poetischen Anverwandlung der Allegorese aufbaut oder zumindest aufbauen kann. Geht man von Boccaccios Unterscheidung zwischen «sacra teologia» und «divina comedia» aus, dann lässt sich schließlich folgern, dass gemäß Boccaccio die *Divina Commedia* deswegen als göttlich zu bezeichnen ist, weil sie Gottes Schöpfung zum Gegenstand hat, jedoch nicht, weil sie als selbst heilige Rede, mithin theologische Wahrheitsrede anzusehen ist.[10]

---

10 Damit steht Giovanni Boccaccios Verständnis der *Divina Commedia* in Opposition zu den Lektüren, die, durchaus in der Nachfolge von Dantes Selbstverständnis, dieses Werk als «drittes Testament» verstehen. Verwiesen sei hierfür auf Kablitz (1999); Kablitz (2001); sowie Kablitz (2013).

Was Boccaccio an dieser Stelle des *Trattatello* nicht explizit ausführt, ist die Frage, wie die anvisierte Verbindung von christlicher Theologie und christlicher Dichtkunst zu denken ist bzw. präziser: inwiefern eine christliche Dichtkunst denselben Anspruch auf Dignität erheben kann wie die Theologie. Im Hinblick auf Dante lautet die Frage schlicht, wodurch die Autorschaft Dantes begründet wird, die ihn zu einem, wenn nicht dem vorbildlichen Dichter macht und es ermöglicht, dessen *Commedia* als *Divina Commedia* zu begreifen. Fragen, die Boccaccio jedoch nicht in einer der drei Fassungen des *Trattatello* behandelt, sondern in den *Esposizioni* ausführlich diskutiert.

2 Autor und Autorschaft Dantes[11]

Nur wenige Jahre nachdem Boccaccio aus dem politischen Exil 1368 nach Certaldo bzw. Florenz zurückkam, wird er im Jahr 1373 mit der Abhaltung einer öffentlichen Lesung der *Commedia* beauftragt, eben den *Esposizioni sopra la Comedia*, die er insbesondere dazu nutzt, den Autor Dante sowie dessen Autorschaft zu begründen.[12] Bereits im *Accessus*, der Einleitung der nachfolgenden *Esposizioni*, kommt Boccaccio auf den Autor Dante zu sprechen, wenn er nach den Gründen der *Commedia* fragt.[13] Dafür unterscheidet er zunächst mehrere Gründe («cause») und Gegenstände («cose»), wobei er bereits hier eine bedeutende Zweiteilung vornimmt, die er im Weiteren noch präzisieren wird, da er zwischen dem «senso litterale» und dem «senso allegorico» der *Comedia* trennt.[14] Hinsichtlich der

---

11 Zur Autorschaft Dantes sowie damit verbunden zur Autorschaft der *Divina Commedia* sei verwiesen auf: Minnis (1988); Stabile (1970–1978); Ascoli (1993; 2008) sowie die Studien von Regn (2008; 2009; 2013) und Nelting (2014).

12 Zitiert wird nach der Ausgabe Giovanni Boccaccio, *Esposizioni sopra la Comedia di Dante*, ed. Giorgio Padoan, in: *Tutte le opere di Giovanni Boccaccio*, ed. Vittore Branca, Volume Sesto, Milano, Mondadori, 1965. Für die vorliegende Lektüre der *Esposizioni* waren folgende Studien von besonderer Bedeutung: Padoan (1959); Vallone (1979); Boli (1991); Bellomo (2008); Olson (2009); Houston (2010°); Gilson (2013), zuletzt Azzetta (2014).

13 Zu Funktion und Status des *Accessus* siehe grundlegend Minnis (1988) sowie den Beitrag von Ernstpeter Ruhe in diesem Band.

14 Siehe: «Le cause di questo libro son quatro: la materiale, la formale, la efficiente e la finale. La materiale è, nella presente opera, doppia, così come è doppio il suggetto, il quale è colla materia una medesima cosa: per ciò che altro suggetto è quello del senso litterale e altro quello del senso allegorico, li quali nel presente libro amenduni sono, sì come manifestamente aparirà nel processo.» (*Esposizioni, Accessus*, Paragrafo 7, 2).

Frage nach der Autorschaft sind vor allem seine Ausführungen über den Titel des Werkes interessant:

> «La seconda cosa principale, che è da vedere, è qual sia il titolo del presente libro, il quale secondo alcuni è questo: ‹Incomincia la Comedìa di Dante Alighieri fiorentino›. Alcuno altro, seguendo più la 'ntenzione dell'autore, dice il titolo essere questo: ‹Incominciano le cantiche della Comedìa di Dante Alighieri fiorentino›; la quale per ciò che, come detto è, è in tre parti divisa, dice il titolo di questa prima parte essere: ‹Incomincia la prima cantica delle cantiche della Comedìa di Dante Alighieri›, volendo per questo mostrare dovere il titolo di tutta l'opera essere: ‹Cominciano le cantiche della Comedìa di Dante› etc., come detto è.» (*Esposizioni*, *Accessus*, Paragrafo 7, 3).

Mich interessiert hier weniger die Bedeutungsverschiebung, die durch die Voranstellung der Cantiche gegeben wird, und mehr das Adjektiv «fiorentino». Betrachtet man die Einleitung, die den aktuellen Ausgaben der *Divina Commedia* vorangestellt wird, so lautet das betreffende Syntagma: «Incomincia la Comedia di Dante Alighieri di Fiorenza», wodurch zum einen die Differenz zwischen Adjektiv und Substantiv markiert wird und zum anderen und wichtiger eine je eigene Verbindung von Stadt und Autor hergestellt wird.[15] Denn im Falle des Substantivs wird nur gesagt, dass Dante aus Florenz stammt, aber eben nicht notwendigerweise ein Florentiner Autor ist, was durch die Niederschrift der *Commedia* in Ravenna sowie Dantes Grab ebendort gestützt wird. Die Verwendung des Adjektivs «fiorentino» schließt eine solche Doppelsinnigkeit hingegen aus und renaturalisiert Dante post mortem zu einem, wenn nicht dem Dichter der Stadt Florenz.

Eine solche Wiedereingemeindung des zuvor exilierten Dichters setzt indes voraus, dass der autoritative Akt Boccaccios von der Stadt Florenz autorisiert wurde, da sonst das Projekt der *Esposizioni* zu scheitern droht, bevor es überhaupt angefangen hat. Dabei scheint es mir nicht unerheblich, dass der Vortrag des *Accessus* in der Kirche Santo Stefano in Badia bzw. in Badia fiorentina, wie die Kirche heute heißt, gehalten wurde, d. h. in unmittelbarer Nähe der Casa di Dante. Damit wird in Florenz ein Zentrum der Dantistik begründet, das zum einen dem genius loci gehorcht und zum anderen Florenz selbst zum Zentrum der Dantistik macht.

Die Frage nach dem genauen Titel des Werkes führt Boccaccio im Weiteren zu dem Problem, dass Dante sein Epos als *Commedia* fasste, wodurch er vorderhand

---

15 Siehe exemplarisch: «Incomincia La Comedia di Dante Alleghieri di Fiorenza, ne la quale tratta de le pene e punimenti de' vizi e de' meriti e premi de le virtù. Comincia il canto primo de la parte la quale si chiama inferno, nel qual l'autore fa proemio a tutta l'opera.» (Dante Alighieri, *La Divina Commedia. Inferno*, ed. Anna Maria Chiavacci Leonardi, Milano, Mondadori, 1991, 7).

eine Differenz zwischen der Gattung der Komödie und dem Genus des vorliegenden Textes einführt. Die Erklärung für diese scheinbare Differenz besteht nun
darin, dass Boccaccio darauf abhebt, der Autor sei ein höchst besonnener Mann
gewesen, der sein Werk allein im figürlichen Sinne eine Komödie genannt habe.
So enthalte die *Comedia* all das, was gemäß Terenz und Plautus eine Komödie
ausmache, nämlich einen «turbulento principio», wie er auch «pieno di rumori
e di discordie» sei und gemäß der Komödientradition «finisca in pace e in tran-
quilità». Handlung und Struktur der Komödie werden folglich aufrecht erhalten,
auch wenn sie allegorisch (um)gedeutet werden, so dass sie, im Sinne des *Trattatello*, zu einer theologischen Komödie werden.[16]

Inwiefern es sich bei den *Esposizioni* um eine doppelte Autorisierung handelt,
die sowohl Dante als auch Boccaccio autorisiert, wird deutlich, wenn man die
vorliegenden Erläuterungen der philosophischen Basis betrachtet:

> «La terza cosa principale, la quale dissi essere da investigare, è a qual parte di filosofia sia
> sottoposto il presente libro; il quale, secondo il mio giudicio, è sottoposto alla parte morale,
> o vero etica: per ciò che, quantunque in alcun passo si tratti per modo speculativo, non è
> perciò per cagione di speculazione ciò posto, ma per cagione dell'opera, la quale quivi ha
> quel modo richesto di trattare.« (*Esposizioni*, *Accessus*, Paragrafo 42, 10).

Gemäß Boccaccio ist derjenige Teil der Philosophie, den Dante seiner *Commedia* zugrunde legt, die Moral bzw. die Ethik, wodurch auch eine allegorische
Deutung des Werkes zentral den moralischen Sinn zu bedenken hat. Ob resp.
inwiefern Boccaccios Perspektive richtig oder falsch ist, scheint mir im vorliegenden Rahmen unerheblich, da zum einen sein Beitrag zum Verständnis der
Commedia darin liegt, eine moralische Lektüre des Textes zu ermöglichen, und
er zum anderen umgekehrt die *Comedia* nutzt, um eine Dichtung zu legitimieren,
die grundlegend auf der Aufwertung des tropologischen Sinns bzw. des sensus
moralis aufbaut, d. h. eines Strukturmodells, das auch bzw. vor allem seine
eigenen Dichtungen, von der *Amorosa visione* über den *Decameron* bis hin zur
Genealogia deorum, kennzeichnet (cf. Gropper 2014b; Steigerwald 2013).

---

16 «Che adunque diremo alle obiezioni fatte? Credo, con ciò sia cosa che occultatissimo uomo
fosse l'autore, lui non avere avuto riguardo alle parti che nelle comedìe si contengono, ma al
tutto, e da quello avere il suo libro dinominato, figurativamente parlando. Il tutto della comedìa
è, per quello che per Plauto e per Terrenzio, che furono poeti comici, si può comprendere, che la
comedìa abbia turbulento principio e pieno di romori e di discordie e poi l'ultima parte di quella
finisca in pace e in tranquillità. Al qual tutto è ottimamente conforme il libro presente: per ciò
che egli incomincia da' dolori e dalle tribulazioni infernali, e finisce nel riposo e nella pace e
nella gloria, la quale hanno i beati in vita eterna. E questo dee poter bastare a fare che così fatto
nome si possa di ragion convenire a questo libro.» (*Esposizioni*, *Accessus*, Paragrafi 25–26, 6).

Diesen im *Accessus* niedergelegten Vorgaben entsprechend, beginnt Boccaccio seine Lectura Dantis mit *Inferno* I, indem er von Anfang an eine Zweiteilung vornimmt, da er stets mit der «esposizione litterale» beginnt, um dann mit der «esposizione allegorica» fortzufahren. Diese Zweiteilung der Lectura prägt fast alle der 17 erläuterten Gesänge des *Inferno*, auch wenn an dieser Stelle festgehalten werden muss, dass der Textstatus der *Esposizioni* nicht eindeutig geklärt ist, da manche Abschnitte wohl späterhin von anderen Autoren hinzugefügt wurden, wie auch Boccaccio seine Ausführungen krankheitsbedingt abbrechen musste, so dass ein riesiges Fragment vorliegt.

Von besonderem Interesse sind für den vorliegenden Kontext Boccaccios Ausführungen, die er im Anschluss an *Inferno* I, 73 vorlegt, d. h. im Anschluss an das berühmte «poeta fui», mit dem sich der Dichter Vergil dem Jenseitswanderer präsentiert, da Boccaccio diesen Satz zu einer fast zehnseitigen Erörterung der Frage: Was ist ein Autor? nutzt.[17] Angesichts der Länge der Erläuterung möchte ich hier nur einige Punkte hervorheben. Zunächst ist die systematische Differenz von Autor und Poet zu nennen, die Boccaccio bereits einleitend markiert:

> «*Poeta fui.* Apresi ancora qui Virgilio per questo nome di ‹poeta› più all'autore; intorno al qual nome, chiamato da molti e conosciuto da pochi, estimo sia alquanto da estendersi.» (*Esposizioni* I, Paragrafo 69, 33s.).

Folgt man seiner Argumentation, dann ist «Poet» ein spezifischer Name eines Autors, der indes nicht jedem Autor beigegeben werden kann oder gar muss. Ein Autor ist erst einmal der Verfasser einer Schrift, aber eben noch kein Dichter. Ein Dichter ist demgegenüber zwar auch ein Verfasser, doch zeichnen sich die von ihm verfassten Schriften durch eine besondere Qualität aus, da sie gedichtet sind. Doch führt gerade diese dichterische Qualität zu einigen Verständnisproblemen, da einige Kritiker den Dichtungscharakter missverstehen und gegen die Dichter und deren Werke wenden:

> «È dunque da vedere donde avesse la poesia e questo nome origine, qual sia l'uficio del poeta e che onore sia retribuito al buon poeta. Estimarono molti, forse più da invidia che da altro sentimento ammaestrati, questo nome ‹poeta› venire da un verbo detto ‹poio-pois›, il quale, secondo che li gramatichi vogliono, vuol tanto dire quanto ‹fingo-fingis›: il qual

---

17 Die berühmte Einführung Dantes lautet: «Poeta fui, e cantai di quel giusto / figliuol d'Anchise che venne di Troia, / poi che 'l superbo Ilïón fu combusto» (*Divina Commedia*, *Inferno* I, 73–75). Boccaccio widmet dem «poeta fui» einen eigenen Abschnitt, während die übrigen Elemente der Hinführung dann in einem weiteren Abschnitt behandelt werden. Siehe *Esposizioni* I, Paragrafi 69–112, 33–43 (poeta fui).

‹fingo› ha più significazioni, per ciò che egli sta per ‹comporre›, per ‹ornare›, per ‹mentire› e per altri significati.

Quegli adunque che dall'avilire altrui credono sè essaltare dissono e dicono che dal detto verbo ‹poio› viene questo nome ‹poeta›; e per ciò che quello suona ‹poio› che ‹fingo›, lasciati stare gli altri significati di ‹fingo›, e preso quel solo nel quale egli significa ‹mentire›, conchiudendo, vogliono che ‹poeta› e ‹mentitore› sieno una medesima cosa: e per questo sprezano e aviliscono e anullano in quanto possono i poeti, ingegnandosi, oltre a questo, di scacciargli e di sterminargli del mondo, nel cospetto del non intendente vulgo gridando i poeti per autorità di Platone dovere esser cacciati delle città.» (*Esposizioni* I, Paragrafo 70, 34).

Gemäß Boccaccio resultiert der ambivalente Status des Poeten in der Gesellschaft aus der Herleitung seiner Bezeichnung, insofern der Poet derjenige Autor ist, der etwas fingiert, wobei gerade der Akt des Fingierens die problematische Mehrdeutigkeit produziert. Denn dieser kann als Akt der Komposition («comporre»), als Akt des Ausschmückens («ornare»), aber eben auch als Akt des Lügens («mentire») gedeutet resp. fehlgedeutet werden. Dieses fälschliche Verständnis des Dichters kann sich zudem auf die Austreibung der Poeten aus dem Staat in Platos *Politeia* beziehen, wodurch die zuvor eingeführte systematische Unterscheidung zwischen den drei Formen der Herleitung des Dichters nicht nur hierarchisiert, sondern auch zunächst einmal eindeutig zu dessen Ungunsten geklärt wird.

Ich kann nur summarisch auf die einzelnen Argumente eingehen, die Boccaccio anführt, um zum einen die Autorschaft des vorbildlichen Poeten zu begründen und zum anderen das fälschliche Verständnis des Dichters als Lügner zu widerlegen. Wichtiger ist mir die beide Argumente verbindende Strategie, einen vorbildlichen, da dezidiert christlichen Dichter zu präsentieren, der exemplarisch für jene christliche Dichtung einsteht, die er bereits im *Trattatello in laude di Dante* namhaft gemacht hat und nun in den *Esposizioni* anhand von Dante und dessen *Divina Comedia* charakterisiert.

Unter explizitem Bezug auf Petrarca argumentiert er zunächst, dass es bei den Griechen verschiedene Typen von Priestern gab, die mit dem Gotteslob betraut wurden. Eine Gruppe dieser Priester zeichnete sich dadurch aus, dass sie das Gotteslob in Verse kleidete. Und ebendiese Priester wurden als «poetés» bezeichnet, so dass der lateinische resp. italienische Name «poeta» in direkter Linie vom griechischen «poetés» abgeleitet werden kann, was übersetzt nicht anderes heißt als «esquisito parlatore».[18] Doch handelt es sich bei den Poeten nicht nur um

---

18 «Le quali questi sacerdoti trovarono; e, per farle ancora più strane dall'usitato parlare degli uomini, artificiosamente le composero in versi. E perchè in quelle si contenevano gli alti misteri della divinità, acciò che per troppa notizia non venissero in poco pregio appo il popolo, nascose-

herausragende Redner, sondern auch um solche, die, wie das Beispiel Orpheus' zeigt, über «cose divine», über göttliche Gegenstände, sprachen, so dass diese Dichter sowohl als «poeti» als auch als «teologi» bezeichnet wurden.

Wie in seinem Exkurs zur Verteidigung der Dichtung im *Trattatello* greift Boccaccio hierfür auf Aristoteles und dessen Ausführungen zurück, die ersten Dichter seien die ersten Theologen gewesen, und führt nun weiter aus, dass das scheinbar Wunderbare und Fabelhafte der dichterischen Rede logisches Resultat des gewählten Redegegenstandes sei, da die Dichter über die «opere ammirabili della divina potenza» sprächen und keineswegs von ihnen erdichtete Fantasien in ihren Werken präsentierten.[19] Was für den guten Poeten per se gilt, ist für den christlichen Dichter, auf den Boccaccio abzielt, in besonderem Maße gültig:

> «È vero che coloro, spirati dallo Spirito santo, quel dissero che si legge, il quale credo tutto esser vero, sì come da verace dettatore è stato dettato; quello che i poeti finsero fecero per forza d'ingegno, e in assai cose non il vero, ma quello che essi secondo i loro errori esti- mavano vero, sotto il velame delle favole ascosero. Ma i *poeti cristiani*, de' quali sono stati assai, non ascosero sotto il loro fabuloso parlare alcuna cosa non vera, e massimamente dove fingessero cose spettanti alla *divinità e alla fede cristiana*: la qual cosa assai bene si può cognoscere per la Buccolica del mio eccellente maestro, messer Francesco Petrarca, la quale chi prenderà e aprirrà, non con invidia, ma con caritevole discrezione, troverrà sotto alle dure cortecce salutevoli e dolcissimi ammaestramenti; e similemente nella presente opera, sì come io spero che nel processo aparirà. E così si cognoscerà i poeti non essere mentitori, come gl'invidiosi e ignoranti li fanno.» (*Esposizioni*, Paragrafo 76, 36 [meine Her- vorhebung]).

Zu unterscheiden ist dementsprechend eine doppelte Autorschaft: Alle Autoren, die in ihrer Eigenschaft als hervorragende Redner in Versform vortragen, dürfen als Dichter bezeichnet werden, aber nur diejenigen, die sich mit den «cose divine» in ihren Dichtungen beschäftigen, dürfen den Anspruch erheben, als Theologen zu fungieren, wodurch der vorbildliche Dichter zum poeta-theologus wird.[20]

---

ro quelli sotto fabuloso velame. Il qual modo di parlare appo gli antichi Greci fu appellato ‹poe- tès›, il qual vocabolo suona in latino ‹esquisito parlare›; e da ‹poetès› venne il nome del ‹poeta›», il qual nulla altra cosa suona che ‹esquisito parlatore›.» (*Esposizioni* I, Paragrafo 74, 35).

19 «E quegli, che prima trovarono appo i Greci questo, furono Museo, Lino e Orfeo. E, perchè ne' lor versi parlavano delle cose divine, furono appellati non solamente ‹poeti›, ma ‹teologi›; e per le opere di costoro dice Aristotile che i primi che teologizarono furono i poeti. E, se bene si riguarderà alli loro stili, essi non sono dal modo del parlare differenti da' profeti, ne' quali leg- giamo, sotto velamento di parole nella prima aparenza fabulose, l'opere ammirabili della divina potenza.» (*Esposizioni* I, Paragrafo 75, 35).

20 Zu Dante als poeta-theologus siehe nach wie vor grundlegend Hollander (1976). Bedacht werden muss hierbei indes ein nicht unerheblicher Unterschied, der zwischen einem theologus-

Allerdings handelt es sich bei den bisher angeführten Unterscheidungen zwischen autore/parlatore, poeta und teologo um graduelle Differenzen, während es sich bei dem Unterschied zwischen einem heidnischen poeta-theologus und einem christlichen poeta-theologus um eine kategoriale Differenz handelt, die durch den Wahrheitsbezug der jeweiligen Dichtung gegeben ist. Allein derjenige Dichter, der der katholischen Kirche angehört und in diesem Glauben dichtet, kann als wahrer, da christlicher Dichter angesehen werden, insofern seine Autorschaft gerade daraus resultiert, dass er als Autor Gottes Größe und Schöpfung in Worte der Dichtung fasst:

> «Appresso, è l'uficio del poeta, sì come per le cose sopradette assai chiaro si può comprendere, questo nascondere la verità sotto favoloso e ornato parlare: il che avere sempre fatto i valorosi poeti si troverà da chi con diligenza ne cercherà. Ma ciò che io ora ho detto, è da intendere sanamente. Io dico ‹la verità›, secondo l'oppinione di quegli tali poeti; per ciò che il poeta gentile, al quale niuna notizia fu della *catolica fede*, non potè la verità di quella nascondere nelle sue fizioni, nascosevi quelle che la sua erronea religione estimava esser vere; per ciò che, se altro che quello, che vero avesse istimato, avesse nascoso, non sarebbe stato buon poeta.» (*Esposizioni* I, Paragrafo 78, 36).[21]

Demnach ist Dantes *Comedia* als eine, wenn nicht die Grundlegung einer christlichen Dichtkunst anzusehen, der alle anderen Dichter katholischen Glaubens nachzufolgen haben, weshalb sie es auch gemäß Boccaccio verdient, als *Divina Commedia* bezeichnet zu werden. Auch wenn es, wie Boccaccios expliziter Verweis auf Petrarcas *Bucolica* verdeutlicht, nicht um eine Nachahmung des Gegenstandes, sondern um eine Nachahmung des Prinzips der christlichen Dichtkunst geht, die verschiedene Gegenstände kennt, wie sie auch verschiedene Gattungen aufweist.

Zwei Punkte zu den Fragen nach Autor und Autorschaft der Dichter, die Boccaccio im vorliegenden Kontext ausführlicher behandelt, möchte ich zumindest noch kurz erwähnen: erstens das Verdikt Platos in der *Politeia* gegen die Dichter und zweitens der spezifisch philosophische Gehalt der Dichtung.

---

poeta und einem poeta-theologus besteht, da die Voranstellung des Substantivs mit einer Hierarchisierung einhergeht. In diesem Sinne ist es bezeichnend, dass Dante für Boccaccio zunächst einmal beides ist, er jedoch den Fokus auf den poeta-theologus Dante legt. Wie weit er damit Dantes Selbstautorisierung entspricht, ist eine ganz andere Frage. Siehe hierzu weiterführend Nelting (2014), sowie dessen Beitrag im vorliegenden Band.

21 Boccaccio baut hier auf der im *Trattatello* eingeführten Unterscheidung zwischen antiker und christlicher Dichtung in Analogie zum heidnischen und christlich-katholischen Glauben auf und konkretisiert nun anhand des vorbildlichen christlichen Dichters die Konzeption der christlichen Dichtkunst: christlicher Autor und christliche Autorschaft fallen dergestalt notwendigerweise zusammen.

Zunächst zu Platos Kritik der Dichtung. Boccaccios Argument lautet hier, dass Plato nicht jede Form der Dichtung angreift, sondern eine sehr spezielle Ausprägung der Komödie meint, die zu dieser Zeit in Athen en vogue war. Es handelt sich dabei, grob gesagt, um Formen einer tendenziell libertinen, sexuell aufgeladenen Komödie, die weniger die Belehrung und mehr die Erregung der Zuschauer anstrebte, die Plato aus dem idealen Staat verbannte:

> «Fu ne' tempi di Platone e avanti, e poi perseverò lungamente ed eziandio in Roma, una spezie di poeti comici, li quali, per acquistare riccheze e il favore del popolo, componevano lor comedìe, nelle quali fingevano certi adultèri e altre disoneste cose state perpetrate dagli uomini, li quali la stoltizia di quella età avea mescolati nel numero degl'idii; e queste cotali comedìe poi recitavano nella scena, cioè in una piccola casetta, la quale era constituita nel mezzo del teatro, stando dintorno alla detta scena tutto il popolo, e gli uomini e le femine, della città ad udire. E non gli traeva tanto il disiderio di udire quanto di vedere i giuochi che dalla recitazione del comedo procedevano; li quali erano in questa forma: che una spezie di buffoni, chiamati ‹mimi›, l'uficio de' quali è sapere contrafare gli atti degli uomini, uscivano di quella scena, informati dal comedo, in quegli abiti ch'erano convenienti a quelle persone gli atti delle quali dovevano contrafare, e questi cotali atti, onesti o disonesti che fossero, secondo che il comedo diceva, facevano.
>
> E, per ciò che spesso vi si facevano intorno agli adultèri, che i comedi recitavano, di disoneste cose, si movévano gli appetiti degli uomini e delle femine riguardanti a simili cose disiderare e adoperare; di che i buoni costumi e le menti sane si corrompevano e ad ogni disonestà discorrevano.» (*Esposizioni* I, Paragrafi 84–87, 37s.).

Der Ausschluss dieser Dichtung wird folglich von der unsittlichen Darstellung der «disoneste cose» bewirkt, die insbesondere dann als unehrenhaft zu bewerten sind, wenn sie die Sexualität der Männer und Frauen betrifft, während umgekehrt jede Inszenierung von «cose oneste» nicht nur möglich, sondern gewünscht sei – auch von Plato, da dessen Ziel eine ehrenhafte Republik gewesen sei.

Ob diese Platolektüre richtig oder falsch ist, sei dahingestellt. Wichtiger ist mir, dass Boccaccio dieses Argument, das natürlich auch eines pro domo ist, in res verwendet, um das Verhältnis von Dichtung und Philosophie zu bestimmen. Denn die Musen sind seiner Ansicht nach weder per se «oneste» oder «disoneste», wie auch die Darstellung nicht per se ehrenhaft oder unehrenhaft sei, so dass eine grundsätzliche Kategorisierung der Dichtung scheitern muss. Allerdings könne sehr wohl zwischen einer ehrenhaften und einer unehrenhaften Dichtung unterschieden werden, die wahlweise aufgrund des behandelten Gegenstandes oder aufgrund der Darstellung als solche zu charakterisieren sind.[22] Wahre Dichtung

---

22 «Egli è senza alcun dubbio vero la filosofia essere venerabile maestra di tutte le scienze e di ciascuna onesta cosa; e in quello luogo, dove Boezio giaceva della mente infermo, turbato e com-

ist für Boccaccio folglich eine, die sich im Rahmen des katholischen Glaubens mit der ehrenhaften Darstellung von Gegenständen beschäftigt, die dem Zweck der Erbauung oder zumindest der moralischen Belehrung der Leser dienen. Ein Argument, mit dem Boccaccio Dantes *Comedia* genauso legitimieren kann wie seinen *Decameron*.[23]

3 Boccaccios Verständnis der Mimesis

In den *Esposizioni sopra la Comedia* gliedert Boccaccio seine Lecturae Dantis in jeweils zwei Abschnitte, so dass auf die «esposizione litterale» die «esposizione allegorica» folgt. Dabei unterscheidet er bereits in seiner Lectura von *Inferno* I drei verschiedene Sinne der Allegorie, die er unter Rückbezug auf die Allegorese des Alten Testaments sowie der Apokalypse in *sensus allegoricus*, *sensus moralis*

---

mosso dello essilio a gran torto ricevuto, egli, sì come impaziente, avendo per quello cacciata da sè ogni conoscenza del vero, non attendeva colla considerazione a trovare i rimedi oportuni a dover cacciar via le noie che danno gl'infortuni della presente vita; anzi cercava di comporre cose, le quali non liberasson lui, ma il mostrassero afflitto molto, e per conseguente mettessero compassion di lui in altrui. E questa gli pareva sì soave operazione che, senza guardare che egli in ciò faceva ingiuria alla filosofica verità, la cui opera è di sanare, non di lusingare, il passiona-to, che esso con la dolceza delle lusinghe del potersi dolere insino alla sua estrema confusione avrebbe in tale impresa proceduto; e, però che questo è essercizio de' comici di sopra detti, a fine di guadagnare, di lusingare e di compiacere alle inferme menti, chiama la Filosofia queste Muse ‹meretricule sceniche›, non perchè ella creda le Muse essere meretrici, ma per vituperare con questo vocabolo lo 'ngegno dell'artefice che nelle disoneste cose le 'nduce. Assai è mani-festo non essere difetto del martello fabrile, se il fabro fa più tosto con esso un coltello, col quale s'uccidono gli uomini, che un bomere, col quale si fende la terra e rendesi abile a ricevere il seme del frutto, del quale noi poscia ci nutrichiamo. E che le Muse sieno qui instrumento adoperante secondo il giudicio dell'artefice, e non secondo il loro, ottimamente il dimostra la Filosofia dicen-do in quel medesimo luogo che è di sopra mostrato, quando dice: ‹Partitevi di qui, Serene dolci infino alla morte, e lasciate questo infermo curare alle mie Muse›, cioè alla onestà e alla integrità del mio stilo, nel quale mediante le mie Muse io gli mosterrò la verità, la quale egli al presente non conosce, sì come uomo passionato e afflitto›. Nelle quali parole si può comprendere non es-sere altre Muse, quelle della Filosofia, che quelle de' comici disonesti e degli elegiaci passionati, ma essere d'altra qualità l'artefice, il quale questo istrumento dee adoperare. Non adunque nel disonesto appetito di queste Muse, le quali chiama la Filosofia ‹meretricule›, sono vituperate le Muse, ma coloro che in disonesto essercizio l'adoperano.» (*Esposizioni* I, Paragrafi 107–111, 42s.).
23 Diese Argumentation findet sich, wenn auch mit einer ironischen Volte gegenüber Boccaccios vermeintlichen Anklägern, in der *Introduzione alla Quarta Giornata* des *Decameron*. Siehe hierzu Steigerwald (2014, besonders Abschnitt 3.1: *Die «Introduzione» der «Quarta Giornata»*, 67–81).

und *sensus anagogicus* einteilt.[24] Folgt er mit dieser Binnendifferenzierung den allgemeinen Vorgaben seiner Zeit für die Lektüre allegorischer Dichtung, so ist es doch für Boccaccio kennzeichnend, dass er besonders auf den metaphorischen resp. moralischen Sinn der Dichtung Dantes abhebt. Wie weit eine solche moralische Konzeption der Dichtkunst und damit auch des christlichen Künstlers geht, wird in seiner Lectura von *Inferno* XI augenfällig, die sich deutlich von den gegenwärtig dominierenden Interpretationen unterscheidet.

Inferno XI wird gewöhnlich als Canto der Topologie bezeichnet, insofern in diesem Gesang der Jenseitswanderer und Vergil eine kurze Pause einlegen, die dieser nutzt, um Dante das räumliche und moralische Ordnungssystem der Hölle zu erklären.[25] In den Versen 46 bis 51 kommt Vergil dabei auf diejenigen Sünder zu sprechen, die wahlweise Gott leugnen oder ihn verfluchen, mithin gegen das erste Gebot verstoßen.[26] Aufgrund der Schwere dieser Sünde finden sich die Städte «Soddoma e Caorsa», d. h. Sodom und Cahors, im innersten Kreise der Hölle, wo die ärgsten Sünder gestraft werden. In allen von mir konsultierten modernen kritischen Editionen der *Commedia* wird die Zusammenstellung des alttestamentlichen Sodom mit dem neuzeitlichen Cahors dahingehend gedeutet, dass es sich um ein Nebeneinander von zeitlich weit auseinanderliegenden Orten handelt, die zum einen für zwei Sünden einstehen, Sodomie und Wucherei, und zum anderen und wichtiger die Überzeitlichkeit der Sünden sowie der Sünder ausstellen.[27] Demgegenüber legt Boccaccio eine ganz andere Interpretation dieser Verse vor, da er die Städte als Namen für zwei verschiedene Sünder

---

24 Siehe hierzu allgemein Ohly (1958/59), sowie speziell zur Verschränkung von christlicher Dichtung und theologischer Wahrheitsrede bei Dante Kablitz (2001) und Regn (2009).

25 Verwiesen sei in diesem Kontext nur auf nachstehende Lecturae von *Inferno* XI: Ciacci (1982); Calenda (1995); Baranski (2000); Cachey jr. (2010).

26 Siehe: «Puossi far forza ne la deïtade, / col cor negando e bestemmiando quella, / e spiegando natura e sua bontade; / e però lo minor giron suggella / del segno suo e Sodoma e Caorsa / e chi, spregiando Dio col cor, favella.» *Divina Commedia*, *Inferno* XI, V. 46–51, 341–342.

27 Exemplarisch sei der Kommentar von Anna Maria Chiavacci Leonardi zitiert: «*Sodoma e Caorsa*: con i nomi delle due città si indica il peccato di cui esse divenute come il simbolo: Sodoma è la città del Mar Morto famosa per il peccato contra natura dei suoi abitanti, distrutta da Dio con una pioggia di fuoco insieme a Gomorra (Gen. 18–9). Dal racconto biblico derivò appunto a tali peccatori il nome di sodomiti. Analogamente Cahors era città francese della Guienna dova ai tempi di Dante si praticava notoriamente l'usura, tanto che gli usurai erano chiamati correntemente ‹caorsini› (Boccaccio). Si osservi che Dante accosta in parallelo fatto biblico a quello contemporaneo, con un affiancarsi di diversi piani storici che è tipico di tutta la *Commedia*, dove ogni punto della storia è equivalente di fronte all'eterno.» (*Divina Commedia*, *Inferno* XI, 342, Fußnote 50).

ansieht, die sich an Gott versündigen, indem sie gegen die Natur und gegen ihren Beruf agieren:

> «E vuole l'autore per questi nomi di due città intendere due spezie d'uomini, li quali offendono o fanno violenza a Dio nelle cose sue, cioè nella natura e nell'arte, le quali sono sue cose, sì come appresso mosterrà l'autore: e intende per Soddoma coloro li quali contro alle leggi della natura con sesso non debito lussuriosamente adoperano; e per Caorsa intende gli usurai, li quali fanno violenza alle leggi della natura e al buon costume dell'arte.» (*Esposizioni* XI, Paragrafo 33, 545).[28]

Boccaccio beginnt bereits hier eine Argumentation, die er später noch weiter ausfalten wird, insofern er Gott erstens als Schöpfer der Natur und zweitens als Urheber einer Kunstfertigkeit vorstellt, dem er dann den Wucherer als denjenigen gegenüberstellt, der gleichermaßen Gewalt anlegt an die «leggi della natura» und an die «buon costume dell'arte». Bemerkenswert ist hierbei die Voranstellung der Gott zugeordneten «arte», die dann auch für den Wucherer namhaft gemacht wird. Würde man vom Wucherer ausgehen, dann müsste die «arte» hier als Beruf oder 'Gewerbe' übersetzt werden, möglicherweise noch als 'Kunstgriff' oder 'Kunstfertigkeit', wenn auch in einem eindeutig negativem Sinn. Dadurch, dass Boccaccio die «arte» zunächst Gott zuordnet, ist ein solches Verständnis indes nicht oder zumindest nur sehr bedingt möglich, da dies voraussetzen würde, dass Gott als Händler ein Gewerbe führt. Wenn Boccaccio von den «cose» Gottes spricht, zu denen er die «natura» und die «arte» zählt, gegen die sich die Wucherer versündigen, dann muss der Logik der Argumentation folgend die «arte» hier als 'Kunstfertigkeit', wenn nicht gar als 'Kunst' gefasst werden, auch wenn dadurch die Wucherei eine bemerkenswerte Prägung erhält. Doch lässt sich das Problem auch dahingehend auflösen, dass die Sünde der Wucherer darin besteht, dass sie gegen die «buon costume dell'arte» verstoßen, also gegen die guten Sitten der Kunst(fertigkeit) und nicht gegen die Kunstfertigkeit per se. Der Wucherer wird damit indes auch zum Sinnbild des schlechten und sündigen Künstlers, da er die göttlichen Regeln der christlichen Kunst nicht beachtet. Doch bleibt damit die Frage unbeantwortet, worin diese Regeln bestehen und wie sie zu befolgen sind.

---

28 Die Polysemie der im Text mehrfach genannten «arte» muss hier zunächst einmal dahingehend aufgelöst werden, dass sie als 'Beruf', 'Gewerbe' oder 'Handwerk' verstanden wird. Damit wird die Kunst, insbesondere die Dichtkunst, vorderhand ausgeschlossen, auch wenn es über das Verständnis der Dichtkunst als Kunstfertigkeit im Sinne der «ars» tendenziell wieder eingeholt wird.

Diese Frage beantwortet Boccaccio dann in seiner Erläuterung der Verse 97–111, wobei er unter Bezug auf Aristoteles' *Physik* einen Dreischritt der Produktion von Natur und Kunst namhaft macht:

> «‹Filosofia, mi disse›. Qui comincia la sesta parte del presente canto, nella quale l'autore mostra, come da Virgilio gli sia soluto il dubbio mosso, dicendo: *Filosofia, mi disse*, Virgilio, *a chi la 'ntende Nota*, cioè dimostra, *non pure in una sola parte*, ma in molte, *Come natura*. È qui da sapere che, secondo piace a' savi, egli è ‹natura naturans›, e questa è Idio, il quale è d'ogni cosa stato creatore e produttore, ed è ‹natura naturata›, e questa è l'operazion de' cieli, potenziata e creata da Dio, per la quale ciò che qua giù si produce, nasce: e di questa seconda intende qui l'autore, dicendo che questa natura naturata *lo suo corso prende Dal divino intelletto*, in quanto più non adopera, se non quanto conosce essere della 'ntenzion di Dio; e per ciò che essa prende quindi il suo movimento all'operare, così ancora da quello, in quanto puote, prende la forma dell'operare: per la qual cosa l'autor dice: *e da sua arte*. L'arte del divino intelletto è il producere ogni cosa perfetta e a certo e diterminato fine; e in questo s'ingegna quanto può la natura d'imitarla, e fallo secondo la disposizione della materia subgetta, la quale, per ciò che è finita, non può ricevere intera perfezione, come riceve la materia sopra la quale sè essercita la divina arte; chè, se ricevere la potesse la natura naturata, producerebbe così i nostri corpi perpetui, come l'arte divina produce l'anime. Nondimeno essa ogni cosa, la quale essa produce, produce a certo e diterminato fine; ma non è questo fine della qualità che è il fine al quale Idio produce le cose, le quali esso fa con la sua arte: per ciò che il fine al quale Idio produce le cose, le quali esso compone, è ad essere eterne, ma la natura le produce al fine di dovere alcuna volta venir meno, così come veggiamo che fanno tutte le cose produtte da lei.» (*Esposizioni* XI, Paragrafi 64–67, 553 [Kursivierung im Original]).[29]

Gemäß Boccaccios Argumentation ist Gott der Ursprung aller Natur, da diese seiner göttlichen Vernunft und seinem Wirken entstammt. Demnach ist die Natur Produkt von Gottes Schöpfung und folglich von ihrem Schöpfer zu unterscheiden. Die Kunst der Menschen ahmt dementsprechend die Natur und somit Gottes Schöpfung nach, woraus folgt, dass die Kunst des Menschen quasi Gottes Enkelin sei: «che vostr'arte a Dio quasi è nepote» (*Divina Commedia*, *Inferno* XI, V. 105, 349). Boccaccio hebt nun seinerseits darauf ab, dass Gottes Schöpfung sowohl als *natura naturans* als auch als *natura naturata* anzusehen sei, da sie

---

29 Die Referenzstelle in der *Divina Commedia* lautet: «‹Filosofia›, mi disse, ‹a chi la 'ntende, / nota, non pure in una sola parte, / come natura lo suo corso prende / dal divino 'ntelletto e da sua arte; / e se tu ben la tua Fisica note, / tu troverai, non dopo molte carte, / che l'arte vostra quella, quanto pote, segue, / come 'l maestro fa 'l discente; / sì che vostr'arte a Dio quasi è nepote. / Da queste due, se tu ti rechi a mente / lo Genesì dal principio, convene / prender sua vita e avanzar la gente; / e perché l'usuriere altra via tene, / per sé natura e per la sua seguace / dispregia, poi ch'in altro pon la spene.›» (*Divina Commedia*, *Inferno* XI, 97–111, 348s.).

als Natur als *natura naturans*, als Schöpfung Gottes hingegen als *natura naturata* aufzufassen ist.

Diese Einteilung ist von zentraler Bedeutung, da sie die Nachahmung der Natur durch den Menschen an eine Mimesis im Sinne der *natura naturans* anbindet, die zudem dadurch legitimiert wird, dass der christliche Dichter den Vorgaben der göttlichen Schöpfung folgt. Umgekehrt wird dergestalt jede christliche Kunst und damit auch jeder christliche Künstler zum legitimen Nachfolger Gottes, da dieser selbst als Schöpfer die Natur und die Kunst zugleich hervorbrachte, auch wenn sich der Künstler nicht anmaßen sollte, wie gerade *Purgatorio* X augenfällig vorstellt, sich als legitimen Nachahmer Gottes zu begreifen (cf. Kablitz 1998). Diese qualitative Differenz, mit der Boccaccio die Autorschaft des christlichen Künstlers begründet, kommt im anschließenden Exkurs über die Naturnachahmung des Malers zu Ausdruck:

> «Sforzasi il dipintore che la figura dipinta da sè, la quale non è altro che un poco di colore con certo artificio posto sopra una tavola, sia tanto simile, in quello atto ch'egli la fa, a quella la quale la natura ha prodotta, e che naturalmente in quello atto si dispone che essa possa gli occhi de' riguardanti o in parte o in tutto ingannare, faccendo di sè credere che ella sia quello che ella non è; similmente colui che farà una statua; e il calzolaio, quanto più conforme farà la scarpetta al piede, miglior maestro è reputato: intendendo sempre in questo che, mediati questi essercizi e le forze degli ingegni, seguiti quel frutto all'artefice, che a noi seguita dell'operazion della natura, la quale in ogni sua operazione per alcuni mezzi, sì come per istrumenti a ciò atti, è fruttuosa.
>
> E perciò aggiugne l'autore le parole seguenti, dicendo l'arte nostra seguire la natura *come 'l maestro fa 'l discente*, cioè come lo scolare fa il maestro; per che dice Virgilio: *Sì che vostra arte a Dio quasi è* nepote, cioè figliuola della figliuola; per ciò che la natura è figliuola di Dio in quanto sua creatura, e l'arte nostra è figliuola della natura, in quanto si sforza di somigliarla, come il figliuolo somiglia il padre. Ma dice «quasi», e questo dice però che propriamente dir non si può la nostra arte esser nepote di Dio, per ciò che conviene che la successione sia simigliante a' suoi predecessori; il che della nostra arte dir non si può, in quanto ella è in molte cose difettiva, dove Idio in tutte è perfettissimo.» (*Esposizioni* XI, Paragrafi 69–72, 554 [Kursivierung i. O.]).

Das hier von Boccaccio präsentierte Modell der Mimesis kann man wohl mit einigem Recht als eine realistische Performanzästhetik fassen, insofern zum einen mehrfach auf den Akt, den «atto», der künstlerischen Produktion abgehoben wird und zum anderen das Ziel der Naturnachahmung darin besteht, ein gemaltes – aber auch, wie ich hinzufügen möchte: gedichtetes, d. h. mit Worten gemaltes – Produkt zu schaffen, das demjenigen Produkt ähnlich, «simile», ist, das die Natur geschaffen hat und das sich folglich genauso natürlich, «naturalmente», dem Betrachter vor Augen stellt. Ein Autor ist folglich dann ein Künstler, sei er Dichter, Maler oder Bildhauer, wenn er die von Gott geschaffene Natur nachahmt und dabei den vom christlichen Glauben vorgegebenen Regeln folgt, die einerseits den Modus der Darstellung als *natura naturans* und andererseits den Gegenstand der Darstellung, die «oneste cose», beachtet. Ein solcher christlicher Dichter steht dementsprechend in doppelter Opposition, da er einerseits dem Wucherer gegenübersteht, den Dante in *Inferno* XI, Vers 109 eigens benennt,[30] der gemäß Boccaccio im moralischen Sinne wider die göttliche Natur und Kunst handelt, und andererseits dem hochmütigen Künstler gegenübertritt, der sich anmaßt, die perfekte Schöpfung Gottes überbieten zu wollen:

> «*Ma perchè l'usuriere*: chiamasi «usuriere» per ciò che egli vende l'uso della cosa la quale di sua natura non può fare alcun frutto, cioè de' danari; *altra via tiene*, in quanto fa quello che detto è, cioè che i danari faccian frutto, li quali di sua natura in alcuno atto far non possono, e perciò tiene altra via che non fa la natura o l'arte, apare assai manifestamente che esso *Per sè*, cioè dall'una parte, *natura, supple*: dispregia e ha a vile; *e per sè*, cioè dall'altra parte, *sua seguace*, cioè l'arte, la quale è, come di sopra è mostrato, seguace della natura, *Dispregia*, e così offende le cose di Domenedio, *poichè 'n altro pon la spene*, cioè in altra spezie d'avanzare e d'acumulare danari.» (*Esposizioni* XI, Paragrafo 75, 555 [Kursivierung i. O.]).

Doch erlaubt gerade eine Mimesis im Sinne der *natura naturans* eine doppelte Autorisierung des Dichters, da sie einerseits auf die unmittelbare Beschreibung der göttlichen Schöpfung ausgerichtet sein kann, wie Dantes *Commedia* vor Augen stellt, aber andererseits auch die mittelbare Darstellung der irdischen, d. h. menschlichen Natur beinhalten kann, wie dies Boccaccio in seinen Werken anstrebt. Dergestalt scheint es mir auch problematisch, eine Differenz zwischen den eher freizügigen Schriften Boccaccios bis zum *Decameron* und den reifen, christlichen Schriften ab dem *Decameron* zu behaupten, wie dies in der Forschung sehr häufig gemacht wird. Denn gerade Boccaccios Dante-Lektüre in den *Esposizioni* verdeutlicht, dass er eine Dichtkunst autorisiert, die auf eine den christlichen Lehren folgende Darstellung von moralischen Handlungen in der Dichtung abhebt – einer Dichtung, die gedichtete, aber eben nicht erdichtete Gegenstände zum Inhalt hat.[31]

---

30 Siehe: «e perché l'usuriere altra via tene, / per sé natura e per la sua seguace / dispregia, poi ch'in altro pon la spene.» (*Divina Commedia, Inferno* XI, V. 109–111, 349).

31 Bedauerlicherweise vollendete Boccaccio nicht seine Lektüre von *Inferno* XII, d. h. des Canto, in dem Geryon als Sinnbild des Betrugs in Szene gesetzt wird. Denn hier wird nochmals die Verbindung von Wucherei, Betrug und Kunst aufgegriffen und im Zeichen des Betrugs rekonfiguriert. Bemerkenswert ist in diesem Zusammenhang Boccaccios Betonung des «dipingere», das als eine Fortführung bzw. genauer: als Anwendung der Prinzipien der Sprachmalerei angesehen werden kann, die er in seiner Lektüre von *Inferno* XI entwickelt. Siehe: «*La faccia sua*, di questa fiera, *era faccia d'uom giusto, Tanto benigna*, mansueta e piacevole, *avea di fuor la pelle*, cioè l'aparenza; *E d'un serpente*, era, *tutto l'altro fusto*, della persona di questa fiera. *Due branche*, cioè due piedi artigliati, come veggiamo che a' dragoni si dipingono, *avea pelose infin l'ascelle*,

Bibliographie

Primärliteratur

Dante Alighieri, *La Divina Commedia. Inferno*, ed. Anna Maria Chiavacci Leonardi, Milano,
    Mondadori, 1991.
Giovanni Boccaccio, *Esposizioni sopra la Comedia di Dante*, ed. Giorgio Padoan, in: *Tutte le
    opere di Giovanni Boccaccio*, ed. Vittore Branca, Volume Sesto, Milano, Mondadori, 1965.
Giovanni Boccaccio, *Trattatello in laude di Dante*, ed. Pier Giorgio Ricci, in: *Tutte le opere di
    Giovanni Boccaccio*, ed. Vittore Branca, Volume Terzo, Milano, Mondadori, 1974.
Giovanni Boccaccio, *Tutte le opere di Giovanni Boccaccio*, ed. Vittore Branca, Milano,
    Mondadori, 1964ss.

Sekundärtexte

Ascoli, Albert Russell, *The Unfinished Author: Dante's Rhetoric of Authority in «Convivio» and
    «De vulgari eloquentia»*, in: Rachel Jacoff (ed.), *The Cambridge Companion to Dante*,
    Cambridge, Cambridge University Press, 1993, 46–47.
Ascoli, Albert Russell, *Dante and the Making of a Modern Author*, Cambridge, Cambridge
    University Press, 2008.
Azzetta Luca, *L'«esposizioni» e la tradizione esegetica trecentesca*, in: Luca Azzetta/Andrea
    Mazzucchi (edd.), *Boccaccio editore e interprete di Dante. Atti del convegno internazionale
    di Roma, 28–30 ottobre 2013, in collaborazione con la Casa di Dante di Roma*, Roma,
    Salerno, 2014, 275–292.
Baranski, Zygmunt G., *Canto XI*, in: Georges Güntert/Michelangelo Picone (edd.), *Lectura Dantis
    Turicensis. «Inferno»*, Firenze, Cesati, 2000, 151–164.
Bellomo, Saverio, *Dante letto da Boccaccio*, in: Michelangelo Picone (ed.), *Le tre Corone*,
    Ravenna, Angelo Longo Editore, 2008, 31–46.
Boli, Todd, *Boccaccio's «Trattatello in laude di Dante». Or Dante Resartus*, Renaissance
    Quarterly 41:3 (Autumn, 1988), 389–412.
Boli, Todd, *Treatment of orthodoxy and insistence on the «Comedy's» allegory in Boccaccio's
    «Esposizioni»*, Italian Culture 9 (1991), 63–74.
Cachey jr., Theodore J., *Cartographic Dante*, Italica 87:3 (2010), 325–354.
Calenda, Corrado, *Lettura di «Inferno» XI*, Filologia e Critica 20:2–3 (1995), 217–241.
Ciacci, Otello, *Gli usurai: ragione di una condanna*, Il Rinnovamento 103 (1982), 38–47.

---

cioè infino sotto le ditella; *Lo dosso e 'l petto ed amendue le coste*, cioè tutto il corpo, fuor che la
testa e 'l collo e la coda, *Dipinte*, ornate, come naturalmente hanno molti animali, *avea di nodi*,
cioè di composti, li quali parevano nodi, *e di rotelle*, di figure ritonde; Con più color sommesse e
sopraposte, a variazion dell'ornamento, *Non fer mai drappi Tartari nè Turchi*, li quali di ciò sono
ottimi maestri, sì come noi possiamo manifestamente vedere ne' drappi tartareschi, li quali veramente sono sì artificiosamente tessuti, che non è alcun dipintore che col pennello gli sapesse
fare simiglianti, non che più belli.» *Esposizioni* XVII, Paragrafi 7–8, 709 (Kursivierung i. O.).

Gilson, Simon, *Modes of reading in Boccaccio's «Esposizioni sopra la Comedia»*, in: Paola Nasti/Claudia Rossignoli (edd.), *Interpreting Dante. Essays on the Tradition of Dante Commentary*, Notre Dame, University of Notre Dame Press, 2013, 250–282.

Gropper, Johanna, *Houston, Jason M., Building a Monument to Dante. Boccaccio as Dantista*, Deutsches Dante-Jahrbuch 89 [2014], 195–201 (=2014a).

Gropper, Johanna, *Vom Kommentar zur kreativen Rezeption: Boccaccios «Commedia»-Bezüge am Beispiel von «Inferno» V*, Deutsches Dante-Jahrbuch 89 (2014), 156–180 (=2014b).

Gross, Karen Elizabeth, *Scholar Saints and Boccaccio's «Trattatello in Laude di Dante»*, Modern Language Notes 124:1 (2009), Italian Issue, 66–85.

Hollander Robert, *Dante Theologus-Poeta*, Dante Studies 94 (1976), 91–136.

Hollander Robert, *Boccaccio's Dante*, Italica 63:3 (Autumn 1986), 278–289.

Hollander Robert, *Boccaccio's Dante and the Shaping Force of Satire*, Ann Arbor, University of Michigan Press, 1997.

Houston, Jason M., *Building a Monument to Dante. Boccaccio as Dantista*, Toronto, University of Toronto Press, 2010 (= Houston 2010a).

Houston, Jason M., *Commentator: presenting the monument*, in: Jason M. Houston, *Building a Monument to Dante. Boccaccio as Dantista*, Toronto, University of Toronto Press, 2010, 124–156 (= Houston 2010b).

Kablitz, Andreas, *Jenseitige Kunst oder Gott als Bildhauer: Die Reliefs in Dantes «Purgatorio» (Purg. X–XII)*, in: Andreas Kablitz/Gerhard Neumann (edd.), *Mimesis und Simulation*, Freiburg, Rombach, 1998, 309–356.

Kablitz, Andreas, *Poetik der Erlösung. Dantes «Commedia» als Verwandlung und Neubegründung mittelalterlicher Allegorese*, in: Glen W. Most (ed.), *Commentaries – Kommentare*, Göttingen, Vandenhoeck & Ruprecht, 1999, 353–79.

Kablitz, Andreas, *Dantes poetisches Selbstverständnis («Convivio»-«Commedia»)*, in: Winfried Wehle (ed.), *Über die Schwierigkeiten, (s)ich zu sagen: Horizonte literarischer Subjektkonstitution*, Frankfurt, Klostermann, 2001, 17–57.

Kablitz, Andreas, *Dichtung und Offenbarung. Dantes «Göttliche Komödie» und die Begründung einer christlichen Poetik*, in: Andreas Kablitz/Christoph Markschies (edd.), *Heilige Texte. Religion und Rationalität*, Berlin/Boston, De Gruyter, 2013, 167–203.

Minnis, Alastair J., *Medieval Theory of Authorship: Scholastic Literary Attitudes in the Later Middle Ages*, Philadelphia, University of Pennsylvania Press, 1988.

Nelting, David, *«...sì mi fecer de la loro schiera» – Selbstautorisierung bei Dante an der Schwelle zur Frühen Neuzeit*, Germanisch-Romanische Monatsschrift 64 (2014), 1–24.

Ohly, Friedrich, *Vom geistigen Sinn des Wortes im Mittelalter*, Zeitschrift für deutsches Altertum und deutsche Literatur 89 (1958/59), 1–23.

Olson, Kristina Marie, *Resurrecting Dante's Florence: figural realism in the «Decameron» and the «Esposizioni»*, Modern Language Notes 124:1 (2009), Italian Issue, 45–65.

Padoan, Giorgio, *L'ultima opera di Giovanni Boccaccio: «Le esposizioni sopra il Dante»*, Padova, Cedam, 1959.

Padoan, Giorgio, *Introduzione*, in: Giovanni Boccaccio, *Esposizioni sopra la Comedia di Dante*, Giorgio Padoan (ed.), in: *Tutte le Opere di Boccaccio*, Vittore Branca (ed.), Volume Sesto, Milano, Mondadori, 1965, V–XXIII.

Paolazzi, Carlo, *Petrarca, Boccaccio e il «Trattatello in laude di Dante»*, Studi danteschi 55 (1982), 165–249.

Regn, Gerhard, *Doppelte Autorschaft: Prophetische und poetische Inspiration in Dantes «Paradies»*, in: Renate Schlesier/Beatrice Trînca (edd.), *Inspiration und Adaptation. Tarnkappen mittelalterlicher Autorschaft*, Hildesheim, Weidmann, 2008, 139–155.

Regn, Gerhard, *Gott als Dichter: Die Wirklichkeit der Fiktion in Dantes «Paradiso»*, in: Ursula Peters/Rainer Warning (edd.), *Fiktion und Fiktionalität in den Literaturen des Mittelalters*, München, Fink, 2009, 365–385.

Regn, Gerhard, *Mythopoiesis, Kosmogonie und Autorschaft in Dantes «Commedia»*, Germanisch-Romanische Monatsschrift, Neue Folge 63:3 (2013), 313–328.

Ricci, Pier Giorgio, *Le tre redazioni del «Trattatello in laude di Dante»*, Studi sul Boccaccio 8 (1974), 197–214.

Rossi, Aldo, *Dante nella prospettiva del Boccaccio*, Studi danteschi 37 (1960), 63–139.

Stabile, Giorgio, *Autorità*, in: *Enciclopedia dantesca*, Roma, Istituto della Enciclopedia italiana, 1970–1978, unter: http://www.treccani.it/enciclopedia/autorita_(Enciclopedia-Dantesca)/ [letzter Zugriff am 26. 02. 2015].

Steigerwald, Jörn, *Erschriebene Bilder: Giovanni Boccaccios «Amorosa visione»*, in: David Nelting/Valeska von Rosen/Jörn Steigerwald (edd.), *Poiesis. Praktiken der Kreativität in den Künsten der Frühen Neuzeit*, Zürich, diaphanes, 2013, 85–109.

Steigerwald, Jörn, *Amors Renaissance. Modellierungen himmlischer und irdischer Liebe in der Literatur des Cinquecento*, Wiesbaden, Harrasowitz, 2014.

Toynbee, Paget, *Boccaccio's Commentary on the «Divina Commedia»*, Modern Language Review 2:2 (1907), 97–120.

Vallone, Aldo, *Boccaccio, lettore di Dante*, in: Società dantesca italiana (ed.), *Giovanni Boccaccio editore e interprete di Dante*, Firenze, Olschki, 1979, 91–117.

Richard Trachsler
Auteurs et noms d'auteur

Ce qu'on lit dans les manuscrits

La littérature médiévale comporte, par rapport à la production d'autres siècles, un taux élevé de textes anonymes. C'est un fait. Fréquemment, elle comporte aussi des œuvres qui portent des signatures qui, pour nous, restent de simples noms, tels les innombrables *Jean*, *Guillaume* ou *Marie* qui ont signé leur texte en ajoutant, éventuellement, une provenance ou un surnom: telle *Marie* vient *de France*, tel *Chrétien* vient *de Troyes*, tel *Guillaume* se dit *clerc*, et tel *Huon* est appelé *le Roi*. À coup sûr, certains de ces noms qui sont associés, dans les textes mêmes, aux œuvres, sont aussi des pseudonymes. Pour le médiéviste, cela fait beaucoup de problèmes et peu de matière à partir de laquelle il peut travailler. Mais, au fond, les différents cas de figure n'en font peut-être qu'un seul. Puisque la plupart du temps les auteurs mentionnés dans les textes ne sont, pour le médiéviste, que de simples noms et qu'il est impossible de les mettre en relation avec une personne physique qui existerait en dehors d'un texte, la ligne de démarcation entre un nom d'auteur authentique et un nom de plume est difficile à tracer. Comment savoir si Guillaume de Lorris a vraiment existé? La question est d'autant plus délicate que, même quand on trouve des éléments concrets en dehors des textes, rien n'est joué. Les collègues sont invariablement sceptiques et ne s'en laissent pas compter: qui nous garantit que tel *Johannes de Mauduno* dont font état les archives de Bologne en 1265–1269 est bien l'auteur du *Roman de la Rose* et non pas un simple homonyme?[1]

C'est que depuis la fin des années 1960 environ, les médiévistes ont cessé de chercher à mettre en relation ces attributions fragiles avec une réalité empirique pour se concentrer sur le dispositif auctorial que génèrent ces noms d'auteurs. Les recherches dans les archives, impliquant le dépouillement de liasses de documents forcément lacunaires mais néanmoins infiniment nombreux sont largement abandonnées au profit d'une attention particulière accordée à la façon dont les auteurs se mettent en scène. On n'étudie plus l'homme, ni même l'œuvre, on étudie le texte.[2]

---

1 Voir le dossier pourtant convaincant rassemblé par Luciano Rossi (2003, 430–460; 2004, 87–108; 2006, 273–298).

2 Ce recentrage sur le texte a atteint les médiévistes à la fin des années 1970. Dans le domaine de la littérature française, on peut ici rappeler les travaux de Leupin (1979) et Leupin (1982), de

Mais même après avoir renoncé à traquer l'auteur empirique dans et derrière ses incarnations dans le texte, faute d'espérer pouvoir parvenir, à huit siècles de distance, à un résultat bien solide, on part quand même du principe qu'autrefois, au Moyen Âge, les choses étaient plus claires. Fictive ou pas, la figure auctoriale et le nom qu'elle porte devaient évoquer pour un lecteur médiéval des réalités précises: Gautier Map, auteur du *Lancelot*, Robert de Boron, auteur du *Merlin*, Rusticien de Pise, auteur de sa compilation arthurienne et scribe de Marco Polo emprisonné dans les geôles de Gênes, à chacun un profil, à chacun la réalité imaginaire que confère l'occurrence dans les textes.

Or, s'il est indéniable que les auteurs véritables ont sans doute choisi ces pseudonymes avec soin, on relève une déperdition du sens au fil de la transmission textuelle. Gautier Map, dans les manuscrits, ne s'appelle pas toujours Gautier Map; la graphie d'autres noms d'auteurs varie également, tout comme les œuvres qu'on leur attribue. Il s'agira ici de donner un aperçu de la fluctuation affectant les noms propres dans les manuscrits et d'en tirer quelques conclusions méthodologiques: car si un auteur se définit à travers son nom et son œuvre, le fait que le nom et les textes qui y sont associés changent met sérieusement en question les notions d'auteur et d'autorité.

Un premier exemple, en principe anodin, permettra d'amorcer la discussion. La compilation arthurienne de Rusticien de Pise, datant vraisemblablement de 1272 environ, contient un prologue assez développé, qui fait intervenir «monseingneur Odoard, li roi d'Engleterre» et «maistre Rusticiaus de Pise»:

> «Et sachiez tot voirement que cestui romainz fu treslaités dou livre monseingneur Odoard, li roi d'Engleterre, a celui tenz qu'il passé houtre la mer en servise nostre Sire Damedeu pour conquister le saint Sepoucre. Et maistre Rusticiaus de Pise, li quelz est imaginés desovre, conpilé ceste romainz, car il en treslaité toutes les tresmervillieuse novelles qu'il truevé en celui livre [...]».[3]

Conformément à la tradition du roman arthurien en prose, le passage élabore les circonstances de la composition du roman, nommant, en la personne du roi d'Angleterre qui aurait fourni le livre-source, une prestigieuse caution et, en la personne de «maistre» Rusticien, l'érudit qui l'a compilé. Alliance parfaite du roi et de son clerc. Mais il y a plus, en l'occurrence: le compilateur a une existence en dehors de ce seul texte arthurien.

---

même qu'une grande partie de l'œuvre critique d'Emmanuèle Baumgartner. Dans le domaine anglo-saxon, voir, vers la même époque, Beer (1981), en particulier le chapitre «Truth and the Eye-Witness», 23–34.

3 *Il Romanzo arturiano di Rustichello da Pisa*, ed. Fabrizio Cigni, Pisa, Pacini Editore, 1994, 233.

C'est Paulin Paris qui a reconnu en Rusticien le nom du clerc impliqué, d'une façon ou d'une autre, dans la rédaction du grand livre de Marco Polo, rencontré dans les prisons génoises vers 1298. Paulin Paris nota aussi la similarité entre les deux prologues et posa ainsi deux pierres d'attente pour des études futures (Paris 1833, 251). Un homme, une œuvre, un style et une «vita», avec beaucoup de blancs, mais aussi quelques certitudes: Rusticien, d'abord, rencontre le roi d'Angleterre en partance ou au retour de Terre sainte et, ensuite, Marco Polo:[4] «der sprachgewandte, mit der *ars dicendi* vertraute Fiktionsspezialist Rustichello gleichsam als unverdeckter Ghostwriter [erzählt] all das [...], was der reisende Realitätsspezialist Marco Polo [...] gesehen oder aber [...] gehört hat» (Rieger 1992, 294). Alliance parfaite, cette fois-ci, entre le voyageur et le clerc.

Pour reconnaître en Rusticien le responsable à la fois de la compilation arthurienne et du *Devisement du Monde* de Marco Polo, il faut, toutefois, avoir la chance de disposer d'un bon manuscrit, car dans la tradition textuelle on trouve des formes comme «Rusta pisan», «Rustazo», «Restazo», «Statio», «Ostazo», «Eustachio», «Ustacheo», «Reustreglielo» (Benedetto 1953). À ce moment-là, l'identification de l'auteur de la compilation arthurienne avec l'«escrivain» de Marco Polo est sérieusement compromise et l'image que se faisait le public médiéval de la figure auctoriale nommée Rusticien de Pise n'est pas la même que celle du critique moderne. Selon les manuscrits et l'état plus ou moins corrompu de la tradition textuelle, l'identification de l'auteur du roman de la Table Ronde avec le collaborateur de Marco Polo sera, ou non, perpétuée.

Les romans arthuriens en prose avec leur couronne de noms d'auteurs offrent une image analogue. Si l'on regarde ce qui arrive aux noms des figures tutélaires des différents cycles arthuriens, on relève des différences notables: Robert de Boron apparaît, lui, avec des titres changeants, «maistre» ou «messire», mais avec un nom relativement stable: «Robers/Rebers» (Paris, BnF, fr. 747, fol. 102c) «de Bo(u)r(r)on». On notera toutefois la présence de «pierre de borron» (Paris, BnF, fr. 113, fol. 110c et Paris, BnF, fr. 105, fol. 119f).

Pour ce qui concerne Luce del Gat, l'auteur du *Tristan*, on rencontre une vaste gamme de graphies touchant surtout son origine géographique, que l'on n'a jamais réussi à identifier avec un toponyme connu.

---

4 Je me suis amusé à remettre en question l'attribution de la *Compilation* à Rusticien ailleurs (Trachsler 2006).

Choix des graphies attestées pour «Luces del Gat»:	Gat (9 mss)	Galt (2 mss)
	Gant (5 mss)	Gad (2 mss)
	Gaut (5 mss)	Grant (2 mss)
	Gast (5 mss)	Gail (1 ms)
	Gnut (1ms)	Gait (1 ms)

L'absence d'un «Gat» matériel aux coordonnées bien définies explique ce que l'on appelle en philologie textuelle la *diffractio* dans la tradition textuelle. Elle accrédite naturellement aussi l'hypothèse de l'auteur fictif, qui se déclare «voisin prochien de Salesbieres», haut lieu de l'histoire de la Table Ronde depuis la *Mort Artu* au moins, et chevalier «amoreus et envoisiez», parfaitement en phase avec le héros dont il conte les aventures.

Mais c'est peut-être le cas de Gautier Map, dont le nom apparaît dans la *Quête* et la *Mort Artu*, qui est le plus intéressant. Quand on regarde quelques-unes des graphies sous lesquelles apparaît son nom dans les manuscrits du *Lancelot-Graal*, on constate une grande stabilité concernant le titre, mais un certain éclatement concernant le nom: «Map», «Mappe», «Maple», et, surtout, «Moab». Voici ce qu'on trouve dans les manuscrits:[5]

-   New Haven, Yale University Library, 229, fol. 272c: maistre Gautier map; 272d: maistre Gautier mappe; 363b: mestre Gautier maple
-   Paris, BnF, fr. 98, fol. 685a, 722b: maistre gautier map
-   Paris, BnF, fr. 112, fol. 182a, 182b: maistre gaultier map; 233a: maistre gaultier moap
-   Paris, BnF, fr. 116, fol. 678a: maistre gaultier map; 735a: maistre gautier moap
-   Paris, BnF, fr. 343, fol. 105a: maistre Gautez map
-   Paris, Arsenal, 3347, fol. 293b: mestre Gautier map; 294a-349c, 294a: mestre gautier map; 349c: mestre Gautiers map
-   Paris, Arsenal, 3480, fol. 590b: maistre gaultier map; 591a: maistres gautiers map; 678b: maistre gautier moab
-   Paris, Arsenal, 3482, fol. 539b: maistres gautiers map; 539c: mestres gautiers map; 652a: mestre Gautier map

Ce sont surtout les formes «Maple» et «Moab» qui sont intéressantes puisqu'elles sapent, en quelque sorte, le projet originel qui visait à attribuer ces œuvres à un clerc attesté à la fois par des documents d'archives et des témoignages d'auteurs contemporains de l'époque d'Henri II (cf. Boutémy 1945, 26; même constat chez Thorpe 1978). En effet, Gautier Map n'a certainement pas été associé à la composition du *Lancelot-Graal* puisqu'il était mort au moment où nous pensons que le cycle a été écrit.[6] Cette attribution apocryphe est donc sans doute motivée par

---

5 Je remercie ici Fanny Maillet pour son aide dans l'établissement de ces relevés.

6 Voir Pepin (2007), qui ne prend pas en considération cet élément de taille.

le souhait de conférer au roman français et à sa source latine le prestige d'une signature connue. Le problème est que, visiblement, son nom n'était pas si connu que cela parmi les scribes français, dont certains l'ont dénaturé au point de le rendre méconnaissable.[7]

Pour tous ces noms propres, on note une *diffractio*, un grand éclatement de la tradition textuelle. Les noms de Rusticien de Pise, Luce del Gat et Gautier Map subissent certaines déformations qui montrent que, même parmi les connaisseurs du paratexte arthurien qu'étaient les copistes professionnels, ces autorités n'étaient pas suffisamment connus pour leur permettre de rectifier l'erreur et d'attribuer ainsi les textes à l'*auctoritas* à laquelle ils revenaient.

Cette *diffractio* que l'on rencontre sur le plan des graphies se rencontre également à d'autres niveaux. Les prologues des romans arthuriens se citent en effet les uns les autres, formant ainsi un réseau où tout se tient. Ainsi Hélie de Boron, au début du *Guiron le Courtois*, dresse l'inventaire de ses sources, qui plante aussi le décor où sont nés tous ces textes: l'Angleterre de Luces del Gat, qui se dit chevalier d'un château proche de «Salesbieres», et plus spécifiquement, de la cour d'Henri II. Hélie affirme lui aussi travailler à la demande de ce roi généreux, et expose dans son prologue la place qu'il occupe comme celle qu'occupe son livre par rapport à la tradition antérieure, dans une sorte de généalogie:

> «Mesires *Luces de Gau* s'en entremist premierement, ce fu li premiers chevaliers qui s'estude y meïst et sa cure, bien le savons. Et cil translata en langue françoise partie de l'estoire monseigneur Tristran, et mains asséz qu'il ne deüst; moult comença bien son livre, mais il ne dist mie d'asséz les oeuvres monseigneur Tristan, ains en laissa bien la greignor partie. Aprés s'en entremist mesires *Gasses li Blons, qui parens fu le roi Henri*. Aprés s'en entremist maistres *Gautiers Map, qui fu clers roy Henri*; et devisa cil l'estoire de monseigneur Lancelot du Lac, qui d'autre chose ne parla il mie granment en son livre. Mesires Robers de Borron s'en entremist aprés. Je, Helis de Borron, par la priere monseigneur Robert de Borron, et pour ce que compaignon d'armes fusmes longement, encommençai mon livre du Bret [...]».[8]

Hélie de Boron se dit compagnon d'armes de Robert de Boron, associé à la composition du tout premier cycle arthurien et donc autorité en la matière. Le *Tristan* en prose, qui égrène les mêmes noms et dresse la même liste de titres, est plus précis, puisqu'il affirme explicitement être apparenté à Robert *et* être son *amis*:

---

7 Pour ces embûches, et quelques autres, voir mon travail *Gautier Map, une vieille connaissance* (Trachsler 2007).
8 BnF, fr. 338, fol. 1r°b. Cité d'après Morato (2010, 81s.).

> «Et selom ce que je trouverai du grant livre dou latin, ferai je un autre grant livre tout entier, ou quel je croi bien acomplir toutes les choses que messires Luces de Gant, qui premierement fu commencierres et ordenerres de translater de latin en françois les grans livres de la Taable Roonde, et meismement je croi bien touchier sor les livres que maistres Gautier Map fist, qui fit lou propre livre de monsoingneur Lancelot dou Lac. Et des autres grans livres que messires Robert de Berron fit, voudrai je prendre lou soutill entendement, et de toutes ces flors ferai je une corone a mon grant livre, en tel maniere que li livres de monsoigneur Luces de Gant et de maistre Gautier Map et de monsoigneur Robert de Berron, qui est mes amis et mes parens charnex, s'accourderont au mien livre».[9]

Ayant tressé de ces fleurs une grande couronne, il ajoute un petit passage où il se nomme lui-même:

> «Et je, qui sui appelés Helyes de Berron, qui fu angendrez dou sanc des gentis paladins des Barres, qui de tous tens ont esté commendour et soignor d'Outres en Romenie, qui ores est apelee France, tout ce que je n'ai mené a fin je voudrai mener a cele fois, se Dex, de cui tout li bien viennent, me [d]onne tant de vie que je le puisse fai[re a] ma volonté».[10]

Voici cet Hélie amarré à un lignage dont les ramifications remontent jusqu'en «Romenie», terme utilisé depuis la quatrième croisade pour désigner l'Empire latin de Constantinople. Les ramifications de l'arbre généalogique s'étendent aussi de façon latérale et par affinités électives. L'auteur de la *Suite Merlin* postvulgate affirme, pour sa part, être à son tour compagnon d'armes de cet Hélie, amplifiant ainsi encore cette famille d'écrivains:

> «Et je prie a monsigneur Helye, qui a esté mes compains a armes et en joveneche et en viellece, que il pour l'amour de moi et pour moi un poi allegier de cele grant painne, prenge a translater, ensi comme je le deviserai, une petite branke qui apartient a mon livre».[11]

Quant au manuscrit de la BnF, fr. 2455, il déclare impavidement, en indiquant sa source, «si comme Robers de Borons le translatait de latin en romans, à l'ayde de maistre Gautier Map».[12] On voit ici œuvrer tout un groupe d'écrivains, un véritable collectif, dans l'entourage d'Henri II. Gautier Map, Luce del Gat, les Boron, et quelques-uns de leurs parents.

Il n'est donc pas étonnant de voir que les premiers critiques ont cru avoir affaire à un «réseau», dont l'épicentre était la cour d'Angleterre d'Henri II. En

---

9 BnF, fr. 104. Cité d'après Curtis (1958, 322s.).
10 Ibid.
11 *La Suite du roman de Merlin*, ed. Gilles Roussineau, Genève, Droz, 1996, 194.
12 BnF, fr. 2455, fol. 238v°. Cité d'après Hucher (1875–1878, vol. 1, 58).

parlant d'Hélie et de Robert de Boron, sur lequel il croit avoir récolté un grand nombre de données historiques tirées de documents d'archives, l'antiquaire Eugène Hucher, qui le premier s'attaqua, en France, à l'édition des romans du Graal, affirme:

> «Cette famille des Borron était très-nombreuse, nous l'avons vu: et Hélie a dû se fixer en Angleterre lors des voyages que put y faire Robert de Borron dans le but de se concerter avec Gautier Map pour arrêter la rédaction du Grand Saint Graal [= Cycle du Lancelot-Graal]» (Hucher 1875–1878, vol. 1, 62).

En effet, comment ne pas se fier à ce que répètent tous ces textes qui se réfèrent les uns aux autres et se cautionnent donc mutuellement? Ce n'est pas autrement que nous construisons notre image de l'œuvre de Chrétien de Troyes, en partant de l'homme, pour lequel nous ne disposons que des données qui figurent dans ses romans. L'existence d'un auteur n'est donc due qu'à l'apparition de son nom dans un texte. Plus il y a de textes différents qui évoquent un même auteur, plus il y de chances pour qu'il ait existé. Mais la *preuve* de l'existence empirique et matérielle d'un auteur dépend, elle, de la possibilité de confronter ce que disent les textes littéraires avec un document d'archives. Une mention dans un registre, une pièce comptable, une ligne dans un nécrologue fournissent la preuve qu'un auteur a une existence en dehors de son texte. Dans les histoires de la littérature, le lignage des Boron a joui d'une longue existence précisément parce que certains auteurs homonymes – ou quasi homonymes – sont attestés dans des documents historiques en Angleterre et en France et qu'il était donc facile de postuler l'existence d'écrivains candidats.[13] C'est à partir de Gautier Map que le réseau s'est défait, comme un tricot dont on aurait tiré le fil et défait les mailles jusqu'à mettre à nu le dispositif narratif de la fiction.

C'est en effet la date de la mort de Gautier, assurée par le registre des décès de Hereford à la date du 1er avril de l'année 1209 ou 1210 qui a fait tomber, comme dans un jeu de dominos, toute la construction échafaudée par les prologues et épilogues des romans en prose. Si Gautier Map était bien un contemporain d'Henri II, les romans en prose, eux, ne l'étaient pas. Contrairement à ce que croyaient les pionniers de notre discipline, jusqu'à Paulin Paris y compris, les romans en prose n'étaient pas antérieurs aux romans en vers. Les grands cycles en prose venaient en fait après les romans de Chrétien de Troyes, il fallait donc

---

13 François Zufferey (2006) a, sur des bases linguistiques, définitivement établi l'origine continentale, plus précisément franco-provençale, de Robert de Boron.

revoir toute la datation.[14] Petit à petit, la datation du *Lancelot-Graal* et de toutes ces fresques en prose était reculée et repoussée bien au-delà de la mort de Gautier Map et, surtout, d'Henri II, mort dès l'année 1189. C'était donc une supercherie que toute cette fiction mise en scène dans les prologues et épilogues arthuriens.

Aujourd'hui, en gros depuis les années 1970, on s'est saisi de cette affirmation triomphante de la fictionnalité du récit et l'on a commencé à étudier les raisons de cette supercherie. À quoi sert le dispositif fictionnel mis en place dans le réseau de prologues et d'épilogues? On a ainsi pu établir qu'à chaque cycle présidait une figure auctoriale qui lui correspondait: le cycle du *Lancelot-Graal* convoque avec Gautier Map un clerc qui a écrit en latin, langue de la Bible et du savoir. Ce clerc originel, traducteur savant de livres anciens, puisant aux meilleures sources de Salisbury, est concurrencé, dans les romans arthuriens en prose, par au moins deux autres types de figures auctoriales, qui substituent à l'autorité conférée par les études une *auctoritas* d'une essence différente. D'un côté, Gautier Map est concurrencé par les écrivains qui se disent chevaliers, comme dans le cas du *Tristan* en prose, œuvre de ce Luces del Gat, chevalier «amoreus et envoisiez», parfaitement en phase avec le héros dont il conte les aventures. De l'autre côté, le savant Gautier se fait doubler à droite, si l'on peut dire, par des clercs illuminés, qui tirent leur récit non pas d'un écrit trouvé dans une bibliothèque à Salisbury, mais directement de Merlin ou de Dieu. Ceux-ci notent sous la dictée d'une instance surnaturelle, là où Gautier Map déchiffrait et transcrivait des documents dont l'origine était, au fond, la parole des témoins oculaires des événements. À l'authenticité que confèrent savoir et érudition se substitue donc l'inspiration, voire l'élection du scripteur par une instance supérieure. L'écrivain prend la pose du porte-parole d'une voix surnaturelle ou divine, il n'a plus besoin d'être bon latiniste.[15]

Clerc, chevalier ou saint homme, voilà en gros les trois figures tutélaires qui peuvent cautionner le roman arthurien en prose. La distribution ne se fait naturellement pas au hasard: à l'histoire de Lancelot – c'est-à-dire au bloc *Lancelot-Queste-Mort Artu* – est associé le chroniqueur Gautier Map. Pour conter les aventures de Tristan l'Amoureux et de Guiron le Courtois, on convoque les chevaliers Luces del Gat et Hélie de Boron, et pour relater l'*Estoire del Saint Graal*, le saint homme anonyme qui exécute les ordres du Christ, appartenant toutefois lui-

---

14 C'est ce que fit Gaston Paris (1883, 459–534). Voir aussi l'introduction de son édition du *Merlin, roman en prose du XIIIe siècle* (1886, vol. 1, XXVIII–XXXVII).
15 Pour une démonstration un peu plus développée, je me permets de renvoyer à mon travail déjà ancien *Le visage et la voix. L'auteur, le narrateur et l'enlumineur dans la littérature narrative médiévale* (Trachsler 2005).

même au lignage des gardiens du Graal. Un nom devance toute la lignée, celui de Robert de Boron, l'inventeur de l'Évangile pour chevaliers, du roman de chevalerie spirituel, lui-même à la fois clerc et chevalier, comme l'atteste le balancement entre «messire» et «maistre», les deux titres qui le caractérisent et qui se rencontrent presque indifféremment dans les manuscrits.[16]

Ce rapide résumé des lectures modernes invite, naturellement, à se demander si les lecteurs médiévaux pouvaient avoir une approche similaire. On l'a vu, la diffraction, sur le plan textuel, est importante. Elle prouve que les noms, même parmi les professionnels de la copie, n'étaient pas très connus. Ils laissent subsister «Gail», «Gait», «Gnut» et quand ils tombent sur «Pierre de Boron», ils n'effectuent pas forcément de correction. Il resterait maintenant à soumettre la tradition textuelle à une étude en fonction d'une hypothèse simple: plus on s'éloigne du texte d'origine d'un nom d'auteur – le *Merlin* pour Robert de Boron, le *Lancelot-Graal* pour Gautier Map, le *Tristan* pour Luce del Gat, etc. –, plus on risque de trouver des graphies, des titres, ou des attributions aberrantes. Le fr. 112, grande compilation du XVᵉ siècle, fait du *Lancelot* une œuvre de Robert de Boron (fol. 1a), la compilation de Rusticien de Pise fait de Gautier Map un chevalier du roi, etc. Cela aussi tendrait à indiquer que les figures auctoriales que nous, lecteurs modernes, considérons comme étant parfaitement en phase avec les textes, formant des dispositifs subtils et élaborés, correspondaient peut-être à l'intention des premiers auteurs, mais qu'ils ont aussi pu se perdre facilement au cours de la tradition. Si les constructions originelles étaient aussi subtiles que nous le croyons, la tradition textuelle montre aussi que cette subtilité, d'un témoin à l'autre, n'est souvent plus perçue, qu'un nom d'auteur en vaut un autre, et que la *Kanonbildung*, même pour des auteurs fictifs, est un processus long et complexe.

Bibliographie

Sources

Merlin, roman en prose du XIIIᵉ siècle, vol. 1, edd. Gaston Paris/Jacob Ulrich, Paris, Firmin Didot, 1886.
Il Romanzo arturiano di Rustichello da Pisa, ed. Fabrizio Cigni, Pisa, Pacini Editore, 1994.
Le «Saint Graal» ou le Joseph d'Arimathie, première branche des romans de la Table Ronde, vol. 1, ed Eugène Hucher, Le Mans, Monnoyer, 1875–1878.
La Suite du roman de Merlin, ed. Gilles Roussineau, Genève, Droz, 1996.

---

16 La leçon originelle, comme le rappelle Zufferey (2006, 432s.), était sans doute *messire*.

Études

Beer, Jeanette M. A., *Narrative Conventions of Truth in the Middle Ages*, Genève, Droz, 1981.

Benedetto, Luigi Foscolo, *Non Rusticiano ma Rustichello*, in: Luigi Foscolo Benedetto, *Uomini e tempi*, Milano/Napoli, Ricciardi, 1953, 63–70.

Boutémy, André, *Gautier Map, conteur anglais* (Collection Lebègue, 6ᵉ série, n° 69), Bruxelles, Office de Publicité, 1945.

Curtis, Renée L., *The Problems of Authorship of the «Prose Tristan»*, Romania 79 (1958), 314–338.

Leupin, Alexandre, *Le Graal et la littérature. Étude sur la Vulgate arthurienne en prose*, Lausanne, L'Âge d'homme, 1982.

Leupin, Alexandre, *Qui parle? Narrateurs et scripteurs dans la «Vulgate» arthurienne*, Digraphe 20 (1979), 83–109.

Morato, Nicola, *Il ciclo di «Guiron le courtois». Strutture e testi nella tradizione manoscritta*, Firenze, Edizioni del Galluzzo, 2010.

Paris, Gaston, *Études sur les romans de la Table Ronde. «Lancelot du Lac». «Le Conte de la charrette»*, Romania 12 (1883), 459–534.

Paris, Paulin, *Extrait d'une notice sur la relation originale de Marc-Pol*, in: Vénitien, Journal Asiatique 12 (1833), 244–252.

Pepin, Ronald E., *Walter Map and Yale MS 229*, in: Elizabeth Moore Willingham (ed.), *Essays on the Lancelot of Yale 229, with essays, glossaries and notes to the text* (The Illustrated Lancelot Prose), Turnhout, Brepols, 2007, 15–17.

Rieger, Dietmar, *Marco Polo und Rustichello da Pisa. Der Reisende und sein Erzähler*, in: Xenja von Ertzdorff/Dieter Neukirch (edd.), *Reisen und Reiseliteratur im Mittelalter und in der Frühen Neuzeit*, Amsterdam/Atlanta GA, Rodopi, 1992, 289–312.

Rossi, Luciano, *De Jean Chopinel à Durante: la série Roman de la Rose-Fiore*, in: Catherine Bel/ Herman Braet (edd.), *De la Rose: texte, image, fortune*, Peeters, Louvain, 2006, 273–298.

Rossi, Luciano, *Du nouveau sur Jean de Meun*, Romania 121 (2003), 430–460.

Rossi, Luciano, *Jean de Meun e Guido Guinizelli a Bologna*, in: *Bologna nel Medioevo. Atti del Colloquio Internazionale, Bologna 28–29 ottobre 2002*, Bologna, Patròn, 2004, 87–108.

Thorpe, Lewis, *Walter Map and Gerald of Wales*, Medium Aevum 47 (1978), 6–21.

Trachsler, Richard, *Le visage et la voix. L'auteur, le narrateur et l'enlumineur dans la littérature narrative médiévale*, Bulletin bibliographique de la Société Internationale arthurienne 57 (2005), 349–371.

Trachsler, Richard, *Rustichello, Rusticien e Rusta pisa. Chi ha scritto il romanzo arturiano?* in: Giuseppina Brunetti/Gabriele Giannini (edd.), *La traduzione è una forma. Trasmissione e sopravvivenza dei testi romanzi medievali. Atti del Convegno, Bologna, 1–2 dicembre 2005*, Quaderni di filologia romanza della facoltà di Lettere e Filosofia dell'Università di Bologna, 19 (2006), 107–123.

Trachsler, Richard, *Gautier Map, une vieille connaissance*, in: Chantal Connochie-Bourgne (ed.), *Façonner son personnage au Moyen Âge, Actes du colloque du CUERMA, 9–11 mars 2006*, Aix-en-Provence, Presses Universitaires de Provence, 2007, 319–328.

Zufferey, François, *Robert de Boron et la limite nord du francoprovençal*, Revue de linguistique romane 70 (2006), 431–469.

Susanne Friede
Die Stimme(n) der Chronik
Zur Konstruktion von Autorität in Waces *Roman de Brut*

1 Verhandlungen von Autorität: Die Wahrnehmung des *Roman de Brut* und seines «Autors»

Der *Roman de Brut* – mitunter unter Verzicht auf die (Suggestivität der) Zuordnung zu einer mittelalterlichen Textsorte auch nur als *Brut* bezeichnet – besteht aus knapp 15000 Versen. Der damit aus Sicht des modernen Forschers, wenn auch nicht unbedingt im Vergleich zu anderen französischen Texten des 12. Jahrhunderts, äußerst umfangreiche Text wird in der gemeinmediävistischen Rezeption interessanterweise häufig eher mit Blick auf seinen «Autor», Wace, als im Hinblick auf die eigentliche Textgestalt charakterisiert.[1] So gaben Mediävistinnen und Mediävisten, befragt zu einer kurzen Einschätzung des *Roman de Brut*, an, Wace habe in engem Verhältnis zu Heinrich II. von England gestanden und den Text wohl in dessen oder im Auftrag seiner Frau Eleonore verfasst, außerdem sei Wace als «Wanderer zwischen den Welten» häufig zwischen England und Nordfrankreich als Vermittlerfigur hin und her gereist, daraus erkläre sich im Übrigen auch das im *Brut* verwendete nuancierte nautische Vokabular, darunter der eine oder andere *hapax legomenon*. Als dritter Punkt wurde mitunter angefügt, Wace sei einer der ersten volkssprachlichen «Vielschreiber» gewesen, der viele und ganz unterschiedliche Texte verfasst habe, z. B. auch Heiligenviten wie die *Vie de sainte Marguerite*, was von seiner kirchlichen Karriere zeuge.

Bereits diese skizzenhaft präsentierten und nur leicht zugespitzten Eindrücke belegen, dass im Falle des *Roman de Brut* in der (auch unter Mediävisten) gängigen Rezeptionshaltung die Autorfunktion die Wahrnehmung von Textgestalt und -aussage deutlich überlagert. Dieser Eindruck wird dadurch gestützt, dass sowohl die Einleitung der auf der (stellenweise revidierten) Übernahme der Edition von Ivor Arnold basierenden englischen Übersetzung von Judith Weiss (*Wace's Roman de Brut*, ed. Judith Weiss, 1999, xi–xxix) als auch die Einleitung

---

[1] Das im Folgenden Skizzierte ist das Ergebnis einer (statistisch gänzlich unrepräsentativen) Umfrage unter einigen Mediävistinnen und Mediävisten aus unterschiedlichen Ländern und mit unterschiedlichen Forschungsschwerpunkten, die ich im Sommer 2013 durchgeführt habe.

der Einführungsdarstellung *A Companion to Wace* von Françoise Le Saux, Letztere überschrieben mit: *Introduction. Wace: His Life and Times* (Le Saux 2010, 1–10), eine vergleichbare Fokussierung auf die biographisch zu fassende «Person Wace» erkennen lassen.

Dieser vielleicht exemplarische Befund wirkt erstaunlich, bedenkt man, dass er kontrastiv zu der allgemeinen Annahme zu stehen scheint, man verfüge im Falle früher volkssprachlicher Werke in der Regel, wenn überhaupt, nur über sehr rudimentäre Kenntnisse bezüglich der Autorschaft und (biographisch zu umreißender) «Autorfigur». Gerade vor diesem Hintergrund lässt sich jedoch möglicherweise erklären, warum es zu dieser Überlagerung des Textes durch seinen «Autor» kommt, da wir es im Falle des *Brut* – inmitten einer scheinbar «namenlosen» mittelalterlichen Literatur – mit einer der ersten namentlich gekennzeichneten volkssprachlichen Chroniken zu tun haben (cf. Unzeitig 2010, 65; cf. allg. Eberle 1995, 78 und 85).[2]

Vielschichtiger, aber bezüglich der Überlagerung der Text- durch die Autorfunktion nicht genuin anders, stellt sich das Bild angesichts besonders bekannter Textstellen des *Roman de Brut* dar. Bei beinahe jeder Erwähnung des *Brut* wird auf die berühmte, von Wace bei seiner modifizierenden Übertragung des lateinischen Textes der *Historia regum Britanniae* des Galfred (Geoffrey) von Monmouth eingefügte Stelle zu Artus' Tafelrunde verwiesen.[3] Wace gilt allgemein vor allem als der «Erfinder» oder zumindest «Auffinder» der Tafelrunde, und diese Attribuierung der Autorfigur als deren *protos heuretes* überstrahlt bis heute, z. T. auch in der wissenschaftlichen Wahrnehmung des *Roman de Brut*, andere, ebenso notwendige diskursive Zugänge zu diesem komplexen Text. Zugleich wird über die Argumentationsfigur «Erfindung/Erfinder der Tafelrunde» eher auf die «Autorität» einer konstruierten Autorfigur «Wace» als auf die des vergleichsweise wenig bekannten Textes als solchen Bezug genommen.[4]

---

2 Monika Unzeitigs Untersuchung scheint die viel zitierte Anonymität der mittelalterlichen Literatur zu relativieren. Die Studie wäre in ihren Ergebnissen in Teilen durchaus kritisch zu kommentieren, dies bleibt jedoch einem geplanten Beitrag zu Person und Figur in den Romanen Chrétiens vorbehalten, hingewiesen sei hier auf die (kontrastiv zu Unzeitig aufzufassende) Relativierung der Bedeutung der Autorfigur «Chrétien» durch Richard Trachsler (2014).

3 Zur Tafelrunde cf. Le Saux (2010, 128s.); Tillmann-Bartylla (1986, 319). Zur Frage nach der Vorlage des *Brut* und ihrer Bearbeitung cf. Le Saux (2010, 85–107 und 151s.). Seit 1951 werden eine *Vulgate Version* und eine *(First) Variant Version* der *Historia regum Britanniae* unterschieden, wobei der *Brut* im Wesentlichen auf Letzterer beruht.

4 Charakteristisch sind verkürzte Aussagen wie die von Eugene Mason in einem Exkurs zu seiner englischen Übersetzung des *Brut* als Teil der von ihm sogenannten «Arthurian Chronicles» von 1912: «Our earliest authority for the story of the Round Table ist Wace» (Mason 1912, In-

Auch im Hinblick auf die wohl meistzitierte Textstelle des *Roman de Brut* überlagert und verhindert die Dominantsetzung der Autorfunktion häufig Deutungsansätze, die sich ergäben, wenn man ausschließlich von der textuellen Verfasstheit des *Roman de Brut* ausginge. Die bezeichnete Textstelle verweist am Ende des ersten Drittels der sogenannten *Partie arthurienne* auf die hybride Natur der Erzählungen über Artus und den Artushof:

> «En cele grant pais ke jo di,
> Ne sai si vus l'avez oï,
> Furent les merveilles pruvees
> Et les aventures truvees
> Ki d'Artur sunt tant recuntees
> Ke a fable sunt aturnees:
> Ne tut mençunge, ne tut veir,
> Ne tut folie ne tut saveir.
> Tant unt li cunteür conté
> E li fableür tant flablé
> Pur lur cuntes enbeleter,
> Que tut unt fait fable sembler.» (*Wace, Roman de Brut*, 9787–9798).[5]

Sie wird häufig vornehmlich auf die «Person» des historischen Autors Wace und dessen historisch frühe Fähigkeit zur Abwägung ereignisgeschichtlicher Sachverhalte, ja zur «Quellenkritik» («Ne tut mençunge, ne tut veir, / Ne tut folie ne tut saveir»), bezogen.[6]

In aller Regel wird die Textstelle zudem in Zusammenhang mit einem Exkurs aus dem circa 20 Jahre später entstandenen *Roman de Rou* gestellt, in welchem – zumal anhand des konkreten Beispiels einer Quelle – ebenfalls die Frage nach der historischen Wahrheit eines erzählten Faktums beleuchtet wird:

---

troduction, Excursus II, Einleitungssatz). Die Untersuchung von Dolores Buttry (2001) ist charakteristisch dafür, wie die Frage nach «Waces Autorität», auch mit Blick auf die «Erfindung» der Tafelrunde, sowohl sozialhistorisch als auch im Hinblick auf die «persönlichen» politischen und ideologischen Positionierungen Waces und die daraus resultierende «Politisierung» des *Brut* behandelt werden kann. Ähnlich geht aus religionshistorischer Perspektive Walters (2011) vor.

5 Hier und im Folgenden wird stets aus der Edition von Judith Weiss, die im Wesentlichen auf derjenigen von Ivor Arnold von 1938–1940 basiert, zitiert: *Wace's Roman de Brut: a history of the British. Text and Translation*, ed. Judith Weiss, Exeter, The University of Exeter Press, 1999.

6 Cf. Le Saux (2010, 129): «The implication, of course, is that what Wace chooses to echo is ‹true› and therefore in no way detracts from the integrity of his work as history [...]» (direkt zur zitierten Textstelle) sowie allgemeiner 96: «This implies that Wace himself had a firm grasp on his material, and that he expressed his personal reading, with the inevitable ideological bias that this implies, through a new weighting of the different elements in his source material [...]».

> «[...]
> e cil devers Brecheliant,
> donc Breton vont sovent fablant,
> une forest mult longe e lee,
> qui en Bretaigne est mult loee.
> La fontaine de Berenton
> sort d'une part lez le perron;
> aler i solent veneor
> A Berenton par grant chalor,
> e a lor cors l'eve espuisier
> et le perron de suz moillier
> por ço soleient pluie aveir.
> Issi soleit jadis ploveir
> en la forest tot environ,
> mais jo ne sai par quel raison.
> La seut l'en les fees veeir,
> se li Breton nos dient veir,
> e altres mer(e)veilles plusors;
> [...]» (*Wace, Roman de Rou*, III, 6373–6389).[7]

Es ist unwidersprochen, dass beide Textstücke in singulärer Weise – zumal mit Blick auf die volkssprachliche Literatur kurz nach der Mitte des 12. Jahrhunderts – Fragen nach der Entstehung und Konstituierung der Autorität eines Textes aufwerfen und dass dies mit Bezug auf die Rolle und die Autorität einer Erzählinstanz geschieht.[8]

Aus Sicht einer vor allem historischen Betrachtungsweise kann mit Rekurs auf die bereits angesprochene, in diesen Textstellen geäußerte «Quellenkritik» der Eindruck entstehen, der «Autor» (cf. Le Saux 2010, 129, wie not. 6), oder besser: die auktoriale Autorinstanz ersetze an dieser Stelle dezidiert eine antezedente geringere Autorität der *cunteür* und der *fableür* durch die eigene, aufgrund eines höheren Grades an historischer Abstraktion und Reflexion größere Autorität (cf. zu diesem Verfahren im Allg.: Starobinski 1995, 12). Den *fables* und *contes* stehen im *Roman de Brut* (9795–9798) implizit die Darstellungsprinzipien einer *estoire* und deren Wahrheits- und Autoritätsprimat gegenüber, die die Darstellung des «pais ke jo di» (9787) bestimmen. Eine Erzählerstimme («ke jo di») – und nicht

---

7 Hier und im Folgenden zitiert nach: *Wace, Le Roman de Rou de Wace*, ed. Anthony J. Holden, 3 vol., Paris, Picard, 1970–1973.
8 Cf. zu einer ausschließlich sozial- und religionshistorischen Deutung des *Roman de Rou* und der Vorstellung von einer ungefilterten persönlichen Autorität Waces in diesem Text Gouttebroze (1991).

etwa «Wace's desire for accuracy, his skepticism, and his common sense» –[9] stellt sich dabei nicht nur den anderen, zweifach markierten Erzählern, den *conteür* und *fableür*, ihrer Erzählweise (*conter, fabler, enbeleter, faire fable sembler*) und den daraus hervorgehenden Produkten, den *contes* und den *fables*, gegenüber, sondern auch einem potenziell weniger autoritativen, «unwissenderen» Publikum («Ne sai si vus l'avez oï», 9788).[10]

Die mittelalterliche Darstellung eines historischen Sachverhalts, zumal in der Volkssprache, bedurfte in der Tat – im Unterschied zu den von Wace zuvor verfertigten hagiographischen Texten – vielleicht keiner expliziten Diskussion ihrer autoritativen Begründung, zumindest jedoch eines entsprechenden (auch impliziten) Hinweises auf das Vorhandensein einer solchen, da die normative Autorität des kirchlich-theologisch untermauerten christlichen Welt- und Heilsgeschehens nicht per se das im Einzelnen Dargestellte autorisierte.[11]

Dennoch, oder eher: darüber hinaus, zeugen beide – intertextuell deutlich über die negative Orientierung am *fabler* verbundenen – Textstellen vor allem von einer Inszenierung der herrschenden Erzählstimme. Diese äußert auch im *Roman de Rou* wiederum kritische Zweifel an den *fables* der Bretonen («se li Breton nos dient veir»; III, 6388) und fordert implizit eine Erklärung für die in den *fables* geschilderte *merveille* der Fontaine de Berenton ein: «mais jo ne sai par quel raison.» Der Grad der Selbstinszenierung (und vordergründig auch der Selbstautorisierung[12]) der Erzählinstanz geht an dieser Stelle zudem insofern weit über die Inszenierung im *Roman de Brut* hinaus, als sich das erzählende Ich selbst als eines darstellt, das versucht hat, die geschilderten wunderbaren Phänomene an Ort und Stelle in der Bretagne zu beobachten:

«La alai jo merveilles querre,
vi la forest e vi la terre;

---

9 Dies, um exemplarisch ein typisches Beispiel für die Fortschreibung einer sich u. a. auch an der «Person Wace» und ihrem Charakter orientierenden Forschung zu zitieren (Sargent-Baur 1996, 31). Sargent-Baurs Bemerkungen zur genuinen Intergenerik der Textsorte der Chronik (31s.) sind hingegen durchaus überzeugend.

10 Cf. zu dieser zweiten (bzw., berücksichtigt man die vorgängige «Autorität der Quellen», dritten) Autorität des Publikums, auf die hier, relativierend, abgestellt wird, Starobinski (1995, 13).

11 Cf. Minnis (2010, passim, bes. 116s.) zur Diskussion der Autorfunktion in intrinsischen und extrinsischen Prologen selbst von Bibelkommentaren. Das Spannungsfeld von göttlicher Autorität und diese subvertierenden Kreationskonzepten in der mittelalterlichen Dichtung lotet anhand von Fallstudien überzeugend der Band Schlesier/Trînca (2008) aus.

12 Zu textuellen Selbstautorisierung-Prozessen (auch durch einzelne «voices») und der benachbarten, aber nicht deckungsgleichen Konzept der «self-authentification» nach wie vor unverzichtbar Brownlee/Stephens (1989, cf. bes. *Preface*, ix–xi, und *Introduction*, 1–19).

merveilles quis, mais mes trovai;
fol m'en revinc, fol i alai;
fol i alai, fol m'en revinc,
folie quis, por fol me tinc.» (*Wace, Roman de Rou*, III, 6393–6398).

Die Erzählerstimme betont – und zwar nach herrschender Forschungsmeinung wiederum durchaus im Sinne einer «Quellenkritik» – nicht nur den zweifelhaften Status der Berichte über die Quelle von Berenton, sondern wir haben es zudem mit der Inszenierung von Augenzeugenschaft zu tun, auch wenn die Verifizierung des zu bezeugenden Phänomens durch den Augenzeugen misslingt. Einerseits lässt sich also eine Anlehnung an die für die Textsorte der Chronik typische Autorfunktion des «rei visae scriptor» (so u. a. im *Dialogus super auctores* des Konrad von Hirsau, entstanden vor 1150; cf. Müller 1995, 23) erkennen, wie sie z. B. charakteristisch für die Kreuzzugschroniken ist.

Gleichzeitig – und dieser Aspekt ist stärker zu gewichten – wird das scheinbar als historiographisch zu interpretierende Vorgehen der Erzählinstanz über die sprachliche und motivische Inszenierung als bloßes «Sprachspiel» gekennzeichnet. Dabei wird im Grunde weniger das Erzählte an sich in Frage gestellt als vielmehr die Erzählerstimme und die dadurch evozierte Erzählinstanz, und damit letztlich die Autorität der (nur scheinbar historiographisch berichtenden) Autorfigur, wenn man überhaupt auf eine solche schließen will.[13] Das Auftreten des wunderbaren Phänomens wird zunächst deutlich in die Vergangenheit gestellt («soleient pluie aveir»; «soleit jadis ploveir»; III, 6383s.), weswegen eine Autopsie des Phänomens in der Gegenwart der Erzählinstanz gar nicht zwangsläufig zu erwarten war. Das evozierte erlebende Ich handelt also von vornherein gegen die von ihm selbst im Erzählten – zumindest nachträglich in der Funktion eines erzählenden Ichs – festgehaltenen «Fakten». Es wird außerdem nicht nur in der Folge seines Experiments – des «merveilles querre» – leitmotivisch als 'von Sinnen' («fol») charakterisiert.[14] Die Wundersuche ist – mit Hilfe eines chiastischen Sprachspiels – ausdrücklich als eine von vornherein sinnlose Unternehmung gekennzeichnet, die Erzählinstanz stilisiert sich und ihr Verhalten als das eines (zumindest temporär) unzuverlässigen Erzählers: «fol m'en revinc, fol i alai / fol i alai, fol m'en revinc, / folie quis, por fol me tinc.»

Über dieses die möglicherweise zu erschließende historiographische Autorfigur und ihre Autorität dekonstruierende Sprachspiel liegt eine deutliche

---

13 Dies tun Untersuchungen zu mittelalterlichen Autorschaft in aller Regel, cf. mit einer erhellenden Diskussion des Forschungsstandes Meier/Wagner-Egelhaaf (2011, bes. 12–16, 18–20).
14 Im Wesentlichen in unserem Sinne, leider jedoch von der Forschung zum *Brut* so gut wie nicht rezipiert, argumentiert Langille (1997, bes. 26–28).

Abwertung der Urteilsfähigkeit der Erzählinstanz vor, zumal diese keine Hypothese über die Ursache des Phänomens bilden oder in Erfahrung bringen konnte («mais jo ne sai par quel raison»). Diese Abwertung der Erzählinstanz wird nur zum Teil dadurch aufgefangen, dass immerhin der Wahrheitsgehalt der (offenbar einzig in Erfahrung zu bringenden) Berichte der einheimischen Bevölkerung in Frage gestellt wird («se li Breton nos dient veir»). Die Frage nach der urteilenden Instanz – im Grunde die Frage danach, wer die Autorität über das im Text Gesagte hat – wird damit schließlich nur verlagert. Der mögliche pragmatische Einwand, dass die Mehrzahl der Rezipienten dieses und andere umfangreiche Werke wohl nur durch einen mündlichen Vortrag «erleben» und deswegen die komplexe Schichtung und Verzahnung von Erzählstimmen und deren Montage bzw. Dominantsetzung durch die Erzählinstanz somit nur sehr eingeschränkt wahrnehmen konnte (cf. z. B. Huot 1987, 39), wird m. E. dadurch entkräftet, dass die Engführung der Stimmen an bestimmten Kristallisationspunkten von Waces Texten signalisiert und konzentriert diskutiert wird und so nicht im «Wald der Zeichen» untergehen muss. Letztlich bleiben, zumindest an dieser Stelle des *Roman de Rou*, Spuren einer Selbstautorisierungsstrategie durch die Absetzung vom *fabler*, die so bereits im *Roman de Brut* begegnete, wobei diese «autoritativen Spuren» allerdings die spielerisch inszenierte Dekonstruktion der in Frage gestellten Autorität einer 'törichten' Erzählinstanz nicht zu überlagern vermögen.

Diese einleitenden Überlegungen zeigen bereits exemplarisch, dass die vielfach als autoritätsstiftend gelobte «Quellenkritik» einer Autorfigur «Wace» nicht per se das Kennzeichen eines «souveränen Autors» oder gar des «ersten Historikers» sein muss. Gerade im *Roman de Brut*, auf den sich der Beitrag im Folgenden konzentrieren wird, sind diese und ähnliche Aussagen der Erzählinstanz mit Blick auf die im Folgenden zu erörternde Hypothese der Ausstellung konkurrierender Stimmen differenziert zu bewerten.

2 Stimme und *matiere*: Die Konkurrenz der Stimmen im Text des *Roman de Brut*

In der bereits besprochen Stelle des *Brut* werden die über Artus und d. h. letztlich über die Artuswelt erzählten *aventures* sowohl als *fables* als auch als *contes* aufgefasst und gleichzeitig – bezeichnenderweise in der Mitte des zitierten Erzählerkommentars – als «Ne tut mençunge, ne tut veir, / Ne tut folie ne tut saveir.» Die Erzählinstanz trifft keine Entscheidung zugunsten einer Zuweisung; und es wird auch nicht eindeutig klar, welchen Status die *fables* über Artus letztlich haben und wie das Faktum des *fable sembler* bezüglich der entsprechenden *contes* bewertet wird.

Diese Textstelle eröffnet damit vielfältige Deutungsansätze, von denen hier nur zwei kurz genannt werden sollen. Erstens: Der Rezipient sieht sich mit der Vermeidung der Entscheidung über den Status der *aventures* konfrontiert, während gleichzeitig die Erzählung über die Verhältnisse am Artushof – und damit implizit auch über die von ihm ausgehenden und in seine autoritative abschließende Bewertung mündenden *aventures* – ungehindert fortgesetzt wird, was die Frage nach dem Status des doch Erzählten de facto unterminiert. Ist der zitierte Kommentar der Erzählerstimme zum Status der *aventures* also möglicherweise als ein bloß rhetorisches Spiel aufzufassen, zumal ja der Artushof unter Ausschluss der Erzählung von *aventure* behandelt wird? In jedem Fall konstituiert der verwendete «Vermeidungsgestus» vordergründig eine Art autoreferenzielle Auflösungsbewegung des Erzählvorgangs, die sich auch destabilisierend auf die Autorität der Erzählerstimme und damit der Erzählinstanz als solcher auswirkt. Zweitens: Man könnte im Gegenzug auch die Überlegung anstellen, ob sich über die Summe dieses und ähnlicher Erzählerkommentare im *Roman de Brut* die Instanz eines impliziten Autors konturieren ließe, insofern aus ihnen eine Zuschreibungsinstanz für die Konzeption und Bedeutung des Textes, seines Normensystems und letztlich für den Grad seines Anspruchs auf Autorität erschlossen werden kann.

Im Folgenden wird, um diese Deutungsansätze zu verfolgen und zu hinterfragen, mit dem Konzept der Stimme gearbeitet, wie es zum Beispiel die Beiträge des 2006 erschienenen Bandes *Stimme(n) im Text* (Blödorn/Langer/Scheffel) auffächern und diskutieren. Ein Text wird dort als ein Gefüge von Stimmen aufgefasst, womit ein plurales Verständnis von Stimme, etwa die Unterscheidung von Autorrede, Erzählerstimme(n) und Figurenstimme(n), einhergeht.[15] Diesen einzelnen Stimmen übergeordnet ist das, was ich die «Stimme des Textes» nennen möchte.[16] Die im Text zu unterscheidenden Stimmen sind Gegenstand eines Kon-

---

15 Dieses plurale Verständnis der Kategorie der Stimme in mittelalterlichen Texten wird bereits von Hult (1989) in seiner Untersuchung der Fortsetzung von Chrétiens *Lancelot* vorausgesetzt. Hult geht metaphorisch von einer «voice of authority» (Titel und passim) und einer «astonishing manipulation of narrativ perpectivism» durch die «two voices of the narrator» (93) aus.
16 Cf. kontrastiv, aber mit zumindest ebenfalls auf der Kategorie der «voice» beruhendem Ansatz, den zu Unrecht wenig rezipierten Beitrag von Roberta Krueger (1987). Krueger geht zwar von der Präsenz einer «author's voice» aus, sieht diese jedoch über die «narrative voice» (116s.) oder zumindest in Wechselwirkung mit dieser konstituiert. Problematisch ist vor allem, dass ihre Untersuchung pro «Autor» nur einen «Erzähler» und seine «Stimme» ausmacht, so «Chrétien's strong yet elusive narrative voice» (121) oder den «didactic narrator» in *Durmart le Gallois* (131ss.). Für unseren Ansatz am interessantesten sind die Ausführungen zur «Stimme des Prosa-

struktionsaktes auf Seiten der Rezipienten und haben ausdrücklich nichts mit einem literarischen Subjektivitätsentwurf, etwa auf der Ebene der Figurenrede, zu tun und – so ist zu unterstreichen – auch nichts mit einer etwa auf biographischen Details beruhenden Konstruktion um die Person einer Art «sprechenden Autors im Text», wie sie in Bezug auf Wace häufig vorherrscht (cf. Unzeitig 2010, 69 und 154–158). Die Stimme des Textes ist vielmehr eine Verstehensfigur, die nicht an das historische Subjekt des Autors oder die Annahme einer sprechenden Autorfigur im Text gebunden ist,[17] sondern auf einem Konzept der Autorschaft basiert, das mit Erich Kleinschmidt vom «selbstschöpferischen Ort» der Autorschaft «im Text» ausgeht (Kleinschmidt 1998, 9).[18]

Im Text des *Roman de Brut* treten verschiedene Stimmen hervor, und auch die Erzählinstanz spricht nicht mit einer einheitlich konturierten, homogenen Stimme. Daraus folgt neben der ohnehin anzunehmenden Entkoppelung von Autorfigur und Erzählinstanz sowie Erzählstimme(n) heuristisch auch, dass im Text unterschiedliche, nicht zwangsläufig miteinander zu vereinbarende Autorisierungsstrategien Verwendung finden, ohne dass dies deswegen immer auf eine unzuverlässige Erzählinstanz – oder umgekehrt auf eine historisch zu konturierende Autorfigur – verweist.[19]

Als eine zweite, mindestens ebenso wichtige Kategorie für die adäquate Beschreibung der Konstruktion von Autorität ist die Kategorie der *matiere* zu nennen.[20] Sie liegt jenseits der Konzepte von Stimme, Erzählinstanz und Autorfigur, und sie ist gerade für die Charakterisierung der hier im Mittelpunkt

---

romans» (138–140), für die Krueger einleitend (117) festhält: «In later prose romance, the ‹voice› of the text refers to the process of writing itself in the *absence* of a single, originary author.»

17 Dies zeigt die Zusammenschau der Beiträge in Blödorn/Langer/Scheffel (2006), bes. Blödorn/Langer (2006, 75–80).

18 Cf. auch Kleinschmidt (2004), passim, programmatisch auch für unseren Ansatz, 7s.: «Nicht die abstrakt gesetzte Idee eines Autors generiert die Vorstellung von Textualität, sondern die konkrete Existenz von Texten bringt die Frage nach dem Urheber als Möglichkeit, nicht einmal als Notwendigkeit hervor. [...] (8) Die Entdeckung des Autors beruht primär auf der Frage nach dem Ursprung, nach den Regeln der Textgenese [...]».

19 Cf. Blödorn/Langer/Scheffel (2006, 6): «[...] die Kategorie der ‹Stimme› erhält ihren Mehrwert gerade in Sicht auf die Möglichkeit literarischer Texte, verschiedene ‹Stimmen› zu kreuzen, zu überlagern und zu kontrastieren, um so ein genuin fiktionales Spiel *zwischen* den Ebenen der textinternen Pragmatik zu erzeugen, das die strikte Unterscheidung zwischen unterschiedlichen Ebenen wie denen von Figuren, Erzähler und Herausgeber aufheben, ja möglicherweise sogar die Unterscheidung zwischen Autor und Erzähler in Frage stellen kann [...]».

20 Cf. hierzu demnächst die Akten des dreiteiligen internationalen Kolloquiums zu *La notion de la matière littéraire au Moyen Âge* (Poitiers/Rennes/Bukarest 2015), edd. Christine Ferlampin-Acher/Catalina Girbea.

stehenden Textsorte der volkssprachlichen Reimchronik von entscheidender Bedeutung. Die Reimchronik – auch anglo-normannische Verschronik genannt – und besonders der *Roman de Brut*, zeichnet sich genuin dadurch aus, dass sie unterschiedliche Stoffbereiche verknüpft.

Die altfranzösischen Stoffbereiche werden im Allgemeinen knapp anhand des *locus classicus* der noch vor 1200 etablierten Einschätzung der *matieres* aus der *Chanson de Saisnes* charakterisiert:

> «N'en sont que trois materes a nul home vivant:
> De France et de Bretaigne, et de Ronme la grant;
> Ne de ces trois materes n'i a nule samblant.
> Li conte de Bretaigne si sont vain et plaisant,
> Et cil de Ronme sage et de sens aprendant,
> Cil de France sont voir chascun jour aparant.» (*Jean Bodel, Chanson des Saisnes*, 6–11).

Die Hierarchisierung der drei *matieres* ist auf mehrfache Weise markiert; und die Bedeutung der *matiere de France* wird in den folgenden, hier nicht zitierten Versen noch unterstrichen.

Im *Roman de Brut* wird nun die sogenannte *Partie arthurienne* als der eigentlich «romanhafte» Teil angesehen, der der *matiere de Bretagne* zuzuordnen ist und nach wie vor im Mittelpunkt der Forschung zum *Roman de Brut* steht. *Romanz* wird in diesem Zusammenhang häufig anachronistisch verwendet, nämlich nicht im ursprünglichen Sinne eines in der Volkssprache verfassten Textes, sondern im Vorgriff auf den höfischen Roman, als dessen erster Vertreter im Allgemeinen Chrétiens *Erec et Enide* angesehen wird. In dieser *Partie arthurienne*, die etwas mehr als ein Drittel des *Brut* ausmacht, wird sehr viel narratives Material der *matiere de Bretagne* mit ihrer spezifischen Stimme, der (im Sinne des Sachsenliedes) Stimme des «vain et plaisant», erzählt. Der immerhin noch über 10000 Verse umfassende «Rest» des *Brut* (wie auch Teile der *Partie arthurienne* selbst) lässt sich in vielerlei Hinsicht der *matiere de Rome* zurechnen. Vieles entspricht darin dem Kriterium des «sage et de sens aprendant», so die Exkurse, die auf Expertenwissen und Kuriosa rekurrieren, und die vielfach angeführten etymologischen Erklärungen zu den Ortsnamen. Generell ist das Erzählen außerhalb der Artus-Partie mit Ausnahme einiger auserzählter Digressionen durch seinen strikt sich an der Abfolge der herrschenden Könige und Königsgeschlechter orientierenden Fortschritt gekennzeichnet. Auch unter diesem Aspekt ist der *Brut*, blickt man z. B. auf den Beginn des *Roman d'Enéas*, durchaus in die Nähe der *matiere de Rome*, wie sie sich in den antiken Romane findet, zu rücken.

Bezieht man nun die Kategorien von Stimme und *matiere* aufeinander, lässt sich die spezifische Konstruktion von Autorität im *Brut* differenzierter erörtern, als die bloße Koppelung des Erzählten an eine «historiographisch agierende»

Autorfigur dies zulässt. Die Erzählstimme, die den Beginn des *Roman de Brut* erzählt, ist in vielerlei Hinsicht mit der Stimme der die *matiere de Rome* im *Roman de Troie* berichtenden Erzählinstanz zu vergleichen. So heißt es zu Beginn des Prologs:

> «Ki vult oïr et vult saveir
> De rei en rei e d'eir en eir
> Ki cil furent et dont il vindrent
> Ki Engleterre primes tindrent,
> Quels reis i ad en ordre eü,
> E qui anceis e ki puis fu,
> Maistre Wace l'ad translaté
> Ki en conte la verité.» (*Wace, Roman de Brut*, 1–8).

Die einer «sekundären oder fingierten Mündlichkeit» (Laude 1995, 124) zuzuschreibende Aufforderung, sich hörend Wissen anzueignen, der Aspekt des *translater*, im Trojaroman als *metre en romanz* bezeichnet, sowie der Aspekt der Wahrheitsbetonung in gradueller bzw. korrigierender Absetzung von der lateinischen Vorlage bzw. implizit auch von zeitgenössischen volkssprachlichen Texten scheinen allesamt ebenfalls im einleitenden Teil des Trojaromans auf. Abweichend vom Trojaroman – allerdings ähnlich wie im Eneasroman und durch die dezidierte Anfangsstellung noch betont – werden im *Roman de Brut* der Gedanke der Erbfolge («De rei en rei e d'eir en eir»), die korrekte zeitlichen Abfolge der Erben («Quels reis i ad en ordre eü») und der Gedanke der *origo* der Herrscher («dont il vindrent») hervorgehoben. Wir haben es also durch die Referenz auf unterschiedliche *matieres* und deren Anbindung an unterschiedliche Erzählstimmen und entsprechende Erzählkonzepte und -strategien mit einer genuinen Zwei- oder gar Mehrstimmigkeit des *Roman de Brut* zu tun. Weder die Erzählstimmen noch die ihnen zuzuordnenden *matieres* sind jedoch gleichberechtigt.

Auffallend ist vielmehr, dass an genau den Stellen, an denen im *Brut* eine Engführung der *matieres* zu erkennen ist, eine den einzelnen «Stimmen» übergeordnete Erzählinstanz[21] mit einem Kommentar hervortritt und z. B. das aus der

---

21 Diese (besser: eine) «übergeordnete Erzählinstanz» ist keinesfalls mit dem Konzept eines «impliziten Autors» zu verrechnen, wie ein Blick auf Bruno Quasts (in sich überzeugende) Beobachtungen zur Valenz dieser Instanz für volkssprachliche mittelalterliche Texte (Quast 2011, bes. 135–140) zeigt. Quast geht (140) davon aus, dass «wenn im Wortlaut und Wortbestand abweichende Fassungen eines Textes ein und derselbe Autorname als Signatur eingeführt wird», man eine «zumindest weitgehende Identität der den Fassungen eingeschriebenen impliziten Autoren» annehmen dürfe. Unabhängig davon, dass alles mit dem ganz und gar nicht unproblematischen Verständnis der Kategorie «Fassung» steht und fällt, scheint mir diese Annahme

matiere de Bretagne Berichtete relativierend in Frage stellt. Der im Eingangsteil erörterte Kommentar der Erzählinstanz zu Artus' *aventures* erfolgt z. B. genau dann, wenn die Erzählungen von der zwölfjährigen Friedenszeit bei Hofe enden und Artus sich anschickt, erneut zum Kampf gegen Norwegen und das Frankenreich aufzubrechen. Die das «vain et plaisant» erzählende Stimme verstummt; und an der Schnittstelle zu einem Erzählstrang, der in weiten Teilen einen epischen Duktus aufweist und daher auch der *chanson de geste* ähnelt, wird der Hinweis auf den unsicheren Status der *aventures* gestellt. Konfrontiert mit zwei gegenläufigen Stimmen, scheint der Kommentar der Erzählinstanz auf diese Weise die Abwendung von der *matiere de Bretagne* hervorzuheben, diese für die Bedeutung des Gesamttextes zu marginalisieren und dadurch das im Folgenden Erzählte vergleichsweise «stark» zu autorisieren. Hier wird die «Stimme der Chronik» greifbar, die über den implizit, aber nicht weniger deutlich hierarchisierenden Umgang mit unterschiedlichen Erzählstimmen ihre spezifische Autorität konstituiert. Eine ihrer Autorisierungsstrategien, die hier nur kurz angesprochen werden kann, besteht zudem darin, das im Anschluss an den Stoffbereich der *matiere de Bretagne* über die Artus-Welt Erzählte durch einen streng biographischen Duktus an die Ausprägung der *matiere de Rome*, wie sie für die Darstellung der Herrscherfigur im Alexanderroman vorliegt, und zugleich an die normativ übergeordnete hagiographische Erzählweise rückzubinden.

Noch deutlicher wird dieses Verfahren am Ende der *Partie arthurienne*. An der Schnittstelle zwischen der Erzählung vom Untergang des Artushofes und der Erzählung von den auf das Machtvakuum folgenden Herrschern, wenn Stimmen und *matieres* enggeführt werden, sieht sich der Rezipient mit einem langen Einschub der Erzählinstanz konfrontiert, welcher die Berichte über Artus' Tod und deren Verlässlichkeit kommentiert:

> «Arthur, si la geste ne ment,
> Fud el cors nafrez mortelment;
> [...]
> Maistre Wace, ki fist cest livre,
> Ne volt plus dire de sa fin
> Qu'en dist li prophetes Merlin;
> Merlin dist d'Arthur, si ot dreit,
> Que sa mort dutuse sereit.
> Li prophetes dist verité;
> Tut tens en ad l'um puis duté,
> Et dutera, ço crei, tut dis,

---

insgesamt zu pauschal zu sein, wie Abschnitt III dieses Beitrags u. a. zeigen will. Cf. anders auch den Beitrag von Richard Trachsler in diesem Band.

Se il est morz u il est vis.
Porter se fist en Avalun,
Pur veir, puis l'Incarnatiun
Cinc cenz e quarante dous anz.
Damage fud qu'il not enfanz.» (*Wace, Roman de Brut*, 13275–13294).

Artus' Transport nach Avalon, das z. B. auch im Lai *Lanval* Maries de France den Fluchtpunkt des Erzählten bildet, ist hier die deutlichste Spur der *matiere de Bretagne* und ihrer Erzählstimme. Den Duktus eines historiographischen Erzählens, welches sowohl mit der *matiere de Rome* als auch mit der *matiere de France* in Verbindung gebracht werden kann, findet sich an dieser Stelle in der Bemerkung, dass die «geste» (und nicht zufällig klingt hier die Textsorte der *chanson de geste* an) im konkreten Fall nicht unbedingt als zuverlässig eingeschätzt werden kann, weswegen die Erzählinstanz letztlich auch das Weitererzählen verweigert. Die sich hier als «magister» selbst autorisierende und über diesen Status aufwertende Erzählstimme zieht sich jedoch sofort hinter eine höhere Autorität, den «prophetes Merlin», zurück. Die Frage nach der Autorisierung des im Text aus der *matiere de Bretagne* Erzählten wird also auf eine Instanz außerhalb des *Roman de Brut* verlagert. Im Text des *Brut* selbst bleibt somit – ähnlich wie im *Rou* die *folie* – angesichts der *matiere de Bretagne* (und trotz der Anerkennung des Merlin'schen Autoritätsanspruches – «si ot dreit») ausschließlich der Zweifel übrig: «Merlin dist d'Arthur, si ot dreit, / Que sa mort dutuse serreit. / Li prophetes dist verité [...].» Dieser Zweifel wird durch die zukunftsgewisse Vorausdeutung («Tut tens en ad l'um puis duté, / Et dutera, ço crei, tut dis, / Se il est morz u il est vis.») der Erzählinstanz als einzig bleibende Spur der *matiere de Bretagne* anerkannt.

Der später kategorisierend im Sachsenlied angeführte Makel des «vain», also der Nichtigkeit der *matiere de Bretagne* wird so dadurch bestätigt, dass keine Sicherheit angesichts des Wahrheitsstatus der Erzählungen zu gewinnen ist. Dieser Befund entspricht bereits ganz der später festgeschriebenen Hierarchisierung der *matieres* im Sachsenlied. Die entsprechende Autorisierungsstrategie wird durch die Anlehnung an die starke Autorität der *matiere de France* – die hier natürlich streng genommen eine *matiere d'Engleterre* wird – im steten Bezug auf das «veir» und die «verité» erzeugt. Die Reimchronik verweist über die Selbstautorisierungsstrategien dieser (!) Erzählstimme möglicherweise auch auf die narrative Umsetzung eines neuen englischen Kultur- und Herrschaftsanspruchs, der sich dem fränkischen, ja über die *matiere de France* narrativ bewahrten Anspruch, als ebenbürtig an die Seite stellen wollte. Dazu passt, was angesichts der übermächtigen Forschung zur *matiere de Bretagne* im *Brut* nur selten auffällt, dass sich nämlich im gesamten Text und auch in der *Partie arthurienne* zahlreiche Elemente der *chansons de geste* finden: Anführen lassen sich in aller Kürze einschlägige Kampfschilderungen sowie die Wichtigkeit der Verwandtschaftsbeziehungen für die Abfolge von Herrschaftsansprüchen (programmatisch im Prolog durch «d'eir on eir» aufgerufen) entsprechend dem *lignage*-Gedanken.

Obwohl die inhaltlichen und hierarchischen Brüche zwischen den Stimmen und den *matieres* also durch eine übergeordnete, für den Rezipienten (re)konstruierbare Erzählinstanz kenntlich gemacht werden, wird die übergeordnete Autorität der «Stimme der Chronik» nicht vornehmlich über die unterschiedliche Bewertung der Stimmen und ihre hierarchisierende Anordnung erzeugt. Die Mehrstimmigkeit des Textes und die permanente Verschiebung der Autorisierung des Zweifels werden nicht durch die Abwägung einzelner Stimmen und ihres Autoritätsanspruches gegeneinander überwunden, sondern sie wird zu einem Gutteil lediglich konkurenziell ausgestellt.

Dies zeigt sich auch daran, dass der mit der *matiere de France* verbundenen Stimme immer eine Bezugsgröße und deren Autorisierungsstrategien übergeordnet ist, deren normative Gültigkeit bereits jenseits der Ebene der *matieres* verortet wurde: die Heilsgeschichte. Ihre Bedeutung für die «Stimme der Chronik» tritt am Ende der *Partie arthurienne* durch die zeitliche Rückbindung des erzählten Geschehens an das Jahr 542 «puis l'Incarnatiun» und damit an die heilsgeschichtliche Zeitmessung und ihren implizit aufgerufenen providenziellen Charakter überhaupt zutage. In diesem heilsgeschichtlichen Zusammenhang mutet es ebenso «vorgesehen» wie beklagenswert an, dass Artus keinen Nachfahren hinterließ («Damage fud qu'il not enfanz.») – und hier ist vielleicht durch die Art der Montage der verschiedenen Stimmen und den angedeuteten Kommentar durch «damage fud» die übergeordnete Stimme der Chronik für den Rezipienten zu erkennen. Zudem sind die Verse durch die unaufhebbaren Paarreime fest miteinander verbunden. Der damit endgültige Hinweis auf den Untergang eines Herrscherhauses, das aus heilsgeschichtlicher Sicht keines werden konnte («Cinc cenz e quarante dous anz / Damage fud qu'il n'ot enfanz»), ist intratextuell an den Vorgaben des Prologs («de rei en rei et d'eir en eir») zu messen. Die Stimme der Chronik – das chronikalische Erzählprinzip – besiegelt hier unter Bezugnahme auf das christliche Heil und den entsprechenden Geschichtsverlauf samt passender (autoritativer) Geschichtsschreibung endgültig die eigene Autorität bezüglich aller verfügbaren *matieres* und deren Erzählstimmen.

3 Die Autorität der Handschriften

Abschließend sei ein kurzer Ausblick auf die mittelalterliche Rezeption des *Roman de Brut* und die Auffassung von dessen textueller Autorität vorgenommen, insofern diese uns aus den Handschriften erkennbar ist. Einer der bekanntesten der 32 vollständigen oder fragmentarischen handschriftlichen Überlieferungsträger[22] des *Brut* ist sicher das Manuskript BnF f. fr. 1450. Seine Bekanntheit resultiert vor allem aus der Tatsache, dass die Chrétien'schen höfischen Romane in dieser Handschrift in den Text des *Brut* eingefügt wurden. Die Chrétien-Forschung hebt demgegenüber auch deswegen gern die sogenannte Guiot-Handschrift (i. e. BnF f. fr. 794)[23] hervor, da dort Chrétiens Romane – indem sie ein eigene Branche der Handschrift bilden, den antiken Romanen als solches aber (wohl sekundär) vorangestellt wurden –, drückt man es pointiert aus, aus ihrem «status of a filler in the *Brut*» (Reis 2009, 63) befreit worden seien.

Die Handschrift BnF f. fr. 1450 datiert auf das zweite Viertel des 13. Jahrhunderts und enthält die vielfach kommentierte Textreihe, bestehend aus Trojaroman, Eneasroman und *Roman de Brut*, in den alle fünf Chrétien-Romane in der Reihenfolge *Erec*, *Perceval* und dessen erste Continuation, *Cligès*, *Yvain* und *Lancelot* einfügt sind, sowie den *Roman de Dolopathos*, eine gekürzte Version des Prosaromans über die *Sept Sages de Rome* (Huot 1987, 27). Diese Handschrift lässt erkennen, dass sie den Text des *Roman de Brut* im Sinne des hier Vorgestellten als (mindestens) zweistimmig auffasst. Zum einen wird der Text im direkten Anschluss (unter Verschleierung des Übergangs) an zwei antike Romane präsentiert.[24] Diese Anschlussfähigkeit des *Brut* wurde offenbar dadurch gewährleistet, dass die den Text dominierende Erzählstimme auch in der Rezeption des 13. Jahrhunderts der *matiere de Rome* zugeordnet wurde. Dies ist in mehreren Handschriften der Fall (BnF f. fr. 12603 u. a.) und bestätigt die Ansicht, dass der Hauptanteil des *Brut* in die Nähe der *matiere de Rome* und (anders als die Bezeichnung als *romanz* und die Forschung zum *Brut* dies vielfach suggerieren mögen) nicht etwa in die Nähe der *matiere de Bretagne* zu rücken ist. Zum anderen wird die *Partie arthurienne* und ihre Erzählungen über die *aventures* der Artusritter am Artushof dazu genutzt, um die Chrétien'schen Romane einzufügen. Durch die entsprechende Namensnennung (die im Unterschied zur *Guiot*-Handschrift [cf. Reis 2009, 62] nicht programmatisch an einigen Stellen unterbleibt) wird eine «Autorfigur Chrétien» aufgerufen, wobei die Prologe des *Erec* und des *Perceval*

---

22 Cf. zur handschriftlichen Überlieferung des *Brut* Wace, *Roman de Brut*, xxv–xxix; Bliss/Weiss (2012, 222, mit not. 2) sowie die Edition des *Brut* von Ivor Arnold 1938–1940, vol. 1, vff.

23 In den Siglen der Ausgabe von I. Arnold (1938–1940) ist dies MS K; es bildet die Grundlage für die Teilausgabe der *Partie arthurienne*, edd. I. Arnold, M. M. Pelan von 1962. Cf. zur *copie de Guiot* auch Le Saux (2010, 87).

24 Für hier dargestellten Fakten zur Handschrift BnF f. fr. 1450 (nicht jedoch die vorgestellte Interpretation zur Position des *Brut*) cf. die immer noch maßgebliche Arbeit von Sylvia Huot (1987, 27–35).

allerdings getilgt werden (Huot 1987, 30), so dass diese «Autorfigur» nicht mit einer poetologisch zu fassenden Erzählinstanz einhergeht. Der Beginn der fünf Romane und die Fortführung des *Roman de Brut* werden dabei jeweils durch differenziert ausgestaltete Initialen markiert, und die Unterordnung der höfischen Romane unter den narrativen «frame» der Chronik wird auch durch die Verwendung kleinerer Initialen deutlich gemacht (Huot 1987, 28–30). Die Rückkehr zum Text des *Brut* wird durch eine größere Initiale und zudem durch einen Kommentar der die Handschrift verfertigenden Stimme markiert: «Segnor, se jo avant disoie, / Ce ne seroit pas bel a dire, / Por ce retor a ma matire.» (f. 225; zitiert nach Huot 1987, 31) Auch wenn der Terminus *matire/matiere* hier in abgeschwächter Bedeutung verwendet ist, wird die *matiere* der höfischen Romane, i. e. die *matiere de Bretagne*, also als distinkt von der übergeordneten, andersartigen *matiere* des *Brut* wahrgenommen, die somit – zumindest im System der drei *matieres* – entweder mit der *matiere de Rome* gleichzusetzen wäre oder (auch über die aufgezeigte Anbindung an die Autorität der [Heils]Geschichte) in gewisser Weise außerhalb dieses Systems stünde.

Die höfischen Romane sollten als *contes* eines *conteür* der *matiere de Bretagne* – auf die das im *Brut* an der Schnittstelle zwischen den *matieres* durch die Erzählinstanz evozierte Prozedere des *embeleter* und *faire fable sembler* voll zutraf – durch ihre Einbettung in den *Roman de Brut* offensichtlich legitimiert werden und dabei von der größeren Autorität der Textsorte der Reimchronik und ihrer autoritativ «starken» Stimme profitieren. Damit folgt die Gestaltung der Handschrift praktisch eins zu eins der hier für den Text des *Brut* dargelegten Abwertung der *matiere de Bretagne* durch die im Text vorgenommene Hierarchisierung der Stimmen und das dominant gesetzte Autorisierungsprinzip der Bezugnahme auf das «veir» und die «verité».

Ein zweites Beispiel weist in eine ähnliche Richtung. Im Manuskript J (BnF f. fr. 1416), einer gegen Ende (oder bereits kurz nach der Mitte) des 13. Jahrhunderts wohl im pikardischen Raum angefertigten Handschrift, die Jane Bliss und Judith Weiss jüngst im *Medium Ævum* untersucht haben, steht der *Roman de Brut* ebenfalls direkt im Anschluss an den *Roman d'Enéas* (dieser endet auf f. 63^r, jener beginnt auf f. 63^v). Die Kombination des *Brut* mit dem Eneasroman soll dabei im Allgemeinen von einer «kontinentalen» Traditionslinie zeugen, die – als eine von zwei Traditionslinien einer «dualen Rezeption» des *Brut* – weniger auf dessen Verständnis als (genuin englische) Geschichtsdarstellung abzielt, sondern den Text als «background for vernacular works of fiction» (Le Saux 2010, 87) aufzufassen scheint.

Diese Einschätzung – wie überhaupt die Übertragung der heuristisch strikten Trennung der Traditionslinien auf die einzelnen Handschriften – erweist sich jedoch im Falle von J als höchst problematisch. Zunächst fällt auf, dass in J die die

Schilderung von Artus' Transport nach Avalon einleitende Referenz auf «la geste» (13275, cf. Abschnitt II) durch diejenige auf eine per (mittelalterlicher) definitionem schriftlich fixierte Darstellung, «l'estoire», ersetzt worden ist.[25] Zudem sind zwei, die historiographische Stimme ebenfalls verstärkende Verse im Anschluss an die heilsgeschichtlich rückgebundene Datierung (BnF, f. fr. 1416, f. 147[v]) eingefügt, so dass das Ende des Artusreiches in J wie folgt kommentiert wird:

> «Pur veir, puis l'Incarnatiun
> De nostre seignor Jhesu Crist
> Si comme nos l'estoire dist.
> Cinc cenz e quarante dous anz.
> Damage fud qu'il not enfanz.» (*Wace, Roman de Brut*, 13292–13294 sowie 13292a und b).

Wir haben es im Text von J daher mit einer – deutlicher als z. B. in D –[26] durch die chronikalisch-heilsgeschichtliche Stimme geprägten Erzählinstanz zu tun, deren mehrfacher Verweis auf eine vorgängige «estoire», zusammen mit dem Rekurs auf die Heilsgeschichte auch an den autoritativen Erzählgestus des Prosaromans aus der 1. Hälfte des 13. Jahrhunderts erinnert.[27] Interessant ist in diesem Zusammenhang, dass eine weitere Ergänzung im unmittelbaren Anschluss an die *Partie arthurienne* erfolgt, welche sich nicht in den übrigen erhaltenen Handschriften des *Roman de Brut* findet. In der (weitestgehend) auf die Edition von Ivor Arnold zurückgehenden Textgestalt der Weiss'schen «Ausgabe», basierend auf den Handschriften P und D – im Falle unserer Verse handelt es sich (ab Vers 12000) um den Text von D – heißt es unmittelbar im Anschluss an die das Ende der *Partie arthurienne* bildende Textstelle, dass Artus Constantin von Cornwall, seinem Cousin, die Herrschaft über sein Reich übertragen habe, jedoch nur solange, bis er wiederkehren werde:

> «Al fiz Cador, a Costentin,
> De Cornuaille, sun cusin,
> Livra sun regne si li dist
> Qu'il fust reis tant qu'il revenist.» (*Wace, Roman de Brut*, 13295–13298).

---

25 Cf. zu Bedeutung von «estoire», wenn auch nicht in allen Details überzeugend, Damian-Grint (1997).

26 Cf. zur Handschrift D (Durham Cathedral C. IV. 27.I die Edition von Ivor Arnold, 1938–1940, vol. 1, vi sowie lx-lxii. Es handelt sich um eine der wenigen Handschriften aus dem 12. Jahrhundert.

27 Zum narrativen Zusammenhang des Prosa-Lancelot-Gral-Zyklus und Waces *Roman de Brut* erhellend Trachsler (2003, 29–32).

Es bleibt im Text formal offen, ob dies geschieht, und die Abwesenheit weiterer Bemerkungen lässt bezüglich der Möglichkeit von Artus' Wiederkehr auch an dieser Stelle einzig die «Wahrheit des Zweifels» bestehen. In Handschrift J werden jedoch zwei weitere Verse angefügt, die zum Ausdruck bringen, dass Constantin die Herrschaft wie von Artus vorgesehen übernahm, Artus aber definitiv nicht wiederkehrte:

> «Chil prist la tere si la tint.
> Mais ainc puis Artus ne revint.» (HS J, fol. 147 147[v]).[28]

Der «Redaktor» von J (bei aller Vorsicht, mit der die letztlich rezeptionsästhetische Rekonstruktion einer produktionsseitigen Instanz vorgenommen und gedeutet werden muss)[29] hatte also mit dem Aufschub des Zweifels, wie er durch die Stimme der *matiere de Bretagne* repräsentiert und durch die übergeordnete «Stimme der Chronik» in HS D nicht immer vollständig aufgehoben wurde, gebrochen und im Anschluss an die Autorität der (Heils)Geschichte das chronikalische Prinzip der hierarchischen Anordnung aller verfügbaren Stimmen im Hinblick auf die Notwendigkeit einer vereindeutigenden und sofort verfügbaren Wahrheit konsequent umgesetzt. Möglicherweise reagierte der Redaktor damit auch auf die hier aufgezeigte – für ihn jedoch nicht als «spielerisch» aufzufassende – partielle Destabilisierung der Autorität der Erzählinstanz, die offenbar auch seine Vorlage prägte, indem er deren Vermeidungs- und Aufschiebegestus durch die vorgenommenen Änderungen und die hinzugefügten klärenden Verse Einhalt gebieten wollte.

---

28 Die Verse werden bei Bliss/Weis (2012, 224), leider nur paraphrasiert (im Appendix der von Weiss 1999 leicht veränderten Edition fehlen Arnolds Angaben aus dem kritischen Apparat [vol. 2, 694]). Auf die oben erörterten, unmittelbar mit dem Ende der *Partie arthurienne* in Zusammenhang stehenden weiteren Modifikationen der Handschrift wird ebenfalls nicht eingegangen. Es heißt (mit unzureichender Interpretation) lediglich: «Of particular interest is the couplet added after line 13298, which tells us that Constantine took over the realm and Arthur never returned. We may conclude that the Arthurian section of the *Brut* held particular interest for the author of J's exemplar».

29 Dies zeigt an einem gänzlich anders gelagerten Beispiel erhellend Martin Baisch (2004, bes. 98–101), der zu Recht vor der Absolutsetzung rekonstruierter historischer Möglichkeiten von Varianz für die heutige Interpretation mittelalterlicher Texte warnt.

Bibliographie

Primärliteratur

Arthurian Chronicles: Roman de Brut, translated by Eugene Mason, London, Dent, 1912.

Jehan Bodel, *La Chanson des Saisnes*, ed. Annette Brasseur, Genf, Droz, 1989.

La Partie arthurienne du Roman de Brut (Extrait du manuscrit B. N. fr. 794), ed. avec introduction, glossaire, notes et bibliographie Ivor D. O. Arnold/Margret M. Pelan, Paris, Klincksieck, 1962. (= ms. K, i.e ms. Guiot)

Wace, Le Roman de Brut de Wace, ed. Ivor Arnold, 2 vol., Paris, Société des Anciens textes Français, 1938–1940. (basiert auf mss. «P», bis Vers 11999, und «D», ab Vers 12000)

Wace, Roman de Brut, in: BnF, fr. 1416, fol. 63ᵛ-fol. 182ᵛ (explicit des *Brut* auf fol. 185ᵛ). (= ms. «J»)

Wace's Roman de Brut: a history of the British. Text and Translation, ed. Judith Weiss, Exeter, The University of Exeter Press, 1999. (I. Arnolds Text, restituiert aber Lektüren von «D»)

Wace, Le Roman de Rou de Wace, ed. Anthony J. Holden, 3 vol., Paris, Picard, 1970–1973.

Sekundärliteratur

Baisch, Martin, *Autorschaft und Intertextualität. Beobachtungen zum Verhältnis von «Autor» und «Fassung» im höfischen Roman*, in: Thomas Bein/Rüdiger Nutt-Kofoth/Bodo Plachta (edd.), *Autor – Autorisation – Authentizität*, Tübingen, Niemeyer, 2004, 93–102.

Bein, Thomas/Nutt-Kofoth, Rüdiger/Plachta, Bodo (edd.), *Autor – Autorisation – Authentizität*, Tübingen, Niemeyer, 2004.

Bliss, Jane/Weiss, Judith, *The «J» manuscripts of Wace's* Brut, Medium Ævum 81:2 (2012), 222–248.

Blödorn, Andreas/Langer, Daniela, *Implikationen eines metaphorischen Stimmenbegriffs: Derrida – Bachtin – Genette*, in: Andreas Blödorn/Daniela Langer/Michael Scheffel (edd.), *Stimme(n) im Text. Narratologische Positionsbestimmungen*, Berlin/New York, De Gruyter, 2006, 53–82.

Blödorn, Andreas/Langer, Daniela/Scheffel, Michael, *Einleitung: Stimmen – im Text?*, in: Andreas Blödorn/Daniela Langer/Michael Scheffel (edd.), *Stimme(n) im Text. Narratologische Positionsbestimmungen*, Berlin/New York, De Gruyter, 2006, 1–8.

Blödorn, Andreas/Langer, Daniela/Scheffel, Michael (edd.), *Stimme(n) im Text. Narratologische Positionsbestimmungen*, Berlin/New York, De Gruyter, 2006.

Brownlee, Kevin/Stephens, Walter (edd.), *Discourses of Authority in Medieval and Renaissance Literature*, Hanover/London, Dartmouth College Press, 1989 (= 1989a).

Brownlee, Kevin/Stephens, Walter, *Introduction*, in: Kevin Brownlee/Walter Stephens (edd.), *Discourses of Authority in Medieval and Renaissance Literature*, Hanover/London, Dartmouth College Press, 1989, 1–19 (= 1989b).

Buttry, Dolores, *Authority Refracted: Personal Principle and Translation in Wace's «Roman de Brut»*, in: Renate Blumenfeld-Kosinski/Luise von Flotow/Daniel Russell (edd.), *The Politics of Translation in the Middle Ages and the Renaissance*, Ottawa, University of Ottawa Press, 2001, 85–106.

Damien-Grint, Peter, Estoire *as Word and Genre*, Medium Ævum 66 (1997), 189–199.

Eberle, Thomas S., *Auf den Spuren des verschwundenen Autors. Eine soziologische Raster-fahndung*, in: Felix Philipp Ingold/Werner Wunderlich (edd.), *Der Autor im Dialog. Beiträge zu Autorität und Autorschaft*, St. Gallen, UVK, 1995, 73–100.

Gouttebroze, Jean-Guy, *Pourquoi congédier un historiographe:Henri II Plantagenêt et Wace (1155–1174)*, Romania 112 (1991), 289–311.

Hult, David F., *Author/Narrator/Speaker. The Voice of Authority in Chrétien's «Charrete»*, in: Kevin Brownlee/Walter Stephens (edd.), *Discourses of Authority in Medieval and Renaissance Literature*, Hanover/London, Dartmouth College Press, 1989, 76–96.

Huot, Sylvia, *From Song to Book. The Poetics of Writing in Old French Lyric and Lyrical Narrative Poetry*, Ithaca/London, Cornell University Press, 1987.

Ingold, Felix Philipp/Wunderlich, Werner (edd.), *Der Autor im Dialog. Beiträge zu Autorität und Autorschaft*, St. Gallen, UVK, 1995.

Kleinschmidt, Erich, *Autorschaft. Konzepte einer Theorie*, Tübingen/Basel, Francke, 1998.

Kleinschmidt, Erich, *Autor und Autorschaft im Diskurs*, in: Thomas Bein/Rüdiger Nutt-Kofoth/Bodo Plachta (edd.), *Autor – Autorisation – Authentizität*, Tübingen, Niemeyer, 2004, 5–16.

Krueger, Roberta L., *The Author's Voice: Narrators, Audiences, and the Problem of Interpretation*, in: Norris J. Lacy/Douglas Kelly/Keith Busby (edd.), *The Legacy of Chrétien de Troyes*, vol. 1, Amsterdam, Rodopi, 1987, 115–140.

Langille, Édouard: *«Mençunge ou folie?»: commentaire sur la mise en «romanz» de Wace*, Dalhousie French Studies 39–40 (1997), 19–32.

Laude, Corinna, *Maskierungen. Erzählinstanzen (in) der mittelalterlichen Epik*, in: Renate Schlesier/Beatrica Trînca (edd.), *Inspiration und Adaptation: Tarnkappe mittelalterlicher Autorschaft*, Hildesheim, Weidman, 2008, 111–138.

Le Saux, Françoise H. M., *A Companion to Wace*, Cambridge, D. S. Brewer, 2010 ([1]2005).

Quast, Bruno, *«als Thômas von Britanje giht». Narratologische Überlegungen zur Funktion des Autornamens in der höfischen Epik am Beispiel des «Tristan» Gottfrieds von Straßburg*, in: Christel Meier/Martina Wagner-Egelhaaf (edd.), *Autorschaft: Ikonen – Stile – Institutionen*, Berlin, Akademie-Verlag, 2011, 133–144.

Meier, Christel/Wagner-Egelhaaf, Martina, *Einleitung*, in: Christel Meier/Martina Wagner-Egelhaaf (edd.), *Autorschaft: Ikonen – Stile – Institutionen*, Berlin, Akademie-Verlag, 2011, 9–27.

Minnis, Alastair J., *Medieval Theory of Authorship: Scholastic Literary Attitudes in the Later Middle Ages*, Philadelphia, University of Pennsylvania Press, 2010 (1988).

Müller, Jan-Dirk, *Auctor – Actor – Author. Einige Anmerkungen zum Verständnis vom Autor in lateinischen Schriften des frühen und hohen Mittelalters*, in: Felix Philipp Ingold/Werner Wunderlich (edd.), *Der Autor im Dialog. Beiträge zu Autorität und Autorschaft*, St. Gallen, UVK, 1995, 17–31.

Reis, Levilson, *Odd couple(t)s: (The) Guiot (Copy) and (the) Chrétien (Corpus)*, French Studies Bulletin.A Quarterly Supplement 112 (2009), 61–63.

Sargent-Baur, Barbara N., *Veraces historiae aut fallaces fabulae?*, in: Norris J. Lacy (ed.), *Text and Intertext in Medieval Arthurian Literature*, New York/London, Garland, 1996, 25–39.

Schlesier, Renate/Trînca, Beatrice (edd.), *Inspiration und Adaptation: Tarnkappe mittel-alterlicher Autorschaft*, Hildesheim, Weidman, 2008.

Starobinski, Jean, *Der Autor und die Autorität (Aus einem Notizbuch über die Beständigkeit und die Metamorphosen der Autorität)*, in: Felix Philipp Ingold/Werner Wunderlich (edd.), *Der Autor im Dialog. Beiträge zu Autorität und Autorschaft*, St. Gallen, UVK, 1995, 11–14.

Tillmann-Bartylla, Dagmar, *Höfische Welt und Geschichtsbedürfnis: die anglo-normannischen Verschroniken des XII. Jahrhunderts*, in: *Grundriß der romanischen Literaturen des Mittelalters*, vol. 11/1, Heidelberg, Winter, 1986, 313–350.

Trachsler, Richard, *A Question of Time: Romance and History*, in: Carol Dover (ed.), *A Companion to the «Lancelot-Grail Cycle»*, Cambridge, D. S. Brewer, 2003, 23–32.

Trachsler, Richard, *Héritiers et épigones. Les auteurs des romans arthuriens en vers après Chrétien de Troyes*, in: Brigitte Diaz/Franziska Meier/Francine Wild (edd.), *Les Héritages littéraires dans la littérature française (XVIe–XXe siècle)*, Paris, Garnier, 2014, 181–196.

Unzeitig, Monika, *Autorname und Autorschaft: Bezeichnung und Konstruktion in der deutschen und französischen Erzählliteratur des 12. und 13. Jahrhunderts*, Berlin, De Gruyter, 2010.

Walters, Lori J., *Wace and the Genesis of Vernacular Authority*, in: Catherine M. Jones/Longan E. Wahlen (edd.), *«Li premerains vers». Essays in Honor of Keith Busby*, Amsterdam/New York, Rodopi, 2011, 507–516.

Georg Jostkleigrewe
Höfischer Streit und literarische Autorität

Literatur als Parteiargument in der französischen
«Société politique» (*Paix aux Anglais, Charte aux Anglais*;
Adam de la Halle, *Le Roi de Sezile*)

Das Pariser Manuskript BnF français 837 enthält den vermutlich im Jahre 1263 oder 1264 verfassten Bericht über eine Sitzung des englischen Rates. Gegenstand der Besprechung ist die Opportunität einer Wiederaufnahme des englisch-französischen Krieges. Im Frieden von Paris hatte Heinrich III. wenige Jahre zuvor von seinem Schwager Ludwig IX. von Frankreich die Anerkennung seiner Herrschaft über das Herzogtum Aquitanien erreicht; zudem hatte dieser ihm einige im Laufe des 13. Jahrhunderts konfiszierte Gebiete zurückerstattet und ihn wieder in den Lehensverband der französischen Krone aufgenommen. Auf den restlichen Festlandsbesitz seines Hauses nördlich der Loire musste der englische König gegen eine finanzielle Entschädigung allerdings verzichten. Während der Ratssitzung wurde nun durchaus kontrovers darüber diskutiert, ob ein Versuch zur Rückeroberung der Normandie und weiterer französischer Gegenden sinnvoll sei.

Dass politische Entscheidungen des Königtums durch ausgiebige Beratungen mit den Großen vorbereitet wurden, stellte einen Grundmodus königlicher Herrschaft in den westeuropäischen Reichen des Spätmittelalters dar. Tatsächlich bestand seit der Spätantike Konsens darüber, dass ein guter Herrscher seine Entscheidungen nach reiflicher Beratung traf; ja, die Ablehnung guten Rates machte den König geradezu zum Tyrannen.[1] Die politischen Theoretiker des Mittelalters räumten der offenen und kontroversen Aussprache einen wichtigen Platz im politischen Gefüge der Königreiche ein. Ihren idealtypischen Ort erhielt sie im zweistufigen Modell einer Abfolge von geheimen und öffentlichen Ratsversammlungen: Im «colloquium secretum» diskutierte der Herrscher mit seinen wichtigsten Großen und Beratern ergebnisoffen die unterschiedlichen Handlungsmöglichkeiten. Im «colloquium publicum» wurde die getroffene Entscheidung einer breiteren Öffentlichkeit vorgestellt und durch den dortigen Konsens gewisserma-

---

1 Zum Tyrannen als diskursiven Gegenmodell des wohlberatenen Königs cf. Ubl (2015); zum bereits in der theodosianischen Lex *Humanum* niedergelegten Ideal der Beratung jeder (legislativen) Entscheidung cf. Petit-Renaud (2003, 316–341) sowie Canteaut (2010, 157s.).

ßen ratifiziert.[2] Gerade die Kontroversen und Auseinandersetzungen des «inner circle» bleiben in den archivalischen und historiographischen Zeugnissen der Zeit freilich hinter der Fassade der souveränen königlichen Entschlüsse oder des einhelligen Konsenses der Großen verborgen. Die zeitgenössischen Dokumente erwähnen nur selten offenen Streit und benennen noch seltener konkrete Konfliktakteure am Hof. Wir sind daher über den genauen Ablauf kontroverser Ratssitzungen zumeist kaum informiert; dass auch die wörtliche Rede protokolliert wird, wie dies im Manuskript BnF français 837 der Fall ist, stellt eine ausgesprochene Seltenheit dar.

Auf der oben erwähnten Ratsversammlung sprechen sich die anwesenden Barone nun fast alle für den Krieg aus. Neben Heinrichs Bruder – dem damaligen römischen König Richard von Cornwall – und dem Thronfolger Edward sind dies die Grafen von Norfolk, Gloucester und Winchester. Nur Simon de Montfort, der Graf von Leicester, warnt: Franzosen seien keine Lämmer, der Krieg werde kein Spaziergang. Heinrich lässt sich von solcher Schwarzseherei freilich nicht beeindrucken. Er will die Normandie zurückerobern und anschließend auf Paris vorrücken, die Sainte-Chapelle mitsamt den dort befindlichen Passionsreliquien nach London verschicken und seinen Sohn Edward in Saint-Denis zum König krönen lassen.

Um den Charakter des betreffenden Berichts zu illustrieren, folgen dessen wichtigste Passagen nebst der neufranzösischen Übersetzung des Editors, die manche Derbheiten und Barbarismen der englischen Sprecher bzw. Protokollanten stillschweigend bereinigt:

v. 29–33	*Le bon rai d'Ingleter se trama a .I. part,*	Le bon roi d'Angleterre se retira
	Li et Trichart, sa frer, irrous comme lipart.	d'un côté – lui et Richard, son
	Il suspire de cul, si se claima a l'art:	frère, irrité comme un léopard. – Il
	«Hui! Diex, com puis je voir de Normandi ma	soupire du fond du cœur, et s'écrie
	part?» [...]	avec force: – «Hé! Dieu, comment
		puis-je avoir ma part de Normandie?» [...]

---

2 Zu den unterschiedlichen Typen (hoch-)mittelalterlicher Ratsversammlungen und ihrem Ineinanderwirken cf. Althoff (1990). Die Abfolge von «colloquium secretum» und «colloquium publicum» ist bereits am Ende des 9. Jahrhunderts in der Schrift *De ordine palatii* des Reimser Erzbischofs Hinkmar als politisches Ideal vorgestellt worden; cf. dazu Patzold (2007, 78) sowie Schneidmüller (2000, 79). In der Realität mittelalterlicher Herrschaft dürften «geheime» und «öffentliche» Ratsversammlungen wohl nicht scharf voneinander abzugrenzen gewesen sein; es ist vielmehr anzunehmen, dass wir es mit unterschiedlich abgestuften Öffentlichkeiten zu tun haben, innerhalb deren Rat in je unterschiedlichen Formen gegeben bzw. eingeholt werden konnte.

v. 41–44 «*Se je pois rai François a bataille contrier,* «Si je puis rencontrer le roi de
          Et je porrai mon lance desus son cul poier, France à la bataille, – et si je puis
          Je crai que je ferra si dourrement chier, appuyer ma lance sur son cœur, –
          Qu'il se brisa son test, ou ma cul fu rompier». [...] je crois le faire si durement choir, –
                                                       qu'il se brisera la tête, ou que mon
                                                       cœur sera enfoncé». [...]

v. 69s.   «*Je pandra bien Parris, je suis toute certaine;* «Je prendrai bien Paris, j'en suis
          Je bouterra le fu en cele eve qui saine». [...] tout certain; – je mettrai le feu à
                                                       l'eau de Seine». [...]

v. 73–80 «*Par la .V. plais a Diex, Parris fout vil mult grant.* «Par les cinq plaies de Dieu, Paris
          Il i a .I. chapel dont je fi coetant. est une ville très grande. – Il y a
          Je le ferra portier, a .I. charrier rollant, une chapelle que je désire; – je la
          A saint Amont a Londres toute droit en estant. ferai porter sur un chariot roulant –
          Quant j'arra soz Parris mené tout mé naviaus, à Saint-Edmond à Londres, toute
          Je ferra le moustier saint Dinis la chanciaus droite, debout.
          Corronier d'Adouart soz sa blonde chaviaus. Quand j'aurai mené tous mes
          La voudra vous toer de vaches a porciaus». navires sous Paris, – je ferai, dans
                                                       le chœur de l'église de Saint-
                                                       Denis, – couronner Edouard sur
                                                       les blonds cheveux. Là vous tuerez
                                                       vaches et pourceaux».

Den Baronen bleibt angesichts solcher Pläne nur begeisterte Zustimmung:

v. 85–88 «*Sir rai», ce dit Rogier, «por Dieu a mai entent!* «Sire roi», dit Roger [Bigod], «pour
          Tu m'as percé la cul, tel la pitié m'aprent. Dieu écoutez-moi! – Vous m'avez
          Or doint Godelamit par son culmandement, percé le cœur tant la pitié me
          Que tu fais cestui chos bien gloriousement!» prend. – Que Dieu Tout-Puissant
                                                       [= God Almighty], par son comman-
                                                       dement, te donne – de faire cette
                                                       chose bien glorieusement».[3]

1 Politische Satire und literarische Autorität

Es ist unschwer zu erkennen, dass der oben wiedergegebene Text, der sich nach
außen hin als halb-dramatischer Bericht eines englischen Herolds oder Ménestrel

---

3 *Paix aux Anglais*, ed. Edmond Faral, *Mimes français du xiiie siècle (Textes, notices et glossaire)*,
Paris, Champion, 1910, iterum impr. Genf, Slatkine, 1973, 43–47. Im Folgenden wird der Text als
Paix aux Anglais im Fließtext angegeben.

über die betreffende Ratssitzung darstellt, in Wirklichkeit eine französische Satire ist. Der Text erhält seinen spezifischen Charakter nicht zuletzt durch die Verwendung eines vorgeblich anglo-französischen Jargons oder Akzentes, mit dessen Hilfe der Autor auf Kosten der Engländer komische Effekte erzielt und – so darf man annehmen – das wahre Wesen des englischen Königs und seiner Gefolgsleute zu demaskieren versucht. Man wird nicht eigens betonen müssen, dass die angeblichen englischen Angriffspläne ganz und gar aus der Luft gegriffen sind. Den Anlass der Abfassung bildete vielmehr die Bitte des englischen Königs um französische Unterstützung gegen seine rebellischen Barone. Diese opponierten unter der Führung des Grafen von Leicester, Simon de Montfort, seit den 1250er Jahren in wechselnden Konstellationen gegen die Politik Heinrichs III.[4]

Die in der Überlieferung als *Paix aux Anglais* bezeichnete Dichtung ist nicht die einzige Satire, die in diesem Zusammenhang entstanden ist. Wir kennen auch eine zeitgleiche Urkundenparodie, die sogenannte *Charte aux Anglais*, die vielfältige Anklänge an die *Paix* aufweist. Sie spielt mit dem Kunstgriff der Inversion, konstruiert gewissermaßen eine verkehrte Welt, in der das Heute vor dem Gestern kommt und der französische König ein Lehensmann des Englischen ist. Ähnlich wie in der *Paix* werden auch hier durch die Nutzung des anglo-französischen Jargons oder Akzentes komisch-obszöne Effekte erzielt. Das gilt insbesondere für die rekurrente Verwendung der Worte «cul» ('Arsch') und «foutre» ('ficken').

Wie schon die *Paix* rückt auch die *Charte* das Verhältnis des französischen Königs zu seinem englischen Gegner in die Nähe einer homosexuellen Verbindung oder Vergewaltigung. Plant der englische König Heinrich in der *Paix aux Anglais* etwa, den französischen König Ludwig durch einen Stoß seiner «Lanze» auf den «cul» zu Fall zu bringen, so bekräftigt er die Geltung der *Charte* durch den Aufdruck bzw. das Anhängen seines Siegels «von hinten an den Arsch».[5]

---

4 Zur Datierung, historischen Kontextualisierung und Deutung dieser und zweier weiterer verwandter Satiren cf. Jostkleigrewe (2010, besonders 10–13).

5 *Paix aux Anglais,* 44, v. 41–44: «Se je pois rai François a bataille contrier, / Et je porrai mon lance desus son cul poier, / Je crai que je ferra si dourrement chier, / Qu'il se brisa son test, ou ma cul fu rompier»; *Charte aux Anglais,* ed. Faral, *Mimes français du xiiiᵉ siècle (Textes, notices et glossaire)*, Paris, Champion, 1910, iterum impr. Genf, Slatkine, 1973, 49: «Et por ce que je veele que ce chos fout fiens en estable, je veele pendez ma saiele a ce cul par derrier, avoecques la saiele a mi barons d'Ingleter». Im Folgenden wird der Text als *Charte aux Anglais* im Fließtext abgekürzt. Zum hier aufgerufenen Bildtypus des «Siegels am Arsch», der in frühneuzeitlichen Schandbriefen reich belegt ist, cf. Lentz (2002, 196 sowie 206, Abbildung 1) und allgemeiner Lentz (2004). Ein spätes Beispiel für die sexualisierte Verwendung dieses Motivs in einem Schmähgedicht zitiert Kuhn (2008, 373): «Hier hast du meine Hand / mein Arsch zum Unterpfand / jetzt ist ir Herr nicht hier / so stekt sie den Bettschaft (= Petschaft) für». – Zur gesellschaftlich-politischen Semantik von Sodomievorwürfen gegen den König und seine Berater in

Zugleich verspotten beide Texte die ausgeprägte Passionsfrömmigkeit, die Heinrich III. und Ludwig IX. von Frankreich miteinander verbindet. Wir haben in der *Paix* bereits gesehen, dass Heinrich die Pariser Sainte-Chapelle mit ihren Reliquien begehrt – und zwar auf englisch-unangemessene Weise, «en couet-tant»: indem er nämlich mit dem Schweif wedelt, den die mittelalterlichen Engländer einem gängigen Stereotyp zufolge besitzen.[6] Der Verfasser der *Charte* geht in seiner Urkundenparodie noch weit über einen solchen, im Vergleich geradezu feinsinnigen Humor hinaus. Er wandelt die Datierungsformel der Urkunde ohne textintern ersichtliche Notwendigkeit in eine hochgradig obszöne Parodie der Maria-Magdalena-Erzählung aus dem Auferstehungsbericht der Evangelien um.[7]

Bei aller Lust an burlesker Parodie wird man die beiden Texte nicht für Meisterwerke satirischer Literatur halten. Die nicht allzu umfangreiche bisherige Forschung hat sie als frühe Beispiele weltlicher dramatischer Dichtung, als literarische Auseinandersetzung mit Phänomenen des Sprachkontakts und als Zeugnisse für die französische Wahrnehmung der mittelalterlichen Engländer untersucht; herausragende literarische Qualitäten sind dabei nicht entdeckt

---

der französischen Vormoderne cf. meine unveröffentlichte Habilitationsschrift: Jostkleigrewe (2015, Kapitel 5.2, darin auch eine detaillierte Interpretation weiterer homosexuell-sodomitischer Invektiven in den betreffenden Satiren).

6 Cf. *Paix aux Anglais*, 46, v. 73s.: «Par la .V. plais a Diex, Parris fout vil mult grant. / Il i a .I. chapel dont je fi coetant». Der Verfasser der Satire nutzt hier den englischen Jargon zur Erzeugung eines anti-englischen Wortspiels. Was Heinrich eigentlich ausdrücken möchte, ist, dass er den Besitz der Sainte-Chapelle begehrt: «co(n)veiter». Tatsächlich sagt er hingegen, dass er – als schweif-tragender Engländer – angesichts der Sainte-Chapelle gierig mit dem Schwanz wedelt: «coeter» (cf. dazu auch Faral, *Mimes français*, 47, Anmerkung zu v. 74). Zum Stereotyp des «Anglicus caudatus» cf. etwa die Stereotypensammlung von Walther (1959, Nr. 15, 117, 176, 266, 280, 289).

7 Cf. *Charte aux Anglais*, 49s.: «[Donné en] L'an de l'incarnation [...], a orre que Mari Masalaine chata ce honissement a honissier les .V. plaies Jesoucriet nostre Sinors [...]; et Marri Mauvaise-Alaine portez ce honissement a la Saint Supoucre; et Marri Mauvaise-Alaine veez l'angiel; et l'angiel pona Marri: ‹Marri, quei quieré vous quei?›; et Marri pona: ‹Je quere Jhesum qui fout a la crucefimie›; et l'angel pona a Marri: ‹Marri! Marri! aleici! aleici! il ne fout pas ci; il fout alé cestui matin a Galerrie!›». Der Verfasser erzeugt mithilfe des anglo-französischen Jargons ein hohes Maß an Obszönität: Aus den altfranzösischen Formen von *oindre* ('salben') wird *honir, honnissement* ('schänden', 'Schändung'). Im Gespräch der Maria Magdalena mit dem Engel erscheint drei Mal die auf den gekreuzigten bzw. auferstandenen Christus bezogene Form «fout» (statt entsprechender Formen von «être»). Die Ankündigung, dass der Auferstandene seinen Jüngern nach «Galerrie» ('réjouissance'; statt «Galilée») vorausgehe, und die zu «Alez ici» umgeformten Halleluja-Rufe des Engels verweisen in das Milieu der Prostitution (cf. afrz. «gaalise» 'Bordell'), wobei sich der Satiriker die Tatsache zunutze macht, dass Maria Magdalena in der Tradition mit der reuigen Ehebrecherin der Evangelien (cf. Lk 7, 36–50; Joh 8, 3–11; 12, 3–8) gleichgesetzt wurde.

worden.[8] Wenn *Paix* und *Charte aux Anglais* gleichwohl am Beginn des vorliegenden Beitrags stehen, so deshalb, weil der Blick auf die beiden Werke die Thematik unseres Bandes in spezifischer Weise zu konturieren hilft. Tatsächlich stellt sich das Problem von Autorschaft und Autorität hier nicht nur in besonderer Schärfe, sondern auch in anderer Form, als die Herausgeber ursprünglich erwartet haben. Denn die Autorisierungs- und Authentifizierungsstrategien der beiden Satiren sind nicht primär auf literarischer, intertextueller Ebene zu diskutieren. Vielmehr stellen sie ein Problem von durch und durch außerliterarischer, vielleicht sogar existentieller Bedeutung dar. Tatsächlich hatten der oder die Verfasser allen Grund, ihre persönliche Identität hinter den Autorfiktionen der halb-dramatischen Ménestrel-Dichtung und der Urkundenparodie zu verbergen. Bei *Paix* und *Charte* handelt es sich nicht nur um wohlfeile Invektiven gegen die Engländer, sondern vor allem um heftige Angriffe gegen den französischen König Ludwig IX., die religiösen Imperative seines Herrschaftshandelns und die Politik des Ausgleichs, ja der Unterstützung des englischen Königtums. Ganz gleich, ob Ludwig als Opfer bzw. passiver Empfänger sodomitischer Penetrationsakte des englischen Königs inszeniert oder die Passionsfrömmigkeit beider Monarchen auf krude Weise persifliert wird: Beide Satiren bewegen sich trotz des grundsätzlichen Wohlwollens, mit dem das Mittelalter der Parodie begegnet, doch auf schmalem Grat in einer Zeit, die Blasphemie, widernatürliche Unzucht und Majestätsverletzung als Bestandteile ein und desselben Verbrechenskonnexes zu konstruieren beginnt.[9]

Die satirische Autorfiktion, die die inkriminierbaren Äußerungen der englischen Seite zuschreibt, aber von den Zeitgenossen gewiss nicht für bare Münze genommen wurde, stellt angesichts dessen nur *eine* Ermöglichungsbedingung für die Äußerung derart vehementer Kritik dar. Tatsächlich können die Satiren ihr Potenzial nur dort freisetzen, wo die Kritik an Person und Politik des Königs bereits extern autorisiert ist, zumal auf die Anwendung weiterer, textinterner Autorisierungsstrategien verzichtet wird. Daher setzt die Aufführung von *Paix* und *Charte* implizit die Existenz oppositioneller politischer Autorität im Umfeld des französischen Hofes voraus: Die Satiren sind als Produkt des Konfliktes zweier

---

8 Cf. die einschlägigen Ausführungen in der Einleitung der Edition von Faral (1973, 31–39); Lalou (1988, 550); Rickard (1968, 172); Borghi Cedrini (1979–1980); hinsichtlich Datierung und historischer Deutung der Satiren bleibt das letztgenannte Werk bei älteren Zuordnungen stehen, die ich an anderer Stelle kritisiert habe, cf. Jostkleigrewe (2010, besonders 6–13).

9 Cf. zum Nexus von Majestätsverbrechen, Blasphemie und Sodomie, dem Prototyp des «crimen nefandum», Chiffoleau (1990, 289, 296 et passim); Hoareau-Dodinau (2002, zusammenfassend 275s.).

Parteien zu verstehen, die hinsichtlich der gegenüber dem englischen König einzuschlagenden Politik mit Nachdruck unterschiedliche Auffassungen vertraten.

Aus geschichtswissenschaftlicher Sicht ist dies ein beachtlicher Gewinn an konkreter historischer Kenntnis. Obgleich die generelle Annahme, dass das sich zum monarchischen Staat verdichtende französische Königreich durch Parteikonflikte geprägt ist, aus prinzipiellen Erwägungen heraus uneingeschränkt plausibel erscheint, lassen sich konkrete Parteigegensätze nur selten fassen: Solange sie nicht gewalttätig eskalieren, werden sie von der zeitgenössischen Historiographie zumeist überspielt. Die Forschung hat daher die wenigen historiographischen Hinweise auf eine ernsthafte Opposition gegen die englisch-französische Aussöhnung der 1250er und 1260er Jahre entweder nicht zur Kenntnis oder doch nicht ernst genommen.[10] Angesichts dessen stellen *Charte* und *Paix aux Anglais*, die wir in naiver Lektüre einleitend als Zeugnis für Parteiauseinandersetzungen am englischen Hof gelesen haben, tatsächlich eine wichtige Quelle für die Kenntnis der Konflikte verfeindeter Hofparteien dar – wenn auch nicht im englischen, sondern im französischen Königreich.

Indes stehen genuin geschichtswissenschaftliche Fragestellungen nicht im Fokus unserer gemeinsamen Arbeit. Insofern hat eine im eigentlichen Sinne historische Analyse dieses spannenden Beispielfalles im Rahmen des vorliegenden Bandes zu Recht keinen Platz zu beanspruchen.[11] Vielmehr sollen die bisherigen Überlegungen als Ausgangspunkt dienen, um das Feld der politischen Dich-

---

10 Historiographische Verweise auf die Opposition «derer im Rat» bzw. des französischen «baronagiums» gegen den englisch-französischen Friedensschluss finden sich bei Jean de Joinville, *Histoire de Saint Louis, roi de France*, ed. Natalis de Wailly, Paris, Renouard, 1868, 23: «La pais qu'il fist au roy d'Angleterre fist-il contre la volentei de son consoil»; *Histoire de Saint Louis*, 244: «Il avint que li sains roys pourchassa tant, que li roys d'Angleterre, sa femme et sui enfant vindrent en France pour traitier de la paiz de li et d'aus. De ladite paiz furent mout contraire cil de son consoil»; sowie Matthaeus Paris, *Chronica Maiora*, ed. Henry R. Luard, London, Longmans, 1877, iterum impr. Nendeln, Kraus, 1964, vol. 4, 646 (Widerstand der «consiliarii, scilicet nobiles quidam»); vol. 5, 482 (Widerstand des französischen «baronagiums»); vol. 5, 649s. («negatorie et nugatorie» vorgetragene, verächtliche Ablehnung des englischen Wunsches nach vollständiger Restitution der Festlandslehen durch den französischen Rat). Zur Einschätzung dieser Zeugnisse durch die aktuelle mediävistische Forschung cf. beispielhaft Eickels (2002, 208): «Daß die Ratgeber des Königs in einer so wichtigen Frage tatsächlich so lange Widerstand gegen den ausdrücklichen Willen des Königs leisteten, ist kaum vorstellbar. Wahrscheinlich gehörte es zur Selbstinszenierung Ludwigs IX. als *rex pacificus* (und zur Verhandlungsstrategie der französischen Seite), daß der König gegenüber den englischen Gesandten die der königlichen Milde angemessene Rolle des ‹guten› wohlwollenden, sein Rat dagegen die undankbare Rolle des ‹bösen› sich verweigernden Verhandlungspartners übernahm».
11 Dies gilt umso mehr, als ich an anderer Stelle bereits eine umfassende Untersuchung der angeführten Satiren vorgelegt habe, cf. Jostkleigrewe (2010).

tung im Frankreich des 13. und frühen 14. Jahrhunderts genauer zu vermessen. Im Folgenden werden daher die Probleme einer im weitesten Sinne politischen Nutzung von Literatur in den Blick genommen; dabei fragen wir zugleich nach den Wechselwirkungen zwischen gesellschaftlich verbürgter Macht und literarisch fundierter Autorität. In einem ersten Schritt werden dazu Schneisen durch ein noch zu erschließendes Forschungsfeld gelegt. In einem zweiten Abschnitt rückt mit dem *Roi de Sezile* des Adam de la Halle dann wieder ein konkreter Text in den Mittelpunkt, der vor dem Hintergrund der bis dahin gewonnenen Erkenntnisse als ein Beispiel politischer Nutzung von Literatur interpretiert wird.

2 Politik und Literatur in Frankreich. Ansätze zur Erschließung eines Untersuchungsfeldes (1250–1360)

Wenn im Folgenden nicht von politischer Dichtung, sondern von der politischen Nutzung von Literatur gesprochen wird, so macht dies deutlich, dass wir es nicht mit einem klar definierten oder gar in Gattungsbegriffen zu fassenden Phänomen zu tun haben.[12] Warum wären etwa die einleitend besprochenen Satiren als politische Texte zu betrachten? Weil sie ebenso wie zahlreiche andere Satiren auf wenig höfische Art Kritik oder Ressentiments zum Ausdruck bringen, die sich hier gegen die Engländer, an anderer Stelle gegen den vermeintlichen Sittenverfall von Adel, Klerus, Bürgern oder Bauern richten? Oder weil sie Produkte eines Parteikonfliktes sind, der in den Texten selbst freilich gar nicht explizit thematisiert wird? Es wäre nicht sinnvoll, hier exklusiv eine Entscheidung zu treffen: Ein solches definitorisches Vorgehen würde bedeuten, die Mehrstimmigkeit

---

12 Die Problematik einer Abgrenzung «politischer Literatur» ist in einer einschlägigen germanistischen Textsammlung sehr knapp diskutiert bei Müller (1972, I). Die romanistische Mediävistik hat nur ausgewählte literarische Texte im Hinblick auf ihre politische Funktion untersucht, cf. hier beispielhaft die Arbeiten von Mühlethaler (1994) zum *Fauvel*; Mühlethaler (1987). Die historisch arbeitende Mediävistik hat sich vor allem mit bestimmten, als besonders aussagekräftig erachteten literarischen Genres beschäftigt (wie z. B. der mittelhochdeutschen Sangspruchliteratur). Andere Ansätze einer sowohl historischen wie literaturgeschichtlichen Analyse sind demgegenüber vernachlässigt worden. Die Arbeiten von Heinz Thomas etwa, der in verschiedenen Aufsätzen sowohl mittelhochdeutsche Epik und höfische Romanliteratur wie auch andere epischen Kleinformen als Schlüsselliteratur deutet (cf. z. B. Thomas 1998; 1986a; 1986b) sind weder von der geschichtswissenschaftlichen noch von der literaturwissenschaftlichen Mediävistik ernsthaft aufgegriffen und weitergeführt oder auch kritisiert worden.

der konkreten Texte auszublenden und ihre Interpretation willkürlich auf eine einzige Perspektive zu verengen. Für jede umfassende Untersuchung des politischen Gebrauchs von Literatur folgt aus dieser Einsicht dann allerdings auch eine grundlegende Einschränkung: Wir können letztlich allein Schneisen durch ein Feld legen, dessen Konturen nur in Umrissen wahrnehmbar sind.

Der hier zu leistende Überblick über den politischen Gebrauch von Literatur im Frankreich des 13. und 14. Jahrhunderts setzt daher nicht bei einer Gattungsdefinition an, sondern bei einem Diskurskonstrukt, das fest in die Grundstrukturen der spätmittelalterlichen französischen Gesellschaft eingeschrieben ist und das bereits die oben besprochenen satirischen Texte prägt. Tatsächlich stellen sich *Paix* und *Charte aux Anglais* als Produkt einer typischen Konfliktkonstellation dar: Sie entspringen dem polemisch überspitzten Gegensatz zwischen denjenigen, die als Berater das Ohr des Königs besitzen, und einer Partei, die sich als Wahrerin der Interessen des Adels inszeniert. Im satirisch ausgefochtenen Streit um die französische Englandpolitik der 1250er und 1260er Jahre verlaufen die Konfliktlinien dabei mitten durch die königliche Familie: Während die französische Königin Margarete von Provence nach dem Friedensschluss von Paris zusammen mit ihrer Schwester Eleonore, der Gattin Heinrichs III. von England, unentwegt auf eine weitergehende Kooperation mit dem englischen Königtum hinarbeitet, sammeln sich die baronialen Gegner des englischen Bündnisses hinter den Königsbrüdern Alfons von Poitiers und Karl von Anjou, deren Apanagen in unmittelbarer Nachbarschaft der englischen Festlandslehen gelegen sind. Dabei wird der Konflikt zwischen den Parteien zusätzlich noch dadurch befeuert, dass Margarete und Eleonore mit Karl von Anjou, dem Ehemann ihrer jüngsten Schwester Beatrix, im Streit liegen. Gemäß dem provenzalischen Erbrecht war Beatrix bei ihrer Heirat mit Karl als Erbtochter behandelt worden und hatte diesem die Grafschaft Provence in die Ehe gebracht. Da die konkurrierenden Ansprüche von Eleonore und Margarete nach deren Meinung nicht angemessen abgegolten worden waren, fordern sie nun einen Teil der Grafschaft als väterliches Erbe.

Konflikte zwischen einer anti-englischen und einer englandfreundlichen Partei sind am französischen Hof und in der politischen Gesellschaft des Königreiches aber auch jenseits des provenzalischen Erbstreits immer wieder zu beobachten. Die *Charte aux Anglais* etwa wird 35 Jahre nach ihrer Entstehung in einer ähnlichen Situation erneut aufgegriffen, um Opposition gegen die allzu milde Englandpolitik des Königs zum Ausdruck zu bringen. Während eines Konfliktes mit dem englischen König hatte Philipp IV. 1294 die englische Guyenne konfiszieren lassen, im Vertrag von Montreuil (1299) aber deren Rückgabe vereinbart und damit die Interessen oder Befindlichkeiten all derjenigen Barone innerhalb wie außerhalb Aquitaniens verletzt, die von der französischen Intervention profitiert oder sie befürwortet hatten. In der fragmentarisch überlieferten *Nouvelle Charte* geißelt nun ein Exponent dieser Gruppe mit drastischen Worten das schwächliche Handeln Philipps, der sich vom englischen König Eduard bis auf die nackte Haut habe ausziehen lassen.[13] Auffälligerweise lehnt sich diese Opposition ebenfalls an einen Königsbruder an – an Karl von Valois nämlich, der die Konfiskation militärisch vollstreckt hatte und der später auch anderweitig als Anführer der baronialen Opposition gegenüber den Exponenten der königlichen Zentralverwaltung auftritt.[14] Hier zeigt sich übrigens eindrücklich der systemstabilisierende Charakter solcher Parteiungen: Sie dienen nicht nur der Äußerung partikularer Interessen, sondern auch der Abfederung unvermeidlicher Antagonismen innerhalb der «Société politique» des Königreiches.[15]

Der literarische Austrag von Parteikonflikten ist aber selbstverständlich nicht auf das englisch-französische Problemfeld beschränkt. In den 1250er Jahren schlugen sich Auseinandersetzungen um die Begrenzung der baronialen Gerichtsbarkeit in einem Lied nieder, das in polemischer Überspitzung die Versklavung des französischen Adels durch König Ludwig IX. beklagte; den konkreten Anlass bildete wahrscheinlich das Vorgehen des Königs gegen Enguerrand de Coucy, der zwei Oblaten des Klosters Saint-Denis wegen Jagdfrevels kurzerhand hatte aufhängen lassen.[16] In den 1350er Jahren eskalierten Spannungen

---

13 Cf. *Nouvelle Charte de la paix aux Anglais*, ed. Faral, *Mimes français du xiiie siècle (Textes, notices et glossaire)*, Paris, Champion, 1910, iterum impr. Genf, Slatkine, 1973, 51: «Quant [roy Dadoarz] voleré mangier, roi Phelippote devestir soi toz nuz, et trancherer devant Dadoarz, et direrz: ‹Boi, menger, bon roi Dadoarz!› et roi Dadoarz dirré: ‹Chetis rois Phelippote, je serré sire et tu serré mon garçon››».

14 Zur Rolle Karls von Valois als Anführer der anti-englischen Partei am französischen Hof cf. Vale (1990, 196–200, mit prononcierter Zusammenfassung 199s.): «It seems that Edward I's *de facto* sovereignty over Aquitaine was a standing provocation in the eyes of an influential party within the French royal council, especially when it stood in the way of Valois ambitions»; zu seiner Rolle bei der französischen Konfiskation der Guyenne cf. Petit (1900, 207–215); zu späteren Konflikten zwischen Karl von Valois und einflussreichen Ratgebern in der königlichen Verwaltung cf. etwa Favier (1963, 204) sowie Jostkleigrewe (2015, Kapitel 5.1.2).

15 Cf. dazu Jostkleigrewe (2015, Kapitel 5.4).

16 Cf. *Chanson sur les établissements du roi Saint Louis*, ed. Antoine Jean Victor Leroux de Lincy, *Chansons historiques des treizième, quatorzième et quinzième siècles*, Bibliothèque de l'École des Chartes 1 (1839), 359–388, besonders 372s. (mit Kommentar und neufranzösischer Übersetzung): «Gent de France, mult estes esbahie! / Je di à touz ceus qui sont nez des fiez: / Si m'ait Dex, franc n'estes vous mès mie; / Mult vous a l'en de franchise esloigniez; / Car vous estes par enqueste jugiez. / Quant deffense ne vos puet faire aïe / Trop iestes cruelment engigniez; / A touz pri. / Douce France n'apiaut l'en plus ensi, / Ançois ait non le païs aus sougiez, / Une terre acuvertie, / Le raigne as desconseilliez, / Qui en maint cas sont forciez». Hat der Editor der Chanson in dem Werk eine Reaktion auf die sogenannten «Établissements de Saint-Louis», eine Ludwig IX. zugeschriebene Rechtssammlung, und insbesondere auf die darin enthaltenen (authentischen)

zwischen König Johann II. und Teilen des normannischen Adels, die von Karl von Évreux, dem König von Navarra, angeführt wurden. Schon die Zeitgenossen haben über die Hintergründe des Konfliktes gerätselt. Ein wichtiger Streitpunkt dürfte aber die Verdrängung der Navarra-Partei aus dem königlichen Rat gewesen sein – ein Problem, das Karl dadurch zu entschärfen suchte, indem er kurzerhand den Günstling des Königs umbringen ließ und mit dem englischen König paktierte.[17] Als Johann II. von Frankreich ihn nach einer Reihe gescheiterter Versöhnungen in einem Handstreich festnehmen ließ, hatte dies nicht nur eine tiefgreifende Verunsicherung im gesamten Königreich zur Folge, sondern weckte auch publizistische und literarische Aktivitäten. Der Dichter Guillaume de Machaut unterstrich in seinem an Karl gerichteten *Confort d'ami* nicht nur, dass dieser allenthalben für unschuldig gehalten werde, sondern berichtete auch von den «bele[s] parole[s]» und «bonne[s] chanson[s]», die überall in Paris zu seinen Gunsten erklängen.[18]

Die hier exemplarisch vorgestellten Adelsparteien verfolgten in der Regel kein eigentlich politisches Programm. Ihre Exponenten forderten vielmehr die Achtung des eigenen baronialen Status und die Sicherstellung ihres Zugangs zum König. Die Beseitigung tatsächlich oder vermeintlich allmächtiger Günstlinge wurde dann stets auch literarisch wohlwollend kommentiert; beispielhaft sind hier die Dichtungen zur Hinrichtung von Pierre de la Broce und Pierre Rémi zu nennen.[19] In der Polemik gegen die Monopolisierung des Zugangs zum König

---

Ordonnanzen Ludwigs über die Rechtsprechung im Châtelet de Paris und den gerichtlichen Zweikampf gesehen, so hat Faral (1948, 248–255), den Text vielmehr in den Kontext des Prozesses gegen Enguerrand IV. de Coucy gerückt – eine der «causes célèbres» aus der Regierungszeit Ludwigs IX., in der implizit auch die königlichen Gerichtsrechte über den baronialen Adel zur Verhandlung standen. Cf. mit einer Zusammenstellung weiterer einschlägiger Fälle auch den Kommentar von Edmond Faral und Julia Bastin zu den Versen 136–141 von Rutebeufs *Complainte de Constantinople*, der ebenfalls die Missachtung des Adels durch den König (Ludwig IX.) beklagt: *Œuvres complètes de Rutebeuf*, 2 vol., edd. Edmond Faral (†)/Julia Bastin, Paris, Picard, 1959, hier vol. 1, 422, § 2.

17 Zur geschichtswissenschaftlichen Auseinandersetzung mit dem Konflikt zwischen Johann II. und Karl von Navarra sowie dem Mord an Johanns Günstling, dem Connétable d'Espagne, cf. jüngst den Überblick bei Mauntel (2014, 294–296 und 301–316), und die entsprechenden Abschnitte in den Biographien von Johanns Sohn Karl V.: Autrand (1996a); Delachenal (1909) sowie Jostkleigrewe (2015, Kapitel 6).

18 Cf. Machaut, *Confort d'ami*, v. 1804–1824, in: *Œuvres de Guillaume de Machaut*, vol. 3, ed. Ernest Hœpffner, Paris, Champion, 1921, 64s.

19 Zur literarischen Aufarbeitung der Hinrichtung des Pierre de la Broce, Chambellans Philipps III., im Jahre 1278 cf. *Jeu* und *Complainte de Pierre de la Broce* sowie den *Dit de Fortune*, in: *Trois poèmes de la fin du 13ième siècle sur Pierre de la Broce*, ed. Friedrich Eduard Schneegans, Romania 58 (1932), 520–550; cf. dazu zuletzt Bouhaïk-Gironès (2010). Eine Zusammenstellung

besteht übrigens auch der eigentliche Sinn der immer wieder vorgetragenen Sodomie-Vorwürfe: Man unterstellte dem Herrscher keine deviante Sexualität, sondern wollte ihn nur vom Umgang mit grundfalschen Ratgebern abhalten – ganz gleich, ob es sich dabei nun um Engländerfreunde oder um kleinadelige Parvenu-Minister handelte.[20]

Nun wäre es sicher unangebracht, aus den bisherigen Beobachtungen zum politischen Gebrauch von Literatur ein allzu homogenes Bild der politischen Konzeptionen und Diskurse innerhalb der «Société politique» des französischen Königreichs abzuleiten. Neben dem idealtypisch skizzierten baronialen Standpunkt lassen sich zweifellos auch stärker etatistische Projekte ausmachen.[21] Aber die Vorstellung, eine gute Politik bestehe darin, einen jeden – vor allem aber den Adel – bei seinen überkommenen Rechten und seiner alten Stellung zu lassen, stellt trotz der fortschreitenden Verdichtung des monarchischen Staates um 1350 nicht anders als um 1250 den Grundton des politischen Bewusstseins dar, wie Françoise Autrand zutreffend festgestellt hat.[22]

---

und Deutung dieser und weiterer literarischer und historiographischer Kommentare zu Günstlingstellung, Sturz und Hinrichtung des Pierre de la Broce enthält der unveröffentlichte Mémoire d'habilitation von Hélary (2011, Kapitel 10). Ich danke dem Verfasser für die Bereitstellung des Typoskriptes. – Zur literarischen Verarbeitung der Hinrichtung des Pierre Remi cf. etwa Renart le Contrefait, vol. 1, edd. Gaston Raynaud/Henri Lemaître, Paris, Champion, 1914, iterum impr. Genf, Slatkine, 1975, v. 2921–2944.

20 Archivalisch nachweisbare Sodomievorwürfe gegen königliche Günstlinge betrafen innerhalb Frankreichs im 13. und 14. Jahrhundert: Pierre de la Broce, cf. den entsprechenden Bericht in der Aussage des päpstlichen Legaten Simon de Brie (= Martin IV.) gegen Pierre de Benais, Bischof von Bayeux, *Documents historiques*, ed. de Gaulle, Annuaire-bulletin de la société de l'histoire de France 1844, 89s. (zu diesem Zeugnis Hélary 2009, 190); Charles de la Cerda bzw. «d'Espaigne», cf. *Acte d'accusation de Robert le Coq*, ed. Louis-Claude Douët-d'Arcq, Bibliothèque de l'École des Chartes 2 (1841), 366, § 7: «Le dit Robert [...] dist pluseurs paroles injurieuses du dit connestable: et que c'estoit un bastart qui onques bien n'avoit fait; et qui honnissoit le royaume de France; et que le roy n'avoit autre dieu que lui, et pluseurs autres injurieuses paroles du roy et du dit connestable, qui ne sont à escripre, ne à dire, pour la très grant horribleté d'icelles». Vergleichbare Vorwürfe betrafen im späten 13. Jahrhundert im Königreich Sizilien-Neapel Adenolfo d'Aquino, einen Vertrauten Karls II., sowie in England Piers Gaveston und Hugh Despenser d. J., zwei Favoriten Eduards II.; im letztgenannten Fall sind die Vorwürfe wohl erst postum publik geworden. Cf. zu dem gesamten Problemfeld auch Jostkleigrewe (2015, Kapitel 5.2).

21 Als bekannteste Beispiele «etatistischer» Reformprojekte sind im französischen Königreich des frühen 14. Jahrhunderts vermutlich die Traktate des Pierre Dubois zu nennen, cf. dazu jüngst Ubl (2015), mit Überblick über die einschlägige Forschung.

22 Cf. Autrand (1996b, 344): «Les idées réformatrices, hostiles à l'Etat moderne, favorables à la royauté traditionnelle, respectueuses des privilèges et des anciennes coutumes, ce modèle idéal qu'une bonne réforme devrait rétablir, [...] semblent bien [...] n'être rien d'autre que les idées généralement admises, celles qui font la norme de la conscience politique».

Man kann diese Dominanz eines konservativ-adelsfreundlichen Diskurses sicher ein Stück weit auf die spezifischen Produktionsbedingungen volkssprachlicher Literatur zurückführen, die durch lehensfürstliches und baroniales
Mäzenatentum geprägt sind. Gerade in der zweiten Hälfte des 13. Jahrhunderts
wird diese Tendenz durch eine weitere Entwicklung verstärkt, die sich später
abschwächt, aber doch nicht völlig verschwindet. Das Königtum greift teils aus
pragmatischen, teils aus religiösen Motiven regulierend in die adlige Festkultur
ein: Turniere und Festversammlungen werden in Zeiten des Krieges oder der
Vorbereitung auf einen Kreuzzug verboten oder behindert, was zumindest für
Berufsdichter eine nicht unerheblich Einschränkung bedeutet. Solche materiel-
len Faktoren sind nicht zu unterschätzen: Sie beeinflussen zweifellos die Polemik
eines Rutebeuf gegen die mendikantischen Berater Ludwigs IX.[23] und machen
verständlich, warum der Dichter eine stärkere Berücksichtigung des baronialen
Elementes am Hof fordert und die ritterliche Freigebigkeit des Königsbruders
Alphonse de Poitiers vorteilhaft mit dem Geiz des königlichen Hofes vergleicht.[24]

---

23 Cf. etwa Rutebeuf, *Complainte de Constantinople*, in: *Œuvres complètes de Rutebeuf*, vol. 1, ed.
Michel Zink, Paris, Classiques Garnier, 1989/1990, 364, v. 136s., 142–144: «Li rois ne fait droit ne
justize / A chevaliers, ainz les desprize. / [...]. / En leu de Nainmon de Baviere / Tient li rois une
gens doubliere / Vestuz de robe blanche et grise». Dass Rutebeuf etwa im Kontext des Pariser Uni-
versitäts- bzw. Bettelordensstreits als Auftragsdichter in weitere anti-mendikantische Polemiken
eingebunden ist und dass er auch seine Klagen über den Niedergang der französischen Gesellschaft im Zeitalter beginnender monarchischer Staatlichkeit für adlige Mäzene (u. a. Alfons von
Poitiers) schreibt, widerspricht nicht der Annahme einer persönlich-interessierten Grundierung
seiner Kritik an der Umschichtung von finanziellem und politischem Kapital fort vom baronialen
Adel hin zu den Bettelorden. – Zur literarischen Kritik vor allem an den Bettelorden cf. aus historischer Perspektive und mit expliziter Bezugnahme auch auf Rutebeuf Sickert (2004, 322s.), sowie
allgemeiner Sickert (2006). Mit stärkerer Fokussierung auf die Rolle einschlägiger Polemiken
im Kontext der kirchen- und universitätspolitischen Streitigkeiten des 13. Jahrhunderts cf. demnächst auch die differenzierungstheoretisch argumentierende Untersuchung von Sita Steckel.
24 Cf. Rutebeuf, *Renart le Bestourné*, in: *Œuvres complètes de Rutebeuf*, vol. 1, ed. Michel Zink,
Paris, Classiques Garnier, 1989/1990, 256, v. 41–48, insbesondere v. 46–48: «Bien li deüst mem-
breir de Daire / Que li sien firent a mort traire / Por s'avarisce»; Rutebeuf, *Complainte du comte
de Poitiers*, in: *Œuvres complètes de Rutebeuf*, vol. 2, ed. Michel Zink, Paris, Classiques Garnier,
1989/1990, 394–396, v. 68–91 (mit einem Lob Alfons' als «miraours de chevalerie»), besonders
v. 80–88: «Hom nos at parlei d'Alixandre, / De sa largesce, de son sans / Et de se qu'il fist a son
tans: / S'en pot chacuns, c'il vot, mentir, / Ne nos ne l'osons desmentir / Car nos n'estions pas
adonc. / Mais ce por bontei ne por don / A preudons le regne celeste, / Li cuens Aufons i doit bien
estre». *Œuvres complètes de Rutebeuf*, vol. 1, edd. Edmond Faral/Julia Bastin, 540, Anmerkung
zu Vers 46 ihrer Edition des *Renart le Bestourné*, bezeichnen den Geiz des Darius als eine Erfindung Rutebeufs, was die Annahme einer gezielten, intertextuell fundierten Gegenüberstellung
Alfons' von Poitiers und Ludwigs IX. weiter plausibel macht. – Aufforderung zur Freigiebigkeit

Aus dem skizzenhaften Überblick über die politische Nutzung von Literatur durch die politische Gesellschaft des spätmittelalterlichen französischen Königreiches, der hier notgedrungen abgebrochen werden muss, ergeben sich verschiedene Folgerungen für die weitere Arbeit.

1. Die erste Maxime könnte man als Banalität betrachten. Für eine umfassende Interpretation mittelalterlicher literarischer Texte ist immer auch die Berücksichtigung möglicher außerliterarischer, gegebenenfalls politischer Entstehungskontexte notwendig. Wollen wir jenseits aller disziplinären Vorurteile die verschiedenen Autorisierungsstrategien in den Blick nehmen, die die mittelalterliche Literatur und deren Funktionsweise prägen, so müssen wir neben Genretraditionen, intertextuellen Bezugnahmen u. Ä. eben auch die autorisierende Wirkung externer, politischer Konstellationen reflektieren.

2. Bei einem solchen Vorgehen ist zweitens zu berücksichtigen, dass die aus der Textoberfläche abzuleitenden Aussagen nicht ohne weiteres mit der konkreten politischen Funktion eines Textes gleichzusetzen sind. So hat die Analyse von *Paix* und *Charte aux Anglais* beispielsweise gezeigt, dass sich deren politische Zielsetzung keineswegs in der Propagierung anti-englischer Vorurteile erschöpfte, sondern in erster Linie gegen Gegner innerhalb des französischen Königreiches gerichtet war.

3. Schließlich wäre häufiger als bislang üblich zu überprüfen, ob der politische «Sitz im Leben» dieser Texte nicht im Gegensatz zweier konkret zu benennender Konfliktparteien innerhalb eines sprachlich, kulturell oder politisch definierten Rezeptionsraumes besteht – bei aller Anerkennung der praktischen Probleme eines entsprechenden Nachweises.

Unter Berücksichtigung dieser Leitgedanken lassen sich dann ganz unterschiedlich geartete Texte aus einer neuen Perspektive heraus aufschließen. Im letzten Teil dieses Beitrags soll dies beispielhaft geschehen an einem Text, der weder Satire noch Invektive gegen monarchische Zentralisierungsbestrebungen, weder Spruchdichtung noch anti-englisches Pamphlet ist – am *Roi de Sezile* des Adam de la Halle.

---

an den König (vermutlich Philipp III.) auch bei Rutebeuf, *Dit d'Aristote*, in: *Œuvres complètes de Rutebeuf*, vol. 2, ed. Michel Zink, Paris, Classiques Garnier, 1989/1990, 408/410, v. 61–66, v. 79–86.

3 Adams *Roi de Sezile*:
Das Epos als Forum des Parteigegensatzes

Der *Roi de Sezile* des artesischen Dichters Adam de la Halle ist ein zeitgeschicht-
liches Kleinepos oder Epenfragment in 19 gleichreimenden Alexandriner-Stro-
phen von zumeist 20 Versen.[25] Das enkomiastische Werk feiert Karl von Anjou,
den jüngsten Bruder Ludwigs IX., der seit 1246 die Grafschaft Provence und seit
1266 auch das Königreich Sizilien beherrschte. In einem langen Prolog rühmt
der Dichter zunächst die «proueche en general» seines Helden: Aufgrund seiner
persönlichen Qualitäten übersteigen Karls Ruhm und Taten die seiner älteren
Brüder. Er ist der Gott und die Blüte der Ritterschaft. Darüber hinaus setzt ihn
der Dichter mit Karl dem Großen gleich: «Wäre Karl noch in Frankreich, so fände
man dort auch noch Roland und Olivier».[26] Mit Karls Fortgang aber habe auch der
Niedergang der ritterlichen Ehre begonnen.

Mit der fünften Laisse beginnt dann die Schilderung von Karls «Enfances»;
der Dichter erzählt hier historisch weitgehend ungeerdet, wie Karl das Herz der
Erbtochter des Grafen von Provence und zugleich auch ihr Land erobert habe. Weit
knapper werden im Anschluss die politischen Erfolge der Männerjahre referiert:
Infolge des päpstlich-staufischen Streites wird Karl mit dem Königreich Sizilien
belehnt, aus dem er den Usurpator Manfred, einen Bastard Friedrichs II., zu ver-
treiben hat. Mit der Erwartung von Karls Ankunft in Rom bricht dieser Bericht ab.
Die letzte Laisse scheint noch einmal auf Karls Eheschließung anzuspielen. Sie
warnt vor dem Eingehen übereilter Bindungen und stellt Karl als musterhaften
Partner heraus: Durch Tugend und Klugheit habe er es aus kleinen Anfängen auf
Königsthrone gebracht; Besseres stehe noch aus. Der Text schließt mit der Bitte
um Gottes Hilfe für Karls Unternehmungen.

Der *Roi de Sezile* gilt allgemein als Fragment; das quantitative Ungleichge-
wicht zwischen den provenzalischen «Enfances» und der nur in ihren Anfängen
erzählten Eroberung Siziliens scheinen ebenso in diese Richtung zu weisen wie
einige formale Unebenheiten und anscheinend ins Leere führende Verweise des

---

25 Die Belege aus dem *Roi de Sezile* des Adam de la Halle werden im Folgenden mit Angabe der
Verse und mit der Abkürzung *Roi de Sezile* zitiert nach der Edition von Pierre-Yves Badel (ed.),
Adam de la Halle, *Œuvres complètes*, Paris, Livre de Poche, 1995, 376–392.
26 Cf. *Roi de Sezile*, v. 47–54: «Bachelerie est bien depuis muee en mal, / C'est mais tout rebeurie,
il n'ont point d'apoial; / Mais s'encore fust Charles en Franche le roial, / Encore trouvast on Ro-
lant et Percheval / Tel gent ot avoec lui pour bien tenir estal, / Nos bons roys de Sezile en maint
estour mortal, / Car par le hardement seür et natural / Fu chascuns Oliviers et seürs au cheval».

Prologs.[27] Fabienne Gégou ist dieser Auffassung vor nunmehr 50 Jahren aufgrund der ästhetischen Geschlossenheit des Epos entgegengetreten und hat dieses angesichts seiner politischen Implikationen zum Gründungstext des von ihr postulierten Subgenres der «Chanson d'actualité» erklärt.[28] Zugleich hat sie nachzuweisen versucht, dass das Werk in den beiden Jahren vor Karls Tod im Januar 1285 entstanden sein muss.[29] Tobias Leuker hat beide Annahmen kürzlich zurückgewiesen und insbesondere die These einer Abfassung zu Karls Lebzeiten einer scharfen Kritik unterzogen.[30]

Nicht strittig hingegen war bislang die grundsätzliche Interpretation der politischen Zielsetzungen, die Adam und sein Auftraggeber mit dem *Roi de Sezile* verfolgten. Im Frühjahr 1282 war in Palermo bekanntlich die Sizilianische Vesper ausgebrochen – jener Aufstand, durch den Karl und seine Nachkommen die Insel Sizilien für immer verloren. Das Eingreifen des mit einer staufischen Prinzessin verheirateten Königs von Aragón ließ auch die angevinische Herrschaft im festländischen Regno ins Wanken geraten. Man hat daher stets angenommen, dass Adams Kernanliegen in der Stärkung der angevinischen Sache im Vesperkrieg bestand. Solche Deutungen können sich nicht zuletzt auf die Tatsache stützen, dass Adam de la Halle seit etwa 1280 im Dienst Roberts II. von Artois belegt ist. Dieser wiederum zählte zu den wichtigsten französischen Verbündeten der Anjou; er war der Sohn von Karls älterem Bruder Robert I. von Artois und hatte seinen Onkel schon in den 1270er Jahren in Italien unterstützt. Nach dem Ausbruch des Vesperaufstandes zog er mit mehreren hundert Bewaffneten nach Süditalien, wo er den Anjou mit Rat und Tat zur Seite stand und nach dem Tode Karls I. zusam-

---

27 Cf. in diesem Sinne Badel (1995, 25) sowie zuletzt Leuker (2012, 390), unter Verweis auf v. 31–34; v. 60–62.

28 Cf. Gégou (1969, 52): «Il est difficile de croire, après avoir lu le poème d'Adam, que l'on se trouve en présence d'un fragment quelconque ou même d'un début d'épopée».

29 Cf. Gégou (1969, 47s.): «Il est [...] vraisemblable que Charles ait commandé au poète un ouvrage apologétique [...]. Il ne saurait donc y avoir d'autre date pour la rédaction que 1283 ou 1284, cette précision parce que le *terminus ad quem* est la mort du roi à Foggia le 7 janvier 1285, et le *terminus a quo*, la venue d'Adam à Naples en 1283».

30 Cf. Leuker (2012, 392–398), mit einer für sich genommen überzeugenden Widerlegung der Argumente, die nach Gégous Auffassung die Annahme einer Abfassung des *Roi de Sezile* zu Lebzeiten Karls I. von Anjou zwingend erforderlich machen, und einer im Folgenden noch zu diskutierenden Argumentation für eine Entstehung des Werkes nach Karls Tod: «Die *actualité*, die Adam de la Halle den Ansporn gab oder, wahrscheinlicher, den Auftrag einhandelte, sich mit Karl I. zu befassen, war [...] nicht die, mit der sich der erste König aus dem Haus Anjou zu messen hatte, sondern jene, mit der sich der Dienstherr des Dichters, Graf Robert II. von Artois, seit dem 7. Januar 1285 konfrontiert sah. Seit jenem Tag führte er kommissarisch die Regierungsgeschäfte in Neapel».

men mit einem päpstlichen Legaten sogar als Reichsverweser amtierte, da sich der Thronfolger, Karl II., in aragonesischer Gefangenschaft befand. Adam de la Halle begleitete seinen Dienstherrn auf dessen Zug nach Italien, wo er vor 1288 vermutlich auch verstorben ist.[31]

Angesichts der Destabilisierung, die die angevinische Herrschaft während des Vesperkrieges erfuhr, habe die Zielsetzung des *Roi de Sezile* nun darin bestanden, die negative Wahrnehmung des Anjou-Königtums in Italien zu korrigieren. Durch die Verherrlichung von Karls Großzügigkeit und Tapferkeit habe der Dichter um Unterstützung für die wankende angevinische Monarchie zu werben gesucht.[32] Indem Adam «seinen Helden zu einem vorbildlichen christlichen Herrscher stilisierte, der überall Liebe säte», und indem er herausstellte, wie sehr Karl die durchaus positiv geschilderten Staufer überragte, die «in Unteritalien noch immer große Sympathien genossen»,[33] habe er versucht, den desintegrativen Tendenzen im angevinischen Herrschaftsbereich literarisch entgegenzutreten.

So sehr die bisherige Forschung in der Frage der Abfassungszeit, des Fragmentcharakters und der ästhetischen Bewertung des kleinen Epos voneinander abweicht, so übereinstimmend deutet sie also die politischen Intentionen des Werkes: Sowohl Fabienne Gégou wie auch Tobias Leuker gehen ausdrücklich davon aus, dass Adam sein Werk geschrieben habe, um die wankende Herrschaft der Anjou in Süditalien zu stützen. Ihre Deutung beruht dabei auf zwei grundlegenden Annahmen. Sie setzt zum einen voraus, dass ein positives Stauferbild nur noch im ghibellinischen Milieu Italiens, nicht aber in Frankreich denkbar war und sein Aufgriff daher ein Eingehen auf italienische Befindlichkeiten darstellte. Zum anderen impliziert sie, dass die enkomiastische Darstellung von Karls ritterlichen Tugenden in irgendeiner Weise geeignet war, die süditalienische Kritik an der angevinischen Herrschaft zu relativieren. Beide Annahmen muss man in Zweifel ziehen.

Hinsichtlich des Stauferbildes sind an dieser Stelle nur einige allgemeine Beobachtungen zu referieren. Tatsächlich stieß der Kampf der Staufer gegen das Papsttum im gesamten Königreich Frankreich nie auf ungeteilte Ablehnung,

---

31 Zum engen Verhältnis zwischen Robert II. von Artois und den süditalienischen Anjou sowie zu Roberts Italienaufenthalten cf. zuletzt Hélary (2012, 119–132), sowie ausführlich Dunbabin (2011, 101–119). Zur Dienststellung des Adam de la Halle bei Robert von Artois, seinem Italienaufenthalt und seinem mutmaßlichen Todesdatum cf. Fery-Hue (1992, 10s.).

32 Cf. in diesem Sinne Gégou (1969, 47): «Adam a composé ses vers [...] pour rehausser le prestige du roi et pour le réconforter dans sa résistance aux adversaires qu'il avait en nombre et qui se déclarèrent lors du drame des Vêpres Siciliennes».

33 So unter Annahme einer Entstehung nach 1285, aber ansonsten mit gleicher Zielrichtung wie Gégou Leuker (2012, 398, 400).

sondern immer auch auf Verständnis; dieses fußte wohl vor allem auf der verbreiteten Kritik an der Herrsch- und Habsucht der römischen Kurie.[34] Auch der französische König Ludwig IX. – der spätere Heilige – hielt ungeachtet der päpstlichen Bannflüche gegen Friedrich II. und dessen «generatio viperea» während vieler Jahre am staufisch-kapetingischen Bündnis fest. Und selbst die grundsätzlich pro-päpstliche französische Historiographie des 13. Jahrhunderts berichtet zunächst in gemäßigtem Ton über die Vergehen der Staufer und ihren Kampf gegen die Kirche. Es ist bezeichnend, dass diejenige volkssprachliche Chronik, die die antistaufische Greuelpropaganda der Kurie am schärfsten wiedergibt (der sogenannte *Ménestrel de Reims*), zugleich die Verantwortung für den Ausbruch des päpstlich-staufischen Konfliktes eindeutig in der Habsucht und Intransigenz des Papstes sieht.[35] Man wird in Adams positiven Bezugnahmen auf die staufischen Herrscher, die überdies in eine klare Verurteilung ihrer Auflehnung gegen die römische Kirche eingebunden sind, daher gewiss kein Eingehen auf italienische Befindlichkeiten, keinen Versuch einer «captatio benevolentiae» im Blick auf die sizilischen Ghibellinen sehen müssen.[36]

Die Frage des Adressatenkreises und des angestrebten literarisch-publizistischen Impacts von Adams Werk ist angesichts dessen detailliert zu diskutieren. Es steht außer Zweifel, dass der *Roi de Sezile* ein hochgradig idealisiertes Bild des ersten sizilischen Anjou-Königs darbietet. Durch die Analyse zweier literarischer Tiervergleiche hat Tobias Leuker erst kürzlich eindrucksvoll herausgearbeitet,

---

34 Zur Existenz durchaus unterschiedlicher Bewertungen Friedrichs II. im nordfranzösischen Kulturraum cf. Jones (2007, 58): «It would be a mistake to conclude [...] that Vincent's [of Beauvais] portrait of Frederick as a persecutor of the Church came to dominate the northern French cultural milieu to the exclusion of all other interpretations»; Jones (2007, 101): «The minstrel of Reims [...] developed conceptions intimately connected with concerns specific to the northern French environment, in the case of the minstrel, the distaste of the French baronage for ecclesiastical interference in secular affairs». Zur «Propaganda» Friedrichs II. in den westeuropäischen Königreichen und den Reaktionen innerhalb Frankreichs cf. Kienast (1974/1975, 612); Kienast (1931, 112; dort allerdings nur zum «anti-kirchlichen» Bündnis des französischen Adels von 1246 gegen Übergriffe der Kirche auf baroniale Rechte).

35 Cf. *Récits d'un ménestrel de Reims*, ed. Natalis de Wailly, Paris, Renouard, 1876, §§ 214–243, 112–128; cf. zur historiographischen Einordnung der Darstellung des Ménestrel auch Jostkleigrewe (2008, 324–326).

36 Dass die Charakterisierung von Karls Gegner Manfred überdies an die durchaus positiven Porträts «mächtiger sarazenischer Gegner des christlichen Heeres um Karl den Großen» in der *Chanson de Roland* erinnert, sieht auch Leuker (2012, 399s.), ohne daraus freilich die Schlussfolgerung zu ziehen, dass die betreffenden Stellen für eine politische Interpretation und im Blick auf das angezielte Publikums gerade deshalb kaum aussagekräftig sind: Tatsächlich handelt es sich hier um Stilisierungen, wie sie in der Gattung der Chanson de geste bei der Darstellung hochrangiger Gegner des christlichen Helden auch anderenorts üblich sind.

wie Adam seinen Helden zum idealen Repräsentanten eines Adels stilisiert, der die kriegerischen Tugenden des Ritters mit den höfischen Qualitäten des Dichters und «fin amant» verbindet (cf. Leuker 2012, 401–408). Aber – so ist zu fragen – beeindruckte dieses Karlsbild auch die Bewohner des süditalienischen Regno?[37]

Gewiss wird niemand erwarten, dass sich die Vorstellungshorizonte eines Autors vollständig mit denen seines angestrebten Publikums decken. Aber konnte irgend jemand glauben, dass ein Italiener Karl für den personifizierten «Amours», für den wohlwollenden Friedenskönig halten würde, dessen Herrschaft nun von Königin «Haine», Hass, bedroht sei[38] – denselben Karl, der sein Königreich nicht nur mit Waffengewalt erobert, sondern auch zur Basis zahlreicher Kriegszüge in Italien, Afrika und auf dem Balkan gemacht hatte? Konnte man irgendeinen Italiener davon überzeugen, dass Karl den Ruhm dem Geld vorzog, ja dass er geradezu der letzte Schutzwall gegenüber den Lastern von «Avarisse» und «Usure» war – derselbe Karl, der aus seinem Königreich mehr Steuern herauspresste als der französische König aus Frankreich?[39] War Karl tatsächlich jener allegorische Panther, dessen Mund süße Gesänge entströmten und dem sich alle freiwillig anschlossen, weil er lieber gab als zu nehmen?[40] Auch der glühendste italienische Guelfe hätte in dieser Beschreibung Karls wohl nicht mehr als Panegyrik ohne Realitätsbezug gesehen.[41] Die Meinung der Ghibellinen stand ohnehin seit langem fest: Sie kannten Karl nur als unersättlichen Steuereintreiber, der sich

---

37 Wie die rhetorische Gestalt der oben aufgeworfenen Frage andeutet, lautet die Antwort des Verfassers «Nein». Diese negative Einschätzung einer propagandistischen Wirkung des *Roi de Sezile* auf die süditalienischen politischen Eliten gründet indes *nicht* auf der Annahme, dass das Epos dem dortigen Publikum aus sprachlichen Gründen nicht zugänglich gewesen wäre; tatsächlich waren sowohl die nordfranzösische wie auch die okzitanische Sprache den italienischen Eliten als Literatursprache vertraut.

38 Cf. *Roi de Sezile*, v. 224–228: «Par lui regnoit Amours, qui ne set ore ou traire: / s'on amoit par amours en aussi bon affaire, / li siecles seroit bons et a gent debounaire; / mais ja bon ne seront ensanle doi contraire: / puis que haïne regne, Amours n'i a que faire».

39 Cf. *Roi de Sezile*, v. 301–308: «Honnours essauche plus quant il va loing et dure / C'avoirs dont li tenans honnerer ne s'endure. / Honnis soit li avoirs qui singneur deffigure / [...] / Et si regne plus grans avarisse et usure / [...] Ensi va maintenant li siecles male alure». Zur Steuerlast im angevinischen Königreich Sizilien (wo die königliche Herrschaft bereits zu Zeiten der normannischen und staufischen Könige notorisch drückend ausgestaltet war) cf. Herde (1999, Sp. 983–985).

40 Cf. *Roi de Sezile*, v. 193–199: «Et chascuns li sievoit com pantiere sauvage / Ne nus pour li sievir ne metoit terre en gage, / Mais qui n'avoit de coi, s'estoit de son mainnaige / Ou il avoit au mains bouche a court et fourage. / Seur lui pooient tout li bon clamer haussage / Et as osteus paioit si despens et ostage / Que nus ne s'en plaignoit ne n'i avoit damage».

41 Zur Wahrnehmung und zum Nachleben Karls cf. mit dem Versuch, ein Fortspinnen der «legenda nigra» zu vermeiden, Herde (1979, 112–114).

vom Blut der Unschuldigen nährte und unter dem Vorwand des Kreuzzugs immer neue Länder zu unterjochen suchte.⁴²

Das Karlsbild des *Roi de Sezile* passt also in keiner Weise zu dem Bild, das sich die Italiener von dem französischstämmigen Monarchen gemacht hatten; es ist insofern nicht geeignet, den italienischen Untertanen eine bessere Meinung von ihrem König zu verschaffen. Hingegen entspricht der epische Karl genau dem utopischen Idealbild eines vorbildlichen Fürsten, das innerhalb des französischen Adels kultiviert wurde. Karl von Anjou ist der Herrscher, für den Geld keine Rolle spielt, der aber immer dafür sorgt, dass seine Gefolgsleute genug davon haben.⁴³ Er liebte den Kampf und den Klang, den der Aufprall von Schwertern auf Helme verursacht.⁴⁴ Karl hätte niemals Turniere, Feste und Spiele verboten – er organisierte sie vielmehr und förderte Spielleute und Herolde.⁴⁵ Kurz: Karl ist der Beste aller Herrscher, und der Dichter zieht ihn zu Recht seinem Bruder Ludwig IX. vor, der trotz oder gerade wegen seines heiligmäßigen Lebens in puncto Freigebigkeit und Turnierfreudigkeit ja eine weniger gute Figur machte als Karl.

Man wird daher festhalten müssen, dass Adam de la Halle mit dem *Roi de Sezile* gezielt ein französisches Publikum ansprach, das Karl als Exponenten einer adelsfreundlichen Politik kannte und schätzte. Tat er dies nun mit der Absicht, französische Unterstützung für die angevinische Sache im Vesperkrieg zu organisieren? Dies ist sicher möglich. Plausibler scheint aber eine andere Deutung: Der Text ist meines Erachtens in eine genuin französische Konfliktkonstellation aus der Zeit unmittelbar vor dem Ausbruch der Vesper einzuordnen. Diese Annahme zwingt nun freilich dazu, die Frage der Datierung des Textes neu aufzurollen.

Das grundlegende Problem einer Frühdatierung des *Roi de Sezile* besteht darin, dass beinahe alle «Beschreibungen und Handlungen Karls» mit Hilfe von

---

42 Cf. hier etwa Bartholomeo de Neocastro, *Historia Sicula*, ed. Giuseppe Paladino, Bologna, Zanichelli, 1921/1922, 10s.: «Quidquid enim laboriosis studiis popularis cura satagebat acquirere, applicari fisco suo censuerat insatiabilis ingluvies Galli hujus. Ista sibi satis non fuerant; jam contra amicos nostros Danaos, videlicet Romaniae, contra quos latronis crucem assumpsit, sub cujus specie consuevit effundere sanguinem innocentum, dictum Siciliae populum conatur eruere in desolationem et stragem Siculae regionis».

43 Cf. *Roi de Sezile*, v. 194–198: «Ne nus pour li sievir ne metoit terre en gage, / Mais qui n'avoit de coi, s'estoit de son mainnaige / Ou il avoit au mains bouche a court et fourage. / Seur lui pooient tout li bon clamer haussage / Et as osteus paioit si despens et ostage».

44 Cf. *Roi de Sezile*, v. 207–211: «Sachiés, n'i jouoit mie li ber a reponnaus, / Mais ou plus grant tintin d'espees seur cherviaus. / La ou veoit le plus machues et coutiaus / Et hiaumes effondrer et decauper musiaus, / La ert adés li queins et s'ensengne royaus».

45 Cf. *Roi de Sezile*, v. 220–224: «Il feïst a envis deffendre ne deffaire / Tournois, festes ne jeus, ains les faisoit atraire, / Menestreus envoisier, hiraus crier et braire. / [...] / Et or le[s] veut chascuns tolir et fourtraire!».

Vergangenheitsformen wiedergegeben werden, was die Annahme einer Abfassung nach dem Tod des Protagonisten nahelegt.[46] Man kann gegen dieses Argument letztlich nur die allgemeine Überlegung ins Feld führen, dass eine Chanson de geste in der Regel eben in der Vergangenheit erzählt wird – auch wenn der stilistische Einsatz des Präsens jederzeit möglich ist. Die «Präponderanz der Vergangenheitsformen» (Leuker 2012, 394) wäre dann sozusagen als Gattungsspezifikum zu erklären. Zudem ermöglicht die Frühdatierung ein zwangloses Verständnis der letzten, präsentisch gehaltenen Laisse mit ihrem Erzähleraugurium «[Charles] fu premierement / Simples queins et puis rois. Encore mieux atent» und dem Schlussvers «Dieux li weille aidier selonc chou qu'il emprent». In der Tat: Warum sollte der Autor Gottes Beistand für Karls Unternehmungen erbitten, wenn dieser schon tot war?

Man hat diese Argumentation unter Verweis auf ähnliche präsentische Augurien und Bitten in anderen Epen zurückgewiesen; der Wechsel ins Präsens lässt sich allemal als Strategie narrativer Intensivierung deuten.[47] Angesichts solcher widerstreitender Deutungen ist die Schlusspassage des Werkes mit ihrem Augurium und der abschließenden Gebetsbitte noch einmal genau zu untersuchen.

> «[Charles] fu premierement
> Simples queins et puis rois. Encore mieux atent,
> Car seur tous a proueche et sens et hardement
> Et s'a Dieu en aiüe a cui riens ne se prent,
> Car canques il avient desous le firmament
> Vient du pooir de Dieu et du consentement.
> On dist, s'i quiet aucun bien ou mauvaisement,
> Que c'est de son eür; mais qui le dist, il ment,
> Ains sont si tres soutil de Dieu li vengement
> Qu'il nous chiet bien ou maus selonc nostre errement.
> Pour chou que Charles a fait par l'ensengnement
> De Dieu et de l'Eglise, avint il ou il tent.
> Et Diex li weille aidier selonc chou qu'il emprent!» (*Roi de Sezile*, v. 366–378).

---

46 So Leuker (2012, 393s.), in Abgrenzung zu Gégou (1969, 48), die die Verwendung präteritaler Formen für real-temporal bedeutungslos hält. Die daran anknüpfenden Ausführungen, dass es das von Gégou postulierte ««passé narratif [...] sans valeur temporelle› [...] im Französischen gleich welcher Epoche nicht» gebe, sind sprachwissenschaftlich zweifellos richtig, aber treffen sie den Kern des Arguments? Auch Werke der modernen Schlüsselliteratur oder zeitgeschichtliche «historische» Romane wie etwa Lion Feuchtwangers «Wartesaal»-Trilogie (*Erfolg. Drei Jahre Verwaltung einer Provinz; Die Geschwister Oppermann; Exil*) mit ihren kaum verschlüsselten Anspielungen auf den ihrer Abfassung zeitgenössischen Nationalsozialismus und seinen «Führer» nutzen ohne jedes Problem erzählerische Präterita.
47 Cf. Leuker (2012, 394–397), mit einer Vielzahl einschlägiger Beispiele aus anderen Epen.

Tatsächlich ist der letzte Vers, der Gottes Unterstützung auf Karl herabruft, nicht isoliert zu betrachten. Er beschließt vielmehr eine längere geschichtstheologische Reflexion, die sich folgendermaßen zusammenfassen lässt: Auf der Welt geschieht nichts ohne Gottes Willen. Was wir für Zufall halten, ist seine Fügung; er belohnt und bestraft uns nach unserem Verhalten. Weil Karl von Anjou die Gebote Gottes und der Kirche befolgt hat, hat er erreicht, was er erreicht hat.

Es ist schwer vorstellbar, dass ein Karl wohlgesinnter Dichter diese Verse in Kenntnis der Desaster des Vesperkrieges oder gar des Ablebens seines Helden geschrieben hat. Eine solche Annahme würde den Sinn des gesamten Epos ins Gegenteil verkehren: All das, was der Dichter zuvor zum Lob des *Roi de Sezile* geschrieben hat, wäre damit implizit negiert, Karls Leben sowohl als politischer wie auch als geistlicher Fehlschlag zu bewerten. Wenn aber die Abfassung von Adams Kleinepos *vor* dem Ausbruch des Vesperkrieges nicht nur prinzipiell möglich, sondern sogar wahrscheinlich ist, dann ist auch das Augurium des «encore miex atent» in seiner Datierungsfunktion noch einmal neu zu bedenken.[48] Tatsächlich ist diese Stelle nicht allein geeignet, die Annahme einer Entstehung des Epos vor dem Ausbruch der Vesper zu bekräftigen, sondern ermöglicht es sogar, den Entstehungszeitraum des Werkes relativ eng einzugrenzen. Die Verse, die Karls fulminanten Aufstieg zur Königskrone schildern, orientieren sich ganz an der Logik einer ranggeordneten Gesellschaft: Karl war erst Graf, dann König, und erwartet nun noch höhere, kaiserliche Ehren.[49] In der Realität war es damit freilich nichts: Den Königstitel führte Karl seit 1265, und wenn er später auch noch einige mehr oder weniger fiktive Königskronen erwarb,[50] so sollte ihm doch keine weitere Rangsteigerung gelingen. Nach Karls Tod hätte der Dichter dies wissen, nach dem Ausbruch der Vesper zumindest vermuten müssen.

Indes gab es eine kaiserliche Herrschaft, deren Eroberung Karl in den Jahren 1281 und 1282 ganz konkret vorbereitete – das Kaiserreich von Konstantinopel nämlich. Mit den lateinischen Titularkaisern – d. h. den Erben des 1204 errichteten Kreuzfahrerkaisertums – hatte er eine Erbeinung abgeschlossen, die ihm nicht nur den souveränen Besitz eines Großteils der fränkischen Gebiete in

---

48 *Roi de Sezile*, v. 365–367: «Proueche ne sens on n'acate ne vent / Si qu'il pert a Charlon qui fu premierement / Simples queins et puis rois. Encore mieux atent».
49 Cf. in diesem Sinne Gégou (1969, 48): «Relevons [le vers] qui indique chez Charles la persistance de l'espoir (de devenir empereur!)». Leuker (2012, 394) ist zuzustimmen, dass «keinerlei Zwang [besteht], mit Gégou [...] zu folgern, daß Adam de la Halle dem Potentaten zur Zeit der Arbeit an seiner Dichtung noch den Aufstieg zur Kaiserwürde zutraute»; nichtsdestoweniger ist eine solche Annahme durchaus wahrscheinlich.
50 Karl nannte sich seit 1272 König von Albanien und erwarb 1277 die Rechte der Maria von Antiochien auf das Königreich Jerusalem, cf. Herde (1999, Sp. 983–985).

Griechenland sicherte, sondern seiner Dynastie auch eine Anwartschaft auf den Kaisertitel einräumte.[51] Im Bündnis mit dem Papst und Venedig zog er jetzt eine Flotte zusammen – und griechische wie lateinische Chronisten waren sich darin einig, dass er nicht weniger anstrebte als die «monarchia mundi» und die Erneuerung des augusteischen Reiches.[52]

Die Expedition gegen die Griechen scheiterte bekanntlich am Aufstand der Sizilianer. Aber der Angriff auf Konstantinopel war nicht der einzige Krieg, der im Sommer 1282 unvorhergesehenerweise ausfallen musste. Denn auch in Frankreich waren Rüstungen gegen Karl im Gange. Hier hatte nämlich die Königinwitwe Margarete von Provence ein Bündnis mehrerer Fürsten und Barone gegen Karl von Anjou zusammengebracht, um gemeinsam mit ihrer Schwester Eleonore und deren Sohn, dem englischen König Edward, ihren Erbanspruch auf ein Viertel der Grafschaft Provence durchzusetzen. Im Jahre 1281 hatten sich die Verbündeten, zu denen unter anderem der burgundische Herzog, der Graf von Alençon und die Bischöfe von Lyon und Langres gehörten, in Mâcon versammelt, um ihren Forderungen Nachdruck zu verleihen, und der französische König hatte sie nicht daran gehindert.[53] Da Karl jede Verhandlung ablehnte, war der Kriegsausbruch nur

---

51 Cf. Vertrag von Orvieto (1281) zwischen Karl von Anjou und dem lateinischen Kaiser Philipp von Courtenay sowie dem Dogen von Venedig (1281): Tafel/Thomas (1857, 288–295). Der Vertrag von Orvieto bestätigt ausdrücklich alle Vereinbarungen des 1267 geschlossenen Vertrages von Viterbo, der ebenfalls die Wiedergewinnung Konstantinopels durch die Lateiner zum Ziel hatte und Klauseln bezüglich Souveränitätsübertragungen an das Haus Anjou, eine Eheschließung sowie eine Erbeinung zwischen dem lateinischen Kaiserhaus (Courtenay) und den Anjou vorsah; cf. dazu Schein (1999, Sp. 1772s.).

52 Cf. dazu Geanakoplos (1959, 363s., zur Situation unmittelbar vor Ausbruch der Vesper): «It is no wonder that the destruction of the Greek Empire seemed imminent and that the Venetian Sanudo, the Byzantine Gregoras, and a distant troubadour of Provence could all record that Charles at this moment stood on the threshold of world hegemony!» Die von Geanakoplos angeführte Belegstelle aus dem Werk des Nikephoros Gregoras nennt als ausdrückliches Ziel Karls die Wiederherstellung des «entire Empire of Julius Cesar and Augustus, if only he could become master of Constantinople» (cf. Geanakoplos 1959, 364, Anm. 100); ähnlich argumentiert auch Marin Sanudo an der von Geanakoplos nur unvollständig zitierten Stelle, cf. Marin Sanudo Torsello, *Istoria di Romania*, ed. Eutychia Papadopoulou, Athen, National Hellenic Research Foundation, 2000, 159: «Detto re Carlo era quasi in quella grandezza e potentia che 'l poteva essere e, nondimeno, ebbe a dire che quel che aveva era poca cosa ad uno che aspirava alla monarchia del mondo. Si dispose, adunque, di voler aquistar l'imperio, [...] e disegnava andar ad assediar la città di Constantinopoli». Ins Positive gewendet, begegnet eine ähnliche Vorstellung auch in der Chronik des Géraud de Frachet, cf. Rech (2000).

53 Belege zur Versammlung von Mâcon bei Boutaric (1867, 451), nach Champollion-Figeac (1839, 265). Eine Interpretation der Beteiligung von Fürsten aus dem burgundischen Raum und der Reichsromania bietet Galland (1994, 524); der Widerstand der dortigen Herren gegen Karl von

noch eine Frage von Wochen, als in den Ostertagen 1282 beinahe zeitgleich die Vesper und der walisische Aufstand des David of Llewelyn losbrachen, was beide Parteien dann doch zum Einlenken zwang: Auf Vermittlung des französischen Königs wurden Margaretes Ansprüche schließlich durch die Zuweisung mehrerer Herrschaften im Anjou abgegolten (cf. Boutaric 1867, 456).

Betrachtet man den *Roi de Sezile* vor dem Hintergrund der anti-angevinischen «Ligue de Mâcon», so werden viele Dunkelheiten des Textes mit einem Schlag durchsichtig. Wenn Adam sein Kleinepos im Auftrag Roberts von Artois geschrieben hat, um Karl von Anjou während des innerfranzösischen Konfliktes um die Provence zu unterstützen, so erklärt dies den breiten Raum, den die Eroberung der Provence und ihrer Erbin im Epos beansprucht.[54] Zudem verleiht es der maliziösen Behauptung, dass sich Margarete einst ganz besonders über die Hochzeit zwischen Karl und ihrer Schwester gefreut habe, einen klaren politischen Sinn.[55] Die Auseinandersetzungen zwischen der Partei der Königinmutter und den Unterstützern der Anjou erklären darüber hinaus auch, warum die an mehreren Stellen eingefügten Zeitklagen so stark den Gegensatz zwischen Karls guter alter Zeit und dem modernen Verfall der Sitten betonen: Wo Königin Margarete mit Duldung des Königs mächtige Barone gegen Karl aufhetzen darf, da vermag dieser nicht mehr segensreich zu wirken. Wo Königin Hass regiert, muss die höfische Liebe weichen.[56]

Dass Adam den *Roi de Sezile* zu dem Zweck verfasst hat, französische Barone vom Bündnis mit der Königinmutter abzuhalten, erschließt am Ende auch den Sinn des Beginns der letzten Laisse:

«Pour c'est faus qui ne prent warde au commencement,
Qui marier se veut a cui il se consent;
Car il vient miex eslire un bon cors bel et gent
Qui ait sens et valour et bon entendement
Con poi qu'il ait d'avoir, que caroigne et argent.» (*Roi de Sezile*, v. 359–363).

Anjou richtet sich gegen Pläne einer Übertragung des Königreiches Arelat an einen Abkömmling Karls.

54 Zur Stellung von Robert als Haupt der angevinischen Partei am französischen Hof cf. Hélary (2012, 122s.) sowie Langlois (1887, 35).

55 Cf. *Roi de Sezile*, v. 169–173: «Dont fist Charles le fait a son frere nonchier. / Qui veïst Loeys de joie appareillier! / La royne meïsme avoit assés plus chier / Qu'il eüst se sereur que autre chevalier; / Pour che se pena plus de le feste essauchier».

56 Cf. *Roi de Sezile*, v. 224–228: «Par lui regnoit Amours, qui ne set ore ou traire: / s'on amoit par amours en aussi bon affaire, / li siecles seroit bons et a gent debounaire; / mais ja bon ne seront ensanle doi contraire: / puis que haïne regne, Amours n'i a que faire».

«Wer heiraten will, der bedenke, mit wem er sich verbindet»! Noch der Editor Pierre-Yves Badel hat hierin im Jahre 1995 einen wenig geglückten und dunklen Rückbezug auf Karls Heirat mit Beatrix gesehen.[57] In Wirklichkeit handelt es sich um eine politische Botschaft: Ein jeder muss sich gut überlegen, ob er wirklich um Geldes willen die Partei der alten Königin ergreifen will. Von Karls Tugend und Tapferkeit ist am Ende mehr zu erwarten als vom Geld des alten Aases – von «caroigne et argent». Denn

> «Proueche ne sens on n'acate ne vent,
> Si qu'il pert a Charlon qui fu premierement
> Simples queins et puis rois. Encore mieux atent!».

4 Ergebnisse

In der vorausgehenden Untersuchung ist die Leitfrage des vorliegenden Bandes nach der Konstruktion von Autorität in den romanischen Literaturen des Mittelalters aus geschichtswissenschaftlicher Sicht aufgegriffen und perspektiviert worden. Angesichts der vielfältigen Möglichkeiten einer politischen Nutzung von Literatur haben wir argumentiert, dass die betrachteten altfranzösischen Texte nicht nur durch interne Autorisierungsstrategien geprägt sind, sondern bisweilen auch extern verbürgter Autoritätsressourcen bedürfen, um erfolgreich publiziert, aufgeführt und rezipiert zu werden. Am Beispiel zweier französischer Satiren, die sich in drastischer Form zugleich gegen die Engländer wie den eigenen, französischen König richten, ist die Relevanz dieser Überlegungen zunächst sinnfällig illustriert worden. In einem zweiten Abschnitt ist dann die politische Verwendung von Literatur vor allem durch die Exponenten französischer «Adelsparteien» der Jahre 1250–1360 in ihren Grundzügen knapp skizziert worden.

Dabei ist deutlich geworden, dass der spezifische Charakter der betrachteten Adelsparteien auch ihren Gebrauch von Literatur prägt. Die betreffenden Parteiungen verfolgen in der Regel kein stringentes politisches Programm, sondern verteidigen in erster Linie den tatsächlich oder vermeintlich bedrohten Rang und die Stellung ihrer Mitglieder in der politischen Gesellschaft des Königreiches. Daher dienen die in den ersten beiden Abschnitten angeführten Texte in aller Regel nicht der argumentativen Untermauerung eines Parteistandpunktes, ja sie eignen sich bisweilen nicht einmal dazu, Andersdenkende zu überzeugen: Eine

---

[57] Cf. Badel (1995, 25): «La dernière laisse fait un retour malencontreux et obscur sur le mariage du comte».

Satire wie die *Paix aux Anglais* kann überhaupt nur dort erfolgreich aufgeführt werden, wo das Publikum von der Berechtigung der vorgetragenen Kritik bereits überzeugt ist. Die politische Aufgabe der betreffenden Texte besteht angesichts dessen vor allem in der symbolischen Vergegenwärtigung einer Parteiidentität bzw. ihres Feindbildes.

Im dritten Abschnitt sind die zuvor erarbeiteten Erkenntnisse und Überlegungen zur politischen Nutzung von Literatur dann auf den *Roi de Sezile* des Adam de la Halle angewandt worden. Dabei ist eine neue historische Kontextualisierung von Adams Kleinepos vorgeschlagen worden: Dieser Text, der bei ahistorischer Betrachtung nur als Panegyricus funktioniert und von der bisherigen literaturgeschichtlichen Forschung im Zusammenhang des Vesperkrieges verortet worden ist, ist tatsächlich wohl eher im Kontext einer innerfranzösischen Auseinandersetzung zwischen der Königinmutter Margarete und ihrem Schwager Karl von Anjou anzusiedeln.

Der im Blick auf den *Roi de Sezile* erzielte historische bzw. literaturgeschichtliche Ertrag lässt sich auch aus der übergeordneten Perspektive unseres Bandes fruchtbar machen. Gerade die Betrachtung externer Autoritätsressourcen, wie sie durch den innerfranzösischen Parteikonflikt in ephemerer, aber nichtsdestoweniger wirkungsvoller Weise vermittelt werden, erschließt Sinnhorizonte, die dem Werk eine neue ästhetische Qualität verleihen. Nimmt man allein die innerliterarischen Autorisierungsstrategien in den Blick, die der Dichter zweifellos anwendet – den Rekurs auf die Gattungstradition der Chanson de geste und die darüber hinausweisenden Bezugnahmen auf die Karlstradition – so stellt sich das Kleinepos genau so dar, wie seine literarischen Kritiker es immer schon beschrieben haben: als unausgewogenes und eher langweiliges Fragment. Betrachtet man Adams Dichtung hingegen als ein politisches Plädoyer, das in seiner literarischen Wirkung notwendig an außerliterarische Ressourcen gebunden ist, so gewinnt der Text eine unerwartete argumentative Stringenz: In der rekonstruierten historischen Aufführungssituation erhält der *Roi de Sezile* eine virtuelle Geschlossenheit, die ihm ansonsten abgeht.

Trotz des bisweilen sicher berechtigten Unbehagens gegenüber einer historischen Deutung von Literatur illustrieren die betrachteten Texte und insbesondere der *Roi de Sezile* eindrücklich das Potenzial eines solchen Ansatzes. Auch wenn man der vorgeschlagenen Frühdatierung und Neudeutung des *Roi des Sezile* nicht folgen möchte (der Verfasser des Beitrags ist hier gerne zu längeren Kontroversen bereit!), so eröffnet die Einordnung des Werkes in eine genuin französische Konfliktkonstellation doch allemal eine bedenkenswerte Perspektive auf einen Text, der sich jeder klaren Kategorisierung entzieht. Die Analyse des politischen Gebrauchs von Dichtung konfrontiert uns dabei in spezifischer Weise mit der Mehrstimmigkeit von Literatur, mit der Koexistenz von literarischen Deutungshorizonten und konkreten politischen Sinnbezügen. Es wäre nicht sinnvoll, diese Polyphonie der Bedeutungen aufzulösen, die zum Teil dem Verhältnis von auktorialer Intentionalität und über den Autor hinausweisender Autorisierungsstrategie, von textexternen und literarischen Autoritätsbezügen entspricht. Eine solche Feststellung schließt natürlich nicht aus, dass wir gemäß unseren disziplinären Interessen auch künftig einzelnen Stimmen des polyphonen Spektrums mit besonderer Aufmerksamkeit nachgehen. Wichtig ist nur, dass wir dabei ein Gespür für die Breite und Mannigfaltigkeit des Gesamtklangs behalten.

Bibliographie

Primärliteratur

Acte d'accusation de Robert le Coq, ed. Louis-Claude Douët-d'Arcq, Bibliothèque de l'École des Chartes 2 (1841).

Adam de la Halle, *Œuvres complètes*, ed. Pierre-Yves Badel, Paris, Livre de Poche, 1995.

Bartholomeo de Neocastro, *Historia Sicula*, ed. Giuseppe Paladino, Bologna, Zanichelli, 1921/1922.

Chanson sur les établissements du roi Saint Louis, ed. Antoine Jean Victor Leroux de Lincy, *Chansons historiques des treizième, quatorzième et quinzième siècles*, Bibliothèque de l'École des Chartes 1 (1839), 359–388.

Charte aux Anglais, ed. Edmond Faral, *Mimes français du xiiie siècle (Textes, notices et glossaire)*, Paris, Champion, 1910, iterum impr. Genf, Slatkine, 1973, 43–47.

Documents historiques, ed. Julien-Philippe de Gaulle, Annuaire-bulletin de la société de l'histoire de France, 1844.

Guillaume de Machaut, *Œuvres*, vol. 3, ed. Ernest Hœpffner, Paris, Champion, 1921.

Jean de Joinville, *Histoire de Saint Louis, roi de France*, ed. Natalis de Wailly, Paris, Renouard,1868.Matthaeus Paris, *Chronica Maiora*, ed. Henry R. Luard, London, Longmans, 1877, iterum impr. Nendeln, Kraus, 1964.

Paix aux Anglais, ed. Edmond Faral, *Mimes français du xiiie siècle (Textes, notices et glossaire)*, Paris, Champion, 1910, iterum impr. Genf, Slatkine, 1973, 43–47.

Récits d'un ménestrel de Reims, ed. Natalis de Wailly, Paris, Renouard, 1876.

Renart le Contrefait, vol. 1, edd. Gaston Raynaud/Henri Lemaître, Paris, Champion, 1914, iterum impr. Genf, Slatkine, 1975.

Rutebeuf, *Œuvres complètes*, 2 vol., edd. Edmond Faral (†)/Julia Bastin, Paris, Picard, 1959.

Rutebeuf, *Complainte de Constantinople*, in: *Œuvres complètes de Rutebeuf*, vol. 1, ed. Michel Zink, Paris, Classiques Garnier, 1989/1990.

Rutebeuf, *Complainte du comte de Poitiers*, in: *Œuvres complètes de Rutebeuf*, vol. 2, ed. Michel Zink, Paris, Classiques Garnier, 1989/1990.

Rutebeuf, *Dit d'Aristote*, in: *Œuvres complètes de Rutebeuf*, vol. 2, ed. Michel Zink, Paris, Classiques Garnier, 1989/1990.

Rutebeuf, *Renart le Bestourné*, in: *Œuvres complètes de Rutebeuf*, vol. 1, ed. Michel Zink, Paris, Classiques Garnier, 1989/1990.
Sanudo Torsello, Marin, *Istoria di Romania*, ed. Eutychia Papadopoulou, Athen, National Hellenic Research Foundation, 2000.
Trois poèmes de la fin du 13ième siècle sur Pierre de la Broce, ed. Friedrich Eduard Schneegans, Romania 58 (1932), 520–550.

Sekundärliteratur

Althoff, Gerd, *Colloquium familiare – colloquium secretum – colloquium publicum. Beratung im politischen Leben des früheren Mittelalters*, Frühmittelalterliche Studien 24 (1990), 145–167.
Autrand, Françoise, *Charles V*, Paris, Fayard, 1996 (= Autrand 1996a).
Autrand, Françoise, *Un certain sens de l'État: les conseillers de Charles V*, in: Jean Chapelot/ Elisabeth Lalou (edd.), *Vincennes aux origines de l'état moderne. Actes du colloque scientifique sur «Les Capétiens et Vincennes au Moyen Âge»*, Paris, Presses de l'École normale supérieure, 1996, 343–353 (= Autrand 1996b).
Badel, Pierre-Yves, *Einleitung*, in: *Adam de la Halle. Œuvres complètes*, ed. Pierre-Yves Badel, Paris, Livres de Poche, 1995.
Borghi Cedrini, Luciana, *Approcci con la satira nell'837 (ms. fr. B. N. di Parigi). La paix aux Anglais, La charte de la paix aux Anglais*, 2 vol., Turin, Giappichelli, 1979–1980.
Bouhaïk-Gironès, Marie, *Qu'est-ce qu'un texte de théâtre médiéval? Réflexions autour du Jeu de Pierre de la Broce (xiiie siècle)*, in: Catherine Emerson et al. (edd.), *Performance, drama and spectacle in the medieval city. Essays in honour of Alan Hindley*, Löwen, Peeters Publishers, 2010, 373–391.
Boutaric, Edgar, *Marguerite de Provence, femme de Saint Louis, son caractère, son rôle politique*, Revue des questions historiques 3 (1867), 417–458.
Canteaut, Olivier, *Le roi de France gouverne-t-il par conseil? L'exemple de Philippe V*, in: Martine Charageat/Corinne Leveleux-Teixeira (edd.), *Consulter, délibérer, décider: donner son avis au Moyen Âge (France-Espagne, viie–xvie siècles)*, Toulouse, Méridiennes, 2010, 157–176.
Champollion-Figeac, Jean-Jacques, *Lettres de rois, reines et autres personnages des cours de France et d'Angleterre depuis Louis VII jusqu'à Henri IV*, vol. 1, Paris, Imprimerie royale, 1839.
Chiffoleau, Jacques, *Dire l'indicible. Remarques sur la catégorie du nefandum du XIIe au XVe siècle*, Annales. Économies, Sociétes, Civilisations 45 (1990) 289–324.
Delachenal, Roland, *Histoire de Charles V*, vol. 1, Paris, Picard, 1909.
Dunbabin, Jean, *The French in the Kingdom of Sicily: 1266–1305*, Cambridge, Cambridge University Press, 2011.
Eickels, Klaus van, *Vom inszenierten Konsens zum systematisierten Konflikt. Die englisch-französischen Beziehungen und ihre Wahrnehmung an der Wende vom Hoch- zum Spätmittelalter*, Stuttgart, Thorbecke, 2002.
Faral, Edmond, *Le procès d'Enguerran de Coucy*, Revue Historique de Droit Français et Étranger (4e série) 26 (1948), 213–258.

Favier, Jean, *Un conseiller de Philippe le Bel: Enguerran de Marigny*, Paris, Presses Universitaires de France, 1963.

Fery-Hue, Françoise, *Adam de la Halle*, in: Georges Grente (ed.), *Dictionnaire des lettres françaises*, vol. 1: *Le Moyen Âge*, Paris, Fayard, ²1992 (1964), 9–12.

Galland, Bruno, *Deux archevêchés entre la France et l'Empire. Les archevêques de Lyon et les archevêques de Vienne. Du milieu du XIIe siècle au milieu du XIVe siècle*, Rom, École française de Rome, 1994.

Geanakoplos, Deno John, *Emperor Michael Palaeologous and the West (1258–1282). A Study in Byzantine-Latin Relations*, Cambridge, Harvard University Press, 1959.

Gégou, Fabienne, *Un poème d'actualité: la Chanson du Roi de Sicile*, Actes et Mémoires du IVe Congrès International de la Société Rencesvals (1967), Heidelberg, Winter, 1969.

Hélary, Xavier, *Trahison et échec militaire. Le cas de Pierre de la Broce (1278)*, in: Maïté Billoré/ Myriam Soria (edd.), *La Trahison au Moyen Âge. De la monstruosité au crime politique (V^e–XVe siècle)*, Rennes, Presses universitaires de Rennes, 2009, 185–196.

Hélary, Xavier, *L'ascension et la chute de Pierre de La Broce, chambellan du roi († 1278). Étude sur le pouvoir royal au temps de Saint Louis et de Philippe III (v. 1250–v. 1280)*, Habilitationsschrift, masch., Paris, 2011.

Hélary, Xavier, *Robert d'Artois et les Angevins (1274–1302), d'après le chartrier des comtes d'Artois*, in: Alain Provost (ed.), *Les comtes d'Artois et leurs archives. Histoire, mémoire et pouvoir au Moyen Age*, Arras, Artois Presses Université, 2012, 119–132.

Herde, Peter, *Karl I. von Anjou*, Stuttgart, Kohlhammer, 1979.

Herde, Peter, *Karl I. v. Anjou*, in: *Lexikon des Mittelalters*, vol. 5, München/Zürich, Artemis & Winkler, Studienausgabe 1999 (1991), Sp. 983–985.

Hoareau-Dodinau, Jacqueline, *Dieu et le Roi. La répression du blasphème et de l'injure au roi à la fin du Moyen Âge*, Limoges, Presses universitaires de Limoges, 2002.

Jones, Chris, *Eclipse of Empire? Perceptions of the Western Empire and its Rulers in Late-Medieval France*, Turnhout, Brepols, 2007.

Jostkleigrewe, Georg, *Das Bild des Anderen. Entstehung und Wirkung deutsch-französischer Fremdbilder in der volkssprachlichen Literatur und Historiographie des 12. bis 14. Jahrhundert*, Berlin, Akademie Verlag, 2008.

Jostkleigrewe, Georg, *Auswärtige Politik und interne Öffentlichkeit. Polemik, Propaganda und Persiflage im Diskurs um den Vertrag von Paris (1259)*, Zeitschrift für Historische Forschung 37 (2010), 1–36.

Jostkleigrewe, Georg, *Monarchischer Staat und «Société politique». Politische Interaktion und staatliche Verdichtung im spätmittelalterlichen Frankreich*, Habilitationsschrift, masch., Münster, 2015.

Kienast, Walther, *Die deutschen Fürsten im Dienste der Westmächte bis zum Tode Philipps des Schönen von Frankreich*, 2 vol., Utrecht, Instituut voor middeleeuwsche Geschiedenis, 1931.

Kienast, Walther, *Deutschland und Frankreich in der Kaiserzeit (900–1270). Weltkaiser und Einzelkönige*, 3 vol., Stuttgart, Hiersemann, 1974/1975.

Kuhn, Christian, *Schmähschriften und geheime Öffentlichkeit in Bamberg an der Wende vom 18. zum 19. Jahrhundert*, in: Mark Häberlein et al. (edd.), *Bamberg in der Frühen Neuzeit. Neue Beiträge zur Geschichte von Stadt und Hochstift*, Bamberg, University of Bamberg Press, 2008, 373–400.

Lalou, Élisabeth, *Textes en jargon franco-anglais du XIIIe au XIVe siècle*, in: *La «France anglaise» au moyen âge. Colloque des historiens médiévistes français et britanniques (111e congrès national des sociétés savantes)*, Paris, Editions du Comité des travaux historiques et scientifiques, 1988, 543–562.

Langlois, Charles-Victor, *Le règne de Philippe III le Hardi*, Paris, Hachette, 1887.

Lentz, Matthias, *Rechtsstreit, Kommunikation und Öffentlichkeit im späten Mittelalter. Das Beispiel der Schmähbriefe und Schandbilder*, in: Karel Hruza (ed.), *Propaganda, Kommunikation und Öffentlichkeit*, Wien, Verlag der Österreichischen Akademie der Wissenschaften, 2002, 189–209.

Lentz, Matthias, *Konflikt, Ehre, Ordnung. Untersuchung zu den Schmähbriefen und Schandbildern des späten Mittelalters und der frühen Neuzeit (ca. 1350 bis 1600)*, Hannover, Hahn, 2004.

Leuker, Tobias, *«Le Roi de Sezile». Adam de la Halle und die Tradition der Chanson de geste*, in: Susanne Friede/Dorothea Kullmann (edd.), *Das Potenzial des Epos. Die altfranzösische Chanson de geste im europäischen Kontext*, Heidelberg, Winter, 2012, 389–410.

Mauntel, Christoph, *Gewalt in Wort und Tat. Praktiken und Narrative im spätmittelalterlichen Frankreich*, Ostfildern, Thorbecke, 2014.

Mühlethaler, Jean-Claude, *Fauvel au pouvoir. Lire la satire médiévale*, Paris, Champion, 1994.

Mühlethaler, Jean-Claude, *Le poète face au pouvoir de Geffroy de Paris à Eustache Deschamps*, in: Daniel Poirion (ed.), *Milieux universitaires et mentalité urbaine au Moyen âge. Colloque du département d'Études Médiévales de Paris-Sorbonne et de l'Université de Bonn*, Paris, Presses de l'Université de Paris-Sorbonne, 1987, 83–101.

Müller, Ulrich, *Politische Lyrik des deutschen Mittelalters. Texte I: Von Friedrich II. bis Ludwig dem Bayern*, Göppingen, Kümmerle, 1972.

Patzold, Steffen, *Konsens und Konkurrenz. Überlegungen zu einem aktuellen Forschungskonzept der Mediävistik*, Frühmittelalterliche Studien 41 (2007), 75–103.

Petit, Joseph, *Charles de Valois (1270–1325)*, Paris, Alphonse Picard et fils, 1900.

Petit-Renaud, Sophie, *«Faire loy» au royaume de France de Philippe VI à Charles V (1328–1380)*, Paris, Editions De Boccard, 2003.

Rech, Régis, *Charles d'Anjou et le Limousin: la conquête du royaume de Naples chez Hélie Autenc et Géraud de Frachet*, Bibliothèque de l'École des chartes 158 (2000), 443–473.

Rickard, Peter, *Britain in Medieval French Literature: 1100–1500*, New York, Kraus, 1968.

Schein, Sylvia, *Viterbo. Verträge v.*, in: *Lexikon des Mittelalters*, vol. 8, München/Zürich, Artemis & Winkler, Studienausgabe 1999 (1997), Sp. 1772s.

Schneidmüller, Bernd, *Konsensuale Herrschaft. Ein Essay über Formen und Konzepte politischer Ordnung im Mittelalter*, in: Paul-Joachim Heinig et al. (edd.), *Reich, Regionen und Europa in Mittelalter und Neuzeit. Festschrift für Peter Moraw*, Berlin, Duncker & Humblot, 2000, 53–87.

Sickert, Ramona, *Qui toz art dou feu de luxure. Zur Tradition der Keuschheitsvorstellungen und zum Vorwurf der Unkeuschheit gegenüber Franziskanern und Dominikanern in der Dichtung des 13. Jahrhunderts*, in: Reinhardt Butz/Jörg Oberste (edd.), *Studia Monastica. Beiträge zum klösterlichen Leben im christlichen Abendland während des Mittelalters. Gert Melville zum 60. Geburtstag*, Münster, LIT Verlag, 2004, 303–323.

Sickert, Ramona, *Wenn Klosterbrüder zu Jahrmarktsbrüdern werden: Studien zur Wahrnehmung der Franziskaner und Dominikaner im 13. Jahrhundert*, Berlin, LIT Verlag, 2006.

Tafel, Gottlieb/Thomas, Georg, *Urkunden zur älteren Handels- und Staatsgeschichte der Republik Venedig*, 3 vol., Wien, Hof- und Staatsdruckerei, 1857.

Thomas, Heinz, *«Das Turnier von Nantes»: Ein Lehrgedicht für Hartmann von Habsburg*, Beiträge zur Geschichte der deutschen Sprache und Literatur 108 (1986), 408–425 (=1986a).

Thomas, Heinz, *Brabant-Hennegau und Thüringen. Zur Entschlüsselung und zur Datierung des «Lohengrin»*, Beiträge zur Geschichte der deutschen Sprache und Literatur 108 (1986), 40–64 (=1986b).

Thomas, Heinz, *Zum Wandel zeitgeschichtlicher Funktion romanischer Literatur bei ihrer Rezeption im deutschen Sprachraum: «Maurice de Craon»/«Moriz von Craûn» und «Perceval»/«Parzival»*, in: Ingrid Kasten et al. (edd.), *Kultureller Austausch und Literaturgeschichte*, Sigmaringen, Thorbecke, 1998, 103–114.

Ubl, Karl, *Die Figur des Tyrannen. Herrscherkritik im Zeitalter Philipps des Schönen (1285–1314)*, in: Martin Kintzinger et al. (edd.), *Gewalt in der politischen Kultur des späten Mittelalters*, Ostfildern, Thorbecke, 2015 [im Druck].

Vale, Malcolm, *The Angevin Legacy and the Hundred Years War 1250–1340*, Oxford et al., Blackwell, 1990.

Walther, Hans, *Scherz und Ernst in der Völker- und Stämme-Charakteristik mittellateinischer Verse*, Archiv für Kulturgeschichte 41 (1959), 263–301.

Stephanie Neu

Autorität, auktoriales Ethos und Beglaubigungsstrategien am Beispiel von *Le divisament dou monde*

Le divisament dou monde bzw. *Il Milione*[1] lässt sich als fester Bestandteil eines – zumindest okzidentalen – kulturgeschichtlichen «kollektiven Gedächtnisses» und als Dauerbrenner wissenschaftlicher Debatten umschreiben: Mit großer Ausdauer und immer wieder neuen Erkenntnissen wird in diesem Zusammenhang

---

[1] Die Überlieferungs- und Übersetzungsgeschichte des Textes fasst Marina Münkler in einer Übersicht der unterschiedlichen Handschriften zusammen, die sich u. a. in eine franko-italienische, eine französische und eine toskanische Gruppe einteilen lassen, wobei die französischen und toskanischen Übersetzungen auf die franko-italienische Tradition zurückgehen. Münkler erwähnt darüber hinaus eine venezianische Tradition, die wiederum Ausgangsmaterial für weitere Übersetzungen, u. a. ins Mittelhochdeutsche, sowie für die einflussreiche lateinische Übersetzung durch Francesco Pipino da Bologna zu Beginn des 14. Jahrhunderts gewesen sei (cf. Münkler 2015, 84). Dieser lateinischen Version, die inhaltlich eine gänzlich andere, klerikale Ausrichtung als die franko-italienischen Versionen aufweist, steht eine weitere lateinische Fassung gegenüber (der so genannte Zelada-Codex), die größere Nähe zum Ausgangstext aufweist (cf. Münkler 2015, 87). Aufgrund der Komplexität der Beziehungen der Handschriften zueinander stellt Münkler treffend fest, dass eine Diskrepanz zwischen der, wie im Folgenden gezeigt wird, zentralen Position Marco Polos als Augenzeuge des Berichteten und der tatsächlichen Text-Tradition bestehe: «So ist paradoxerweise der unter dem Namen Marco Polos überlieferte Bericht, der wie kaum ein anderer Text die Exklusivität des berichtenden Augenzeugen hervorhob, kein stabiler, ein für allemal festgeschriebener Text, sondern ein komplexes Konglomerat von etwa einhundertfünfzig Handschriften, von denen keine mit einer anderen völlig identisch ist» (Münkler 2015, 80). Änderungen erfuhr der Text darüber hinaus in Bezug auf seinen Titel: Während er in der franko-italienischen Textgruppe mit *Divisament dou monde* – «Beschreibung der Welt» – bezeichnet wird, setzt sich in den toskanischen Übersetzungen *Il Milione* durch. Unter Bezugnahme auf Luigi Foscolo Benedetto, der 1928 die erste kritische Ausgabe der franko-italienischen Manuskriptgruppe herausgab und eine Handschrift, das Ms.fr. 1116 der Bibliothèque Nationale in Paris, als die dem nicht überlieferten Original ähnlichste identifizierte, sowie auf Valeria Bertolucci Pizzorusso, die wiederum 1975 die erste kritische Ausgabe der toskanischen Überlieferung veröffentlichte, fasst Münkler prägnant den Stand der Forschung zusammen: So könne angenommen werden, dass die Bezeichnung «Milione» sich auf den Stadtteil in Venedig bezog, in dem die Familie Polo lebte; allerdings sei ebenso anzunehmen, dass sich dieser Beiname bereits zu Beginn des 14. Jahrhunderts als «Zahlwort» (Münkler 2015, 91) etablierte, mit dem verschiedene Assoziationen verknüpft wurden: als Verweis auf die Schätze, von denen berichtet wird, als Hinweis auf die Steuereinnahmen des Khans, aber auch auf die zahllosen «Wunder der Fremde» (Münkler 2015, 91).

beispielsweise die Frage diskutiert, ob Marco Polo «wirklich» China bereist habe.[2] Wie Cesare Segre feststellt, beschränkt sich die Rezeption des Textes jedoch nicht auf die Frage nach seiner vermeintlichen Faktentreue, sondern fokussiert auch das Potenzial des *Divisament* als Ressource für fiktionale Literatur:

> «Ormai le scoperte di Marco sono state controllate e assimilate [...]; quello che resta vivo è il potenziale fantastico di questo libro così poco letterario: un potenziale che ha agito su poeti e scrittori, dall'Ariosto a Calvino, e continua ad agire su chiunque ne intraprenda la lettura.» (Segre 2000, XXIX).[3]

Le divisament dou monde bewegt sich also im Spannungsfeld zwischen einer faktenbasierten und einer fiktionalitätsorientierten Lesart. Entsprechend stellt sich die Frage, welche Konsequenzen sich daraus für die Wahrnehmung des *Divisament* als autoritativ abgesicherter, glaubwürdiger Bericht ergeben: Welche Lesarten wurden im zeitgenössischen, mittelalterlichen Kontext durch die narrative Gestaltung – in erster Linie durch die Kombination unterschiedlicher Textsorten und durch die Einschaltung einer namentlich genannten erlebenden und erzählenden Instanz namens «Marco Polo» – nahegelegt?[4] Welche Rolle spielen narrative Anteile wie Legenden und Exempla, die wir nach heutigem Verständnis als «fiktional» bezeichnen würden, für die Glaubwürdigkeit des Berichteten?

Diesen Fragen wird im Rahmen des vorliegenden Beitrags anhand exemplarischer Kapitel nachgegangen, die in ihrer Auswahl eine Vorstellung der narrati-

---

2 Am bekanntesten ist sicherlich die 1995 erschienene und bereits mit ihrem Titel provozierende Studie *Did Marco Polo go to China?* der Sinologin Frances Wood, die entsprechend schnell Gegenreaktionen hervorrief; so ist u. a. Jean-Pierre Voiret, ebenfalls Sinologe, kurz nach Erscheinen von Woods Untersuchung darum bemüht, ihre Argumente zu entkräften und Belege für Marco Polos tatsächliche Anwesenheit in Asien zu finden; cf. Voiret (1997).
3 Dieses Potenzial des Textes, aber auch der Figur Marco Polo als Projektionsfläche für «romantische» Phantasien lässt sich u. a. daran ablesen, dass nach wie vor Spielfilme und Fernsehserien auf den Markt kommen, die den Venezianer als Abenteurer in den Mittelpunkt stellen; siehe u. a. die in den USA produzierte und seit Ende 2014 im Streaming-Portal Netflix ausgestrahlte Serie *Marco Polo*, die mit der Genrebezeichnung «Adventure» versehen ist und «in a world replete with greed, betrayal, sexual intrigue and rivalry» (Internet Movie Database, http://www.imdb.com/title/tt2189461/ [17. 6. 2015]) angesiedelt ist.
4 Segre definiert *Le divisament dou monde* als «trattato geografico», der allerdings als «contenitore molto pratico per tipi di testi alquanto vari» (Segre 2000, XXI) fungiere, darunter neben Exempla und Wundererzählungen auch Kapitel mit Novellen-Charakter; Segre verweist in diesem Zusammenhang auf Ähnlichkeiten zum in etwa zeitgleich entstandenen *Novellino* (cf. Segre 2000, XXII). Bertolucci Pizzorusso ordnet, im Gegensatz zu Segre, den Text dem «genere già tradizionale del trattato enciclopedico» zu und bezieht sich dabei auf die Bedeutung des Titel-Bestandteils «Divisament», der Objektivität signalisiere (Bertolucci Pizzorusso 1977, 10).

ven Vielfalt des *Divisament dou monde* vermitteln sollen. Dabei liegt der Fokus auf den unterschiedlichen Funktionen, die Marco Polo – als Erzähler, als Autorinstanz, als Augenzeuge und als Protagonist der erzählten «Geschichten» – im *Divisament* einnimmt.

Grundsätzlich lässt sich feststellen, dass Marco Polo als Garant für die Glaubwürdigkeit des Erzählten und somit als Autorität etabliert wird. Um in diesem Zusammenhang die Frage beantworten zu können, wie die Inszenierung auktorialer bzw. narratorialer Autorität im *Divisament* konkret erfolgt, wird auf den Begriff des «auktorialen Ethos» zurückgegriffen, der von Liesbeth Korthals Altes für die Rezeption zeitgenössischer Literatur des 20. und 21. Jahrhunderts aus narratologischer Perspektive neu etabliert wird. Unter Rückbezug auf Aristoteles bzw. auf antike Rhetorik im Allgemeinen[5] verwendet Korthals Altes den Begriff «Ethos», um beschreiben zu können, auf welche Weise die Instanz des Autors Einfluss auf die Wahrnehmung und Interpretation eines literarischen Werks nehmen kann:

> «[...] Audiences or readers will not just reenact or judge characters' motivations and intentions. They also establish, even unconsciously, a narrator's or author's ethos, which then may help them to «get» his or her tone and assess how the represented actions and perspectives are to be taken: as exemplary, or perhaps as ironically, or indignantly, staged?» (Korthals Altes 2014, 7).

Obwohl Korthals Altes sich in ihren Beispielanalysen vor allem auf zeitgenössische – fiktionale – Literatur bezieht,[6] erweist sich ihr Verständnis von auktorialem Ethos in diachroner und textsortenübergreifender Perspektive als durchaus anschlussfähig. Im vorliegenden Beitrag wird vor diesem Hintergrund exemplarisch geprüft, inwieweit Korthals Altes' Ansatz auch für mittelalterliche Literatur fruchtbar gemacht werden kann. Der spezielle Fall des *Divisament dou monde* erscheint dafür als besonders geeignet, da hier der Autor-Erzähler-Instanz namens «Marco Polo» zentrale Bedeutung als Garant für die Glaubwürdigkeit des Berichteten beigemessen wird. Einbezogen wird auch die bereits angerissene Frage nach der Rezeption des Textes als «faktual» oder «fiktional»: Das Vertrauen

---

5 Korthals Altes betont hierbei vor allem den Aspekt der Vertrauenswürdigkeit, der, wie noch zu zeigen sein wird, auch in *Le divisament dou monde* eine Rolle spielt: «Aristotle [...] distinguishes three main means of persuasion: *ethos*, *pathos*, and *logos*. While *pathos* is the appeal to emotions and *logos* involves objectivating, rational arguments, *ethos* pertains to character effects that coincide to create a trustworthy image of the speaker [...]» (Korthals Altes 2014, 3, Kursivdruck im Original).

6 Als prägnantes Beispiel behandelt sie u. a. die Selbst- und Fremdinszenierung des französischen «Skandalautors» Michel Houellebecq.

in die Instanz des Autors als Autorität spielt, so lässt sich vermuten, eine ungleich größere Rolle, wenn das im Text Ausgesagte – wie im Falle von *Le divisament dou monde* – als «wahr» bzw. als Wiedergabe tatsächlich stattgefundener Ereignisse und «wirklich» beobachteter Erscheinungen rezipiert werden soll.

Marco Polo und Rustichello da Pisa als Autorinstanzen und Erzähler

Um der Inszenierung von auktorialer Autorität und auktorialem Ethos in *Le divisament dou monde* nachgehen zu können, bietet es sich an, zunächst zwei Fragen zu klären: Welche Sprecherinstanzen lassen sich ausfindig machen, und ist es angebracht, den bzw. die Erzähler im *Divisament* mit einem Autor bzw. mehreren Autoren gleichzusetzen, ohne zwischen ihnen als «zwei Instanzen der literarischen Kommunikation» (Lahn/Meister 2008, 61) zu unterscheiden?

Vor allem zur ersten Frage – wer spricht in *Le divisament dou monde*? – liegen zahlreiche differenzierte und ausführliche Studien vor. So analysiert beispielsweise Dietmar Rieger detailliert das Verhältnis zwischen Marco Polo und Rustichello da Pisa, den beiden namentlich im Text genannten Instanzen, die als Sprecher bzw. Schreiber auftreten. Rieger geht in diesem Zusammenhang auch auf die vermeintliche Rahmenbedingung der Textkompilation ein – die gemeinsame Gefangenschaft Marco Polos und Rustichellos in einem Genueser Gefängnis,[7] in deren Verlauf Rustichello alles von Marco Polo Berichtete aufgeschrieben habe –, wie sie auch durch das Vorwort nahegelegt wird:

> «Le quel [Marco Polo] puis, demourant en le char[t]re de Jene, fist retraire toutes cestes chouses a messire Rust[i]ciaus de Pise, que en celle meisme chartre estout, au tens qu'il avoit MCCXCVIII anç que Jesucrit nesqui.» (*Divisament*, I, 7, 306).[8]

---

7 Wie Rieger ausführt, scheint Marco Polo im Zuge des Konfliktes zwischen Genua und Venedig in den letzten Jahren des 13. Jahrhunderts kurzzeitig in genuesische Gefangenschaft geraten zu sein; cf. Rieger (1992, 290).

8 Zitiert wird im vorliegenden Beitrag aus der franko-italienischen Fassung nach folgender Ausgabe: Marco Polo, *Milione/Le divisament dou monde. Il Milione nelle redazioni toscana e franco-italiana*, ed. Gabriella Ronchi, Milano, Mondadori, ⁴2000 (1982). Die Herausgeberin stützt sich für die toskanische Fassung, aus der im Folgenden ebenfalls punktuell zitiert wird, auf Bertolucci Pizzorussos bereits erwähnte kritische Ausgabe, während sie in Bezug auf die franko-italienische Fassung weitgehend auf Benedettos ebenfalls bereits zitierte kritische Ausgabe rekurriert, allerdings unter Auslassung von «integrazioni o correzioni […] non del tutto necessarie o convincenti» (Ronchi 2000, 674). Entsprechende kontroverse Stellen listet Ronchi im Anhang

Ob sich die Begegnung zwischen Marco Polo und Rustichello tatsächlich so abgespielt hat, ist für die nachfolgenden Überlegungen zweitranging; relevant erscheint stattdessen, dass durch die zeitliche und räumliche Einordnung sowie durch die Nennung beider für *Le divisament dou monde* zentralen Akteure ein klares «Setting» vorgegeben wird, aus dem sich u. a. die Funktion und Bedeutung Rustichellos für die Textgenese ableiten lässt.[9] Wie Rieger unterstreicht, handelt es sich bei Rustichello um einen «Fiktionsspezialisten» (Rieger 1992, 294), dem mehrere in französischer Sprache verfasste Ritter-Romane zugeschrieben werden.[10] Entsprechend kommt Rieger zu dem Schluss, dass Rustichello – wenn man dem Vorwort folgt – eine zentrale Rolle bei der sprachlichen und stilistischen Gestaltung des *Divisament* zugesprochen werden kann:

> «Die Termini ‹faire retraire› (‹erzählen lassen›) und ‹faire metre en ecriture› (‹aufschreiben lassen›) [im Vorwort des *Divisament*, Anm. S. N.] scheinen keinen Zweifel daran zu lassen, daß dem der am prestigereichsten, am weitesten entwickelten literarischen Prosasprache der Zeit, des Französischen, mächtigen Pisaner die Verschriftlichung eines Stoffes zu verdanken ist, den ihm der Venezianer in allen Details liefert – und zwar die Verschriftlichung in einer Sprache, welche die Muttersprache weder des einen noch des anderen ist, in einer artifiziellen, livresken Sprache.» (Rieger 1992, 294s.).[11]

Die vorsichtige Formulierung Riegers, dass die Angaben im Vorwort keinen Zweifel an der Art der Zusammenarbeit zwischen Marco Polo und Rustichello

---

ihrer kritischen Ausgabe auf. Im Folgenden werden die beiden hier herangezogenen Versionen nach Ronchi als *Divisament* bzw. *Milione* zitiert. Eckige Klammern in den zitierten Auszügen markieren eine «sostituzione di lettere o di parole», spitze Klammern hingegen Einfügungen (Ronchi 2000, 687). In der hier gewählten Abkürzung im Fließtext bezeichnen – in Bezug auf die franko-italienische Fassung – die römischen Ziffern das jeweilige Kapitel, die darauf folgende arabische Ziffer bezeichnet den entsprechenden Absatz und die dritte Ziffer die Seitenangabe in der Ronchi-Ausgabe. Wenn aus der toskanischen Fassung zitiert wird, verweist die erste arabische Ziffer auf das Kapitel, die folgende auf den Abschnitt und die dritte auf die Seitenzahl.

9 Bertolucci Pizzorusso weist in diesem Zusammenhang auf die Funktion des Exordiums als «luogo privilegiato delle dichiarazioni relative all'atto letterario che s'intende fondare [...]» hin (Bertolucci Pizzorusso 1977, 10).

10 Zur Manuskriptüberlieferung siehe die beiden folgenden kritischen und kommentierten Ausgaben: *Il romanzo arturiano di Rustichello da Pisa*, ed. Fabrizio Cigni, Pisa, Pacini/Cassa di risparmio di Pisa, 1994 sowie *Les aventures des bruns: compilazione guironiana del secolo XII, attribuibile a Rustichello da Pisa*, ed. Claudio Lagomarsini, Firenze, SISMEL, Ed. del Galluzzo, 2014.

11 Rieger verweist darüber hinaus auf Kapitel CLVIII des *Divisament*, in dem die Rollenaufteilung, wie sie im Prolog angedeutet wird, noch einmal wiederholt werde; cf. Rieger (1992, 298s.). Auf die nicht versiegende Debatte rund um die Frage, welche Anteile des *Divisament* nun genau Rustichello oder Marco Polo zuzuordnen seien, geht Rieger ebenfalls ausführlich ein und bezeichnet die Versuche, den Text entsprechend aufzuteilen, als «verfehlt» (Rieger 1992, 295).

zu scheinen lassen, lässt sich vor dem Hintergrund der Komplexität des Textes verstehen: So offensichtlich und «sauber», wie das Vorwort es nahelegt, können die Rollen zwischen Erzählendem und Aufschreibendem keinesfalls getrennt werden. In ihrer wegweisenden Untersuchung zu den Erzählinstanzen in *Le divisament dou monde* charakterisiert Bertolucci Pizzorusso das offensichtlich in Ko-Autorschaft entstandene «Produkt» entsprechend als gekennzeichnet durch «[a]mbiguità e discontinuità delle voci narranti, mobilità della messa a fuoco, dimenticanze dichiarate e pentimenti, bruschi trapassi stilistici, ‹disordine› insomma [...]» (Bertolucci Pizzorusso 1977, 8).[12] In Bezug auf den für unseren Diskurs relevanten Bereich der variierenden «Stimmen» im Text arbeitet sie detailliert heraus, dass die im *Divisament* mit den Personalpronomina *je*, *il* und *nos/noç/nous* bezeichneten Instanzen sich – je nach Kontext – auf Rustichello, auf Marco Polo oder auf beide beziehen. Bertolucci Pizzorusso fasst ihre Ergebnisse in einem Schema zusammen, das sich an der Dreiteilung des *Divisament* in Exordium (Kapitel I), Prolog (Kapitel II–XIX) und den eigentlichen «livre» (*Divisament*, XIX, 324) orientiert, das alle darauf folgenden Kapitel umfasst. Während, so Bertolucci Pizzorusso, im Exordium und im Prolog *je* mit Rustichello, *il* mit Marco Polo und *nos* mit Rustichello und Marco Polo identifiziert werden kann, ändert sich dieses relativ klare Verhältnis im «livre»: *Il* bleibe auf Marco Polo bezogen, *je* hingegen bezeichne nun Rustichello oder Marco Polo, *nos* entweder Rustichello und Marco Polo, Marco Polo allein oder Marco Polo und seine Reisegefährten (cf. Bertolucci Pizzorusso 1977, 29).

Zu ähnlichen Ergebnissen wie Bertolucci Pizzorusso gelangt auch Rieger; er legt dar, dass bereits im Prolog – in dem die Hintergründe und der Ablauf der Reise Marco Polos, seines Vaters und seines Onkels geschildert werden – die drei Erzählinstanzen *je*, *il* und *nous* eingeführt werden, denen der Leser bei der anschließenden Schilderungen der Ereignisse und Beobachtungen begegnen wird. Während Rieger *je* und *il* ähnlich wie Bertolucci Pizzorusso interpretiert, erkennt er in Bezug auf die Bedeutung des «wir» noch weitere Möglichkeiten: So ließe sich *nos/nous* tendenziell auch als «Pluralis modestiae» (Rieger 1992, 303) für Marco Polo oder für Rustichello verstehen, während es in anderen Text-

---

12 Bertolucci Pizzorusso erläutert, dass die Übersetzer des franko-italienischen Originals sehr darum bemüht gewesen seien, entsprechende «Diskrepanzen» einfach zu tilgen (cf. Bertolucci Pizzorusso 1977, 8). Simon Gaunt kommt zu einem ähnlichen Schluss: «[...] in the first ten chapters after the prologue in the Franco-Italian redaction (XX–XXIX), there are thirty-seven first-person-singular or -plural verb forms, excluding those found in direct speech [...]. It is instructive to compare these chapters with the Tuscan and French redactions, where the equivalent chapters have fifteen and twenty-four first-person forms respectively, while conveying more or less the identical content [...]» (Gaunt 2013, 45).

zusammenhängen zusätzlich den Rezipienten einbeziehe.[13] Eine solche Funktion der Pluralverwendung lässt sich, so Rieger, vor allem an «thematischen Nahtstellen der ‹Beschreibung der Welt›» (Rieger 1992, 303) erkennen, also an Übergängen zwischen einzelnen Kapitelteilen bzw. Kapiteln. Schließlich, als weitere Möglichkeit, könne sich die dritte Person Plural auch auf Marco Polo und seine Reisebegleiter beziehen (cf. Rieger 1992, 303).[14]

Um die Komplexität der Sprecherwechsel, vor allem in Bezug auf die Verwendung des Plurals, zu illustrieren, seien an dieser Stelle einige Passagen aus dem Hauptteil des *Divisament* angeführt. Vor allem in der Beschreibung einzelner Städte und Provinzen lassen sich formelhafte Wendungen erkennen, in denen die dritte Person Plural zum Einsatz kommt. Ein Beispiel unter vielen findet sich am Ende des Kapitels, das der «Provence de Tebet» gewidmet ist; darin wird zum nächsten Kapitel übergeleitet, das einer anderen Provinz gewidmet ist: «Or laison desormés de ces ma[ti]ere et voç conteron de la provence de Caindu.» (*Divisament*, CXVI,16, 465–466) Diese Schlusswendung stellt eine Variante des gleichen Procederes in den vorangehenden und folgenden Kapiteln dar, in denen sich entsprechende Formulierungen nachweisen lassen, die sich nur leicht im Wortlaut voneinander unterscheiden, z. B. «Or nos partiron de ce ‹ste› contree et vos conteron des autres […]» (*Divisament* CXIII, 11, 459), « Adonc noç conteron de la provence de Caraian que je voç dic desovre» (*Divisament* CXVIII, 14, 470) oder «Or nos laieron adonc de cest provence et voç conteron do un autre provence […]» (*Divisament* CXXVII, 11, 486).[15] Während in diesen Fällen von einer Trennung in eine erzählende («noç») und eine rezipierende Instanz («voç») gesprochen werden kann, passt das folgende Beispiel zur von Rieger beobachteten Variante des «wir», das die Rezipienten einbezieht: «Or noç p[a]rt[i]ron de Aniu et aleron a une autre provence […].» (*Divisament* CXXVIII, 7, 487)

---

13 Rieger zufolge erfüllt dieses «nous» eine illusionsbildende Funktion, die dem Leser aber gerade nicht den Eindruck vermittle, es handele sich um «Erfundenes», sondern ihm im Gegenteil erst ermögliche, sich auf die erzählte Welt einzulassen und diese quasi mitzuerleben: «Der Erzähler macht sich mit diesem das ‹vous› der Zuhörer und Leser integrierenden ‹nous› zum gleichsam touristischen ‹Führer› seines Publikums, das er an die Hand nimmt, um ihm auf eine solche Weise zu einer Identifizierung mit der Perspektive des Erzählers und über deren Vermittlung mit derjenigen des (der) Reisenden zu verhelfen, daß die Rezeption des literarischen Nachvollzugs der Reise für dieses Publikum zur Illusion eines Reiseerlebnisses gerät» (Rieger 1992, 303).

14 Gaunt ergänzt noch eine weitere Möglichkeit und gibt zu bedenken, dass sich die erste Person Plural auch auf «‹we› Westerners» (Gaunt 2013, 56) beziehen könnte.

15 In den zitierten Beispielen lässt sich ebenfalls der bereits von Rieger attestierte rasche Wechsel vom Plural zum Singular nachweisen: Im Schlussteil des Kapitels tritt in den Wendungen «com je voç ai escrit» und «com je voç ai dit» neben das «noç» die erste Person Singular (*Divisament*, CXVI, 15, 466).

Ergänzend zu Riegers und Pizzorussos Beobachtungen in Bezug auf die Variationsbreite der Verwendung von Personalpronomina und der Schwierigkeit, sie immer eindeutig einer präzisen Sprecherinstanz zuzuordnen, diskutiert Gaunt die Verwendung der Pluralform im Sinne eines unpersönlichen «‹academic› we» (Gaunt 2013, 48), wie es z. B. in Chroniken des Vierten Kreuzzugs aus der Anfangsphase des 13. Jahrhunderts nachzuweisen sei.[16] Gaunt kommt zu dem Schluss, dass die Verwendung der dritten Person Plural im *Divisament dou monde* nicht dem darin vorzufindenden Muster entspreche: Obwohl nicht immer eindeutig sei, auf wen sich das erwähnte «‹wir» bzw. «ich» beziehe, sei dennoch zumindest an «point keys» (Gaunt 2013, 48) die Absicht zu erkennen, die Sprecherinstanz als z. B. Marco Polo oder Rustichello zu identifizieren. In welchem Zusammenhang diese Identifizierung des Sprechers mit der Frage nach Autorität bzw. auktorialem Ethos steht, wird im Folgenden noch zu diskutieren sein.

Festhalten lässt sich an dieser Stelle zunächst der Konsens, dass *Le divisament dou monde* von einer Ambiguität in Bezug auf die darin auftretenden Sprecher gekennzeichnet ist. Daran schließt sich wiederum die Frage an, ob der komplexen Anlage des Textes ein System zugrunde liege. Wegweisend erscheint in diesem Zusammenhang Riegers Beobachtung, dass es verfehlt wäre, von einem entsprechenden Konzept auszugehen: Laut Rieger spiegelt sich in der Anlage des *Divisament dou monde* stattdessen eine «sich als Inkohärenz und Unfertigkeit manifestierende große Spontaneität» (Rieger 1992, 306), die den Entstehungsprozess des Textes reflektiere. Von einer präzise geplanten «Konzertierung» der verschiedenen Stimmen auszugehen, führe entsprechend zu weit: «Von einer intentionalen unsystematischen Zwei- (Marco Polo – Rustichello da Pisa) bzw. Dreistimmigkeit (M. P. – R. da P. – ‹nous›) auszugehen, hieße zweifellos einen mittelalterlichen Text dieser Textsorte zu überfordern» (Rieger 1992, 305). Inwieweit die verschiedenen Erzählerstimmen – trotz fehlender Intentionalität – eine Rolle für die Frage nach authentizitäts- und autoritätssteigernden Textstrategien spielt, wird ebenfalls noch zu diskutieren sein.

Eine weitere Rolle für unseren Diskurs rund um auktoriale Autorität spielt auch die eingangs erwähnte Frage, wer als Autor des Textes angesehen wird und inwieweit eine Trennung in Autor und Erzähler erfolgen kann bzw. angebracht ist. In der bisher zitierten Forschungsliteratur lassen sich diesbezüglich Unterschiede erkennen: Während Segre – ohne zwischen «autore» und «narratore»

---

16 Gaunt zitiert in diesem Zusammenhang Roberts de Clari *La Conquête de Constantinople* und Geoffrois de Villehardouin *Histoire de la Conquête de Constantinople*. Auch Pizzorusso Bertolucci stellt fest, dass der Plural im Falle des *Divisament* nicht als «plurale accademico» (Bertolucci Pizzorusso 1977, 6) zu werten sei.

zu unterscheiden – Rustichello quasi ausblendet und Marco Polo als erlebende und erzählende Instanz in den Vordergrund rückt,[17] gehen Bertolucci Pizzorusso, Rieger und Gaunt präziser vor. Bertolucci Pizzorusso spricht von Rustichello und Marco Polo als «produttori del testo» (Bertolucci Pizzorusso 1977, 12), differenziert – ausgehend vom Exordium – allerdings ihre Rollen: Marco sei gleichzeitig Erzähler, Protagonist und Autor, Rustichello hingegen als Redaktor zu erkennen (cf. Bertolucci Pizzorusso 1977, 12). Ergänzend dazu spricht sie Rustichello die Rolle eines «narratore di secondo grado» (Bertolucci Pizzorusso 1977, 15) zu, im Gegensatz zu Marco Polo als «narratore di primo grado» (Bertolucci Pizzorusso 1977, 15): Mit dieser Unterscheidung bzw. Hierarchisierung etabliert sie Marco Polo quasi als Urheber des Textes, als denjenigen, der das Material liefere und seine Geschichte erzähle, die Rustichello, wenn er als Erzähler in Erscheinung tritt, wiederum nacherzähle. Sie kommt zu dem Schluss, dass sich in *Le divisament dou monde* zwei «diversi sistemi generalmente incompatibili tra loro» (Bertolucci Pizzorusso 1977, 29) überlagerten: autobiographisches und biographisches Schreiben. Auch Rieger spricht von einem «Nebeneinander, ja Miteinander des biographischen und des autobiographischen Diskurses» (Rieger 1992, 304) sowie von einer Abstufung der Erzähler-Instanzen in einen «Erzähler ersten Grades (Informant auf der Ebene der Oralität) und Erzähler zweiten Grades (‹traductor› auf die Ebene der Schriftlichkeit und des literarischen Diskurses)» (Rieger 1992, 303), um Marco Polo und Rustichello verschiedene Erzähler- bzw. Sprecher-Rollen – beide Begriffe werden von Rieger verwendet – zuzuweisen.

Impliziert wird sowohl bei Rieger als auch bei Bertolucci Pizzorusso, dass eine Trennung zwischen Erzähler- und Autorinstanz nicht notwendig bzw. aus dem Text selbst ableitbar sei: Die erzählenden Instanzen werden von beiden stets als Marco Polo und Rustichello da Pisa identifiziert, wobei mit Marco Polo ein autobiographischer Diskurs assoziiert wird. Diese Beobachtung lässt sich unter Verweis auf eine von Sonja Glauch in Bezug auf Ich-Erzählungen im Mittelalter formulierte These erweitern: Glauch geht auf den Unterschied zwischen erzählendem und erlebendem Ich in autobiographischen Texten ein, denen sie einen unterschiedlichen Status zuweist. Ihr zufolge geht es in mittelalterlichen Ich-Erzählungen[18] weniger um die Vermittlung von Erlebnissen, sondern von

---

17 So fällt auf, dass Segre durchgängig auf Formulierungen wie «Marco guarda», «Marco si collega» und «Marco si riporta» (Segre 2000, XXII) zurückgreift.

18 Glauch (2010) geht auf Minnedichtungen und allegorische Dichtungen, aber auch u. a. auf *Les voyages d'outre mer* aus der zweiten Hälfte des 14. Jahrhunderts ein, die einem als Jean de Mandeville bezeichneten Verfasser zugeschrieben werden; dabei handelt es sich um eine «fiktive Reisebeschreibung» (Ridder 1991, V) – u. a. über Asien –, die sich auf historiographische und enzyklopädische Quellen stützt.

Erfahrungen, und zwar «durchaus in dem doppelten Sinn des Wortes: Erfahrung, die man gemacht hat, und Erfahrung, die man besitzt.» (Glauch 2010, 171) Entsprechend könne Erfahrung sich auch aus der Rezeption von literarischen Texten oder aus oraler Überlieferung speisen und müsse nicht «selbst» erlebt worden sein; damit ließe sich auch erklären, weshalb «literarisches Material sich bruchlos in eine biographische Grundstruktur der Narration einfügen lässt» (Glauch 2010, 171). Glauch zieht daraus den Schluss, dass sich die Identität von Autor und Erzähler – im Falle von Ich-Erzählungen – nur auf das erzählende Ich beschränke, nicht aber auf das erlebende Ich:

> «Wenn es in mittelalterlichen Ich-Erzählungen aber gar nicht um Erlebnisse geht, sondern um Erfahrungswissen, das in stilisierte, exemplarische, erfundene Erlebnisse narrativ umgesetzt wird, wenn Erlebnisse erfunden werden, stehen erzählendes Ich und erlebendes Ich nicht mehr in derselben Realität. Das erzählende Ich, das über Erfahrungswissen verfügt und den Auftrag, dieses zu vermitteln, muss man wohl weitgehend als die textuelle Widerspiegelung des Verfassers ansehen. Auch wenn die Erzählungen nun behaupten, dass dieses Ich zugleich der Protagonist der Handlung sei, hat die Handlung doch nie stattgefunden» (Glauch 2010, 172).

Glauchs Beobachtungen, dass «die Handlung doch nie stattgefunden» habe, erscheint vor allem im Hinblick auf allegorische oder Traum-Sequenzen, die sie in diesem Zusammenhang nennt, nachvollziehbar. In Bezug auf Texte wie *Le divisament dou monde* ist allerdings zu fragen, ob eine «Fiktionsgrenze» (Glauch 2010, 172), wie Glauch sie in ihren Beispielen zwischen erzählendem und erlebendem Ich erkennt, ebenfalls zu beobachten ist. Dieser Frage wird im folgenden Abschnitt nachgegangen, denn sie ist eng verbunden mit der Diskussion auktorialer Autorität: Ist es relevant für die Glaubwürdigkeit des Textes, dass der Eindruck vermittelt wird, Marco Polo habe tatsächlich seine «Abenteuer» selbst erlebt, oder beruht seine auktoriale Autorität darauf, dass topisches Wissen vermittelt wird, das sich aus anderen Quellen – Exempla, Legenden etc. – speist? Diese Frage kann in Bezug auf die tatsächliche zeitgenössische Rezeption des Textes aufgrund fehlenden empirischen Materials zwar nicht abschließend beantwortet werden; beobachten lässt sich jedoch, wie das Wissen, die Erlebnisse und Erfahrungen Marco Polos präsentiert werden und welche Rolle dabei den Erzählinstanzen – dem autobiographischen «Marco Polo-Ich» ebenso wie dem mit Rustichello identifizierbaren *je* sowie dem vielfältig interpretierbaren «wir» – zukommt.

Um die Diskussion rund um die Erzähler- und Autor-Instanzen abzurunden, sei abschließend Gaunts Position in Bezug auf die Gleichsetzung von Autor und Erzähler umrissen, die auch als Folie für die weiteren Ausführungen im Rahmen des vorliegenden Aufsatzes verstanden werden kann: Gaunt vermeidet einen Bezug auf Marco Polo und Rustichello als «empirische» Autor-Instanzen, sondern verwendet ihre Namen, um «implicit voices *within* the text» (Gaunt 2013, 45, Kursivdruck im Original) zu beschreiben: Ihn interessiert nicht, welche Aussagen tatsächlich auf welche außertextliche Instanz – den «echten» Marco Polo oder den «echten» Rustichello – zurückzuführen sind. Stattdessen steht für Gaunt im Vordergrund, welche «author function» (Gaunt 2013, 46) durch die verschiedenen Stimmen im Text konstruiert werden kann, «in other words, how the text both instantiates and confuses on account of its own genesis and authorship» (Gaunt 2013, 46). Gaunt rekurriert hier explizit auf Foucaults Konzept der abstrakten Autorfunktion, um eine biographistische Lesart, die sich zu sehr auf den «empirischen», im Text selbst kaum greifbaren Marco Polo bezieht, zu vermeiden.

«[...] fu verité selonc ce que je Marc Pol vit puis apertemant a mes iaux»: Textstrategien zur Erzeugung auktorialer Autorität und zur Inszenierung eines auktorialen Ethos

Vor dem Hintergrund der Ausführungen zu den Sprecher-Instanzen im *Divisament* wird im Folgenden der Frage nachgegangen, wie Autorität erzeugt wird und inwieweit den Autor-Erzählern Marco Polo und Rustichello ein bestimmtes Ethos zugesprochen werden kann bzw. ob sie sich – in ihrer Eigenschaft als homodiegetische Erzähler – selbst ein solches Ethos zusprechen. In diesem Zusammenhang werden mehrere Aspekte beleuchtet:

Zunächst liegt der Fokus auf Äußerungen, die programmatische Aussagen zu Ziel, Zweck und Anliegen des Textes enthalten; entsprechend wird die (Selbst-)Darstellung der Sprecher – unter Berücksichtigung der oben erläuterten Trennung in verschiedene Erzählinstanzen – näher betrachtet. Daran schließt die Frage an, welche Legitimations- und Authentisierungs-Strategien zu beobachten sind: Welcher Stellenwert kommt beispielsweise dem Augenzeugenbericht in *Le divisament dou monde* zu? Das Zusammenspiel verschiedener Textsorten – u. a. Faktenberichte, Legenden, Beschreibungen in Anlehnung an die Tradition des höfischen Romans – wird vor dem Hintergrund, inwieweit sie zur Glaubwürdigkeit des Berichteten beitragen, ebenfalls beleuchtet.

Als zentral für die Orientierung des Lesers in Bezug auf die intendierte Rezeption von *Le divisament dou monde* erweisen sich das Exordium sowie der Prolog, die beide bereits entsprechend ausführlich u. a. von Bertolucci Pizzorusso, Rieger und Gaunt analysiert wurden. Insbesondere das Exordium legt nahe, dass die Glaubwürdigkeit des Geschilderten eng an die Vertrauenswürdigkeit des Augenzeugen Marco Polo gebunden ist. Wie Bertolucci Pizzorusso (1977, 11–12) es auf den Punkt bringt, enthält das Vorwort alle relevanten Informationen zum dem Leser vorliegenden «livre», sowohl zum Inhalt als auch zu seiner Genese und der beabsichtigten Wirkung. So werden zunächst die Zielgruppe und der Gegenstand – ein Überblick über die Vielfalt der Regionen der Welt – umrissen:

> «Seignors emperaor et rois, dux et marquois, cuens, chevaliers e b[o]rgio[i]s, et toutes gens que volés savoir les deverses jenerasions des homes et les deversités des deverses region dou monde, si prennés cestui livre et le feites lire.» (*Divisament*, I, 1, 305).

Bereits der Beginn des Exordiums lässt erkennen, dass auf topische Wendungen zurückgegriffen wird: So hebt Rieger die Parallele der Leser-Apostrophe zu entsprechenden Formulierungen in einer der maßgeblichen Rustichello-Handschriften hervor, die «nicht allein exordialtopisch» (Rieger 1992, 294), sondern als expliziter intertextueller Verweis zu erklären sei.[19] Gleichzeitig betont Rieger jedoch, dass unabhängig von der Formelhaftigkeit der initialen Leseransprache der Anspruch deutlich werde, nicht nur eine elitäre Leserschaft erreichen zu wollen: Das intendierte, ideale Publikum des *Divisament* sei nicht durch eine herausgehobene soziale Stellung charakterisiert, sondern durch das alle vereinende Charakteristikum der Wissbegierde, der Neugier, so dass die «fast topische Formulierung der Pflicht zur Wissensvermittlung bei Marco Polo, an der Schwelle zur Moderne, auch demokratisiert und [...] bildungsmäßig nach unten geöffnet» werde (Rieger 1992, 292). Entsprechend werden «toutes gens que volés savoir» und «les autres jens que ne le [les granç mervoilles] virent ne ‹ne› sevent» (*Divisament*, I, 305–306) angesprochen. Aufschlussreich erscheint in diesem Zusammenhang der Verweis auf die Wissbegierde, die dem intendierten Publikum attestiert wird. So weist Friedrich Wolfzettel in Bezug auf mittelalterliche Reiseberichte, insbesondere Pilgerberichte, auf die negative Konnotation von *curiositas* hin (cf. Wolfzettel 2003, 13s.). Auch Rieger erkennt diese negative Konnotation an, betont allerdings, dass zum Zeitpunkt des Abfassens von *Le divisament dou monde* vor allem in naturwissenschaftlichen Kontexten bereits eine Aufwertung der *curiositas* stattgefunden habe:

---

19 Allerdings weist Rieger (1992, 294) darauf hin, dass im *Divisament* der Fokus auf «Wissensvermittlung» und nicht, wie im Artus-Text, auf «Ergötzen» liege, die herausgestellte Textfunktion trotz zahlreicher Parallelen zur Artus-Kompilation also eine andere sei.

> «[D]as Wissen entstammt nicht mehr der «auctoritas» einer immer wieder neu und besser zu deutenden kollektiven Wissenstradition, sondern der noch in Dantes *Inferno* (XXVI) in der Gestalt des Odysseus als gefährliche Hybris gebrandmarkten, von Thomas von Aquin der «studiositas» entgegengesetzten, aber schon von Albertus Magnus im Kontext der Naturwissenschaften aufgewerteten individuellen «curiositas» und der von ihr geleiteten Empirie» (Rieger 1992, 291).

Implizit attestiert Rieger hier auch Marco Polo als demjenigen, auf dessen Erlebnissen das im *Divisament* Geschilderte beruht, «curiositas» und eine empirische Vorgehensweise. Nahegelegt wird dies u. a. dadurch, dass Marco Polo als ein Reisender und Erlebender in den Mittelpunkt gerückt wird, der konkret benannte und entsprechend geographisch klar zu verortende, nicht imaginäre Regionen bereist habe:

> «Et qui trovererés toutes les grandismes mervoilles et les grant diversités de la grande Harminie et de Persie et des Tartars et ‹de› Indie, e de maintes autres provinces, sicom notre livre voç contera por ordre apertemant, sicome meisser Marc Pol, sajes et noble citaiens de Venece, raconte por ce que a seç iaus meisme il le voit. Mes auques hi n'i a qu'il ne vit pas, mes il l'entendi da homes citables et de verité; et por ce metreron les chouse veue por veue et l'entendue por entandue, por ce que notre livre soit droit et vertables sanç nulle ma‹n›songe.» (*Divisament*, I, 2–3, 305).

Marco Polo wird hier als erzählende und erlebende Instanz etabliert – eine Aussage, die, wie die Ausführungen zu den Erzählerstimmen im Text gezeigt haben, zu relativieren ist, da mehrere unterschiedliche Erzähler auftreten. Dennoch wird er im Prolog als Garant dafür genannt, dass alles, wovon im *Divisament* berichtet wird, in der empirischen Realität verankert sei. Marco Polo berichte also nur davon, was er selbst gesehen («raconte por ce que a seç iaus meisme il le voit») bzw. aus verlässlicher Quelle gehört habe. Hier zeichnen sich erste Hinweise auf ein auktoriales Ethos ab, das in der aristotelischen *Rhetorik* als Glaubwürdigkeit verstanden wird:

> «Durch den Charakter geschieht dies [die Überzeugung durch die Rede, Anm. S. N.], wenn die Rede so dargeboten wird, daß sie den Redner glaubwürdig erscheinen lässt. Den Anständigen glauben wir nämlich eher und schneller, grundsätzlich in allem, ganz besonders aber, wo es eine Gewißheit nicht gibt, sondern Zweifel bestehen bleiben. Doch auch das muß sich aus der Rede ergeben und nicht aus einer vorgefaßten Meinung über die Person des Redners.» (*Rhetorik*, 1356a).[20]

---

20 Zitiert wird aus folgender Ausgabe: Aristoteles, *Rhetorik*, ed. und übs. von Gernot Krapinger, Stuttgart, Reclam, 1999.

Aristoteles' Ausführungen, die sich auf die gesprochene Rede beziehen, lassen sich zwar nur mit Abstrichen auf einen geschriebenen Text übertragen, erweisen sich aber dennoch als aufschlussreich für die Beschreibung des Exordiums: Durch Epitheta wie im oben zitierten «sajes et noble citaiens de Venece», aber auch durch den Hinweis auf die lange Zeit, die Marco Polo im Orient verbracht habe («[e]t si voç di qu'il demora a ce savoir en celes deverses parties et provences bien XXVI anç» [*Divisament*, I, 6, 306]), werden seine «Anständigkeit» und Glaubwürdigkeit suggeriert.[21] Gerade vor dem Hintergrund, dass die Leser tatsächlich keine Möglichkeit hatten, das Gesagte auf seinen postulierten Wahrheitsgehalt hin zu untersuchen, spielt die entsprechende Darstellung des Erlebenden, auf dessen Bericht die Beschreibungen beruhen, eine nicht zu unterschätzende Rolle.[22]

Anders allerdings als von Aristoteles gefordert ist es nicht der Sprecher selbst, der im Rahmen dieser *captatio benevolentiae* den Eindruck von Glaubwürdigkeit erzeugt: Stattdessen wird diese Aufgabe einem Zweiten übertragen, Rustichello da Pisa, der am Schluss des Exordiums, wie bereits hervorgehoben wurde, als derjenige in Erscheinung tritt, der alles von Marco Polo Berichtete in Schriftform überträgt. Der Leser kann sich also – noch – keinen unmittelbaren Eindruck von der Glaubwürdigkeit Marco Polos verschaffen, sondern muss wiederum der Instanz Rustichello vertrauen. Dies geschieht über den «livre», der – wie aus dem bereits zitierten Abschnitt aus dem Vorwort hervorgeht – als «aufrichtiges» Gemeinschaftsprodukt angepriesen wird:

> «Mes auques hi n'i a qu'il ne vit pas, mes il l'entendi da homes citables et de verité; et por ce metreron les chouse veue por veue et l'entendue por entandue, por ce que notre livre soit droit et vertables sanç nulle ma‹n›songe.» (*Divisament*, I, 3, 305).

---

21 In diese rhetorische Strategie fügt sich auch die topische, hyperbolische Formulierung ein, dass das von Marco Polo gesammelte Wissen alles bisher Dagewesene übertreffe: «[...] ne fu cristienç, ne paiens, ne tartar, ne yndiens, ne nulç homes de nulle generasion, que tant seust ne cherchast de les deverses partie dou monde et de les grant mervoilles come cestui messire Marc en cherche et soi.» (*Divisament*, I, 4, 306)

22 Hinzu kommen, wie Gaunt beobachtet, Parallelen zu den bereits erwähnten Kreuzzug-Berichten Geoffrois de Villehardouin und Roberts de Clari, in denen Augenzeugenschaft und die Unterscheidung zwischen Gesehenem und Gehörtem ebenfalls eine Rolle spielen; diese laut Gaunt als intertextuell zu wertenden Bezüge könnten als weiterer «Baustein» der Beglaubigungsstrategien im *Divisament* gewertet werden: «It may well be that Rustichello, Marco or Rustichello and Marco together sought – whether consciously or unconsciously – to enhance their text's claim to tell the truth about what Marco saw and learned while in Asia by using a stylistic device associated with recent historical writing: Robert de Clari and Villehardouin were, it should be remembered, pioneers in seeking to relate personal experience of recent historical events in prose, a medium otherwise primarily used in the thirteenth century for Arthurian romance» (Gaunt 2013, 48).

Nahegelegt wird ein «Ethos des Erzählens» in Form eines Versprechens an die Rezipienten, dass stets offengelegt werden soll, was Marco Polo tatsächlich gesehen und was er «nur» aus zweiter Hand erfahren hat. Durch die Verwendung des Plurals – «notre livre» – wird indirekt auch dem «Kollektiv» Marco Polo-Rustichello eine entsprechende ehrliche Haltung zugesprochen.

Auch in dem ab Kapitel II beginnenden Prolog spielt der «Zeuge des Augenzeugen Marco Polo» eine zentrale Rolle für die Beglaubigung des Berichteten sowie für die «Inszenierung» Marco Polos als kompetent und glaubwürdig.[23] In diesem Prolog werden der erste Aufenthalt von Niccolò und Matteo Polo, Vater und Onkel Marco Polos, am Hof des mongolischen Herrschers Kublai Khan, seit den 1270er Jahren Kaiser von China, sowie ihr zweiter Aufenthalt dort rekapituliert, bei dem sie von Marco begleitet werden. Der Ich-Erzähler des Prologs hebt dabei – ähnlich wie im Exordium – Marcos Tugenden und Talente hervor, so dass sich die Beglaubigung seiner Kompetenz, Zuverlässigkeit und Weisheit als roter Faden durch alle 18 Prolog-Kapitel zieht:

> «Il nome vuoto di Marco Polo deve essere riempito e la sua figura costruita in termini di ineccepibile moralità; soltanto dopo una persuasiva ‹descrizione› di sé, l'autore potrà ambire ad una credibile ‹descrizione del mondo›. E a ben guardare infatti il ‹prologo› non è altro che una *laudatio sui et suorum* abilmente dissimulata dietro l'apparente oggettività d'informazioni necessarie all'inquadramento della straordinaria esperienza orientale» (Bertolucci Pizzorusso 1977, 20, Kursivdruck im Original).

Diese «laudatio» erfolgt stets in Verbindung mit der Figur des Khans, der selbst zunächst als positive Figur etabliert wird. So betont der Prolog-Erzähler u. a. den großen Einflussbereich und die Machtfülle des Khans, «qui estoit seig‹n›or de tous le Tartars do monde et de toutes les provinces et regnes et region de celle grandisme partie do secle» (*Divisament* VIII, 1, 310). Der Herrscher «de tous le Tartars do monde» wird als wissbegierig und der westlichen Welt sowie der katholischen Religion gegenüber aufgeschlossen charakterisiert:

> «Et quant mesere Nicolau et mesere Mafeu furent venu au grant seignor, il les recevi honorablement et fait elç grant joie et gran feste: il a mout grant leesse de lor venue. Il les demande de maintes coses: primermant de les emperaors, comant il mantent lor segnorie et lor tere in justice et comant il vont a bataile et tous leur afer; et aprés lor demande des rois

---

23 «Si è già accennato ad un problema assillante restato aperto nell'esordio, nonostante la buona volontà dell'imbonitore: la sproporzione tra la scarsezza delle garanzie offerte e l'esigenza di veridicità di un testo a carattere referenziale di autore sconosciuto. Data la difficoltà della verifica dei contenuti, non resta che puntare sull'attendibilità del responsabile ed assicurarsi così la fiducia del destinatario» (Bertolucci Pizzorusso 1977, 20).

214 — Stephanie Neu

et des princes et d'autres baron. [...] Et aprés lor demande de meser l'apostoille et de tous les fais de le yglise romane et de tous les costumes des latin. [...]» (*Divisament* VI, 1–2, und VII, 1, 309s.).

Kublai Khan empfängt Marco Polos Vater und Onkel mit allen Ehren («honorablemente»), lässt sich über Herrschaftsformen und religiöse Angelegenheiten informieren. Schließlich schickt er sie, wie im weiteren Verlauf des Prologs berichtet wird, mit der Bitte um die Entsendung von Missionaren an den Papst zurück, um alle Anbeter von Götzenbildern von der Überlegenheit des Christentums zu überzeugen (cf. *Divisament*, VIII, 8, 311).

Derart positiv charakterisiert,[24] kann der Mongolenherrscher im Folgenden wiederum als weiterer «Zeuge» für die Kompetenz und die Vertrauenswürdigkeit Marco Polos dienen. Entsprechend wird im zweiten Teil des Prologs, in dem sein Aufenthalt am Hof des Khans geschildert wird, der Fokus vor allem auf Marco Polos Rolle als Vertrauter des Herrschers gelegt:

> «Or avint que Marc, le filz messer Nicolao, enprant si bien le costume de Tartars et lor langajes et lor leteres ‹que c'estoit mervoille›; car je voç di tout voiremant que, avant grament de tens puis qu'il vint en la cort dou grant segnor, il soit de ‹quatre› langaies et de quatre letres et scriture. Il estoit sajes et proveanç outre mesure e molt li voloit gran bien le gran kaan por la bonté k'il veoit en lui e por le gran valor.» (*Divisament*, XVI, 1–2, 317s.).

Mittels einer Beglaubigungsformel («car je voç di tout voiremant») hebt der Erzähler Marco Polos sprachliche Fähigkeiten und seine «Weisheit» hervor, die auch den Khan zu beeindrucken scheinen, der Marco Polos Potenzial erkennt und ihn folgerichtig, wie im weiteren Verlauf dargelegt wird, auf eine Inspektionsreise in eine nicht näher beschriebene «tere» (*Divisament*, XVI, 3, 318) schickt. Anschließend wird geschildert, wie er dem Khan von seiner Mission berichtet:

> «Quant Marc fu retorné de sa mesajarie, el s'en vait devant le grant kan et li renunse toute le fait por coi il estoit alés – et l'avoit achevee moult bien – puis li dit toutes le novités et toutes le coses qu'il avoit veu[ç] en cele voie, si bien et sajement que le grant kan, et celç tuit que l'oient, en unt grant mervoie, et distrent entr'aus: se cest jeune vif por aajes il ne puet falir qu'il ne soit home de grant senç et de grand valor. Et que voç en diroie? de cest messajarie en

---

24 In diesem Zusammenhang lassen sich auch zahlreiche narrative Elemente wie direkte Rede erwähnen, die u. a. dazu dient, Kublai Kahn in Anlehnung an Darstellungsformen des höfischen Romans zu charakterisieren: Marina Münkler stellt beispielsweise Parallelen zwischen der Ansprache des Khans an die Familie Polo (cf. *Divisament* XV, 317) und der Anrede Tristans durch König Artus in einem Rustichello zugeschriebenen höfischen Roman, *Meliadus*, fest. Aufschlussreich ist hier vor allem ihre Schlussfolgerung, dass Kublai Khan auf diese Weise quasi «geadelt» und «auf die Ebene europäischer Höflichkeit transportiert» (Münkler 2015, 59) werde.

en avant, fu appelé, le jeune, mesere Marc Pol, et ensi le apelara desormés nostre livre. Et ce est bien grant raison, car il estoit sajes et costumés.» (*Divisament*, XVII, 1–3, 319).

Betont wird nicht nur die erfolgreiche Ausführung der ihm anvertrauten Aufgabe, Marco Polo wird auch erneut als fähig dargestellt («sajes et costumés») und als so vertrauenswürdig, dass er mit weiteren Reisen und anspruchsvollen Aufgaben betraut wird (cf. dazu auch Bertolucci Pizzorusso 1977, 20). Die Wertschätzung schlägt sich auch darin nieder, dass ihm ein ehrenvolles Epitheton, «mesere», zugesprochen wird (und das variierend z. B. als «meisser» und «messire» bereits im Exordium verwendet wird, cf. *Divisament*, I, 2 und 4, 305–306). Doch nicht nur sein diplomatisches Geschick wird gelobt, sondern auch seine Kunstfertigkeit in der Darstellung des Gesehenen, das er «bien et sajemant» wiedergebe.

Dass diese vorteilhafte Beschreibung Marco Polos im Hinblick auf die im *Divisament* geschilderten Begebenheiten und Beobachtungen eine bestimmte Funktion erfüllt, kommt im Prolog selbst durch die rhetorische Frage «Et por coi voç firoie je lonc conte?» (*Divisament*, XVII, 4, 319) direkt zur Sprache.[25] Die Antwort ergibt sich aus den anschließenden Ausführungen, in denen gerafft geschildert wird, dass der Khan Marco Polo auch im Folgenden mit verantwortungsvollen «mesajerie» (*Divisament*, XVII, 319) betraut und dass Marco Polo ihm im Gegenzug von «mai‹n›tes novités et maintes estranges chouses» (*Divisament*, XVII, 6, 319) berichten kann. Diese Hintergrundinformation erweist sich als essentiell für das Verständnis des *Divisament* und liefert die Erklärung dafür, weshalb Marco Polo, wie bereits im Exordium angekündigt, über vielfältigeres Wissen als jeder andere vor ihm verfüge:

> «Or ço fui la raison por coi meser Marc seç plus de celes couses de celle contree que nulz autres home, qu'il cher‹c›e plus de celes estranges parties ke nulz omes ke unques nasquist, et encore qu'il hi mettoit plus son entent a ce savoir.» (*Divisament*, XVII, 8, 319).

In Analogie zum Vorwort lässt sich entsprechend feststellen, dass auch der Prolog dazu dient, ein Bild Marco Polos zu formen, das Rückschlüsse auf sein Ethos als Autor – im Sinne desjenigen, auf dessen Bericht der dem Leser vorliegende Text beruht – zulässt. Hier ergibt sich allerdings eine Abweichung vom streng aristotelischen Ethos-Begriff, denn Aristoteles zufolge kann Ethos, wie oben bereits erwähnt wurde, allein durch die Sprecher-Rede vermittelt werden. Korthals Altes

---

25 In der toskanischen Version nach Bertolucci Pizzorusso, auf die sich die hier verwendete kritische Ausgabe von Ronchi bezieht, fehlt hingegen diese rhetorische Frage; cf. *Milione*, 16, 16.

hebt in ihrer Auseinandersetzung mit dem antiken Ethos-Begriff jedoch hervor, dass durchaus noch weitere Möglichkeiten in Frage kommen:

> «Other rhetoricians, however, Cicero prominent among them, insisted on the importance of the *prior ethos*, the image an audience already has of the speaker on the basis of his reputation, previous deeds, or generally known character traits [...]» (Korthals Altes 2014, 5, Kursivdruck im Original).

Für den Prolog des *Divisament* erweist sich der Bezug auf ein «prior ethos» als naheliegend, denn er erfüllt die von Korthals Altes aufgelisteten Funktionen: Der Leser erfährt Näheres über Marco Polos Charakter, seine Taten am Hof des Khan und seine Reputation. Bereits Bertolucci Pizzorusso hebt hervor, dass die Überzeugung der Leser von Marco Polos Glaubwürdigkeit und Verlässlichkeit nicht über emotive Appelle – im Sinne von Pathos – erfolge, sondern ganz auf die Überzeugungskraft der positiv konnotierten Darstellung Marco Polos setze:

> «Ma non tanto sull'emotività quanto sul convincimento e la persuasione si punta in questo ‹prologo› per influenzare coloro che leggeranno o si faranno leggere il libro di Marco Polo. Si tende infatti a stabilire implicitamente la seguente equazione: come il primo destinatario delle relazioni (orali e forse scritte), del veneziano, il Gran Cane dei Tartari, non ne ha messo in dubbio i contenuti, così il secondo destinatario, il pubblico occidentale della fine del sec. XIII cui Marco ora si rivolge, non potrà negare attendibilità alla sua descrizione del mondo» (Bertolucci Pizzorusso 1977, 21).

Zusammenfassend lässt sich als Zwischenfazit festhalten, dass Glaubwürdigkeit bzw. die Überzeugung der Leser, dass alles Geschilderte «wahr» sei – im Sinne von empirisch nachvollziehbar und somit «real» –, im Mittelpunkt des Exordiums und des Prologs stehen. Entsprechend erfolgt die Stilisierung Marco Polos – der als einzige zitierte Quelle aller nachfolgenden Schilderungen fungiert – als glaubwürdig und vertrauenswürdig.[26] Dafür wird auf mehrfache Bezeugungen – durch einen homodiegetischen Erzähler, der als «Rustichello» zu identifizieren ist, sowie indirekt durch die mit Integrität und Autorität ausgestattete Figur Kublai Khans – rekurriert. Das Herstellen von Vertrauen steht dabei im Vorder-

---

26 Dies erscheint umso wichtiger vor dem Hintergrund, dass Marco Polo, wie Münkler herausstreicht, im Gegensatz zu z. B. päpstlichen Legaten ohne einen Auftrag reise, der seine «Erkundungstouren» und den daraus resultierenden Bericht zusätzlich legitimieren würden: «Anders als sie [die päpstlichen Gesandten] nämlich konnte er nicht auf den Papst und dessen Berichtsauftrag verweisen, um die Abfassung des Textes zu begründen. Sein Bericht konnte so sicherlich eher in den Verdacht geraten, das Dokument eines Wichtigtuers zu sein, weil kein anderer als er selbst ihn veranlasst hatte, seine Erfahrungen aufzuschreiben» (Münkler 2015, 94).

grund, denn letztendlich wird auch die Schilderung der herausragenden Stellung Marco Polos am Hofe des Khans nicht durch weitere Quellen bezeugt: Dem Leser bleibt offensichtlich nichts anderes übrig, als dem Ich-Erzähler zu vertrauen, der wiederum der Instanz «Marco Polo» Glauben schenkt und sich auf dessen Schilderungen stützt.

Ergänzend zur «Bezeugung durch den Zeugen» Rustichello lassen sich, wie bereits erwähnt, jedoch auch Kapitel nachweisen, in denen ein Sprecher, der sich selbst als «Marco Polo» identifiziert, zu Wort kommt und durch Beglaubigungsformeln die Wahrheitstreue seines Augenzeugen-Berichts garantiert. In diesen Fällen handelt es sich beispielsweise um administrative Informationen, um «Fakten» also, die z. B. die Verwaltung des chinesischen Großreichs unter der Herrschaft Kublai Khans betreffen, wie im folgenden Beispiel, in dem das «Marco Polo-Ich» über die Stadt Quinsai berichtet; dabei stützt der Berichtende sich zunächst auf eine schriftliche Quelle, einen Brief der Regentin der betreffenden Stadt, um danach zu bekräftigen, dass er selbst vor Ort gewesen sei und alle Angaben bestätigt gefunden habe: «Et selonc que en celle escripture se contenoit [...] fu verité selonc ce que je Marc Pol vit puis apertemant a mes iaux» (*Divisament*, CLII, 6, 513). Zu den Informationen, die dem Leser über diese Stadt vermittelt werden, gehört auch die Aufzählung der Abgaben auf Güter wie Salz, Reiswein, Kohle und Seide. Hier positioniert sich Marco Polo nicht nur als unbeteiligter Beobachter, sondern lässt einfließen, dass er selbst mehrfach an der Erhebung der Abgaben beteiligt gewesen sei, und untermauert somit implizit seine Autorität als verlässliche Quelle:

> «Et mantes autres choses hi a que paient encore x por cent; si que jeo, Marc Pol, que plusor foies oi fai[r]e le conte de la rende de tous cestes couses sença le sal, cons[u]et[u]demant por chascun an, vaut CCX romain d'or [...]» (*Divisament*, CLIII, 9, 520s.).

Das Nennen von Daten bzw. Zeiträumen findet sich auch in anderen Passagen wieder, die ebenfalls aus dem Teil des *Divisament* stammen, in dem Marco Polo die verschiedenen, von ihm bereisten Regionen und Provinzen des Khan beschreibt. So fließt in den Bericht über eine «Contree de Cianba» ein, dass er selbst sich in einem konkret benannten Jahr, 1285, dort aufgehalten habe und entsprechend die genaue Zahl der Kinder des dortigen Herrschers zum genannten Zeitpunkt berichten kann: «E si vos di que a les MCCLXXXV hi fui je, Marc Pol, et a celui tens avoit cestui roi CCCXXVI filz, entre masles e femes, que bien en avoit plus de CL homes qui poient porter armes» (*Divisament*, CLXII, 15, 539). Verweise auf «je, Marc Pol» sind, wie die genannten Beispiele zeigen, sporadisch in die Kapitel eingefügt (cf. dazu auch Gaunt 2013, 52), wirken aber – so ließe sich zumindest annehmen – über den Moment ihrer Nennung hinaus:

Wenn in Kapiteln, die an entsprechende Erwähnungen anschließen, von «nos» oder «je» die Rede ist, liegt die Annahme nahe, dass damit ebenfalls die Instanz Marco Polo gemeint ist. Nahegelegt wird dieser Eindruck dadurch, dass die entsprechenden Kapitel ähnlich daten- und faktenbasiert gestaltet sind wie jene (wenige), in denen Marco Polo als bezeugendes «je» namentlich genannt wird.

Solche Daten und Fakten bar jeder «wunderbaren» Ausschmückung kennzeichnen durchgehend die Kapitel, in denen vom Hof Kublai Khans und von seinen Provinzen, aber auch von anderen Regionen Asiens die Rede ist. In die Berichterstattung fließen u. a. Informationen zu Klima, Geographie, Sitten, Landwirtschaft, Herrschaftssystem, Handel und Religion ein, ebenso wie konkrete Angaben zur Größe der Region bzw. Stadt und zu den Entfernungen, die zwischen einzelnen Orten zurückgelegt werden müssen. Das folgende Beispiel, das sich auf die «Provence de Cotan» bezieht, illustriert in komprimierter Form dieses Vorgehen; es werden die Lage der Provinz beschrieben, die Religion ihrer Einwohner, ihre Bauten – viele Städte und Burgen –, der Anbau von u. a. Wein und Baumwolle sowie die Hauptbeschäftigung der Einwohner, die keine Krieger zu sein scheinen:

> «Cotan est une provence entre levant et grec et est longue VIII jornee. Il sunt au grant can; les gens aorent tuit Maomet. Il hi a cités et caustiaus asseç; et la plus noble cité et celle que est chief dou regne est appellés Cotan: ce est le nom de la provence. Il ha abundance de toutes couses: il hi naist banbace asseç; il ont vignes et possession [et] jardinz assez. Il vivent de marchandies et de ars; il ne sunt pas homes d'armes.
> Or nos par[t]iron de c[i] et voç conteron d'une autre provence que a a nom ‹Pem›.» (*Divisament*, LIV, 368).[27]

Diese sowie vergleichbare Beobachtungen stützen sich nicht auf dem westlichen Leser bekannte Quellen, sondern einzig und allein, so suggeriert es das Fehlen von Verweisen, auf Marco Polos eigenen Erfahrungen: «[...] it is his own authority that carries the weight of the entire report, since he refers to the testimony of his own observations, and since he carefully weighs and balances the data.» (Classen 2013, 247) Ob allerdings die «nackte» Auflistung der Fakten und Daten

---

27 Münkler stellt fest, dass es sich bei den landschaftlich-geographischen Beschreibungen «nicht um den narrativen Nachvollzug seiner [Marco Polos] eigenen Reise» (Münkler 2015, 64) handele, sondern um eine Darstellung, die sich an der «Bedeutsamkeit und Erreichbarkeit der beschriebenen Orte» (ibid.) orientiere, also nicht chronologisch zu verstehen sei. Darüber hinaus hebt Münkler ebenfalls den stereotypen Charakter der Ortsbeschreibungen hervor, verweist aber gleichzeitig darauf, dass die Schwerpunkte der Darstellung variierten, das Schema also durchaus flexibel – je nachdem, welche Aspekte besonders hervorgehoben werden sollen – angewendet wird (cf. ibid., 69).

zu einer Rezeption als glaub- und vertrauenswürdig beigetragen hat, ist fraglich, wie Gaunt zu Recht betont:

> «Marco's role as a purveyor of stories about strange parts of the world is thus marked as central from the outset, but the insistent truth claims indicate that it was expected that some, at least, might not believe his stories. [...] Marco might have been telling the truth, but his stories of far-flung corners of the world were nonetheless potentially at least perceived as tall stories» (Gaunt 2013, 74s.).

Ungeachtet der kontroversen Einschätzung des Wahrheitsgehalts des im *Divisament* Geschilderten lassen sich in den Beschreibungen Strategien erkennen, die dazu dienen können, das Beschriebene glaubhaft erscheinen zu lassen. So wird vermeintlich «Wunderbares» in bekannten Termini ausgedrückt und somit dem Erfahrungshorizont westlicher Rezipienten zugänglich gemacht. Ein Beispiel für diese Vorgehensweise lässt sich anhand der Schilderung eines botanischen Kuriosums – ein Baum, aus dem Wein gewonnen wird – nachweisen:

> «Sachiés tout voiremant qu'il ont une mainere d'arbres, des quel trencent les rames de cel arbres, e met l'en un pot bien grant au tronchon qui est remés a l'arbre: e voç di que en un jor e en une noite s'enple, et est molt buen vin da boir. Les arbres sunt senblables a petit datal et funt IV raimes; trince l'en, et ont tant vins com je voç ai dit, qui est mout buen. Et si voç di une autre couse: que, quant celz brece ne getent plus vin, ele prant de l'eive et en getent as pies de l'arbres, et aprés ne demore gramant que les braces gitent le vins; e voç di qu'il en i a de blance e de vermoille» (*Divisament*, CLXVII, 6–8, 545).

Die Beschreibung des Baumes zeichnet sich – wie es schon in Bezug auf andere Darstellungen zu beobachten war – durch Detailfülle aus: Das Verfahren zur Gewinnung des «Weins» wird Schritt für Schritt genannt, ebenso wie die Zeiträume, die dafür notwendig sind; die topische Wendung «sachiés tuit voiremant» dient als Beglaubigungsformel. Auf den Begriff des «Wunderbaren» wird nicht zurückgegriffen; stattdessen wird die Besonderheit des Wein-Baums implizit dadurch nahegelegt, dass er dem Erzähler, der zu Beginn des Kapitels als «je meisme, Marc Pol» (*Divisament*, CLXVII, 1, 544) eindeutig identifiziert wird, eine vergleichsweise lange und detaillierte Schilderung wert ist, in der das Verfahren zur Gewinnung des «Weins» – Kappen der Äste, Auffangen der Flüssigkeit, Wässerung des Baumes – dargestellt wird. An diesem Beispiel zeigt sich zunächst ein für das *Divisament* spezifischer Umgang mit «mirabilia»:

> «[...] anch'egli [Marco Polo] parla di mirabilia, di fatti straordinari, non però come i produttori di letteratura pseudoscientifica, per i quali le meraviglie sono cose strane e inaudite, raccolte per una specie di padiglione dei mostri, bensì come colui che, entrato in dimen-

sioni già in sé eccezionali, misura ogni tanto gli scarti, anche nelle credenze e nelle usanze, rispetto alle norme del mondo a lui noto» (Segre 2005, XXII, Kursivdruck im Original).

Segres Einschätzung zum Umgang mit «mirabilia» im *Divisament* ließe sich jedoch auch anders fassen: Anstatt, wie Segre feststellt, das Exotisch-Fremdartige zu betonen, wird das «Fremde» in die Nähe der Rezipienten gerückt. So werden ihnen beispielsweise im zitierten Beispiel hilfreiche Vergleichsparameter an die Hand gegeben, damit sie sich den Wein-Baum besser vorstellen können: Zu diesem Zweck wird er mit einem Dattelbaum, also etwas dem westlichen Publikum potenziell Bekannten, assoziiert. Die Kluft zwischen dem «Fremden» und dem «Vertrauten» wird durch diese Verbindung überbrückt, der Wein-Baum dadurch vorstellbar und, so ließe sich vermuten, glaubhaft.

Historische Begebenheiten, Legenden und Ritterromane: zum Verhältnis von «Fakten» und «Fiktion» im *Divisament*

Eine vergleichbare Vorgehensweise – der Rekurs auf Bekanntes – wird in Bezug auf den Umgang mit Legenden deutlich, die teilweise neu funktionalisiert werden. Beispielhaft dafür ist die Einbettung der Legende um den Priesterkönig Johannes in den Textzusammenhang:[28] Sie wird mit einem historischen Exkurs verbunden, in dem die «fait des Tartars et toutes les maineres comant il ont seignorie et comant il s'espa[nd]irent por le monde» (*Divisament*, LXIV, 2, 380) geschildert werden. Wie Münkler – unter Verweis auf Leonardo Olschki (1957) – feststellt, kommt es hier zu einer Überlagerung historisch nachweisbarer und legendärer Elemente:

> «Auf eine historische Gestalt aus der Frühzeit des mongolischen Aufstiegs, nämlich Togrul, den Herrscher der Kerait, der die Verheiratung seiner Tochter mit Dschingis-Khans Sohn abgelehnt hatte, übertrug er [Marco Polo][29] den Namen des Priesterkönigs [...], und eine

---

28 Mitte des 12. Jahrhunderts wird die vermeintliche Existenz eines christlichen Herrschers erstmals in einer Chronik erwähnt; ab 1165 zirkulierte ein «Brief» dieses legendären Priesterkönigs, in dem er sein Reich beschreibt. Als historische Grundlage für die Figur des Priesterkönigs wird der Anführer des als christlich beschriebenen Volks der Kerait, Yeliutaschi, genannt, unter dessen Führung die Kerait 1141 bei Samarkand mohammedanische Truppen besiegten (cf. Dahm 1992, Sp. 530–533).
29 Münkler identifiziert das Erzähler-Ich der entsprechenden Kapitel mit Marco Polo.

Schlacht in der Ebene von Tenduc, die in den Kontext der ersten mongolischen Eroberungen in China gehört, beschrieb er als den entscheidenden Kampf zwischen den Heeren Dschingis Khans und des Priesterkönigs Johannes [...]» (Münkler 2015, 72).

Münkler spricht in diesem Zusammenhang von einem «historischen Irrtum» (Münkler 2015, 73); alternativ zu dieser Deutung der Episoden ließe sich jedoch annehmen, dass es sich erneut um eine Strategie zur Beglaubigung des Berichteten handelt: Indem eine bekannte Figur wie der Priesterkönig Johannes mit Dschingis Khan in Verbindung gebracht wird, kann der zeitgenössische Leser sich leichter mit dem Geschilderten identifizieren – wieder kommen bekannte Elemente ins Spiel, die einem westlichen «Wissenspool» entstammen.[30]

Ähnlich wird im Hinblick auf eine weitere zwar historisch verbürgte, aber dennoch «sagenhafte» Gestalt verfahren, die für einen Wiedererkennungseffekt sorgt: Ein Erzähler-Ich, das als Marco Polo zu erkennen ist, berichtet über die Assassinen und ihren Anführer, den «Alten vom Berge»;[31] dieser Bericht wird dadurch motiviert, dass er, Marco Polo, nun über eine Region berichten wolle, in der sich die Ereignisse rund um den «Alten» zugetragen hätten: «Mulecte est une contree la ou le Viel de la montagne soloit demorer ansienemant [...]. Or vos conterai tout son afer solonc que je meser Marc oi la conter a plusors homes.» (*Divisament*, XLI, 1–2, 353)[32] An dieser Passage fällt auf, dass erneut kein Bezug auf schriftliche Quellen stattfindet: Stattdessen beruft sich das Erzähler-Ich auf selbst Gehörtes, ohne allerdings die Verlässlichkeit der Quellen durch Verweise auf die Herkunft und Autorität der «plusors homes» zu untermauern – sein Wort, seine Autorität als «Ohrenzeuge» allein müssen scheinbar ausreichen. Gestützt

---

30 Allerdings weist Münkler zu Recht darauf hin, dass im *Divisament* eine Umdeutung des kolportierten «Wissens» um den Priesterkönig Johannes stattfinde: Anstatt ihn als «Retter» im Kampf gegen die «Ungläubigen» zu inszenieren, werde er in einen «ungerechten Despoten» (Münkler 2015, 73) umgemünzt, gegen den Dschingis Khan aus guten Gründen ins Feld gezogen sei. Als «Lichtgestalt» dargestellt wird – entgegen gängigen Lesarten – entsprechend der mongolische Herrscher. Betont wird in diesem Zusammenhang seine außerordentlich positive Haltung – trotz des Konfliktes mit Johannes – den Christen gegenüber, die er als «homes de verité et vertables» (cf. *Divisament*, LXVII, 10, 385) wertschätze. Dieser Hinweis ließe sich als Rechtfertigungsstrategie verstehen, um ein westliches Publikum, das mit anderen Versionen der Geschichte vertraut war, von der «wahren Größe» des Mongolenherrschers zu überzeugen.
31 Es handelt sich dabei um Raschid ad-Din Sinan (gest. 1192), den Anführer des syrischen Zweigs der Sekte der Assassinen; allerdings sei den ersten Chronisten dieser Name nicht bekannt gewesen, so dass in die Ausformung der «halbmythischen Gestalt» (Halm 2014, 251) des Alten vom Berge auch «seine Vorgänger und Nachfolger» (ibid.) eingeflossen seien.
32 In der toskanischen Fassung handelt es sich um ein anderes Erzähler-Ich, das nur wiedergibt, was Marco Polo gehört haben soll: «Or vi conterò l'afare, secondo che messer Marco intese da più uomini.» (*Milione*, 40, 2, 49)

wird diese Strategie dadurch, dass – so lässt sich vermuten – Erzählungen rund um den Alten vom Berge der Leserschaft des *Divisament* bereits bekannt gewesen sein dürften; entsprechend kann auf das Zitieren verlässlicher schriftlicher Quellen verzichtet werden, da es keinen objektiven Grund gibt, Marco Polos Erzählung und indirekt auch den Bericht der nicht näher identifizierten Quellen anzuzweifeln.

Wie die bisherigen Beispiele vor Augen führen, erfährt dem Leser bereits Bekanntes Bestätigung und wird Teil der im *Divisament* geschilderten Welt. Leonardo Olschki stellt entsprechend fest, dass sich scheinbar objektiv beobachtete Fakten auf der einen Seite und Legenden auf der anderen Seite nicht ausschließen, sondern im Gegenteil ineinander aufgehen, um eine Art «neue Realität» zu erschaffen:

> «Marco non volle né poté quindi dissociare le sue esperienze, spesso così aspre e aride, dalle vecchie favole geografiche, e penetra sempre più oltre nel continente asiatico col ricordo delle gesta d'Alessandro e coll'immagine del mitico Prete Gianni [...], trasformando quelle ed altre reminiscenze letterarie in una nuova realtà, non meno meravigliosa e talvolta non meno fantastica di quella che si perpetuava nella letteratura popolare insieme colla sua realistica visione del mondo» (Olschki 1957, 49).[33]

Die Verbindung von «Materialien», die aus heutiger Sicht aufgrund ihres unterschiedlichen referentiellen Status in Bezug auf die «Wirklichkeit» heterogen erscheinen, wirft die Frage nach dem Verhältnis von faktenbasierten und fiktionalen Erzählanteilen auf bzw. – um noch einen Schritt zurückzugehen – danach, ob es überhaupt angemessen ist, in Bezug auf das *Divisament* von einer solchen Dichotomie auszugehen. An dieser Stelle sei auf den hier relevanten Begriff der «Wahrscheinlichkeit» hingewiesen, die in diachroner Perspektive einem

---

33 Olschki bezieht sich in seiner Äußerung auch auf Elemente des Alexanderromans, auf die an dieser Stelle nicht weiter eingegangen werden kann. Ähnlich wie Olschki argumentiert Münkler, indem sie auf die organische Verbindung deskriptiver und narrativer Anteile hinweist, die nicht zueinander im Widerspruch stünden, sondern sich ergänzten: «Diese eingeflochtenen Kurzerzählungen hatten aber nicht nur die Funktion, zu unterhalten oder die Beschreibung aufzulockern, sondern sie dienten auch dazu, die Deskription durch narrative Verdichtung zu ergänzen und eindrücklicher zu gestalten. [...] Durch die Mischung aus rein deskriptiven, historiographisch-narrativen und ethnographisch-anekdotischen Teilen trat Asien Marco Polos europäischen Lesern nicht nur als ein Teil der Welt entgegen, der sich durch seine schiere Größe und die Ansammlung von Merkwürdigem und Wunderbarem auszeichnete, sondern auch als ein Teil der Welt, der eine eigene Geschichte hatte und durch Geschichten verstehbar gemacht werden konnte» (Münkler 2015, 70s.).

Wandel unterliegt: «Verisimilitude is not concerned with a direct correspondence between the real world of our everyday experience and the text, but with what society, in a given epoc, accepts as a depiction of the real.» (Ramsden 2000, 22) Die Einbettung von Exkursen wie die zum Priesterkönig Johannes, aber auch z. B. zu einem allein durch die Kraft von Gebeten bewegten Berg[34] legen den Schluss nahe, dass entsprechende Legenden und Wunder als Beglaubigungs-Garanten herangezogen werden konnten:

> «Das Vorhandensein von mythischen und topischen Elementen, ganz gleichgültig, ob sie nun aus der Bibel, aus dem Alexanderroman, aus Bestiarien, Lapidarien oder auch sonst wo immer herstammten, dient der Akkreditierung und Legitimation des Erfahrungswissens; das Wunderbare garantiert die Authentizität des Erzählten und Beschriebenen und macht so die Alterität glaubhaft. Die (aus moderner Sicht) üblichen Argumentationsstrategien erscheinen so geradezu auf den Kopf gestellt» (Wunderli 1993, 191).

Doch sind es tatsächlich die Argumentationsstrategien, die hier auf den Kopf gestellt werden? In Anbetracht des bisher Festgestellten ließe sich diese Aussage anders formulieren: Die Strategien, die dazu dienen, dem im *Divisament* Geschilderten einen hohen Wahrscheinlichkeitsgrad zu verleihen, gleichen heutigen Strategien: Es wird an einen bereits vorauszusetzenden Bestand an «Weltwissen» appelliert. Was sich ändert, sind entsprechend nicht die Strategien, sondern die Bewertungskriterien: Was heute als «fiktional» gelten würde, hatte zum Zeitpunkt, als das *Divisament* verfasst wurde, den Status des Faktualen, wobei «faktual» hier im Sinne von «bekanntes und allgemein anerkanntes Wissen» verstanden werden muss.[35]

Die bisherigen Ausführungen zum Verhältnis «faktualer» und «fiktionaler» Elemente im *Divisament* bezogen sich vor allem auf die Ebene der *histoire*. Um eine weitere Dimension zu erfassen, wird abschließend ein kurzer Blick auf das Verhältnis von *histoire* und *discours* geworfen. Wie Brigitte Burrichter auf-

---

34 Geschildert wird ein «Wunder» («mervoile», *Divisament*, XXVI, 1, 331), das Marco Polo aus oralen Quellen erfahren habe («come il avés oi», *Divisament*, XXIX, 10, 337) und das erneut dazu dient, die Macht des christlichen Glaubens zu illustrieren: Allein durch die Kraft des Gebetes eines Schuhmachers sei ein Berg verrückt worden (cf. dazu auch Münkler 2015, 70).
35 Aufschlussreich ist vor diesem Hintergrund Bertolucci Pizzorussos Feststellung, dass die Autor-Erzähler bisweilen explizit darauf hinweisen, dass sie bestimmte Informationen ausblenden, da sie dem westlichen Publikum als zu «märchenhaft» erscheinen könnten (cf. Bertolucci Pizzorusso 1977, 31). Ein solches Spiel mit offenen Karten dient – im Sinne einer Praeteritio – einerseits dazu, dem Publikum gegenüber zumindest anzudeuten, dass es noch viel «Unerhörtes» zu berichten gäbe, und fördert andererseits die Selbstinszenierung der Autor-Erzähler als auf Glaubwürdigkeit bedacht.

zeigt, bietet sich im Umgang mit mittelalterlichen Texten, die sich auf *res factae* beziehen, ein pragmatischer Fiktionalitätsbegriff an, der von der Annahme eines «Paktes» zwischen Verfasser und Rezipient ausgeht, der für *histoire* und *discours* jeweils andere Regeln festlegt:[36]

> «Zwar sind die *res factae* der eigentliche Gegenstand der Historiographie und auf deren wahrheitsgetreuer Wiedergabe basiert die Glaubwürdigkeit des Werks, für den Ornat aber, der aus dem bloßen Faktenbericht eine *Historia* macht oder der die Fakten untermalt, gelten andere Regeln» (Burrichter 2010, 264).

Nun handelt es sich im Falle des *Divisament* zwar nicht um ein historiographisches Werk; gleichwohl wird, wie bereits aufgezeigt wurde, ebenfalls der Anspruch auf eine wahrheitsgetreue Fakten-Berichterstattung erhoben, so dass Burrichters Ausführungen als Schlüssel zum Verständnis des Verhältnisses von *histoire* und *discours* im Hinblick auf mögliche fiktionale Anteile dienen können. Zum Tragen kommt hier das Konzept der so genannten «funktionalen Fiktion», bei der es sich – so Burrichter – um «fingierte narrative Elemente» (Burrichter 1996, 20) handelt, die u. a. in als *historica* eingestuften Texten auftreten. Am Beispiel der mittelalterlichen Rezeption von Lucans *Pharsalia*, der Schilderung des Kriegs zwischen Cäsar und Pompeius, verdeutlicht Burrichter den Unterschied zwischen *discours* und *histoire* im Hinblick auf die Einschätzung eines Textes als Tatsachenbericht und/oder Fiktion: In Bezug auf die *res factae* wurde die *Pharsalia* als, so Burrichter, «historischer Tatsachenbericht» gelesen, «auf der Ebene der *narratio* aber als poetische Fiktion» (Burrichter 1996, 20). Diese doppelte Lesart führte jedoch nicht dazu, dass die *Pharsalia* insgesamt als unglaubwürdig wahrgenommen wurde; dies gelte, so Burrichter weiter, auch in Bezug auf historiographische Schriften des 11. und 12. Jahrhunderts:

> «Der Befund, der sich aus der Geschichte der Lucan-Rezeption ergibt, gilt demnach auch für das eigene historiographische Schaffen: zwar wird in der Theorie zwischen Poesie (als

---

36 Im Rahmen aktueller Debatten um Fiktion und Fiktionalität wird diese pragmatische Dimension zunehmend in den Vordergrund gestellt; ein Beispiel dafür bieten die «Ten Theses about Fictionality» der Fiktionalitäts-Forscher Nielsen, Phelan und Walsh, die Fiktionalität als rhetorische Strategie beschreiben und in diesem Zusammenhang die Bedeutung des jeweiligen pragmatischen Äußerungskontextes hervorheben: «In fictive as well as nonfictive discourse there is a communicative agent who intends to speak fictively, nonfictively, or to blur the line between the fictive and the nonfictive status of her discourse. In other words, communicative agency and intention are more significant than any a priori divide between fiction and nonfiction based solely on textual features. It makes sense, therefore, to examine narratives and other communicative acts in the pragmatic context of the intent of their producers (however inferred), including the intent to invoke a fictive rhetoric» (Skov Nielsen/Phelan/Walsh 2015, 64s.).

Bereich der Fiktion) und Historiographie säuberlich getrennt, in der Praxis ist aber der Einsatz poetischer Mittel in der historiographischen narratio gleichwohl akzeptiert» (Burrichter 1996, 21).

Auch im *Divisament* lässt sich, u. a. im Rahmen historiographischer Exkurse, der Einsatz dieser von Burrichter beschriebenen «funktionalen Fiktion» nachweisen, beispielsweise in der Beschreibung einer Schlacht zwischen Kublai Khan und seinem Onkel Nayan:

> «Et que voç en diroie? il comancent la meslee mout cruele et felones[c]: or poit l'en veoir voler sagites, car toit l'air n'estoit plien, come [s]e il fuist pluie; or poit bien veoir chevaliers et chevaus mort caoir a la tere; il hi estoit si grant la grié et ‹la› remoute que l'en ne o[is]t le dieu tonant.» (*Divisament*, LXXIX, 10, 410).

Die Beschreibung der Schlacht weist diverse Topoi auf, die aus epischen Dichtungen bekannt sind: Reiter, die vom Pferd stürzen, verendende Pferde, ein Regen aus Pfeilen.[37] Dieses «Fiktionsmoment» auf *discours*-Ebene steht den *res factae* allerdings nicht diametral gegenüber, sondern ist ihnen vielmehr zu Diensten, wie implizit aus einem Kommentar des nicht näher definierten homodiegetischen Erzählers hervorgeht: «Et porcoi voç firoie je lonc conte? Sachiés tout voirement que cele fu la plus perilieuse bataile et la plus dotouse que jamés fust veue [...].» (*Divisament*, LXXIX, 12, 410) Eine solch bedeutende und außergewöhnliche Begebenheit kann, so das Fazit, nur in bekannten Formeln erzählt werden, um vorstellbar zu sein; poetische Mittel wie die Schlachten-Topoi bieten das entsprechende Repertoire, um die historische Begebenheit angemessen darzustellen und für den Leser vorstell- und nachvollziehbar zu gestalten.

Zusammenfassung

Autorschaft und Autorität gehen, wie die Analyse gezeigt hat, im *Divisament* Hand in Hand: Im Unterschied zu anderen Werken aus demselben Zeitraum – Gaunt nennt hier u. a. enzyklopädische Texte wie Brunetto Latinis *Livre du*

---

37 Unter Bezugnahme auf Benedetto nennt Münkler weitere Parallelen zwischen der narrativen Ausgestaltung von Schlachtenbeschreibungen im *Divisament* und der Roman-Tradition, in die sich auch Rustichello einschreibt: Als Beispiel nennt sie die Darstellung eines innermongolischen Krieges, bei dem «die mongolischen Reiterhorden [...] sich [...] in europäische Ritterheere, die einander auf freiem Feld gegenüberlagen und in geordneten Schlachtreihen gegeneinander kämpften», verwandelten (Münkler 2015, 59; sie bezieht sich auf *Divisament* CCXXII–CCXXVII).

Trésor (cf. Gaunt 2013, 17) – berufen sich die Autor-Erzähler des *Divisament* nicht explizit auf anerkannte schriftliche Quellen, die ihre Aussagen legitimieren und aufgrund ihrer Autorität beglaubigen würden. Stattdessen kommen rhetorische Strategien zum Zuge, die Marco Polo – den einzigen Garanten für die Wahrheitstreue aller getroffenen Aussagen – als glaubwürdigen und vertrauenswürdigen Augenzeugen inszenieren, der nicht nur über großes Wissen verfügt, sondern sich auch durch Integrität, diplomatisches Geschick und umsichtiges Handeln auszeichnet: «Authority [...] is not necessarily predicated on facts or on concrete and realistic specifics. Authority also has much to do with aura and charisma, with personal influence and rhetorical skills.» (Classen 2013, 248) Durch eine zweite Erzählerinstanz – identifizierbar als Rustichello da Pisa – wird bereits zu Beginn des *Divisament* an der Konstruktion dieses spezifischen auktorialen Ethos Marco Polos gefeilt: Dazu dienen nicht nur topische Wahrhaftigkeitsbekundungen, sondern auch Berichte über seinen Einfluss am Hof Kublai Khans, der wiederum als positive Herrschergestalt dargestellt wird, so dass entsprechend sein wohlwollendes Urteil über Marco Polos Fähigkeiten als angemessen und zutreffend gewertet werden kann.

Darüber hinaus lassen sich im *Divisament* noch weitere narrative und rhetorische Mittel erkennen, die dazu dienen, einem westlichen Publikum die Berichte über asiatische Regionen und über die Regentschaft Kublai Khans näherzubringen. Vergleiche mit bekannten Phänomenen führen zwar nicht zwangsläufig dazu, dass z. B. «wunderbare» Beobachtungen zu Flora und Fauna weniger exotisch wirken; sie werden allerdings greif- und vorstellbarer. Ebenso wird an Wissensbestände des Zielpublikums appelliert, indem Legenden und Wunderbeschreibungen organisch in das Textgefüge des *Divisament* eingeflochten werden; wieder erfolgt ein Rekurs auf Bekanntes, wieder werden Anknüpfungspunkte geschaffen, die den Schilderungen einen weiteren Anstrich von Glaubwürdigkeit verleihen. Auf der Ebene des *discours* wiederum erfolgt ein Rückgriff auf Textsorten wie den höfischen Roman, die nach heutigen Maßstäben dem Bereich der fiktionalen Literatur zugeordnet würden, um beispielsweise die Schilderungen historischer Schlachten nachvollziehbar zu gestalten; neben konkreten intertextuellen spielen hier in erster Linie systemreferentielle Bezüge eine Rolle.

Inwieweit diese Strategien aufgingen, lässt sich aus der ambivalenten Rezeptionsgeschichte nur bedingt ablesen; allerdings stellt Münkler fest, dass sich eine generelle Tendenz, Marco Polos Bericht anzuzweifeln, aus der Quellenlage nicht ableiten lässt:[38] «Generelle Zweifel an Marco Polos Glaubwürdigkeit lassen sich

---

[38] Sie beruft sich u. a. auf entsprechende Äußerungen in der lateinischen Übersetzung durch Francesco Pipino und auf eine aus dem 15. Jahrhundert stammende Rückübersetzung dieser

[...] also schwerlich konstruieren, vielmehr gehörte das Spiel mit dem Zweifel und die Anpassung der Autorenpräsentation an die jeweiligen Publikumserwartungen zu jenen Elementen, mit denen man die Außergewöhnlichkeit des Berichts hervorhob.» (Münkler 2015, 95)

Dass die Fokussierung auf Marco Polo als Dreh- und Angelpunkt des *Divisament* auch heute noch von zentraler Bedeutung für die Textrezeption ist, zeigt sich nicht zuletzt daran, dass die Frage, ob das *Divisament* tatsächlich zu großen Teilen auf seinen Erfahrungen beruht, nichts von ihrer Aktualität verloren hat. Der Wunsch nach greifbaren Belegen, nach Beweisen zeugt von generellen Zweifeln an den topischen Wahrhaftigkeitsbekundungen und der Vermutung, dass es sich dabei letztendlich nur um ein Spiel mit Lesererwartungen handeln könnte. Jedoch unabhängig davon, welche Teile des *Divisament* tatsächlich auf Augen- und Ohrenzeugenberichte zurückgehen, präsentiert sich der Text als variationsreiches Kompendium mit geographischen, merkantilen, historischen, enzyklopädischen, novellistischen und romanhaften Anteilen, das unterschiedliche Lesarten ermöglicht und dadurch nicht nur der Forschung, sondern auch der fiktionalen Verarbeitung in Literatur, Film und Fernsehen viel Stoff für immer neue Interpretationen liefert.

Bibliographie

Primärliteratur

Aristoteles, *Rhetorik*, ed. und übs. Gernot Krapinger, Stuttgart, Reclam, 1999.
Les aventures des bruns: compilazione guironiana del secolo XII, attribuibile a Rustichello da Pisa, ed. Claudio Lagomarsini, Firenze, SISMEL/Edizioni del Galluzzo, 2014.
Marco Polo, *Milione/Le divisament dou monde; Il Milione nelle redazioni toscana e franco-italiana*, ed. Gabriella Ronchi, Milano, Mondadori, ⁴2000 (1982).
Il romanzo arturiano di Rustichello da Pisa, ed. Fabrizio Cigni, Pisa, Pacini/Cassa di risparmio di Pisa, 1994.

Sekundärliteratur

Bertolucci Pizzorusso, Valeria, *Enunciazione e produzione del testo nel «Milione»*, Studi Mediolatini e Volgari 25 (1977), 5–43.

Fassung ins Französische; cf. Münkler (2015, 95).

Burrichter, Brigitte, *Fiktionalität in französischen Artustexten*, in: Harald Haferland (ed.), *Historische Narratologie, mediävistische Perspektiven*, Berlin/Boston, De Gruyter, 2010, 263–279.

Burrichter, Brigitte, *Wahrheit und Fiktion: der Status der Fiktionalität in der Artusliteratur des 12. Jahrhunderts*, München, Fink, 1996.

Classen, Albrecht, *Marco Polo and John Mandeville. The Traveler as Authority Figure, the Real and the Imaginary*, in: Sini Kanges/Mia Korpiola/Ainonen Tuija (edd.), *Authorities in the Middle Ages: Influence, Legitimacy and Power in Medieval Society*, Berlin/Boston, De Gruyter, 2013, 229–248.

Dahm, Christof, *Johannes der Priesterkönig*, in: Friedrich Wilhelm Bautz/Traugott Bautz (edd.), *Biographisch-bibliographisches Kirchenlexikon*, vol. 3, Hamm (Westf.), Bautz, 1992, Sp. 530–533.

Gaunt, Simon, *Marco Polo's «Le Devisement du Monde». Narrative Voice, Language and Diversity*, Cambridge, D. S. Brewer, 2013.

Glauch, Sonja, *Ich-Erzähler ohne Stimme. Zur Andersartigkeit mittelalterlichen Erzählens zwischen Narratologie und Mediengeschichte*, in: Harald Haferland (ed.), *Historische Narratologie, mediävistische Perspektiven*, Berlin/Boston, De Gruyter, 2010, 149–185.

Godefroy, Frédéric, *Dictionnaire de l'ancienne langue française et de tous ses dialectes du IXe au XVe siècle*, vol. 5, Genève/Paris, Slatkine, 1982 (1891–1902).

Halm, Heinz, *Kalifen und Assassinen: Ägypten und der Vordere Orient zur Zeit der ersten Kreuzzüge 1074–1171*, München, Beck, 2014.

Korthals Altes, Liesbeth, *Ethos and narrative interpretation: the negotiation of values in fiction*, Lincoln u. a., University of Nebraska Press, 2014.

Lahn, Silke/Meister, Jan Christoph, *Einführung in die Erzähltextanalyse*, Stuttgart/Weimar, J. B. Metzler, 2008.

Münkler, Marina, *Marco Polo. Leben und Legende*, München, Beck, [2]2015 (1998).

Olschki, Leonardo, *L'Asia di Marco Polo: introduzione alla lettura e allo studio del «Milione»*, Venezia, Istituto per la Collaborazione Culturale, 1957.

Ramsden, Maureen, *The Play and Place of Fact and Fiction in the Travel Tale*, Forum for Modern Language Studies 36:1 (2000), 16–32.

Ridder, Klaus, *Jean de Mandevilles «Reisen»: Studien zur Überlieferungsgeschichte der deutschen Übersetzung des Otto von Diemeringen*, München/Zürich, Artemis-Verlag, 1991.

Rieger, Dietmar, *Marco Polo und Rustichello da Pisa: der Reisende und sein Erzähler*, in: Xenia von Ertzdorff (ed.), *Reisen und Reiseliteratur im Mittelalter und in der Frühen Neuzeit*, Amsterdam u. a., Rodopi, 1992, 289–312.

Ronchi, Gabriella, *Nota al testo*, in: Gabriella Ronchi (ed.), *Marco Polo, Milione/Le divisament dou monde. Il Milione nelle redazioni toscana e franco-italiana*, Milano, Mondadori, [4]2000 (1982), 665–687.

Segre, Cesare, *Introduzione*, in: Gabriella Ronchi (ed.), *Marco Polo, Milione/Le divisament dou monde. Il Milione nelle redazioni toscana e franco-italiana*, Milano, Mondadori, [4]2000 (1982), XI–XXIX.

Skov Nielsen, Henrik/Phelan, James/Walsh, Richard, *Ten Theses about Fictionality*, Narrative 23:1 (2015), 61–73.

Voiret, Jean-Pierre, *China, «objektiv» gesehen: Marco Polo als Berichterstatter*, Asiatische Studien: Zeitschrift der Schweizerischen Asiengesellschaft 51:3 (1997), 805–821.

Wolfzettel, Friedrich, *Zum Problem mythischer Strukturen im Reisebericht*, in: Xenia von
    Ertzdorff (ed.), *Erkundung und Beschreibung der Welt: zur Poetik der Reise- und Länder-
    berichte*, Amsterdam et al., Rodopi, 2003, 3–30.
Wunderli, Peter, *Marco Polo und der Ferne Osten: Zwischen «Wahrheit» und «Dichtung»*, in:
    Peter Wunderli (ed.), *Reisen in reale und mythische Ferne: Reiseliteratur in Mittelalter und
    Renaissance*, Düsseldorf, Droste, 1993, 124–196.

Axel Rüth
Inszenierte Autorschaft:
Jean de Joinville, *Vie de saint Louis*

Im Jahre 1309 überreicht Jean de Joinville, Seneschall der Champagne, dem Sohn Philipps des Schönen, dem späteren Ludwig X. (dem «Zänker») ein Buch, das dessen Mutter Johanna von Navarra im Jahre 1305 bei ihm in Auftrag gegeben hat. Als die Königin kurz darauf starb, war das Buch noch nicht fertig gestellt. Nun widmet Joinville sein Buch also Ludwig und seinen beiden Brüdern, den späteren Königen Philipp V. und Karl IV. In der Tat ist nicht zu übersehen, dass der Text eine didaktische Dimension hat. Man weiß zudem, dass Joinville dem regierenden Philipp IV. (dem «Schönen») kritisch gegenüber stand (Stark 2010, 243), und so darf man vermuten, dass er mit den *saintes paroles* und den *bons faiz* des heiligen Königs dem jugendlichen Ludwig und seinen Brüdern nahelegen wollte, sich wieder auf die Ideale ihres Urgroßvaters zu besinnen. In diesem Sinne ist wohl auch die Gestik des erhobenen Zeigefingers der rechten Hand bei der Übergabe des Buchs zu verstehen, wie die Illustration des Brüsseler Manuskripts sie darstellt.[1]

Joinville schrieb den Text oder diktierte ihn vielmehr zwischen 1305 und 1309. Dabei griff er sehr wahrscheinlich auf seine ausführliche Stellungnahme im Kanonisierungsprozess von 1282 zurück. Laut Gaston Paris ist der größere der beiden Textteile, derjenige über die *bons faiz nostre saint roy Looÿs*, der vor allem vom Siebten Kreuzzug erzählt und etwa 75 % des Gesamttexts ausmacht, bereits 1272/1273 geschrieben worden und später mit einem normativ-panegyrischen Rahmen versehen worden (Laurent 1997, 150). Für diese Beobachtung spricht einiges, vor allem die Tatsache, dass sich Joinville in der langen Kreuzzugserzählung des Mittelteils anderer Schreibkonventionen bedient als im hagiographisch ausgerichteten Rahmen (Smith 2006, 59). Joinville-Herausgeber Monfrin hingegen geht davon aus, dass der gesamte Text erst in den Jahren 1305 bis 1309 entstanden ist (Monfrin 1995, LXXVI). So ungewiss die Entstehungsgeschichte bleiben muss, so sicher lässt sich aufgrund der Traumvision am Ende des Buchs und des letzten Satzes («Ce fu escript en l'an de grâce mil .CCC. et .IX. [1309], ou moys

---

1 Es handelt sich dabei um das seit N. de Wailly mit der Sigle A bezeichnete Manuskript, dem die Ausgabe von Jacques Monfrin folgt und das heute in der Bibliothèque Nationale (BN fr. 13568) liegt. Siehe zur Textüberlieferung sowie zu der hier in Frage stehenden Illustration Monfrin (1995, XCss., hier XCII-XCIV).

d'octobre») sagen, dass Joinville den Text in eben diesem Jahr fertiggestellt hat. Vor allem aber ist die Traumvision am Ende des Buchs ein sicheres Indiz dafür, dass der Seneschall den Text noch mindestens bis 1308 wirklich bearbeitet hat, denn der Altar in der Kapelle von Joinville, von dem in §767 die Rede ist, wurde nachweislich erst 1308 erbaut (Monfrin 1995, LXXIV). Es handelt sich also um das Werk eines über Achtzigjährigen, der im Wesentlichen Erfahrungen aufschreibt, die er fünfzig Jahre zuvor auf dem Siebten Kreuzzug (1248–1254) gemacht hat, auf den er den König als enger Vertrauter begleitet hat, wobei er sich womöglich auf eigene Aufzeichnungen stützt, die er bereits im Alter von etwa 67 Jahren gemacht hat.

Die große literarhistorische Bedeutung der *Vie de saint Louis*,[2] wie der Text heute genannt wird, rührt daher, dass er als die erste volkssprachliche Auto-biographie der französischen Literaturgeschichte gilt. Niemals zuvor hat ein in der ersten Person erzählender Autor sich selbst eine so große Aufmerksamkeit geschenkt (Zink 1985, 219). Die Tatsache, dass der autobiographisch geprägte Bericht vom Siebten Kreuzzug in der Tat drei Viertel des Gesamttextes ausmacht, spricht eindrucksvoll für diese These, denn auch wenn Ludwig IX. den eigentli-chen Gegenstand des Texts ausmacht, so gilt doch: «[le roi] n'est jamais l'objet principal de la narration et elle ne s'occupe de lui que quand Joinville se trouve en sa compagnie» (Gaston Paris).[3] Die Frage, die die *Vie de saint Louis* damit grundsätzlich aufwirft, ist die nach der Legitimation, mit der hier jemand das Wort erhebt, um unter dem Vorwand, eine Hagiographie Ludwigs IX. zu schrei-ben, von sich selbst zu erzählen.

Aufbau des Buchs

Es lassen sich deutlich zwei Teile in Joinvilles *livre des saintes paroles et des bons faiz nostre saint roy Looÿs* ausmachen: ein hagiographischer (§§1–118, 668–768) und ein historiographischer (§§119–667). Der hagiographische bildet den Anfang

---

2 Joinvilles Text hat ursprünglich keinen Titel und wurde im Laufe der Jahrhunderte als *Mé-moires de Joinville*, als *Histoire de Saint Louis* oder, wie in der hier verwendeten Edition von Jacques Monfrin aus dem Jahre 1995, als *Vie de saint Louis* ediert. All diese Titel gehen auf Herausgeber zurück (Monfrin 1995, XXIX). Joinvilles Text wird im Folgenden aus dieser Ausgabe (Jean de Joinville, *Vie de saint Louis*, ed. Jacques Monfrin, Paris, Garnier, 1995) unter Angabe der Paragraphen zitiert.
3 Paris, Gaston, *La composition du livre de Joinville sur saint Louis*, Romania 23 (1894), 508–524, 509; zitiert nach Gaucher (1997, 110).

und das Ende des Texts und rahmt den Teil, der bei weitem der umfangreichste ist, den Bericht vom Siebten Kreuzzug.

> «Chier sire, je vous foiz a savoir que ma dame la royne, vostre mere, qui moult m'amoit, a cui Dieu bone merci face, me pria si a certes comme elle pot que je li feisse faire un *livre des saintes paroles et des bons faiz nostre roy saint Looÿs*, et je les y oi en couvenant, et a l'aide de Dieu le livre est assouvi en .II. parties. La premiere partie si divise comment il gouverna tout son tens selonc Dieu et selonc l'Eglise et au profit de son regne. La seconde partie du livre si parle de ses granz chevaleries et de ses granz faiz d'armes.» (§ 2).

Einige Paragraphen weiter greift Joinville die Formel noch einmal auf, doch nun wird deutlich, dass die «grans faiz» und die «chevalerie» des Königs das Zentrum des Texts darstellen, während die «saintes paroles» und «bons enseignements» wie eine Art vorab zu leistende Pflicht erscheinen:

> «En nom de Dieu le tout puissant, je, Jehan, sire de Joyngville, seneschal de Champaigne, faiz escrire la vie nostre saint roy Looÿs, ce que je vi et oÿ par l'espace de .VI. ans que je fu en sa compaignie ou pelerinage d'outre mer, et puis que nous revenimes. Et avant que je vous conte de ses grans faiz et de sa chevalerie vous conterai ce que je vi et oÿ de ses saintes paroles et de ses bons enseignemens, pour ce qu'il soient trouvez l'un après l'autre edefier ceulz qui les orront.» (§ 19).

Die Aufteilung einer Vita in Worte und Taten hat eine lange Tradition. Schon vor den christlichen Heiligenviten findet man sie in den griechischen Biographien, die bereits zwischen der Chronologie der Fakten und der analytischen Betrachtung der Tugenden einer Person unterschieden (Gaucher 1997, 108). Die christlichen Hagiographien nehmen dieses Modell modifiziert auf: Die Vita erzählt chronologisch vom Leben des Heiligen, worauf in aller Regel eine Sammlung von Wundern folgt, genauer gesagt von *miracula post mortem*. Dies gilt auch für die *Vie de saint Louis* des Franziskaners Guillaume de Saint-Pathus.[4] In Joinvilles Text finden wir ebenfalls eine deutliche, wenn auch modifizierte Zweiteilung vor, nämlich die in die Chronologie der «granz chevaleries» einerseits und die in die keiner nennenswerten Chronologie folgende Darstellung der Frömmigkeit des Königs andererseits. Die «bons faiz» bzw. die «granz faiz d'armes» auf dem Kreuzzug lassen sich womöglich als ein Ersatz für die *miracula post mortem* interpretieren (Laurent 1997, 157s.). Da Joinville die beiden Kreuzzüge als ein Martyrium betrachtet, erscheint das Verhalten des Königs in Ägypten in der Tat als ein angemessener Beweis für diese spezifische Heiligkeit – zumal der Text Ludwig

---

4 Guillaume de Saint-Pathus, *Vie de Saint Louis*, ed. Henri-François Delaborde, Paris, Picard et Fils Editeurs, 1899.

nicht nur als einen Heiligen darstellt, sondern im Grunde eben als einen Märtyrer, der sich sein Leben lang an Christus orientiert hat. Joinville beschwert sich gar explizit über den Umstand, dass man Ludwig nicht zu den Märtyrern zählt:

> «Et de ce me semble-il que on ne li fist mie assez, quand on ne le mist au nombre des martirs, pour les grans peinnes que il souffri ou pelerinage de la croiz, par l'espace de six anz que je fu en sa compaignie, et pour ce meismement que il sensui Nostre-Signeur ou fait de la croiz. Car se Dieu morut en la croiz, aussi fist-il; car croisiez estoit-il quand il mourut à Thunes.» (§ 5).

Zwar spricht Joinville hier von Ludwigs zweitem Kreuzzug, den dieser schon gesundheitlich geschwächt antrat und auf dem er rasch an der Ruhr sterben sollte, doch lässt die Darstellung des ersten Kreuzzugs zwei Jahrzehnte zuvor keinen Zweifel daran aufkommen, dass auch diese Reise Teil der königlichen *passio* ist: Im August 1248 brach Ludwig IX., König von Frankreich, vom eigens zu diesem Zwecke ausgebauten Hafen von Aigues Mortes aus nach Ägypten auf. Der Kreuzzug sollte für den von der *imitatio Christi* besessenen Kapetinger indes ein regelrechter Kreuzweg werden. 1249 nahmen die Kreuzritter Damiette fast kampflos ein – ein trügerischer Anfangserfolg, denn der disziplinlose Angriff auf die Stadt Mansura führte schließlich in die militärische Katastrophe und in eine Gefangenschaft, die die meisten der Franzosen nicht überleben sollten. Ludwig selbst, der mit der Folter bedroht wurde und schwer erkrankte, wurde schließlich gegen Lösegeld freigelassen. Er verbrachte noch vier Jahre in Akkon, bevor er nach Frankreich zurückkehrte. Sterben sollte er auf seinem nicht weniger katastrophal endenden zweiten Kreuzzug im Jahre 1270 in Tunis.

Ein Leben wie eine Passion, und ein Tod, der sich nahtlos einfügt in die Biographie des bald schon heilig gesprochenen Herrschers. Denn Ludwig war in der Tat geradezu besessen von der Figur des leidenden Christus. Nicht allein kaufte er dem Kaiser von Konstantinopel die Dornenkronenreliquie ab, er ging ihr im August 1239 auch barfuß pilgernd entgegen und trug sie persönlich die etwa 150 Kilometer von Villeneuve-l'Archevêque bis Paris. Seine Sehnsucht, Jerusalem zu sehen, geht wohl über den Wunsch, zum Heiligen Grab zu pilgern, hinaus, sie war der entschlossene Ausdruck des Willens zur *imitatio Christi*. In dieser sehen auch moderne Biographen noch das Thema, das die narrative Konfiguration dieses Lebens bestimmt: «Ce fut comme la première station du Chemin de Croix du roi qui devait le conduire en Orient et à la capitivité, en Afrique et à la mort» schreibt Jacques Le Goff und folgt damit der Sichtweise der Zeitgenossen und auch Joinvilles (Le Goff 1990, 107).

Das wichtigste Selektionskriterium in diesem «Hauptteil» ist die Augenzeugenschaft Joinvilles («ce que je vi et oÿ par l'espace de .VI. ans que je fu en sa compaignie», § 19). Er erzählt nur, was er selbst gesehen hat und lässt alles andere lieber weg bzw. beruft sich wiederholt, wenn auch mit Skepsis, auf seine Zuträger oder nennt seine schriftlichen Quellen beim Namen. Der König wird in diesem Teil zwar idealisiert, die Schilderungen wirken aber zudem realistisch in dem Sinne, dass sie sich ganz offensichtlich nicht an der üblichen Topik orientieren. Hier stehen nicht die stereotypen Tugenden eines Heiligen im Vordergrund, sondern die eines *preudhom* aus Fleisch und Blut.

Der hagiographische Teil (*les saintes paroles*) hingegen ist ein «Buchtext», kein «Erfahrungstext». Augenzeugenschaft spielt hier eine untergeordnete Rolle, umso häufiger finden sich Informationen, die Joinville anderen Texten entnommen hat.[5] Es geht im Wesentlichen um die Tugendhaftigkeit des Königs und um die erbaulichen Worte, die er immer wieder an seine Familie und alle, die ihm nahestanden, richtete. Ludwig scheint großen Wert auf diese religiös-erbauliche Kommunikation gelegt zu haben, die Joinville ausführlich und oft in dialogischer direkter Rede wiedergibt. Der König wird in diesem Teil dem hagiographischen Diskurs gemäß idealisiert. Die Logik dieses hagiographischen Teils folgt dem Muster des Exemplarischen, während sich im zweiten Teil der natürlich weiterhin gegebenen Exemplarität Ludwigs die Kategorie des einmaligen und beobachtbaren Faktums hinzugesellt. Die im ersten Teil wiedergegebenen Anekdoten über Ludwig müssen denn auch nicht ständig durch Betonung der Augenzeugenschaft des Verfassers authentifiziert werden; sie sind wahr im Sinne eines vorab etablierten Wissens darüber, was einen Heiligen eben ausmacht. Ludwig ist hier eigentlich nur einer von vielen Heiligen, nicht mehr und nicht weniger exemplarisch als jeder andere Heilige, wenn auch auf seine Art. Der Wahrheitsanspruch ist hier ein moralischer, kein faktischer (Schwarze 2014, 63). Die erbauliche Botschaft dieser Wahrheit richtet sich ebenso grundsätzlich wie unspezifisch an alle, die in den Genuss kommen, die von Joinville wiedergegebenen «bons enseignements» (§ 19) zu hören. Wenngleich der König im zweiten Teil ebenfalls vorbildhaft ist, so erzählt Joinville doch von einem ganz anderen Ludwig, eben von einem König, der durch seine «granz chevaleries et [...] granz faiz d'armes» (§ 2) hervorsticht.

---

5 In §§ 693–769 schreibt Joinville im Grunde nur die *Grandes chroniques de France* ab. Bei näherer Betrachtung nimmt er es zudem nicht sehr genau mit den Belegen und macht keinen Unterschied zwischen Dingen, die er selbst bezeugen kann und Dingen, bei den er sich auf die Aussagen Dritter stützen muss (z. B. in § 103 und § 738) sowie solchen Informationen, die er – im hagiographischen Teil – aus Büchern hat (die er im Übrigen mitunter nicht als seine Quellen angibt). Die bloße Erwähnung der Quellenlage ändert nichts an dem Sachverhalt, dass er die Dinge hier wie dort als Fakten präsentiert, wodurch das Streben nach Authentizität tendenziell in Verdacht gerät, ein lediglich rhetorisches zu sein. Zum Wahrheitsstatus siehe Schwarze (2014).

Autorschaft und Selbstinszenierung

Joinville ist bekanntlich nicht der erste, der als Augenzeuge von einem Kreuzzug berichtet, aber er ist der erste, der dies in der ersten Person Singular tut, und nicht in der dritten wie seine Vorläufer Robert de Clari und Geoffroy de Villehardouin. Was Joinville von diesen beiden unterscheidet, ist die Tatsache, dass er explizit als derjenige auftritt, der die historischen Ereignisse erfährt (Stempel 1987). Er verzichtet nicht nur auf eine rhetorische «Glättung» im Sinne einer Pseudo-Objektivierung, wie die sie Texte der beiden Chronisten des Vierten Kreuzzugs kennzeichnet, sondern macht überaus deutlich, dass er selbst das Gravitationszentrum seines Texts ist: Er ist nicht nur derjenige, der Geschichte erfährt und beobachtet, er ist auch derjenige, der sie aufschreibt in einem Text, als dessen alleiniger Urheber er sich erzählend inszeniert. Er hat ihn im Wesentlichen auf der Grundlage seines Gedächtnisses geschrieben und dabei nur in Grenzen kompiliert (wenn auch an einigen Stellen unterlassen, dies deutlich zu machen). Zudem erzählt er nicht nur, sondern thematisiert auch das Erzählen selbst – im Grunde wie ein moderner Historiker, der weiß, dass das Berichtete nur unter der einen Bedingung glaubwürdig ist, dass er es unter Anführung von Belegen plausibilisieren kann und dass er kenntlich macht, wo er Lücken hypothetisch auffüllt.[6] So ist Joinvilles *Vie de saint Louis* in viel stärkeren Ausmaß der «Besitz» seines Verfassers als dies etwa die *Vie de saint Louis* von Guillaume de Saint-Pathus ist.

Joinvilles Subjektivität ist dabei selbstredend keine im modernen Sinne; der Text liefert auch kaum Informationen über sein Leben jenseits der Sphäre der Öffentlichkeit. So erwähnt Joinville etwa mit keinem Wort, dass seine erste Frau während seiner jahrelangen Abwesenheit gestorben ist. Dafür vermittelt der Text ein umso deutlicheres Bild von der «öffentlichen» Identität seines Verfassers. Der Seneschall der Champagne beansprucht letztlich für sich selbst, wie Ludwig der Heilige, ein exemplarischer Ritter und Adliger zu sein, der sein Leben ernsthaft seinen Pflichten Gott und dem König gegenüber gewidmet hat. All dies unterstreicht seine Glaubwürdigkeit als Autor.

Mit welcher Legitimation erhebt Joinville aber auf so ungewöhnliche Weise das Wort? Zunächst einmal ist seine Legitimität und Autorität schon allein durch die an ihn ergangene Aufforderung gegeben, im Kanonisierungsprozess auszusa-

---

6 «De la voie que il fist a Thunes ne weil je riens conter ne dire, pour ce que je n'i fu pas, la merci Dieu, ne je ne weil chose dire ne mettre en mon livre de quoy je ne soie certain.» (§ 738). «Et ces choses vous ramentoif pour ce que cil qui orront ce livre croient fermement en ce que le livre dit, que j'ai vraiement veus et oÿes. Et les autres choses qui sont escriptes ne vous tesmoigne que soient vrayes par ce que je ne les ay veues ne oÿ.» (§ 786).

gen sowie, Jahre später, auf Anfrage Johannas von Navarra, die «saintes paroles» und «bons faiz» des heiligen Königs aufzuschreiben, zu dessen Verehrung, aber auch zur erbaulichen Belehrung der Söhne Johannas. Doch welche Bedeutung kommt dabei dem starken Ich des Autors zu? Einerseits könnte man annehmen, dass angesichts dieser Entstehungsgeschichte die Legitimität des Autors schlicht gegeben ist: Die Autorität, die Joinville als Person in diese Schreibunternehmung einbringen konnte (seine Person, sein Amt, seine persönliche Nähe zum König), stellt ohne Zweifel den Ausgangspunkt dafür dar, dass der Seneschall einen Text über den heiligen König schreibt. Aber erklärt sie auch, dass sich Joinville in seiner Erzählung als Hauptfigur neben den König stellen kann? Weder die panegyrische noch die didaktische Funktion des Werks machen ja eine so starke autobiographische Modellierung des Berichts notwendig, und so stellt sich dem heutigen Leser unweigerlich die Frage, warum diese autobiographische Modellierung einer Hagiographie eigentlich nicht als eine Anmaßung empfunden wurde.

Eine Erklärung dafür könnte darin bestehen, dass die Selbstinszenierung des Seneschalls aus der Champagne womöglich schlicht das textuelle Äquivalent der tatsächlichen Beweggründe Johannas, den früheren Weggefährten des Großvaters ihres Ehemanns Philipp um den Bericht zu bitten, darstellt. Denn bei der Auswahl seiner Person (wie zuvor bei seiner Auswahl als Zeuge im Kanonisierungsprozess) dürfte ja gerade die Eigenschaft, die Joinville selbst an sich hervorhebt, *realiter* die größte Rolle gespielt haben: Es ist unbestritten, dass Joinville in der Tat zur engsten Entourage des Königs gehörte, in Ägypten wie danach in Frankreich. Dass er zu jenen gehörte, die der König versammelte, um zu entscheiden, was zu tun sei, ist keine Erfindung Joinvilles, und auch die Wiedergabe von Gesprächen, die Joinville mit dem König allein führte, dürften der Wirklichkeit entsprochen haben. Vor allem aber war er nah bei Ludwig in einer Situation, die von zentraler Bedeutung für die Heiligsprechung werden sollte, bei seinem «Martyrium». Schwerer überprüfbar aber sicher gegeben ist zudem die Relevanz des hohen Alters Joinvilles, welches seine soziale und «biographische» Autorität noch erhöht haben dürfte, liegen die Ereignisse des Siebten Kreuzzugs doch nach damaligen Verhältnissen ein, wenn nicht zwei Menschenleben zurück.

So kann man sicherlich ausschließen, dass die Selbstinszenierung Joinvilles eine Strategie zur Kompensation eines Mangels an Autorität darstellt. Die Entstehungsgeschichte des Texts und der gesellschaftliche Rang Joinvilles machen deutlich: Joinville genießt ohnehin Autorität. Mit dem Text erschreibt er sich keine Autorität, vielmehr ist die ohnehin gegebene Autorität die Voraussetzung dafür, dass er so selbstbewusst von sich selbst erzählen kann. Diesen Ausführungen liegt die Annahme zugrunde, dass die autobiographischen Aspekte und vor allem das *self-fashioning* Joinvilles als der Versuch zu verstehen sind, die Gegebenheiten der realen Kommunikationssituation im Text selbst sichtbar zu machen, und damit auch, was Joinvilles Autorität bei seinen Auftraggebern ausmacht (wie dies auch die Illustration des Brüsseler Manuskripts tut, das zeigt, wie Joinville sein Buch dem späteren Thronfolger Ludwig übergibt). Der reale Sprechanlass wird dabei zur intratextuellen oder textimmanenten Sprechsituation. Im Gegensatz zur Zeugenaussage im Kanonisierungsprozess ist die *Vie de saint Louis* dadurch an keine reale Kommunikationssituation mehr gebunden (wenn auch geschrieben, um in realen Kommunikationssituationen der Erbauung des Prinzen zu dienen). Der Text verfügt dadurch über eine gewisse Eigenständigkeit, die es Joinville erlaubt, sein Wissen von der Heiligkeit des Königs diesmal in eine veritable literarische Komposition zu fassen.

Diskursive Traditionen und ihre Modifikation

Jenseits der stets betonten Subjektivität des Werks ist der Text durch ein hohes Maß an narrativer Strukturiertheit gekennzeichnet. Die *Vie de saint Louis* ist zwar kein literarischer Text im engeren Sinne, gleichwohl ist aber bekannt, dass Joinville durchaus schriftstellerischen Ehrgeiz besaß (Smith 2006, 60s.). In der Tat ist der Text ohne jeden Zweifel «komponiert»; er folgt nicht einfach nur der Chronologie des Geschehens, sondern bestimmten diskursiven Konventionen, vor allem in der hagiographische Rahmung, aber auch in der Integration literarischer Diskurstraditionen.

Die Gesamtkomposition der *Vie de saint Louis* entspricht – trotz des streckenweise stark ausgeprägten autobiographischen Charakters – dem hagiographischen Muster, und nicht etwa dem Leben des Autor-Erzählers. Das ist einerseits alles andere als erstaunlich, da der im Titel genannte König, seine Kanonisierung und Verehrung nun einmal die *causa scribendi* dieser Vita darstellt. Andererseits ist der Text nicht derjenige eines Klerikers oder Mönchs, sondern die von einem Laien geschriebene Vita eines Laienheiligen, deren Kernstück zudem der Augenzeugenbericht eines Kreuzzugs ist. Gerade der nur «pseudo-hagiographische» Rahmen[7] dieses höfischen Texts erlaubt es Joinville, verschiedenste Diskurse in den Text zu integrieren und seiner eigenen Perspektive viel Raum zu geben.

Neben der «Subjektivität» stellt die diskursive Hybridität das zweite wesentliche Charakteristikum der *Vie de saint Louis* dar.[8] Dahinter verbirgt sich eine

---

7 «[U]n document exceptionnel, une œuvre au statut pseudo-hagiographique, due à un laïc», «le portrait laïc d'un saint royal» (Le Goff 1991, 287).
8 Diskurshybridität und «Subjektivität» sind nicht nur die beiden zentralen Eigenschaften der *Vie de saint Louis*, sondern lassen sich überhaupt ab dem 13. Jahrhundert zunehmend in der fran-

textuelle Strategie, die das Ziel verfolgt, der Rede des Verfassers durch Rückgriff auf etablierte Diskurse und im Einzelfalle durch deren Modifizierung Autorität zu verleihen. Die Diskurse und Gattungen, an deren Konventionen und normativen Sinnangeboten Joinvilles Text partizipiert, sind zahlreich, dabei unterschiedlich stark sichtbar und mitunter selbst schon hybrid. Dies trifft etwa auf die beiden dominanten Diskurse, den hagiographischen und den historiographischen zu. Neben diesen beiden sind zu nennen: Reisebericht, Autobiographie, *chanson de geste*, höfischer Roman und sogar Fürstenspiegel (Gaucher 1997, 106; Combarieu du Gres 1998).

Einige Bezüge, etwa diejenigen zur epischen und zur höfischen literarischen Tradition, erscheinen so unvermittelt im Bericht über die Ereignisse in Ägypten, dass sie sich nur als zwar rein punktuelle aber sehr bewusste literarische Anspielungen verstehen lassen. Joinville «literarisiert» die Fakten in dem Sinne, dass er die Wirklichkeit auf eine Weise imaginativ ausgestaltet, wie literarische Texte dies tun.[9] Da sein Text kein fiktionaler Text ist, wäre es übertrieben, dieses Vorgehen eine Fiktionalisierung zu nennen. Man darf vermuten, dass die literarische Gestaltung einzelner Passagen sich im Rahmen des rhetorisch Erlaubten bewegt und daher die Glaubwürdigkeit des ganzen Texts nicht beeinträchtigt. Es handelt sich um rhetorisch-narrativen Schmuck, der den zeitgenössischen Konventionen gemäß den Wahrheitsanspruch des Texts nicht gefährdet. Es gilt zudem zu bedenken, dass auf die märchenhaft-ideale Welt des höfischen Romans sehr selten angespielt wird, dafür aber umso öfter auf die historische Welt der *chansons de geste*.[10]

Stehen die normativen Konzepte dieser Diskurse und Textsorten an sich schon in einem Konkurrenzverhältnis, so wird diese Konkurrenz bei Joinville nun durch die große Bedeutung, die dem Erleben und Beobachten zukommt,

---

zösischen Literatur finden. «French literature of the 13th century is characterized by extensive experimentation with generic forms. Preexisting genres are fused, deconstructed, and recombined in a dazzling variety of hybrids, which in turn give rise to further innovations» (Brownlee 1989, 88). Die Epoche ist «une période-seuil, qui, en accordant une importance et un sens nouveaux à la place du sujet dans l'œuvre, entraîne une nouvelle répartition des formes littéraires, modifiant celles mises en place au siècle précédent, et permet à la littérature française de prendre conscience d'elle-même en tant que telle en intégrant une réflexion critique à sa propre démarche» (Zink 1985, 17).

9 «Joinville's narrative (in the crusade section in partiular) was determined by a desire to provide a degree of entertainment and drama as well as his own version of events» (Smith 2006, 68).

10 Ein Beispiel für Anspielungen auf den höfischen literarischen Kosmos liefern §§ 548–550, in denen der Kampf eines einzelnen französischen Ritters gegen eine Übermacht von Sarazenen vor den Toren Akkons wie eine Turnierepisode geschildert wird. Von den Zinnen der Stadt aus beobachten gar Frauen den ebenso ruhmreichen wie erfolgreichen Kampf des Ritters.

noch verschärft. Denn bei allem expliziten Rückgriff auf die traditionellen, meist christlichen Sinnangebote, stehen diese oft in Widerspruch zu den Augenzeugenberichten des Autobiographen. So entsteht – wohl gegen alle Intentionen seines Verfassers – ein Text, der die explizit gemachten Wahrheitsansprüche eines christlichen Wissens von der Welt durch den Erzählerdiskurs untergräbt, und dies aus zwei Gründen: Zum einen geraten die verschiedenen topischen Wissenselemente aus den verschiedenen Diskursen in Widerspruch zueinander: Wahrheit wird *partial*, man kann eigentlich nur noch von Wahrhei*ten* sprechen. Zum anderen stehen diese heterogenen Wahrheitsansprüche in einem Konkurrenzverhältnis zum Beobachtungs- und Erfahrungswissen des Autors. Das Resultat dieser Kombination aus diskursiver Hybridität und autobiographischer Perspektive ist eine spezifische Semantisierung der Form: Die Sinnangebote funktionieren allenfalls noch partiell. Das Nebeneinander verschiedener Wahrheitsansprüche äußert sich nicht nur inhaltlich, also etwa auf der Ebene topischer Motive, sondern auch an den verschiedenen Weisen, die Wirklichkeit mit Bedeutung auszustatten. So gibt Joinville in verschiedenen Textteilen, ganz dem hagiographischen Diskurs angemessen, figurale und typologische Interpretationen, um sich in anderen ganz auf die Normativität höfischer und epischer Vorstellungen vom *preudhom* zu verlegen oder aber nur das selbst Beobachtete zu berichten. Darunter leiden auch historische Konzepte, etwa, wenn sich Beobachtungswissen und Vorstellungen von Heilsgeschichte widersprechen. Dies führt dazu, dass der Text in seiner Form auf implizite Weise die Erfahrung historischer Kontingenz transportiert.

Drei Kompositionsaspekte sollen im Folgenden kurz am Text aufgezeigt werden: 1. die Konkurrenz von Beobachtungswissen und topischem Wissen, 2. die Literarisierung der Darstellung durch Integration literarischer Diskursmerkmale und 3. die Autobiographisierung hagiographischer Konventionen.

Beobachtungswissen vs. topisches Wissen

Augenzeugenschaft ist in mittelalterlichen Texten ein weitverbreitetes Phänomen: Kein Wunder, das ohne die Beteuerung auskäme, der berichtende Zeuge des Geschehens sei eine über jeden Zweifel erhabene Person, ob einfacher Mönch oder Abt, ob Priester oder Bischof. Gerade der in Joinvilles Text dominante Diskurs, der hagiographische, ist durch diese Form der Authentifizierung gekennzeichnet. Der wesentliche Unterschied zwischen dieser allgemein üblichen Augenzeugenschaft und Joinvilles Bericht vom Siebten Kreuzzug besteht freilich darin, dass Erstere in der Regel nicht in Konflikt mit den ideologischen

Inhalten der Texte gerät – im Gegenteil: Sie dient regelrecht dazu, bereits etablierte Wahrheiten zu bestätigen. Joinvilles Text ist hingegen anzusehen, wie sehr sein Verfasser, wohl eher unbewusst, damit beschäftigt ist, topisches christliches Wissen durch die von ihm berichteten Fakten nicht zu beschädigen – mit zweifelhaftem Erfolg.

Das Bemerkenswerte an Joinvilles Augenzeugenschaft besteht zudem darin, dass der Leser zu keinem Zeitpunkt den Eindruck hat, die narrativ im Text selbst hergestellte Autorität diene ausschließlich der Beglaubigung des Berichteten. Der bisweilen lockere Plauderton, die Mischung verschiedener narrativer Diskurse und vor allem der Widerspruch zwischen dem diskursiv abgesicherten Wahrheitsvorstellungen und den Ausführungen des Beobachters – all dies ist weit entfernt von jenen Beteuerungen authentischer Augenzeugenschaft, welche am Ende doch nur jene Dinge bestätigen, die man aus den heiligen Texten und denen der Theologen bereits kennt. Der Augenzeuge Joinville konterkariert, ganz im Gegenteil, seine eigenen im Text vorgebrachten, den allgemein gültigen Wirklichkeits- und Wahrheitsvorstellungen entsprechenden Überzeugungen. Diese äußern sich in Sätzen wie «aussi comme Dieux voult» (z. B. §§ 151, 204, 306, 340, 375, 406) und dem festen Glauben in die göttliche Providenz (cf. Uitti 1985, 381s.). Doch diese Formulierungen können nicht darüber hinwegtäuschen, dass es nicht der Beistand Gottes, sondern die Handlungen der Kreuzritter sind, die über Erfolg oder Misserfolg entscheiden. Dies sei am Beispiel von zwei Textstellen exemplarisch dargestellt. So schildert Joinville die Einnahme Damiettes zu Beginn des Kreuzzugs mit den folgenden Worten:

> «Or disons dont que grant grace nous fist Dieu le tout puissant quant il nous deffendi de mort et de peril a l'ariver, la ou nous arivames a pié et courumes sus a nos ennemis, qui estoient a cheval.
> Grant grace nous fist Notre de Seigneur de Damiete que il nous delivra, la quele nous ne deussions pas avoir prise sanz affamer; et ce poons nous veoir tout cler pour ce que par affamer la prist le roy Jehan au tens de nos peres.» (§ 165).

Joinvilles Erklärung ist eine dreifache: Der Erfolg erklärt sich erstens durch den göttlichen Beistand, zweitens durch die als *figura* (im Sinne von Auerbach 1967) präsentierte, mit Gottes Beistand schon einmal erfolgte Einnahme der Stadt im Jahre 1219 unter Johann von Brienne, König von Jerusalem, und drittens durch die letztlich allein entscheidende Taktik, die Stadtbevölkerung auszuhungern. Geschichte ist hier allenfalls noch an der rhetorischen Oberfläche das Produkt göttlicher Providenz, tatsächlich wird sie von Menschen gemacht. Gleiches gilt für jene Passage, in der Joinville berichtet, wie ihm Gott einen Sarazenen geschickt habe, der ihm einen lebensrettenden Ratschlag gab:

«Lors m'envoia Diex un Sarrazin qui estoit de la terre l'empereour [...]. (§ 321)

[...] Et ce Sarrazin me tenoit touz jours embracié et crioit: ‹Cousin le roy!› En tele maniere me porterent .II. foiz par terre et une a genoillons, et lors je senti le coutel a la gorge. En ceste persecucion me salva Diex par l'aide du Sarrazin [...]» (§ 322).

Die Darstellung der muslimischen Gegner entspricht in keiner Weise dem in Hagiographien wie in *chansons de geste* Üblichen. Die üblichen abwertenden Topoi weichen einer beschreibenden Perspektive. Der Islam wird nicht als Irrglauben oder «Barbarentum» beschrieben, sondern als eine alternative Kultur auf Augenhöhe. Auch die Soldaten des Sultans tragen wunderschöne Rüstungen und sind zu «schönen» Kämpfen Mann gegen Mann und ohne Niedertracht in der Lage (§ 229). Unter den muslimischen Bewachern sind auch solche mit medizinischem und lebenspraktischem Wissen (§§ 327, 331), und Ludwig selbst legt großen Wert darauf, dass man den Gegner bei der Zahlung des Lösegelds nicht betrügt (§ 387). In der *Vie de saint Louis* von Guillaume de Saint-Pathus hingegen sind Muslime nur der Erwähnung wert, wenn es um ihre Konversion geht (cf. Hassauer 1986, 277ss.; Ferlampin-Archer 1998, 77).

Der so fromme Joinville dürfte es kaum beabsichtigt haben, aber seine Schilderungen des historischen Geschehens laufen also an vielen Stellen dem, was nach christlichen Vorstellungen wahr ist, zuwider. Joinville erhebt ohne jeden Zweifel den Anspruch einer «exemplarischen Konvergenz von individuellem Erlebnis und überindividueller Wahrheit» (Schwarze 2004, 73), er beschädigt diese Konvergenz aber implizit auch immer wieder. Darüber, ob das den Zeitgenossen aufgefallen ist, kann man nur spekulieren. Zeugnisse gibt es wohl keine. Mentalitätsgeschichtlich betrachtet ist wohl davon auszugehen, dass die Dominanz gesicherten topischen Wissens so stark war, dass die innere Widersprüchlichkeit der *Vie de saint Louis* unter der frommen Rhetorik ihres Verfassers nur verborgen bleiben konnte.

Die Literarisierung des Augenzeugenberichts

Wiederholt greift Joinville auf Topoi der *chanson der geste* zurück, etwa bei der Beschreibung von glänzenden Rüstungen und Schlachtenlärm (§§ 148, 228, 231). Doch betrifft die intertextuelle Nähe zum Epos, genauer gesagt zur *Chanson de Roland*, nicht nur solche deskriptiven Passagen.

Die Nähe zwischen Joinville und dem König hat für beide auch eine durchaus affektive Dimension. In der folgenden Passage gestaltet Joinville sie nach dem Vorbild des Rolandslieds. Der Abschnitt ist in mehrfacher Hinsicht von besonderem Interesse für die Frage nach der Autorität: Erstens zeigt sich in ihm das selbstbewusste *self-fashioning* Joinvilles, zweitens führt sie dem Leser die Vertrautheit zwischen dem Seneschall und dem König besonders anschaulich vor Augen, und drittens dramatisiert Joinville mit einer ausgesprochen szenischen Erzählweise, die man heute wohl ein Fiktionssignal nennen würde, eine unmittelbar zuvor erzählte, nicht weniger szenische Situation, in der sich der junge Seneschall bei einer Versammlung Ludwigs mit seinen höchsten Gefolgsleuten als Einziger von dreizehn für den Vorschlag des Grafen von Jaffa ausspricht, noch nicht nach Frankreich zurückzukehren, sondern in Akkon zu bleiben, bis alle in Gefangenschaft lebenden Kreuzfahrer befreit wären. Smith (2006, 69) zeigt nicht nur an dieser Stelle überzeugend, wie sich Joinville hier als junger Rebell nach dem Vorbild Rolands stilisiert und gerade dadurch die Wertschätzung des Königs erlangt.[11]

> «Tandis que le roy oÿ ses graces, je alai a une fenstre ferree qui estoit en une reculee devers le chevet du lit le roy, et tenoie mes bras par mi les fers de la fenestre; et pensoie que le roy s'en venoit en France, que je m'iroe vers le prince d'Anthioche, qui me tenoit pour parent et qui m'avoit envoié querre, jusques a tant que une autre ale me venist ou paÿs, par quoy les prisonniers feussent delivré, selonc le conseil que le sire de Boulainmont m'avoit donné. En ce point que j'estoie illec, le roy vint apuier a mes epaules et me tint ses .II. mains sur la teste; et je cuidai que ce feust mon seigneur Phelippe d'Anemos, qui trop d'ennui m'avoit fait le jour pour le conseil que je li avoie donné, et dis ainsi: ‹Lessiés moy en pez, mon seigneur Phelippe!› Par mal avanture, au tourner que je fiz ma teste, la main le roy a une esmeraude que il avoit en doy. Et il me dit: ‹Tenez vous tou quoy; car je vous weil demander comment vous feustes si hardi que vous, qui estes une joennes hons, m'osastes loer ma demouree encontre touz les grans hommes et les sages de France, qui me l'ooient l'alee. [...] Or soiés tout aise, dit il, car je vous sai moult bon gré de ce que vous m'avez loé; mes ne le dites a nullui›.» (§§ 431s.).

Noch Jahre später geht die Vertrautheit zwischen Joinville und dem König so weit, dass der Seneschall den ohnehin schon gesundheitlich angeschlagenen König kurz vor seiner Abreise nach Tunis auf dem Weg in das Haus des Grafen von Auxerre stützen muss (§ 737).[12]

---

11 Smith geht davon aus, dass Joinville bewusst den Erwartungshorizont literarischer Gattungen evoziert hat, um sich die Aufmerksamkeit seiner Leser zu sichern (Smith 2006, 63).

12 Auch wenn es das Argument dieses Beitrags durchaus gestützt hätte, ist die Interpretation von Caroline Smith wohl übertrieben: «Joinville's awareness of and use of hagiographical texts may also be shown in his account of his final meeting with Louis when, after having refused to join his second crusade, the seneschal carried the ailing king king through Paris in his own arms before his departure to Tunis» (Smith 2006, 72). Es handelt sich nur um einen kurzen Satz, der in keiner Weise rhetorisch exponiert wird. Das Berichtete zeugt ohne jeden Zweifel

In anderen Passagen zeugt die Ästhetisierung von Kampfeshandlungen ebenfalls vom Einfluss der *chanson de geste*: «Et sachiés que ce fu un tres biau fait d'armes, car nulz n'i traioit ne d'arc ne d'arbalestre, ainçois estoit le fereïs de maces et d'espees des Turs et de nostre gent, qui touz estoient mellez» (§ 229). Eine «realistische», einem Augenzeugenbericht angemessene Beschreibung hätte sicherlich eher die Bedrohlichkeit einer solchen Situation oder aber, gerade aus der Perspektive eines Hochadligen, taktische Aspekte betont.

Die Autobiographisierung der Hagiographie

Die Schilderung des Siebten Kreuzzugs macht zwar den größten Teil des Texts aus, für die Gesamtkomposition ist aber die hagiographische Form von besonders großer Bedeutung. Dies zeigt sich besonders deutlich an der bereits erwähnten Zweiteilung des Buchs und an der Modellierung der Figur Ludwigs als Märtyrer, der sich ganz der *imitatio Christi* verschrieben hat. Sie kommt im Übrigen auch im Kreuzzugsteil mehrfach zum Ausdruck, wenn Ludwig wiederholt sein Leben in Gefahr bringt, um bei seinem Volk bzw. bei seinen Rittern und Soldaten zu bleiben (§§ 7–16, 628). Die meisten der von Joinville aufgegriffenen Aspekte hagiographischen Schreibens sind durchaus konventionell. So wird die Geburt Ludwigs nach dem Figuralschema als eine tragische Auserwähltheit beschrieben:

> «Aussi comme je li oÿ dire, il fu né le jour saint Marc Euvangeliste aprés Pasques. Celi jour porte l'en croix en processions en moult de liex, et en France les appele l'en les Croiz noires. Dont ce fu aussi comme une prophecie de la grant foison de gens qui moururent en ces douz croisement, c'est savoir en celi de Egypte et en l'autre la ou il mourut en Carthage, que maint grant deul en furent en cest monde et maintes grans joies en sont en paradis de ceulz qui en ces douz pelerinage moururent vrais croisiez.» (§ 69).

Die Geburt am Tag des Heiligen Markus wird als *figura* des Todes Ludwigs interpretiert. Dabei werden verschiedene Zeitebenen miteinander verbunden: die individuelle Biographie des Königs, die Kreuzzüge, der Heiligenkalender und implizit einmal mehr der Tod Christi. Dennoch ist Ludwig kein gewöhnlicher Heiliger, da er in Joinvilles Text zwar einerseits dem Heiligenideal der Bettelorden entspricht, andererseits aber ein *preudhom* ist, «un héros courtois saisi par la dévotion, un Polyeucte médieval» (Le Goff 1991, 291), den zudem sehr reale Attri-

---

von einer großen Vertrautheit, aber nicht von einem bewusst inszenierten Bezug auf Julianus Hospitator.

bute auszeichnen: er lacht (§§ 389, 500, 673, 766), er hat Kummer (§§ 224, 404, 552, 603) und kann auch zornig sein (§§ 500, 506, 662). Er entspricht damit einerseits nicht dem traditionellen Heiligenideal, repräsentiert aber umso besser ein neues, um 1300 aufkommendes Ideal: Er ist kein *perfectus*, aber der «ideale Gläubige» (Gumbrecht 1987, 913).

Die auffälligste Modifikation hagiographischer Diskursregeln aber findet sich gegen Ende des Buchs. Das dort aufgezeichnete *miraculum post mortem* stellt einen im Sinne der hagio-autobiographischen Konfiguration des Texts überaus stimmigen Schlusspunkt der *Vie de saint Louis* dar. In ihm begegnen sich die «Lebensläufe» des Erzählers und des offiziellen Protagonisten abschließend noch einmal und verleihen Joinville eine maximale Autorität, dokumentiert der Seneschall der Champagne damit doch eindrucksvoll, dass seine Nähe zum König über den Tod hinaus fortbesteht. Noch interessanter, weil gewagt erscheint dieses persönliche *miraculum post mortem*, wenn man bedenkt, über welche formale Bedeutung es verfügt: Joinville betreibt mit diesem kurzen «Epilog» nichts Geringeres als die Autobiographisierung der hagiographischen Rede.

> «Encore weil je cy après dire de nostre saint roi aucunes choses que je veïs de lui en mon dormant qui seront a l'onneur de li, c'est a savoir que il me sembloit en mon songe que je le veoie devant ma chapelle, a Joinville; et estoit, si comme il me sembloit, merveilleusement lié et aise de cuer; et je meismes estoie moult aise pour ce que je le veoie en mon chastel, et li disoie: ‹Sire, quant vous partirés de ci, je vous herbergerai a une moie meson qui siet en une moie ville qui a non Chevillon›. Et il me respondi en riant et me dit: ‹Sire de Joinville, foi que doi vous, je ne bee mie si tost a partir de ci›.
>
> Quant je me esveillai, si m'apensai et me sembloit que il plesoit a Dieu et a li que je le herberjasse en ma chapelle. Et je si ai fet, car je li ai establi un autel à l'onneur de Dieu et de li la ou l'on chantera a tous jours mais en l'honneur de luy, et y a rente perpetuelment establie pour ce faire. Et ces choses ai-je ramentues a mon seigneur le roy Looys, qui est heritier de son non; et me semble que il fera le gré Dieu et le gré nostre saint roy Looys, s'i pourchassoit des reliques le vrai cors saint et les envoioit a la dite chapelle de saint Lorans a Joinville, par quoy cil qu venront a son autel que il y eussent plus grant devocion.» (§§ 766s.).

Im traditionellen hagiographischen Diskurs schließt sich an die Vita eines Heiligen eine Sammlung von Wundern an, die er nach seinem Tod gewirkt hat. Dies ist bei Joinvilles *Vie de saint Louis* nicht der Fall, aber die Tatsache, dass das oben genannte Wunder, abgesehen von einer letzten Authentizitätsformel (§§ 768), das Ende des ganzen Texts markiert, lässt sich wohl nur so deuten, dass Joinville den Mangel einer angehängten Wundersammlung durch die Erwähnung wenigstens dieses einen Wunders kompensieren wollte. Da sich dieses Wunder aber in Form einer Traumvision ereignet, bleibt es eine individuelle Erfahrung des Autors. Damit wird das einzige *miraculum post mortem* zu einem traditionellen, aber auf kühne Weise autobiographisch inszenierten hagiographischen Schluss dieser Vita des heiligen Ludwig.

Bibliographie

Primärliteratur

Guillaume de Saint-Pathus, *Vie de Saint Louis*, ed. Henri-François Delaborde, Paris, Picard et Fils Editeurs, 1899.

Jean de Joinville, *Vie de saint Louis*, ed. Jacques Monfrin, Paris, Garnier, 1995.

Sekundärliteratur

Auerbach, Erich, *Figura*, in: Erich Auerbach, *Gesammelte Aufsätze zur romanischen Philologie*, Berlin/München, Francke, 1967, 55–92.

Brownlee, Kevin, *Generic Hybrids*, in: Denis Hollier (ed.), *A New History of French Literature*, Harvard, Harvard University Press, 1989, 88–93.

Combarieu du Gres, Micheline de, *La chanson du roi Louis (de Joinville et de la chanson de geste)*, in: Danielle Quéruel (ed.), *Jean de Joinville: de la Champagne aux royaumes d'outre-mer*, Reims, Guéniot, 1998, 112–129.

Dufournet, Jean/Harf, Laurence (edd.), *Le Prince et son historien. La «Vie de Saint Louis» de Joinville*, Paris, Honoré Champion, 1997.

Ferlampin-Acher, Christine, *Joinville, de l'hagiographe à l'autobiographe: approche de La «Vie de Saint Louis»*, in: Danielle Quéruel (ed.), *Jean de Joinville: de la Champagne aux royaumes d'outre-mer*, Reims, Guéniot, 1998, 73–91.

Gaucher, Elisabeth, *Joinville et l'écriture biographique*, in: Jean Dufournet/Laurence Harf (edd.), *Le Prince et son historien. La «Vie de Saint Louis» de Joinville*, Paris, Honoré Champion, 1997, 101–122.

Gumbrecht, Hans Ulrich, *Menschliches Handeln und göttliche Kosmologie*, in: Hans Ulrich Gumbrecht/Ursula Link-Heer/Peter-Michael Spangenberg (ed.), *La littérature historiographique des origines à 1500*, Heidelberg, Winter, 1987, 869–951.

Hassauer, Friederike, *Volkssprachliche Reiseliteratur – Faszination des Reisens und räumlicher ordo*, in: Hans Ulrich Gumbrecht/Ursula Link-Heer/Peter-Michael Spangenberg (edd.), *La littérature historiographique des origines à 1500*, Heidelberg, Winter, 1986, 259–283.

Laurent, Françoise, *«La Vie de Saint Louis» ou le miroir des saints*, in: Jean Dufournet/Laurence Harf (edd.), *Le Prince et son historien. La «Vie de Saint Louis» de Joinville*, Paris, Honoré Champion, 1997, 149–182.

Le Goff, Jacques, *La sainteté de Saint Louis. Sa place dans la typologie et l'évolution chronologique des rois saints*, in: *Les fonctions des saint dans le monde occidental (IIIᵉ–XIIIᵉ siècle)*, Rom, École Française de Rome, 1991, 285–293.

Le Goff, Jacques, *Saint Louis et la Méditerranée*, in: Irad Melkin (ed.), *La France et la Méditerranée*, Leiden/New York/Kopenhagen/Köln, E. J. Brill, 1990, 98–119.

Le Goff, Jacques, *Saint Louis*, Paris, Gallimard, 1996.

Monfrin, Jacques, *Introduction*, in: Jean de Joinville, *Vie de saint Louis*, ed. Jacques Monfrin, Paris, Garnier, 1995, I–CXXXIX, XXIX.

Quéruel, Danielle (ed.), *Jean de Joinville: de la Champagne aux royaumes d'outre-mer*, Reims, Guéniot, 1998.

Schwarze, Michael, *«Ce que je vi et oy»: Augen- und Ohrenzeugenschaft in Joinvilles «Vie de saint Louis»*, in: Amelie Rösinger/Gabriela Signori (edd.), *Die Figur des Augenzeugen: Geschichte und Wahrheit im fächer- und epochenübergreifenden Vergleich*, Konstanz, UVK, 2014, 61–74.

Smith, Caroline, *Crusading in the Age of Joinville*, Aldershot/Burlington, Ashgate, 2006.

Stark, Brigitte, *«La vie de saint Louis» von Jean de Joinville*, in: Andreas Speer/David Wirmer (edd.), *1308. Eine Topographie historischer Gleichzeitigkeit*, Berlin/New York, De Gruyter, 2010, 237–266.

Stempel, Wolf-Dieter, *Entwicklungsperspektiven des historiographischen Diskurses in altfranzösischer Zeit*, in: Hans Ulrich Gumbrecht/Ursula Link-Heer/Peter-Michael Spangenberg (edd.), *La littérature historiographique des origines à 1500*, Heidelberg, Winter, 1987, 707–733.

Uitti, Karl D., *Nouvelle et structure hagiographique: le récit historiographique nouveau de Jean de Joinville*, in: Rudolf Behrens/Ernstpeter Ruhe (edd.), *Mittelalterbilder aus neuer Perspektive. Diskussionsanstöße zu amour courtois, Subjektivität in der Dichtung und Strategien des Erzählens*, München, Fink, 1985, 380–391.

Zink, Michel, *La subjectivité littéraire*, Paris, PUF, 1985.

Michael Schwarze

Inszenierte (Ko-)Autorschaft und imitative Autorisierung im *Voir Dit* von Guillaume de Machaut

Seit Ende der 1970er haben Douglas Kelly, Kevin Brownlee, Jacqueline Cerquiglini-Toulet, Sylvia Huot und Catherine Attwood wegweisende Studien zur spätmittelalterlichen Dichtung Frankreichs vorgelegt.[1] In ihnen profilierten sie die
Jahrzehnte vor und nach der Wende zum 15. Jahrhunderts als eine literarhistorische Konstellation, deren hervorragendes Merkmal die Ausbildung eines neuartigen Autorschaftsdiskurses ist. Dieser manifestiert sich am prominentesten in der
massiven Inszenierung von Autorfiguren, die als die entscheidende Reflexions-
und Organisationsinstanz ihrer Dichtungen auftreten und so in bis dahin unbe-
kannter Weise auktoriale Autorität über den eigenen Text beanspruchen.

Zeugnis von dieser für die französische volkssprachliche Literatur neuarti-
gen «poetischen Identität» (K. Brownlee) legen vorderhand Prologe und poetologische Paratexte programmatischen Zuschnitts ab. Neben dem berühmten
Art de dictier, den Eustache de Deschamps 1392 verfasste, sind hier vor allem
die *Eschez amoureux moralisés* von Évrart de Conty (ca. 1403) und der *Archiloge
Sophie* von Jacques Legrand (ca. 1400) zu nennen (cf. Madureira 2012). Als eine
Art Gründungsmanifest der neuen Autorschaftsrede aber kann der *Prologue* von
Guillaume de Machaut gelten. Machaut schrieb die 298 Verse umfassende Reim-
dichtung um 1371 und stellte sie unter dieser Bezeichnung einer Auswahl seiner
Dit-Dichtungen voran.[2] Wie anderweitig auch lässt Machaut sich hier prononciert
in der Rolle eines *exemplum poetae* auftreten; er sollte damit entscheidenden Ein-
fluss auf die Poetiken der *Seconde Rhétorique* ausüben (cf. Brownlee 1984, Kapitel
V, 208–214). In ihrer 1985 erschienen Monographie über den Kanonikus aus
Reims charakterisiert Cerquiglini-Toulet die epochale Bedeutung dieses kleinen
art poétique wie folgt:

---

1 Cf. Kelly (1978); Brownlee (1984); Cerquiglini-Toulet (1985); Huot (1987); Attwood (1998). Die
im Folgenden verwendeten Begrifflichkeiten hinsichtlich der Kategorien Autorschaft und Autorität nehmen die Überlegungen der *Einführung* zu diesem Band auf.
2 *Œuvres de Guillaume de Machaut,* vol. 1, ed. Ernest Hoepffner [¹1908–1921], New York et al.,
Johnson, 1965, 1–12. Der Traktat wird in der Folge unter Angabe der Sigle «P» im Fließtext zitiert.
Cf. zum Dit als einer narrativ-lyrischen Gattung, die sich durch die Inszenierung mündlicher Performanz auszeichnet, Cerquiglini-Toulet (1980); Ribémont (1990); Léonard (1996).

> «Par cette initiative, Guillaume désigne sa production comme un tout, organisé consciem-
> ment et rassemblé, la chose est nouvelle, sous le nom du poète. Le prologue, écrit à poste-
> riori [...], réfléchit l'œuvre et est une réflexion sur l'œuvre. Il se présente en effet comme un
> miroir de l'ensemble de la création du poète».[3]

Wenn Cerquiglini-Toulet das Programm des *Prologue* hier als Ausdruck der gesamten «création» des Dichters kennzeichnet, hat dies seine Berechtigung unter anderem darin, dass Guillaume die Eignung zu literarischer Autorschaft in dem Text wesentlich an das Vorhandensein einer weitreichenden schöpferischen Fähigkeit knüpft. Dies geschieht, indem die Unterscheidung zwischen *sens* und *matière*, die Chrétien im berühmten Prolog zur *Charrette* getroffen hatte,[4] eingangs von Machaut wieder aufgenommen wird. Guillaume erklärt den «senz» zu einem sinngebenden Verfahren, das den poetischen Schaffensprozess insgesamt begründet. Die herausragende Geltung des «senz» wird dabei plakativ illustriert, indem er der *Rhétorique* und der *Musique* als den beiden anderen expressiven Mitteln, die seine Dichtung konstituieren, vorgeordnet wird.[5] So wird offenkundig, dass der *Prologue* mit dem «senz» eine weitreichende Kategorie dichterischer Sinngebung propagiert, welche die literarische Autorschaft begründet und zugleich als Qualitätsmerkmal höchster Meisterschaft fungiert.

Ich habe diesen vorerst vagen Befund an den Anfang meiner Überlegungen zum *Voir Dit*[6] gestellt, weil dies anzeigt, dass bei Machaut die selbstbewusste Inszenierung auktorialer Autorschaft und ein poetologischer Erneuerungsanspruch grundlegend miteinander verknüpft sind. Seine Dit-Dichtungen stellen damit in der Entwicklung mittelalterlicher Autorschaftskonzepte eine Zäsur dar, die sich in innovativen Formen der Markierung von Autorschaft manifestiert. Die *critique littéraire* der vergangenen dreißig Jahre hat ausgehend von der augenscheinlichen Aufwertung der auktorialen Autorschaft im Œuvre Machauts untersucht, welche Formen literarischer Kreativität und Wirklichkeitsrepräsentation seine *écriture* praktiziert. Drei Ansätze sind hierbei hervorzuheben: Maßgeblich für die Forschung war die bereits zitierte Monographie Cerquiglini-Toulets von 1985, die eine auf allen Textebenen wirksame *subtilitas* als das kreative Verfahren

---

3 Cerquiglini-Toulet (1985, 15–21, Zitat 16s.). Cf. zum *Prologue* auch Lechat (2005, 30–33).
4 Cf. hierzu die grundlegende Studie von Kelly (1966).
5 P, v. 10–15: «Par senz aras ton engin enfourmé / De tout ce que tu vourras confourmer; / Retorique n'ara riens enfermé / Que ne t'envoit en metre et en rimer / Et Musique te donra chans, / Tant que vorras, divers et deduisans.» Cf. dazu konzise Cerquiglini-Toulet (1985, 17–20).
6 Guillaume de Machaut, *Le livre du Voir Dit*, edd. Paul Imbs/Jacqueline Cerquiglini-Toulet, Paris, Lettres Gothiques, 1999. Der Text wird im Folgenden unter Angabe der Sigle «VD» und Angabe von Verszahlen bzw. Seitenangaben zitiert.

identifizieren konnte, mittels dessen Machaut Praxis und Theorie des Dichtens des ausgehenden 14. Jahrhunderts grundlegend erneuerte.[7] Im Zentrum einer komparatistischen Studie, die Laurence De Looze 1997 vorlegte, stand der Status, den die Inszenierung von Autorfiguren bei Guillaume de Machaut und anderen spätmittelalterlichen Autoren hat. De Looze führt darin für Machaut die Kategorie der *Pseudo-Autobiography* ein, um zu zeigen, dass die in seinen Texten ins Bild gesetzten auktorialen und die persönlichen Autorschaftskonstellationen von den Zeitgenossen durchaus als Modellierung einer individualisierten Lebens-geschichte gelesen werden konnten (cf. De Looze 1997). An diese Ansätze schloss 2005 eine Monographie von Didier Lechat an, in der er für das Werk Machauts einen im französischen 14. Jahrhundert epochal neuen Fiktionsbegriffs rekon-struiert und diesen nicht zuletzt auf die Inszenierung eines individuellen Erfah-rungssubstrats zurückführt, welches Machauts Texte modelliert (cf. Lechat 2005 sowie bereits Lechat 2002).

Das leitende Paradigma dieser und anderer Beiträge zur Machaut-Forschung ist die innovative Kreativität einer Autorindividualität.[8] Dies ist unmittelbar darauf zurückzuführen, dass Machauts Texte meist namentlich markierte Autor-figuren auftreten lassen, die in der 1. Person singularis sprechen und ausdrück-lich den Anspruch erheben, literarisch «Neues» zu schaffen. Im *Voir Dit* wird die Absicht der Autorfigur, eine «chose nouvelle» zu beginnen, bereits in den Anfangsversen proklamiert (VD, v. 11) und wenig später in der exordialen Pose des melancholischen Dichters wiederaufgenommen, den Amor im Stich gelas-sen hat und dem daher jegliche Grundlage für eine neue Weise fehlt, in der er einen Liebes-Dit schreiben könnte.[9] Derartige Selbstzuschreibungen legen es nahe, das kreative Signum von Machauts Autorschaftskonzeption in neuartigen Repräsentationsformen individueller Autorschaft zu suchen. Darüber hinaus weist Machauts Insistieren auf der «maniere» (VD, v. 58), mittels derer er «eine neue Sache» schreiben könne, darauf hin, dass seine Autorschaftskonzeption

---

7 Cf. zu den Dimensionen, die Cerquiglini-Toulet für das 14. Jahrhundert ausgehend von Ma-chaut rekonstruiert, Cerquiglini-Toulet (1985, 7–11).

8 Auf die Tatsache, dass es unter moraltheologischer Maßgabe als höchst problematisch er-scheinen muss, dem *poète* das Vermögen der Schöpfung zu attestieren und ihn damit poten-ziell in Konkurrenz zur *creatio Dei* zu setzen, gehen Lequin (1993, 53–57) und Cerquiglini-Toulet (2001) ein. Letztere (401s.) zitiert mit Martin Le Franc, *Champion des Dames* und Jacques Le Lieur zwei Autoren, die eine Gleichsetzung von *créateur* und *écrivain* wörtlich vornehmen.

9 VD, v. 57–66: «Si que parfondement pensoie / Par quel maniere je ferioie / Aucune chose de nouvel / Pour tenir mon cuer en revel. / Mais je n'avoie vraiement / Sans, matiere ne sentement / De quoy commencer le sceüsse / ne dont parfiner le peüsse, / Qu'Amours, qui si fort me mais-trie / Sor moy n'avoit nulle maistrie».

auch als Textfunktion zum Ausdruck kommt, die sich in originellen Verfahren der Retextualisierung niederschlägt.[10] Dies hat zur Folge, dass wir bei Machaut ein Verständnis von Kreativität ansetzen können, das neben der Selbstinszenierung wesentlich auch auf den Prinzipien der *imitatio* fußt und eine Form modaler Autorschaft begründet.[11] In diesem Sinn wird im Folgenden davon ausgegangen, dass die Autorschaft in Machauts Dits grundsätzlich doppelt kodiert ist – thematisch durch Formen auktorialer Selbstinszenierung und modal durch Verfahren der *réécriture* autoritativer literarischer Traditionen. Sie bewegt sich damit im Spannungsfeld zwischen der Verpflichtung gegenüber der Tradition und dem Willen zu deren Transgression, welches für die Literatur des gesamten Mittelalters kennzeichnend ist.

Das Ziel dieses Aufsatzes ist es, Machauts Kodierungen von Autorschaft auszudifferenzieren, indem danach gefragt wird, wie letztere sich im *Voir Dit* sowohl thematisch als auch modal konstituiert und wie sich die Figuren der Selbstzuschreibung von Autorität, die auf beiden Ebenen zum Einsatz kommen, zueinander verhalten. Dazu gehe ich in zwei Schritten vor: Zunächst wird die neuartige Form der Ko-Autorschaft, die der Dit selbstlegitimierend inszeniert, vorgestellt und ihre Auswirkungen auf den dominierenden, autoritativen Diskurs der *fin'amor* diskutiert. Der zweite Schritt besteht in der Analyse der *réécriture* einer Ovid'schen *Metamorphose*, die Machaut in die amouröse Handlung einflicht und die zeigt, wie Autorschaft im *Voir Dit* modal autorisiert wird. Die Auswertung der Mythographie und ihre Rückkoppelung an die Gesamtökonomie des Texts ermöglichen es dabei unter anderem zu präzisieren, worin der poetologische «senz» des *Voir Dit* besteht.

1

Der *Voir Dit*, den Machaut vermutlich 1364 verfasste, weist in vielem typische Züge der in der Tradition des *Roman de la Rose* stehenden Gattung des Liebes-

---

10 Cf. zum Begriff der Retextualisierung in der mittelalterlichen Schriftkultur Bumke/Peters (2005).

11 Einen solchen Begriff von Kreativität indiziert zum Beispiel eine Passage aus dem zeitgenössischen Kopenhagener Kommentar zum *Ovide moralisé*, der als Prätext für den *Voir Dit* von zentraler Bedeutung ist. Über die *officia poetae* heißt es dort: «L'office du poète est de convertir les faiz et les histoires passés en autres especes par obliques et destournées figuracions par aucun beau et aourné language» (zitiert nach Douglas Kelly 1985, 291).

dits auf.[12] Zu ihnen zählt das höfische Motiv des Liebesconforts, welcher der Autorfigur, die zugleich als Erzähler-Ich der Darstellung fungiert, zuteil wird. Davon erzählt dieses Ich eingangs in dem langen Prolog,[13] wenn es berichtet, ihm sei mitten in der erwähnten Schaffenskrise durch einen Freund von einer ihm bis dahin ungekannten jungen Dame berichtet worden, die ihn, den bekannten Dichter, grenzenlos bewunderte und ihm ihren Trost offeriert habe (cf. VD, v. 71ss.). Kraft ihrer Jugend und der damit einhergehenden topischen Schönheit kann dieses Mädchen, das Toute-Belle heißt und dessen Alter das Ich mit 15 bis 20 Jahren angibt (VD, v. 2050), die melancholische Schreibhemmung des Ich mühelos beheben.[14] Im Gegenzug fordert diese Minnedame ein, bei dem *poète-amant* gewissermaßen in die Schreibschule gehen zu dürfen: Denn sie ist selbst eine Dichterin, die freilich noch kaum Erfahrung besitzt. Im Sinne einer solchen Übereinkunft initiiert Toute-Belle zwischen den beiden eine literarische Korrespondenz, die ihre Liebe schriftlich festhalten soll und darüber hinaus ein doppeltes Schreibprojekt verfolgt. Zum einen soll das Ich die Dichtungen Toute-Belles korrigieren, zum anderen soll er ihrer beider gesammelte amouröse Schriftstücke in einem Buch bündeln. Den Auftrag der Dame zu dieser Ko-Autorschaft, deren Produkt das Ich den Titel «Voir Dit» gibt, rekapituliert die Autorfigur wie folgt:

> «Veult que je mete en ce voir dit
> Tout ce qu'ai pour li fait et dit,
> Et tout ce qu'elle a pour moy fait,
> Sans riens celer qui face au fait;
> Et vuelt que toutes les rassemble
> Pour les y mettre tout ensemble.
> Le Voir Dit veuil je qu'on appelle
> Ce Traitié [...]» (Machaut, *Voir Dit*, v. 512–519, 74).

Der Prolog begründet auf diese Weise eine Erzählung, deren Gegenstand zwei parallele Geschichten sind: die einer höfischen Liebe und die der Entstehung eines Buches mit der Korrespondenz, die diese Liebe dokumentiert. Die Figuren-Konstellation, die Machaut dabei in Szene setzt, markiert im Hinblick auf die beiden Themenbereiche, die hier eng geführt werden, signifikante thematische Weiterentwicklungen der literarischen Tradition. Hinsichtlich der Liebesthematik gilt

---

12 Cf. zur Textgeschichte Cerquiglini-Toulets *Introduction*, in: VD, 22–32. Nach wie vor maßgeblich zur Bedeutung des *Roman de la rose* im 14./15. Jahrhundert ist Badel (1980).

13 Der Prolog umfasst 529 Verse einschließlich des ersten Rondeaus und des ersten Briefs der Dame. Eine minutiöse Segmentierung des VD bietet Brownlee (1984, 94–156).

14 VD, v. 43–46: «[...] j'estoie descongneüs / Et de joie despourveüs. / Mais doucement sui confortés / Par elle, et fu mes confors telz [...]».

dies insbesondere für die Variante des *amor de lonh*, bei dem ein junges Mädchen in Aktion tritt, das aus Bewunderung für sein Dichter-Idol die Initiative ergreift. Denn die Fiktion eines solchen neuartigen *amour de renommee*[15] und die damit einhergehende «produktionsästhetische» Abmachung zwischen den Liebenden ambiguisiert von Beginn an die Hierarchie, die im Minnesystem der *fin'amor* traditionell im Verhältnis zwischen der *dame* und dem *poète-amant* besteht. Zwar bleibt Toute-Belle auch bei Machaut eine Figur höfischer Dominanz, in der die Macht der troubadoresken *domna* über den Liebenden fortgeschrieben wird; zugleich jedoch konstruiert der Text die Dame als eine Figur, die in ästhetischer Abhängigkeit von einem Autor-Ich agiert, dessen Meisterschaft ihre literarische Entwicklung gewährleisten soll. Auf diese Weise bringt der *Voir Dit* den Umstand, dass sich in der langen Tradition der trobadoresken *fin'amor* höfischer Frauendienst und dichterische Meisterschaft seit jeher konstitutiv bedingen, in eine die Handlung grundierende thematische Spannung (cf. Kablitz 2000).

Zu diesem Zweck imaginiert der Prolog für die beiden Protagonisten das Projekt der Ko-Autorschaft.[16] Deren vorrangiges Ziel für den Text besteht darin, dass die auktoriale Autorschaft des Ich ins Bild gesetzt und mit einer glaubhaften Autorität ausgestattet wird. Die kommunikative Perspektive der jungen Dichterkollegin Toute-Belle weist dem gealterten Dichter dabei gewissermaßen a priori den Rang einer persönlichen *auctoritas* zu. Die Voraussetzung dafür ist, dass die literarische Kooperation das Ich neben der Rolle als Liebenden prononciert mit der eines Autors ausstattet.[17] Diese wird massiv inszeniert, indem das Ich in der fiktiven Korrespondenz mit seiner Dame gleich drei Aufgaben wahrnimmt: In der Funktion als Lehrer beurteilt er die Dichtungen, die er von ihr zugeschickt bekommt; als Kompilator stellt er ihre lyrischen Dichtungen und Briefe zu einem Buch zusammen; schließlich zeigt ihn die Fiktion als produktiven *poète*, der selbst Texte schreibt. So zeichnet er für eine Vielzahl von Rondeaux, Virelais und

---

15 Ich übernehme diesen Begriff von Lods (1980), die ihn prägnant für Jean Froissarts späthöfischen Roman *Méliador* eingeführt hat.

16 Cf. zu Inszenierungen zwischengeschlechtlicher Ko-Autorschaften, bei denen die Frauenfiguren als Inspirationsquellen für die männlichen Dichter fungieren, den Aufsatz von Cornelia Wild in diesem Band. Cf. ergänzend zum Folgenden Huot (1987, 280–286), welche die Inszenierung der lyrischen Korrespondenz und der Kompilation des Buches anhand des Codex BN fr. 1586 auch in ikonographischer und kodikologischer Hinsicht untersucht.

17 Der VD unterscheidet sich in diesem Punkt deutlich von Machauts früher verfassten *Jugement dou Roy de Navarre* und der *Fontaine amoureuse*, in denen das Ich Charles de Navarre respektive Jean de Berry Liebestrost spendet, indem er ihnen eine literarische Zusammenarbeit andient. Dazu, dass sich der VD bei seiner Konstruktion der Ich-Figur deutlich an den *Roman de la Rose* von Guillaume de Lorris anlehnt, Lechat (2005, 201s.).

Balladen sowie für die Prosa-Briefe verantwortlich, die er selbst seiner Dame schickt.[18] Und nicht zuletzt fungiert dieses Autor-Ich als Verfasser der 9010 paar-reimige Achtsilber umfassenden Verserzählung, welche die Schriftstücke rahmt und die beiden parallelen Geschichten zum Thema hat. Höchste Meisterschaft wird der Autorfigur dabei explizit insbesondere im Hinblick auf seine lyrischen Dichtungen zugeschrieben, die wiederholt mit entsprechenden Kommentaren versehen werden.[19] Das Ausstellen der mit der dichterischen Könnerschaft ver-bundenen Mühen implizieren seinen Anspruch darauf, die anderen Dichter zu überbieten, und stattet die selbstbewusste Inszenierung auktorialer Autorschaft mit der im Diskurs der *fin'amor* fest verankerten Ambition aus, auch als Autor der Beste zu sein. Dies bedeutet, dass das männliche Ich in dem Dit von einem zweifachen Begehren angetrieben wird: In seiner Doppelrolle als höfischer Lie-bender und Autor muss es seiner Anlage entsprechend in beiden Bereichen seine Exzellenz unter Beweis stellen.

Auffällig ist nun, dass der *Voir Dit* die poetische Meisterschaft des Ich ein-gangs nicht einfach unverblümt verkündet, sondern fortlaufend authentifiziert, indem er die Geschichte der Korrespondenz und der Entstehung des Buches erzählt. Auf diese Weise wird seine Autorschaft gezielt mit Wirklichkeitseffekten ausgestattet und in den Rang einer erlebten Erfahrung erhoben. Dies geschieht zum Beispiel in den Briefen, in denen er sich mit dem Hinweis auf seine ander-weitigen Pflichten als Hofdichter wiederholt bei Toute Belle dafür entschuldigt, dass das Verfassen lyrische Stücke oder der Fortgang bei der Redaktion des Buches sich verzögert hätten. In diesem Sinne erklärt er seiner Herzensdame etwa in der Lettre XXXV beschämt, der Besuch des Duc de Bar und anderer Herrschaf-ten habe so viel Umtriebigkeit mit sich gebracht und seinen Tagesablauf derart beeinträchtigt, dass er lange die Arbeit an ihrem Buch nicht wie vorgesehen habe vorantreiben können:

> «Et, mon tresdoulz cuer, se je n'ai envoié par devers vous si tost come je deusse, si le me veil-
> liez pardonner, car Dieus scet que ce n'a mie esté par deffaut d'amour ne de bonne volenté,

---

18 Die Technik des ingeniösen «Montage», bei dem Machaut die genannten Textsorten im VD kombiniert untersucht Cerquiglini-Toulet (1985, 24–49).

19 In einem dieser Einschübe rühmt er sich zum Beispiel seiner «balades non chantees», seiner nicht vertonten Balladen also, für die er viele Einfälle gehabt habe, die nicht jedem vergönnt seien. Denn, so erklärt er seinen fiktiven hochherrschaftlichen Rezipienten, wem so etwas ge-lingen wolle, der müsse intensiv darüber nachdenken, ansonsten werde er scheitern: «Des autre choses vous diray / [...] / Aveuques les choses notees / Et es balades non chantees; / Dont j'ay mainte pensee eü / Que chascuns n'a mie sceü, / Car cilz qui vuet tel chose faire / Penser li faut ou contrefaire» (VD, v. 521, 524–529).

> car Monsigneur le duc de Bar et pluisuers autres singeurs on esté en maison; si y avoit tant d'alans et venans, et me couchoi si tart et levoie si matin, que je ne l'ay peu amender; ne de jour n'y pooie ententre ne a vostre livre aussi se po non, dont moult me poise [...]» (VD, Lettre XXXV, S. 566).[20]

Die Passage evoziert den gesellschaftlichen Kontext, in dem der Hofdichter steht, und die kontingente Dringlichkeit, mit der er seinen hochadeligen Brotgebern zu Diensten sein muss. Insbesondere das Moment der Kontingenz stattet dabei den Anteil des Ich an der Ko-Autorschaft mit Toute Belle mittelbar mit einem hohen Maß an Authentizität aus. Zusätzlich gesteigert wird dieser Effekt durch die Nennung des Duc de Bar und der anderen Herrschaften, denn dies markiert die unmittelbare Nähe des *poète-amant* zur weltlichen Macht. Gemeinsam betrachtet tragen die Inszenierung kontingenter Lebensumstände und der Affinität zu den Mächtigen damit wesentlich zur Repräsentation der auktorialen Autorschaft des Ich bei. Denn sie wirken als Authentizitätsindikatoren und versehen die Arbeit des Autors so mittelbar zugleich mit der Autorität der erlebten Wirklichkeit.[21]

Die Strategie einer mittelbaren Autorisierung der Autorschaft durch die *mise en scène* von Reflexionen, die Authentizität vermitteln, wendet Machaut in den Prosabriefen wie auch in der rahmenden Verserzählung an. Ein Beispiel hierfür gibt die bereits zitierte Passage des Prologs, in der Machaut von dem Auftrag seiner Dame erzählt, ihre Korrespondenz in einem Buch zusammenzufügen. Das Ich beteuert in diesem Zusammenhang, sich seiner Angebeteten streng verpflichtet zu fühlen und die Korrespondenz ihrem Willen entsprechend vollständig und in allen Teilen wiedergeben zu wollen. Dies könne allerdings möglicherweise Wiederholungen mit sich bringen, räumt er apologetisch an seine «Herren» gerichtet ein:

> «Et s'aucunes choses sont dittes
> Deulz fois en ce livre ou escriptes,
> Mi signeur, n'en haiez merveille,
> Quar celle pour qui amour veille
> Veult que je mete en ce voir dit
> Tout ce qu'ai pour li fait et dit,

---

20 Ähnlich auch VD, Lettre XVII, 316, wo es ganz ähnlich heißt: «Je ne vous envoie rien de rondelet, car il ha tant de gent a ceste court et de noise, et tant m'i ennoie que je y puis peu faire de nouvel: toutevoies je fais adés en vostre livre ce que je puis.»
21 Eine besonders wichtige Rolle spielt diese Authentifizierungsstrategie neben der höfischen Lyrik in der zeitgenössischen Geschichtsschreibung. Cf. dazu in diesem Band den Beitrag von Axel Rüth zu Joinvilles *Vie de Saint Louis* sowie mit Bezug auf die *Chroniques* von Jean Froissart Schwarze (2003, 282–304).

Et tout ce qu'elle a pour moy fait,
Sans riens celer qui face au fait;
[...]
Le Voir Dit veuil je qu'on apelle
Ce Traitié que je fais pour elle,
Pour ce que ja n'i mentirai.» (VD, v. 508–515; 518–520).

Die Selbstverpflichtung des Ich, in seiner Rolle als Kompilator der Korrespondenz die Dichtungen und Briefe der beiden Liebenden ohne Auslassungen und quasi mit dokumentarischer Genauigkeit abzubilden, steht hier nicht nur im Zeichen einer exordialen *captatio benevolentiae*. Sie reklamiert darüber hinaus für die gesamte Darstellung der Ko-Autorschaft die Prinzipien vollständiger Transparenz und Aufrichtigkeit. Diese begründen eine Erzählung, in der das Ich nichts sagen wird, was nicht wahr ist (cf. VD, v. 520), und der er daher den Titel «Voir Dit» gibt. Die titelgebende Wahrheit des Textes besteht demnach auf der expliziten Bedeutungsebene in der wirklichkeitsgetreuen Rekonstruktion der Ko-Autorschaft. Auch hierbei handelt es sich allerdings vor allem um eine Strategie der Authentifizierung, die das unerhörte Motiv einer literarischen Kooperation zwischen dem *poète-amant* und der *dame* glaubhaft erscheinen lassen soll und es zu diesem Zweck autoritativ mit dem Attribut des wahrhaft Erlebten versieht.

Die Tatsache, dass der *Voir Dit* die Figur des für den Text verantwortlichen Autors massiv in Szene setzt und die Autorschaftskonstruktion mit einem Authentizitätsanspruch versieht, ist strukturell betrachtet nichts Neues. Christel Meier hat dies bereits für das 12. Jahrhundert anhand von acht lateinischen Konversionsnarrativen, denen das Konzept der persönlichen Autorschaft zugrunde liegt, aufgezeigt (Maier 2005; zum Folgenden insbesondere 209s.). Meier hat in diesem Zusammenhang zum einen beobachtet, dass die Konstruktion individueller Autorfiguren samt einer ihnen eigenen (fiktiven) Biographie mit einem erhöhten Maß an Authentizitätsindikatoren einhergeht, wie sie auch Machauts Darstellung der Ko-Autorschaft im *Vor Dit* kennzeichnet. Zum anderen vertritt sie die These, dass die intensive Vermittlung von Authentizität ihrerseits zusätzlich «einen dringenderen Autorisierungsbedarf» hervorrufe, um akzeptiert zu werden. Dem kämen die von ihr untersuchten Erzählungen nach, indem sie – quasi zu diskursiven Absicherung der unerhörten Ausstellung von Authentizität – traditionelle Konversionsgeschichten erzählten. Auf diese Weise sorgten die Texte für eine diskursiv akzeptierte Autorisierung der Form von authentischer Individualität, die sie inszenierten.

Ein analoger Fall scheint mit dem *Voir Dit* vorzuliegen: Denn auch er stützt seine Inszenierung von Authentizität implizit diskursiv ab, indem er eine literarische Tradition mit autoritativer Geltung fortschreibt. Gemeint ist natürlich die höfische Minnerede, die als eine Art literarisches Dispositiv in der zweiten Hälfte des 14. Jahrhunderts bereits geradezu klassischen Status hatte. Machauts Liebesgeschichte zitiert die Stadien, die Rhetorik und das Motivarsenal der höfischen Minne fortlaufend, häufig in unmittelbarem Rekurs auf den *Rosenroman* (cf. hierzu Huot 1993, 256–267). Seine Fortschreibung vollzieht sich dabei sprachlich in aller Regel im Modus der Reproduktion und der Affirmation der Topik des Minnedienstes. Diese Form der Adaptation des Minnediskurses gewinnt eine autorschaftsrelevante Bedeutung, wenn man sie dazu in Beziehung setzt, dass der Text mit der Kooperation zwischen dem Ich und seiner Dame eine Form der Ko-Autorschaft inszeniert, die neu ist und die sich fiktiv lediglich auf das individuelle Zeugnis des Autor-Ich stützt. Denn vor dieser Folie dient Machauts Wiedergebrauch der Minnetradition unversehens dazu, der anderen Geschichte (jener von der Ko-Autorschaft und der Entstehung des Buches) eine allgemein anerkannte, weil von der literarischen Tradition verbürgte Autorität beiseite zu stellen.[22] Ich schlage für diese Art der Zuschreibung von Autorität, die sekundär und mittels einer textuellen Bestätigung einer vorgängigen autoritativen Tradition erfolgt, den Begriff der topischen Autorisierung vor.

Für die Liebesgeschichte, die der *Voir Dit* erzählt, hat die Beobachtung, dass jene nicht zuletzt dazu dient, die Geschichte der Ko-Autorschaft mittelbar mit einer diskursiven Autorität auszustatten, die Folge, dass ihr Status destabilisiert wird. Denn anstatt Liebe und Dichten im Zeichen des tradierten Dienstgedankens konvergieren zu lassen, wird hier potenziell eine Hierarchie zwischen den beiden Redeordnungen hergestellt. Sie besteht darin, dass der Text die *mise en scène* einer umfassenden Autor-Autorität gegen den Diskurs der *fin'amor* ausspielt, analog zu Toute Belle, die im selben Zug von der Minneherrin und Ko-Autorin, die sie vorgeblich ist, faktisch zum Katalysator für die Inszenierung der poetischen Meisterschaft des Ich degradiert wird. Um die sich hier andeutende intratextuelle Instrumentalisierung des Minnediskurses bewerten zu können, gilt es das zweite Begründungsmuster für die auktoriale Autorschaft des Ich in den Blick zu nehmen. Es besteht darin, dass Machaut in die Liebeshandlung Exkurse einsetzt, welche die Ovid'schen *Metamorphosen* retextualisieren. Diese Exkurse autorisieren den Gesamttext mit den Mitteln einer kunstvollen *imitatio* und tragen

---

[22] Der Aufweis einer strukturellen Analogie zwischen den lateinischen Berufungserzählungen des 12. und dem mittelfranzösischen Liebesdit aus dem späten 14. Jahrhundert heißt nicht, dass die These Meiers für die Inszenierung auktorialer und persönlicher Autorschaft im gesamten Mittelalter generalisiert werden kann. Gleichwohl stellt die Annahme einer Korrelation zwischen der Repräsentation von Individualität, der Vermittlung von Authentizität und ihrer Absicherung durch den Rekurs auf einen qua Tradition anerkannten Diskurs m. E. einen Systematisierungsversuch mittelalterlicher Autorschaft dar, der weitere Untersuchungen verdient.

damit ebenfalls modal dazu bei, seinen prominenten Autorschaftsanspruch zu konsolidieren.

2

Neben der höfischen Liebe und der Bibel[23] schöpfen Guillaume de Machauts lyrisch-narrative Dits bekanntlich einen Gutteil ihrer *matières* aus dem Arsenal von Mythographien Ovid'scher Provenienz. Als unmittelbarer Prätext dient ihm dabei die mit einem extensiven Kommentar versehene französische Übersetzung der *Metamorphosen,* die zwischen 1316 und 1328 entstand und die unter dem Namen *Ovide moralisé* firmiert.[24] Aus ihm entleiht er im *Voir Dit* sechs Episoden und schreibt sie zu kurzen Exkursen um, die er als Teile der Reimerzählung sämtlich in das letzte Textdrittel einsetzt.[25] Inhaltlich betrachtet handeln diese Binnenerzählungen vornehmlich von unglücklichen Liebesverhältnissen unter Göttern und daraus resultierenden Verwandlungstaten. In ihrem unmittelbaren narrativen Kontext haben diese *récits mytholgiques* vorderhand die Aufgabe, das jeweils aktuelle Stadium der Liebes-*intrigue* affirmativ zu exemplifizieren und eine moralisch-didaktische Bewertung des entsprechenden Handlungsmoments vorzunehmen. Dies geschieht meist ausdrücklich in Form einer kurzen, der jeweiligen Erzählung vor- oder nachgeschalteten *glose*, die eine belehrende Äquivalenz zwischen dem Liebesschicksal der antiken Götter und entsprechenden Konstellationen der *matière amoureuse* des Dits herstellt. Die mythologischen Mikroerzählungen haben somit *prima facie* die Funktion von Exempla, die einen inhaltlichen Transfer vom Ovid'schen Prätext auf das dominante Minnenarrativ im Zeichen einer autoritativen Stabilisierung des letzteren praktizieren.

Dass diese Mythographien Machauts hier als eine mittelbares Verfahren zur Begründung der auktorialen Autorschaft des *poète* veranschlagt werden, beruht

---

23 Cf. zu Machauts desakralisierendem Umgang mit dem Wort Gottes Leupin (1993), der die Liebesgeschichte zwischen dem Ich und Toute-Belle als eine paradoxe «profanation de la théologie» (190) zugunsten der Literatur liest.

24 *Ovide moralisé (Poème du commencement du quatorzième siècle),* (Verhandelingen der koninklijkke Akademie van Wetenschappen te Amsterdam. Afteeling Letterkunde), ed. Cornelis de Boer, 5 vol., Amsterdam 1915–1936 [Nachdruck Wiesbaden, Saendig, ²1966–1968]. Der Text wird im Folgenden unter Angabe der Sigle «OM» zitiert. Grundlegend zur Rezeption des OM bei VD ist noch immer De Boer (1914).

25 Neben den Mythographien finden sich zudem mehrere namentliche Listen mit historischen und mythologischen Figuren sowie ein Exkurs, der mit der Geschichte von Semiramis (VD, v. 4813–4942) einen historischen Stoff neu modelliert. Cf. dazu eingehend Lechat (2005, 215–220).

auf der Annahme, dass Autorschaft außer durch die Nennung und die Inszenierung von Autorenfiguren ebenso modal, als eine dem Text inhärente Funktion markiert sein kann. Die Autorschaft eines Textes kann sich demnach auch aus spezifischen Signaturen ergeben, welche sich zum Beispiel an auffälligen intertextuellen Verfahren der formalen, stofflichen oder generischen Modellierung von Inter- und Prätexten ablesen lassen.[26] Derartige Autorschaftsmarkierungen können in bestimmten Konstellationen als Verfahren verstanden werden, durch die sich ein Text selbst indirekt Autorität zuschreibt. Die Autorschaft wird dann mit den Mitteln der *imitatio* autorisiert. Einen solchen Fall imitativer Selbstautorisierung von Autorschaft stellen nach meiner Auffassung die Retextualisierungen der Ovid'schen *Metamorphosen* im *Voir Dit* dar. Denn jenseits ihrer erklärten Funktion als Exempla haben diese *réécritures* im Binnenkontext des höfischen Liebesplots implizit eine wichtige poetologische Bedeutung: Im Namen des Erzähler-Ich repräsentieren sie unverkennbar den Modus gelehrter Autorschaft und schreiben ihm auf diese Weise eine Form von Meisterschaft zu, die grundlegend anders gelagert ist als die bisher behandelten und vom Text massiv inszenierten Attribute seiner Autorschaft.

Ein Indiz, das diese Hypothese plausibel macht, liefert der 35. Brief (VD, 564–574), in dem unser Autor Toute-Belle darum bittet, ihm nach eigener Lektüre alles Material zuzusenden, damit er das Buch vollenden könne. Dies sei wegen der großen Mühen, die er sich bisher damit gegeben habe, wünschenswert, vor allem aber weil jetzt der eigentlich schwierige Teil komme, nämlich die «schönen und kunstvollen Geschichten», mit denen er das Buch beschließen wolle, auf dass das «livre» Toute-Belle und allen anderen Lesern gefallen und für immer in guter Erinnerung bleiben möge. Der Briefschreiber erklärt:

> «Si vous pri, si chierement comme je puis et sai, que vous le [le livre, M. S.] veulliés bien garder et vous le me veulliés renvoier quant vous l'arés leu, par quoi je le puisse parfaire; car je seroie trop coureciés se tel paine et si grant come je l'i ai mise et entent a mettre estoit perdue; car ore vient le fort, et les beles et subtives fictions dont je le pense a parfaire, par quoi vous et li autre le voiés volentiers et qu'il en soit bon mémoire a tous jours mais.» (VD, Lettre XXXV, 566).

Die Passage ist zunächst von Interesse, weil sie einmal mehr das überaus selbstbewusste Autor-Ich inszeniert und seine Suprematie über die Ko-Autorin festigt. Das Ich nämlich reklamiert hier nicht nur die Verantwortung für die Zusammenstellung des Buches, sondern gibt seiner Mitautorin – und mit ihr dem Leser –

---

26 Cf. dazu grundlegend Poirion (1981). Für die Minnelyrik Italiens hat dies Kablitz (1991) untersucht; Reuvekamp-Felber (2001) für den deutschen höfischen Roman.

nonchalant zu verstehen, dass die kunstvollen Geschichten, die es allein verfassen und dem beinahe fertigen Buch[27] abschließend hinzufügen will, in seiner Erwartung wenn nicht exklusiv, so doch wesentlich, für den Erfolg des «Werks» entscheidend sein werden. Das Ich attribuiert sich damit mittels der «subtilen Fiktionen» unverblümt die ästhetische Exzellenz, welche seinen Ruhm im Kern begründen soll. Angesichts der Tatsache, dass alle sechs mythologischen Exkurse im letzten Drittel des Dit angesiedelt sind, das die Lettre XXXV eröffnet, kann kaum Zweifel daran bestehen, dass sich das Vorhaben wesentlich auf die besagten Ovid'schen *réécritures* bezieht.

Aussagekräftig ist darüber hinaus die Formulierung der Autorfigur, es handle sich bei den in den Dit eingefügten Geschichten um «subtives fictions». Das *Dictionnaire du Moyen Français* gibt für das Lemma «fiction» als zweite von drei belegten Hauptbedeutungen «création littéraire, narration, histoire imaginée, inventée» an.[28] Wie im Neufranzösischen bezeichnet das Substantiv damit unzweifelhaft Geschichten, die erfunden sind und also in einem referentiellen Sinne nicht als wahr gelten können. Dies bedeutet jedoch, dass die Liebesgeschichte, die ansonsten durchgehend als eine authentisch erlebte Erfahrung ausgewiesen wird, in den Ovid'schen Mythographien (ausgerechnet) durch Erzählungen bewahrheitet wird, deren mögliche Glaubwürdigkeit auf der Autorität der literarischen Tradition, keinesfalls aber auf einer Erfahrungswirklichkeit beruht. Wir haben es hier mit einer Engführung konträrer Wissensbegründungen zu tun, die eine erkenntnistheoretische Inkongruenz anzeigt und die punktuell aufscheinen lässt, wie Machaut in dem Dit, der die Wahrheit zu sagen vorgibt, mit dem Wahrheitsbegriff spielt.

Das Wort mit dem Machaut die «Fiktionen», die den Dit gleichsam krönen sollen, näher charakterisiert, ist das Adjektiv «subtive[s]», das eine Variante von mittelfranzösisch «subtil»/«soutif» darstellt. Es bezeichnet Dinge und Personen, die handwerklich oder künstlerisch von einer besonderen Finesse zeugen.[29] In diesem Sinn figuriert der Begriff an prominenter Stelle bereits einmal im Prolog,

---

27 Das Ich fährt in dem Brief unmittelbar fort, es müsse lediglich noch die Briefe, die sie sich gegenseitig geschickt hätten und die Toute-Belle derzeit habe, einfügen: «Et sachiés que il n'i fait mais amettre que les lettres que vous m'avés envoiees et je a vous puis que vous partistes […]» (VD, Lettre XXXV, 566).

28 *Dictionnaire du Moyen Français*, version 2012. ATILF – CNRS & Université de Lorraine, http://www.atilf.fr/dmf [letzter Zugriff am 10. 08. 2015]. Das Lexikon wird im Folgenden unter Verwendung der Abkürzung «DMF 2012» zitiert. Die beiden anderen Hauptbedeutungen, die das DMF 2012 für «fiction» angibt, sind «forme donnée à un objet lors de sa fabrication, façon» respektive «invention, imagination».

29 Cf. den Eintrag «soutif»/«subtil» im DMF 2012.

als das Ich die Einmaligkeit der höfischen Qualitäten Toute-Belles mit dem Hinweis auf Nature preist. Es erklärt, noch niemals zuvor habe die Schöpfungsmacht Gottes ein so «feines, gefälliges und lebendiges Werk» geschaffen und es werde ihr bei allem auch nie wieder gelingen:

> «Quar Nature qui la fourma
> Mis en li si douce fourme ha
> Qu'onques mais œuvre si subtive
> Ne fist, si plaisant ne si vive:
> Assez y puet estudier,
> Penser, muser et colier,
> Quar jamais ne fera pareille.» (VD, v. 19–25).

Die Verwendung des Adjektivs «subtive» in dem Portrait, welches das Lob der Dame als überzeitlich vollkommene Repräsentation des Naturprinzips besingt, ist aussagekräftig, weil sie die Markierung von Perfektion (hier die physisch-ethische Vollkommenheit Toute-Belles) explizit mit dem Willen Natures verbindet, ein entsprechendes «Werk» zu schaffen. Diese Semantik legt für die Erklärung der Autorfigur im 35. Brief, «subtives fictions» zu verfassen und den *Voir Dit* mit ihnen zu vervollkommnen («parfaire», VD, Lettre XXXV, 566) ein analoges Verständnis nahe: Auch im auktorialen Kontext signalisiert das Attribut der Subtilität einen vollkommenen Grad an Meisterschaft, nach dem der Autor des Dit gezielt strebt. Anders formuliert: Die Ovid'schen Geschichten, die das Ich ankündigt, sind eminenter Ausdruck des Anspruchs auf eine unvergleichliche dichterische Meisterschaft und werden dem *Voir Dit*, vor allem jedoch seinem eigentlichen Verfasser, den erhofften Ruhm einbringen.

Worin die zentrale Qualität der «subtives fictions» besteht und wie sie sich auf die Begründung der Autorität des gesamten Textes auswirkt, soll im Folgenden die Analyse eines *récit mythologique* zeigen. Vorab kann festgehalten werden, dass die Autorfigur mittels ihrer Ankündigung den «subtives fictions» ein erhebliches metapoetisches Aussagepotenzial zuschreibt, das Cerquiglini-Toulet zufolge der selbstreflexiven Funktion der Mythologie in der Literatur des gesamten 14. Jahrhunderts entspricht.[30] Die Machaut-Forschung hat dem dreifach Rechnung getragen: Sie hat das Netz intertextueller Bezüge, welche die mythographischen Retextualisierungen im *Voir Dit* knüpft, aufgedeckt, sie hat inhaltliche Transformationen nachgewiesen und sie hat Sinndimensionen, die sich daraus unter anderem für Konstitution der Autorfigur ableiten lassen, detailliert

---

[30] Cerquiglini-Toulet (2001, 402) formuliert dies wie folgt: «Au XIVᵉ siècle, la réflexion sur la «création» littéraire et artistique, ne pouvant se dire directement, s'incarne dans des mythes».

analysiert.[31] Hinsichtlich der impliziten Poetik des *Voir Dit* haben diese Arbeiten zu hervorragenden Ergebnissen geführt, auf die sich nicht zuletzt die folgende Analyse stützt. Unterbelichtet geblieben ist dabei allerdings der hier interessierende funktionale Nexus von Autorschaft und Autoritätsstiftung. Konkret betrifft er hier die Frage, welche Bedeutung die Tatsache, dass Machauts *réécritures* mit den Mitteln der *imitatio* auf die literarische Autorität der Ovid'schen *Metamorphosen* rekurrieren, für die Begründung der Autorität des gesamten Dit hat. Meine These ist, dass es sich bei den Exkursen um eine Form imitativer Selbstzuschreibung von Autorität handelt, welche die im zweiten Abschnitt dieses Aufsatzes behandelte massive Inszenierung der auktorialen Autorschaft des Ich in praxi neu begründet und zugleich den vorgeblich konstitutiven Zusammenhang zwischen der Dichtung und dem Dispositiv der höfischen Liebe insgeheim aufkündigt. Um dies zu zeigen, wird hier die metapoetische Metaphorik eines *récit mythologique* analysiert und an die Autorschaftskonstruktion rückgekoppelt, die Machaut im Prolog des *Voir Dit* sowie im *Prologue* in Szene setzt.

Ich wähle dazu die Geschichte von Coronis, Phoebus und seinem Raben (VD, v. 7719–8058), die mit 339 Versen den zweitlängsten Einschub darstellt und zugleich der letzte mythologische Exkurs des *Voir Dit* ist.[32] Die Tiermetamorphose findet sich ursprünglich im zweiten Buch der *Metapmorphosen* (Met. II, 534ss.), Machaut lag sie in der amplifizierten Fassung des *Ovide moralisé* vor (OM, vol. 1, Second Livre, v. 2221–2454 [S. 219–224]). Eingebettet ist die Episode bei Machaut in einen Traum, der davon erzählt, wie dem erzählenden Ich das Abbild («ymage», VD, v. 7667) seiner Dame erschien. Die explizite Botschaft der «hystoire» (VD, v. 7716) besteht darin, dass Tout-Belle ihren «ami» vehement davor warnt, der üblen Nachrede eifersüchtiger Neider Glauben zu schenken, welche ihre Liebes-

---

31 Hervorzuheben ist hier zum einen insbesondere eine Reihe von Einzelinterpretationen, in denen Cerquiglini-Toulet Machauts Ovid'sche Exkurse als poetologische *mises en abyme* liest, die es erlauben, seine «modèles de création» zu rekonstruieren und auf diese Weise unser Verständnis für seine neue Konzeption des Dichters zu schärfen. Cf. Cerquiglini-Toulet (1993; 1995; 2001, hier das Zitat, 401). Zum anderen hat Lechat in der bereits zitierten Studie von 2005 sämtliche mythologische Stücke des *Voir Dit* erstmals systematisch darauf hin untersucht, welches Potenzial sie im Hinblick auf die Formulierung eines neuen, auf der Kategorie des «sentement» fußenden Fiktionsbegriffs aufweisen (Lechat 2005, 201–252). Die genannten Arbeiten gehen methodisch so vor, dass sie Machauts *insertions mythologiques* einem *close reading* unterziehen und zweifach abgleichen: einerseits intratextuell mit den moralisierenden Allegoresen, welche der Text in den *gloses* eigens liefert, andererseits intertextuell im Hinblick auf inhaltliche Abweichungen der Machaut'schen Darstellungen vom jeweiligen Prätext des *Ovide moralisé*.
32 Detaillierte Analysen der Episode nehmen Leupin (1993) sowie vor allem Lechat (2005, 229–237) vor. Nicht nur aufgrund ihrer exponierten Stellung schreibt Lechat (2005, 229), der Episode die Bedeutung einer «sorte de ‹défintive sentence›» zu.

übereinkunft in Frage stellen (cf. VD, v. 7709–7714).[33] Der literarischen Konvention entsprechend verbirgt sich hinter ihren mahnenden Worten eine Spannung zwischen den Liebenden, die nach einem Moment wundersamer Vereinigung[34] auf unabsehbare Dauer voneinander getrennt sind. Das Leiden an der Trennung hat beim *amant* symptomatische Zweifel an der Zuneigung der Dame, aufkommen lassen, so dass er ihr Portrait, das ihm zuvor als das materielle Objekt der Anbetung der Abwesenden gedient hat, aus Verdruss in eine Truhe verbannt hat (VD, v. 7571–7581). Dies ist, in wenigen Worten gesagt, die Krisensituation, in der das Abbild Toute-Belles dem Ich im Schlaf zur Illustration ihrer Warnung folgende Parabel erzählt:

Phoebus liebte Coronis, die ihrerseits jedoch auch noch in einen anderen verliebt war. In dessen Armen wurde sie eines Tages von dem Raben, der das Lieblingstier von «Phebus» war, entdeckt. Alarmiert machte der Rabe sich daraufhin auf den Weg zu seinem Herrn, um ihm von Coronis' Untreue zu unterrichten. Als Phoebus davon erfuhr, legte er die Harfe nieder, nahm stattdessen einen Bogen und schoss einen tödlichen Pfeil auf Coronis. Im Sterben liegend erklärte diese ihm kurz darauf, sie erwarte ein Kind von ihm. Phoebus rettete daraufhin einen Jungen aus dem Bauch seiner Geliebten, der als Äskulap bekannt werden sollte. Den bis zu diesem Tage strahlend schönen, weißen Raben jedoch, der die folgenschwere Nachricht überbracht hatte, bestrafte der zutiefst zerknirschte Phoebus für seine Unglück bringende Geschwätzigkeit, indem er ihn in einen rabenschwarzen verwandelte. In Übereinstimmung mit dem *Ovide moralisé* und entsprechend dem häufig von Machaut praktizierten Konstruktionsprinzip verschachtelter Erzählungen verschränkt der Text diese Erzählung mit einer zweiten. Diese wird dadurch motiviert, dass der Rabe auf dem Flug zu Phoebus einer Krähe begegnet, die ihm mit der Sentenz vom Weiterflug abrät, es sei nicht immer klug die Wahrheit zu verkünden (cf. VD, v. 7793–7795). Zum Beleg dieser Mahnung, berichtet die Krähe, wie es dazu kam, dass sie eines Tages von Pallas, deren Liebling sie immer gewesen war, verbannt wurde (cf. VD, v. 7809–7914): Als Vulcan, der Pallas vergeblich den Hof machte, einmal versuchte ihr Gewalt anzutun, fiel sein Samen auf die Erde. So wurde Erichtonius geboren, um den sich Pallas gleichwohl kümmerte, indem sie den drei Töchtern von Cecrops eine Kiste anvertraute, in welcher der Junge versteckt war. Dies tat sie unter der Bedingung, dass niemand das Kind, das halb Mensch halb Schlange war, jemals zu

---

33 Im Anschluss an die Traumerzählung belehrt die «ymage» das Ich in eben diesem Sinne: «Et c'est pechié contre noblesce / De croire chose qui tant blesce, / Qu'on en pert l'onneur et la vie / Et l'amour de sa douce amie» (VD, v. 8067–8070).
34 Cf. zur Darstellung des erfüllten Liebesmoments in dem Dit Leupin (1993, 187–194).

Gesicht bekommen würde. Als eine der Schwestern der Versuchung nicht widerstehen konnte und Erichtonius gleichwohl sah, wurde die Krähe Zeuge dieser Tat. In der Annahme, in der Wertschätzung von Pallas noch weiter zu steigen, überbrachte der Vogel der Göttin diese Nachricht, wurde dafür von ihrer erbosten Herrin jedoch nicht etwa belohnt, sondern verjagt. Fortan nahm eine schnöde Schleiereule den begehrten Platz an der Seite der Göttin ein.

Die beiden Parabeln illustrieren eine vorab formulierte Moral, die besagt, dass es ein schwerer Fehler ist, alles zu glauben und noch mehr, alles zu sagen: «C'est grans pechiés de si tost croire / Et plus grans du dire.» (VD, v. 7715s.). Abgesehen davon, dass diese an das liebende Ich gerichtete Lehre dem Problem zwischen ihm und seiner *dame* nicht gerecht wird und der Exkurs seinen vorgeblich exemplarischen Zweck insofern kaum erfüllen kann, fällt auf, dass Machauts *réécriture* die Episode im Vergleich zum *Ovide moralisé* in einigen Punkten merklich amplifiziert. So wird Phébus in der Version des *Voir Dit* gleich dreimal als Harfenspieler und Sänger ins Bild gesetzt, im *Ovide moralisé* ist dies (wie auch in Ovids *Metamorphosen* selbst) lediglich einmal der Fall.[35] Der pagane Gott wird auf diese Weise überdeutlich als *alter ego* des erzählenden Ich gekennzeichnet, und zwar weniger als Liebender, denn als als Dichter und Musiker. Die *amplificatio* hebt damit ein für die Exemplarität der Binnenerzählung unerhebliches Detail hervor und signalisiert so, dass ihr Aussagepotenzial wesentlich im Bereich einer metapoetischen Reflexion zu suchen ist. Diese Sinnschicht kommt verschlüsselt in einem weiteren Inhaltsmoment zum Ausdruck, das der Text im Vergleich zur Version des *Ovide moralisé* ausbaut, obwohl es in der Geschichte, die erzählt wird, eigentlich disfunktional ist: Gemeint ist der Umstand, dass sowohl Erichtonius als auch Äskulap bei Machaut geboren werden, ohne dass sie im biologischen Sinne eine Mutter haben. Darauf hat als erste Cerquiglini-Toulet hingewiesen und das Inhaltsmoment als Chiffre für die originelle «naissance de l'écriture du poète» interpretiert.[36] Die implizite Aussage der Bildlichkeit erkennt sie dabei darin, dass die mutterlosen Geburten metaphorisch auf einen zweifachen dichterischen Schöpfungsakt verwiesen, für den einerseits der Wille des Autors «etwas Neues» (VD, v. 11) zu schaffen konstitutiv sei, an den andererseits die Realisierung einer Liebe geknüpft sei, die jedoch nicht erwidert werde. Denn wie Erichtonius und Äskulap dem Zeugungswillen ihrer Väter, Vulcanus und Phoebus, erwüchsen, diese Väter aber zugleich von Pallas respektive Coronis

---

35 Cf. zu dieser Amplifikation ausführlich Lechat (2005, 232–234).

36 Cerquiglini-Toulet (1985, 152–155, Zitat 154). Die Tatsache, dass Mauchaut im *enchâssement* zweier Exempla die Geburt zweier mutterloser Kinder erzählt, bezeichnet Cerquiglini zurecht als umso unmotivierter, «que le but de l'exemple rapporté par l'‹ymage› est autre» (153).

nicht mehr geliebt würden, ergehe es auch dem Dichter-Ich des *Voir Dit*. Seine
Aufgabe Neues zu dichten, erfülle er entschieden, die Liebe, die dafür als *conditio
sine qua non* notwendig sei, schenke ihm seine Dame hingegen nicht mehr. Ver-
sinnbildlicht wird laut Cerquiglini-Toulet auf diese Weise ein doppeltes Konzept
von literarischer Kreativität, bei dem der Dichter einerseits von dem Sehnen
nach Erfüllung seines höfischen Liebesbegehrens abhängig und insofern deren
Geschöpf sei, bei dem er andererseits als Schöpfer im Sinne der Poiesis agiere:
«l'écriture [...] est toujours double. Elle est le même et l'autre, l'amant et la dame,
la nature et l'amour. L'écriture pour Guillaume de Machaut [est] écriture herm-
aphrodite».[37]

Hier hingegen wird eine andere Lesart für die Metapher der mutterlosen
Geburt der Söhne von Phoebus und Vulkan vorgeschlagen. Auch ich begreife die
Bildlichkeit als eine metapoetische *mise en abyme*, die als Chiffre für die Genese
der Dichtung zu verstehen ist. Anders als Cerquiglini-Toulet bin ich jedoch der
Auffassung, dass die poetologische Bedeutung der Metaphorik in erster Linie auf
der Ebene der autoritativen Begründung der Autorschaft zu suchen ist. In dieser
Perspektive aber löst sich die von Cerquiglini-Toulet beschriebene «Dualität» des
Dichtungsverständnisses gleichsam zugunsten einer Autorschaftskonzeption
auf, die sich vornehmlich über die *imitatio auctoritatis* definiert und sich latent
von der Fortschreibung des *fin'amor*-Diskurses abkoppelt. Entscheidend für diese
Lesart von Machauts mythologischer Amplificatio ist, dass seine Charakterisie-
rungen von Erichtonius und Äskulap zwei konträre Bedeutungen der allegorischen Schöpfungsmacht Nature bemühen und diese gewissermaßen gegeneinander ausspielen. Auf Nature wird dabei zunächst auf denotativer Ebene Bezug
genommen, indem der Ich-Erzähler den Zeugungsakt des Sohnes von «Vulcains»
als ein Geschehnis bezeichnet, das wider die Gesetze der Natur eingetreten ist.
Denn der nur aus dem Samen des Vaters hervorgegangene Erichtonius sei eine
«Kreatur» gewesen und daher «wider die Natur geboren» worden (VD, v. 7856):[38]

> «[...] la creature
> Qui est nee contre nature;

---

37 Cerquiglini-Toulet (1985, 155). Als intertextuellen Beleg dieser Lesart zitiert Cerquiglini den
Ovide moralisé, der Äskulap ausdrücklich als Wesen mit einer Doppelnatur kennzeichnet: «Cil
filz fu de double nature; / Creatours fu et creature, / Tous poissans et diex immorteux, / Et homs
passibles et morteux» (OM, vol. 1, Second Livre, v. 3347–3350 [S. 243]).
38 Signifikant ist in diesem Zusammenhang, dass Machaut die Version von der mutterlosen Geburt Äskulaps im *Ovide moralisé* offensichtlich gezielt neu modelliert: Wird sie dort historisiert
und ihre Rätselhaftigkeit damit gewissermaßen rational aufgelöst, macht Machaut gerade diese
rätselhafte Widernatürlichkeit dieser Genese stark. Cf. dazu Cerquiglini-Toulet (1985, 154).

Et s'est voir qu'elle fu, sans mere,
Nee de la semence au père.» (Machaut, *Voir Dit*, v. 7855–7858).

Das Ergebnis der widernatürlichen Zeugung sei gewesen, dass der Junge, halb Mensch, halb Schlange, eine «doppelte Gestalt» (VD, v. 7875) habe, weshalb ihn Athene versteckt aufziehen lassen wollen. Metapoetische Relevanz besitzt diese Passage, weil sie mittels der Kennzeichnung von Erichtonius als widernatürlichem Geschöpf zugleich die gesamte Thematik dieses mythologischen Exkurses implizit als «gegen die Natur» ausweist. Denn das semantische Gerüst der Ovid'schen *Metamorphosen* und damit zugleich dasjenige von Machauts Umschreibungen besteht ja gerade darin, dass sie Geschichten über die Verwandlung eines Wesens in ein anderes, in vielen Fällen sogar einer anderen Gattung zugehöriges erzählen, das heißt also Geschichten über für die Menschen rational unbegreifliche mythische Entstehungsformen und Transformation von Leben. Die «subtives fictions» werden somit thematisch durch genetische Prinzipien bestimmt, die den natürlichen Gesetzen von Geburt und Tod zuwiderlaufen und die daher analog zur Zeugung von Erichtonius «contre nature» sind. Der von Machaut verwendeten Bildlichkeit (sowie der von mir daraus abgeleiteten Analogie) liegt ein Verständnis von Natur zugrunde, dass diese als eine Schöpfungsmacht begreift, die für die Entstehung des Lebens respektive der Dichtung verantwortlich zeichnet und die den höfischen Erwartungen an das Plausible und Wünschenswerte entspricht. In genau diesem Sinne aber tritt der *Voir Dit*, wie gesehen, an, wenn er die Dame (und die von ihr gestiftete Liebe) in seinem Prolog als den Ursprung aller neuen Dichtung preist und ihr in dieser Funktion den Rang einer idealen Verwirklichung des Schöpfungswillens von Nature bescheinigt, die ihr «Werk» mit vollkommener Subtilität «geformt» habe (cf. VD, v. 19ss.). Die Allegorie der Natur wird hier als die letztlich von Gott autorisierte Schöpfungsmacht vorgestellt. Ihr verdankt der Dit samt seiner Autorfigur den Liebesdiskurs der Minnerede, der ihn autorisiert und den er fortschreibt. Der Text weist der Minneliebe damit eingangs gewissermaßen selbstverständlich jene «natürliche» Autorität zu, die der höfische Diskurs in der Liebesdichtung über Jahrhunderte inne gehabt hat.

Je weiter die Handlung jedoch fortschreitet, desto mehr vertraut sich der Text der alternativen Autorität der Ovid'schen *Metamorphosen* an und damit einer Rede, die wie Vulkans Sohn insofern wider die Natur ist, als die in ihnen erzählten Geschichten die Regeln der höfischen Minne eklatant außer Kraft setzen. Gestützt wird diese Verschiebung handlungsökonomisch auf der Ebene der *histoire*: Auffällig ist nämlich, dass die Liebe das Ich zu dem Zeitpunkt, als es den mythologischen Traum hat, aufgrund der Trennung von Toute-Belle dezidiert nicht inspiriert, sondern vielmehr frustriert. In der Minnetradition rufen derartige Vertrauenskrisen bekanntlich flehentliche Klagen des Dichters hervor, in denen die negativen Symptome der *affectūs amoris* besungen werden. Auch unser Protagonist kennt die topischen Elemente einer solchen *complainte*, zur Illustration seiner Verzweiflung setzt der Text nun jedoch vermehrt seine «schönen und kunstvoll erfundenen Geschichten» ein. Dieser Nexus zwischen der amourösen Krise, die bis zum Ende des Dit bestehen bleibt, und der Zunahme von Retextualisierungen der Metamorphosen ist signifikant, denn er evoziert zunehmend eine Autorfigur, die auch jenseits der Autorität des *fin'amor*-Diskurses kunstvoll über die Liebe sprechen kann – mittels einer gelehrten Mythen-*réécriture*. Dies aber bedeutet letztlich, dass die Liebesthematik in den Exkursen vom höfischen Liebesdiskurs abgekoppelt und dem alternativen Besprechungsmodus der paganen Mythologie unterstellt wird.[39] Machauts «subtives fictions» vollziehen so faktisch eine Substituierung der amorologischen Autorität des Diskurses, den sie vermeintlich affirmativ exemplifizieren.

Soweit betrachtet erscheint der wider die Natur geborene Erichtonius als Chiffre für die autoritative Aufwertung einer literarischen Rede, deren Thematisierung der Liebesthematik gemessen an der höfischen Tradition ihrerseits «unnatürlich» ist. Im Sinne der Textoberfläche müsste dies eine Negativbewertung der mythologischen Geschichten zur Folge haben, analog zum Sohn des Vulkanus, der angesichts seiner «double fourme» (VD, v. 7875) vor der Öffentlichkeit versteckt gehalten wird. Dass dem nicht so ist und Machauts Autorfigur seine «subtives fictions» im 35. Brief mit sichtbarem Stolz ankündigt, ist damit zu erklären, dass die mutterlosen Geburten in der Geschichte von Coronis, Phebus und seinem Raben außer aus dem höfischen auf einen zweiten Nature-Begriff rekurrieren. Er ist nicht thematisch, sondern instrumentell konzipiert und bezieht sich auf die sinngebenden Verfahren, die der Dichter anwendet, um «[n]ouveaux dis amoureux plaisans» (P, v. 5) zu ersinnen. In dem Zusammenhang sei noch einmal auf die herausragende Geltung des «senz» zurückgekommen, die Machaut im *Prologue* postuliert. Seine initialen Verse preisen die Fähigkeit des hervorragenden Autors zu dichten als einen Akt umfassender «Formung». Zur Illustration lässt der Text als erstes die Allegorie Nature auftreten, die anders als Amour, der nach ihr im Zeichen der höfischen *matière* das Wort ergreift, für die Prinzipien der Sinngebung verantwortlich zeichnet.[40] In diesem Zeichen sucht Nature den von ihr auserwählten Dichter «Guillem» auf und ermahnt ihn, der Bestimmung, die

---

39 Man kann in diesem Zusammenhang nicht von einer Ablösung *tout court* sprechen, da dieses Verfahren keinen kontinuierlichen Prozess beschreibt, sondern lediglich intermittierend in den Exkursen zu beobachten ist.

40 Cerquiglini-Toulet (1985, 17), schreibt prägnant: «Nature est du côté de la forme de la poésie, Amour, de la matière; et l'on s'aperçoit que dans la pensée de Machaut la forme est première».

sie in ihn gelegt hat, nachzukommen. Denn, so erklärt sie, sie habe ihn speziell so «geformt», damit er seinerseits neue, unterhaltsame Liebesdits «forme».[41] Damit er sein Vermögen, neue Liebes-Dits zu formen, in die «Praxis» (P, v. 7) umsetzen kann, stellt Nature dem Dichter sogleich ihre drei «Kinder» «Sens, Retorique, et Musique» (P, v. 9) zur Seite. Die erstgenannte und vornehmste Gabe des hervorragenden Autors charakterisiert sie dabei prägnant wie folgt:

> «Par senz aras ton engin enfourmé
> De tout ce que tu vourras confourmer.» (P, v. 10–11).

Der Text spielt hier die Polysemie des Wortes «enfourmer» aus, das im Mittelfranzösischen soviel wie «unterrichten» als auch «in eine Form überführen» bedeuten kann.[42] Der «senz» bezeichnet demzufolge im Verständnis des *Prologue* ein poetisches Prinzip, das im Zeichen Natures steht und dem Verstand («engin») des Autors ein Material zur Verfügung stellt, welches er nutzen kann, um neue Liebesdits zu komponieren («confourmer»). Der *Prologue* erlaubt es nicht, zu präzisieren, welche Qualitäten und Verfahren des Autors die Periphrase des «senz» konkret meint, so dass die Analyse der Texte Machauts Aufschluss darüber geben muss, wie sich der instrumentelle Nature-Begriff poetologisch im Einzelfall manifestiert. Für den *Voir Dit* ist hierfür insbesondere die Charakterisierung Äskulaps aussagekräftig, neben Erichtonius die zweite mutterlose Figur in der hier behandelten mythologischen Episode. Ihm setzt der Erzähler das Denkmal eines unvergleichlich kenntnisreichen «Chirurgen», dem «sehr großes Ansehen» zuteil geworden sei. Mit ihm habe Phoebus ein Kind gezeugt,

> «Qui fu puis de moult grant renon:
> Esculapius ot a non,
> Et si sceut plus de surgerie
> Que nul homme qui fust en vie,
> Car il faisoit les mors revivre,
> Si com je le truis en mon livre.» (VD, v. 8027–8032).

---

41 Die Exordialrede Natures zeichnet dabei lexikalisch und syntaktisch aus, dass sie das Verb «fourmer» in den ersten 12 Versen als Polyptoton und in präfigierter Form gleich fünf Mal verwendet, und dies in exponierter Reimstellung: «Je, Nature, par qui tout est fourmé, / Quanque a ça jus et sur terre et en mer, / Vieng ci a toy, Guillem, qui fourmé / T'ai a part pour faire par toi fourmer / Nouveaux dis amoureux plaisans.» (P, v. 1–5).
42 Das DMF (2012) gibt zur Bedeutung des Verbs «confourmer» mit Bezug auf diesen Beleg «donner forme, composer» an.

Die Ähnlichkeit zwischen der Figur und dem Autor-Ich des *Voir Dit* ist offensichtlich: Sie besteht in der Analogie zwischen einem Mann, der ob seines meisterhaften Könnens auf dem Gebiet der Medizin Ruhm in der Nachwelt erlangte, und einem, der aufgrund seiner dichterischen Meisterschaft auf einen vergleichbaren «renon» hofft. Aufschlussreich für unsere Frage ist an dieser *mise en abyme* der Machaut'schen Autorfigur, dass sie den Erfolg Äskulaps mit seinem einzigartigen medizinischen Wissen begründet, welches es ihm in der Praxis ermöglichte, die Toten zum Leben zu erwecken. Denn das Wissen bescherte ihm offensichtlich handwerkliche Fähigkeiten, die es ihm erlaubten, die Gesetze der Natur rückgängig zu machen. Damit fußt Äskulaps Ruhm auf zwei Qualitäten, die strukturell der Bestimmung des «senz» im *Prologue* strukturell entsprechen – einem profunden Wissen nämlich und dessen geschickter Anwendung. Überträgt man diese Begründung des Ruhms im Analogieschluss auf die Autorfigur des *Voir Dit* heißt das zweierlei: Zum einen legt dies nahe, dass auch die «subtives fictions», die das auktoriale Ich für sein Ruhmesstreben als entscheidend kennzeichnet, wesentlich auf einem bestimmten Wissen basieren. Zum anderen wird insinuiert, dass dem Dichter wie dem Mediziner hier gewissermaßen die Fähigkeit zugesprochen wird, den Lauf der Natur kraft seiner Kunst gleichsam zu revidieren. Die Analyse aber zeigt, dass beide Punkte – metaphorisch gesprochen – auf den mythologischen Einschub zutreffen: Denn ganz wie Phoebus, der den Körper von Coronis «par maniere si subtive» (sic) einbalsamieren lässt, dass sie noch am Leben erscheint (VD, v. 8020–8022), so erretten die *réécritures* die Liebesdichtung, welche in der Form der Minnerede im *Voir Dit* topisch erstarrt und auf gleichsam auf eine Nullstufe herabgesunken ist,[43] vor dem Tod. Sie tun dies in einer eminent gelehrten Weise, die auf der präzisen Kenntnis der antiken Literatur beruht und die dieses Wissen in «subtilen» *réécritures* produktiv retextualisiert. Diese Kombination erlaubt es meines Erachtens eine Analogie zwischen dem Portrait Äskulaps und dem Nature-Verständnis des *Prologue* herzustellen. Zugleich führt sie vor, was Machaut im *Prologue* unter dem Begriff «senz» als die ureigene, «natürliche» Aufgabe des Autors definiert.

Ich fasse zusammen: Die Zusammenschau ergibt, dass eine Wahrheit, die der *Voir Dit* verdeckt vermittelt,[44] poetologischer Art ist und die Begründung der

---

43 Zur «crise de la matière narrative» bei Mauchaut und in den Liebes-Dits des 14. Jahrhunderts urteilt Cerquiglini-Toulet (1985, 51): «Le XIVᵉ siècle ne se trouve pas face à un renouvellement spectaculaire de la matière, de l apâte même des récits. [...] Guillaume de Machaut explore [...] le degré zéro du récit».

44 Nicht eingegangen wird an dieser Stelle auf die Bedeutung der Tatsache, dass Machaut die metapoetische Aussage der hier untersuchten Mythen-*réécriture* in einen Traum einbettet. Sie fußt darauf, dass zeitgenössische Traumlehren dem Traum insofern einen faktualen Charakter

Autorschaft des Textes durch den Text betrifft. Zu diesem Zweck werden in ihm mit der Minnerede und der Mythologie zwei konkurrierende Sprechweisen über die Liebe praktiziert, deren jeweilige Geltung auf zwei divergierenden Naturbegriffen basiert. Im Zuge der massiven Inszenierung der Ko-Autorschaft von Ich und *dame* wie der Entstehung des Buches kommt den beiden literarischen Traditionen a priori die Funktion zu, die auktoriale Autorschaft modal zu autorisieren. Hinsichtlich dieser zweifachen Autoritätsbegründung vollzieht sich dabei im Verlauf des Dit eine Verschiebung, die darin besteht, dass die topische Fortschreibung des *fin'amor*-Modells tendenziell dem gelehrten Umschreiben der *Metamorphosen* weicht. Die omnipräsente Inszenierung von Autorschaft erfährt auf diese Weise innerhalb des *Voir Dit* latent einen Wechsel der Autoritätsbegründung.

Das Material für die Mythen-*réécriture* «findet» der Autor «in meinem Buch» (VD, v. 8031) und das heißt in einer eindeutig identifizierbaren Quelle, die sich mit dem Namen einer klassischen *auctoritas* verbindet. Dadurch ändert sich die Qualität, in der der Text imitativ autorisiert wird, im Übergang von der Minnerede zur Umschreibung antiker Mythen signifikant. Denn an die Stelle der unspezifischen Adoption tradierter Momente eines Diskurses zur Begründung der eigenen Autorität (*fin'amor*) tritt bei der *imitatio auctoritatis* der Bezug auf einen spezifischen, autoritativ verbürgten Autor, hier den Schulautor Ovid. Durch den imitativen Dialog mit ihm autorisiert sich der Text nun vermehrt.[45] Diese frührinascimentale Praxis modaler Selbstautorisierung fußt auf den Prinzipien der ausgeprägten Gelehrsamkeit des *clerc* und nutzt diese in der literarischen Praxis für die subtile Konfiguration neuer – hier poetologischer – Sinnzusammenhänge.

Diese Form der Selbstzuschreibung von Autorität, die im letzten Drittel des *Voir Dit* durch die Aufwertung der *imitatio auctoritatis* an Raum gewinnt, hat schließlich zur Folge, dass nicht nur die autoritätsstiftende Funktion der Minnerede in Frage gestellt, sondern zugleich die Verfahren der Authentifizierung

---

zuweisen, als er Ausdruck einer versteckten Wahrheit sein kann. Die mythologische Traumerzählung bestätigt, so gesehen, in ironischer Brechung die Belehrung Toute-Belles, man müsse nicht jede Wahrheit aussprechen. Cf. zum Wahrheitsstatus des Traums am Beispiel frühmittelalterlicher Legenden Haubrichs (1979).

45 Das prominenteste Beispiel für diese Form frührinascimentaler *imitatio auctoritatis* stellt zweifelsohne Dantes *Divina Commedia* dar. Dort zeichnet die Autorfigur durch geradezu göttliche Autorität aus, die sich vornehmlich in der affirmativen, aber auch kritischen Auseinandersetzung mit berühmten Autoritäten in Philosophie und Literatur konstituiert. Cf. dazu das *Deutsche Dante-Jahrbuch* 90 (2015) [im Druck], das Aufsätze von Bettina Full/Karin Westerwelle/Oliver Primavesi/Christel Meier und Peter Kuon unter dem Thema «Autorenbegegnungen in der *Divina Commedia*» versammelt. Formen auktorialer Selbstinszenierung bei Dante behandeln u. a. Ascoli (2008), Schwarze (2014) sowie der Beitrag von David Nelting in diesem Band.

entwertet werden, die der Text über weite Strecken einsetzt. Solche Strategien dienen im Prolog, aber auch darüber hinaus dazu, sowohl die Liebesgeschichte als auch die Inszenierung der Ko-Autorschaft durch Effekte erlebter Wirklichkeit zu beglaubigen. In dem Zuge jedoch, in dem die imitative Selbstautorisierung durch den Rekurs auf das Material der Ovid'schen *Metamorphosen* zunimmt, setzt der Text zur Begründung seiner Autorität in praxi vermehrt auf die produktive Literarisierung von Gelehrsamkeit, während die Authentizitätsmarker dazu neigen, auf den Rang von Scharnieren im Übergang von der Rahmenhandlung zu den mythologischen Geschichten reduziert zu werden.[46]

Bibliographie

Primärliteratur und Lexika

Dictionnaire du Moyen Français, version 2012. ATILF – CNRS & Université de Lorraine, http://www.atilf.fr/dmf [letzter Zugriff am 10.08.2015].
Guillaume de Machaut, *Le livre du Voir Dit*, edd. Paul Imbs/Jacqueline Cerquiglini-Toulet, Paris, Lettres Gothiques, 1999.
Œuvres de Guillaume de Machaut, ed. Ernest Hoepffner [¹1908–1921], New York et al., Johnson, 1965.
Ovide moralisé (Poème du commencement du quatorzième siècle), (Verhandelingen der koninklijke Akademie van Wetenschappen te Amsterdam. Afteeling Letterkunde), ed. Cornelis de Boer, 5 vol., Amsterdam, Johannes Müller Verlag, 1915–1936 [Nachdruck Wiesbaden, Saendig, ²1966–1968].

Sekundärliteratur

Ascoli, Albert Russell, *Dante and the Making of a Modern Author*, Cambridge, Cambridge University Press, 2008.
Attwood, Catherine, *Dynamic Dichotomy: The Poetic «I» in Fourteenth- and Fifteenth-century French Lyric Poetry*, Amsterdam/Atlanta, Rodopi, 1998.
Badel, Pierre-Yves, *Le Roman de la Rose au XIVᵉ siècle. Étude de la réception de l'œuvre*, Genève, Droz, 1980.
De Boer, Cornelis, *Guillaume de Machaut et l'«Ovide moralisé»*, Romania 43 (1914), 335–352.

---

[46] Dies gilt zumindest für den hier untersuchten *récit mythologique*, wie z. B. seine Inszenierung als Inhalt eines Traums verdeutlicht: In ihm erscheint dem Ich ausdrücklich das Abbild seiner Dame und nicht sie selbst, wodurch das Authentizitätspostulat geradezu ironisiert wird, indem ihm das Prinzip einer uneigentlichen Rede entgegenhalten wird.

Brownlee, Kevin, *Poetic Identity in Guillaume de Machaut*, Wisconsin, University of Wisconsin Press, 1984.

Bumke, Joachim/Peters, Ursula (edd.), *Retextualisierung in der mittelalterlichen Literatur.* Sonderheft der Zeitschrift für deutsche Philologie 124 (2005).

Cerquiglini-Toulet, Jacqueline, *Le clerc et l'écriture: le Voir Dit de Guillaume de Machaut et la définition du «dit»*, in: Hans Ulrich Gumbrecht (ed.), *Literatur in der Gesellschaft des Spätmittelalters*, Heidelberg, Winter, 1980, 151–168.

Cerquiglini-Toulet, Jacqueline, *«Un engin si soutil». Guillaume de Machaut et l'écriture au XIVe siècle*, Genève/Paris, Champion, 1985.

Cerquiglini-Toulet, Jacqueline, *Cadmus ou Carmenta. Réflexion sur le concept d'invention à la fin du Moyen Age*, in: Francois Cornilliat/Ullrich Langer/Douglas Kelly (edd.), *What is literature? France 1100–1600*, Lexington/Kentucky, French Forum Publishers, 1993, 211–230.

Cerquiglini-Toulet, Jacqueline, *Polyphème ou l'antre de la voix dans le «Voir Dit» de Guillaume de Machaut*, in: Michel Zink/Danielle Régnier-Bohler (edd.), *L'Hostellerie de Pensée. Études sur l'art littéraire au Moyen Âge offertes à Daniel Poirion par ses anciens élèves*, Paris, PUF, 1995, 105–118.

Cerquiglini-Toulet, Jacqueline, *Polyphème et Prométhée. Deux vois de la «création» au XIVe siècle*, in: Michel Zimmerann (ed.), *Auctor et Auctoritas. Invention et conformisme dans l'écriture médiévale*, Paris, École des Chartres, 2001, 401–410.

De Looze, Laurence, *Pseudo-Autobiography in the Fourteenth Century. Juan Ruiz, Guillaume de Machaut, Jean Froissart, and Geoffrey Chaucer*, Gainesville, University Press of Florida, 1997.

Haubrichs, Wolfgang, *Offenbarung und Allegorese – Formen und Funktionen von Vision und Traum in frühen Legenden*, in: Walter Haug (ed.), *Formen und Funktionen der Allegorie*, Stuttgart, Metzlersche Verlagsbuchhandlung, 1979, 243–264.

Huot, Sylvia, *From Song to Book: the Poetics of Writing in Old French Lyric and Lyrical Narrative Poetry*, Ithaca, Cornell University Press, 1987.

Huot, Sylvia, *The Romance of the Rose and its medieval readers: interpretation, reception, manuscript transmission*, Cambridge, Cambridge University Press, 1993.

Kablitz, Andreas, *Intertextualität als Substanzkonstitution – Zur Lyrik des Frauenlobs im Duecento: Giacomo da Lentini, Guido Guinizelli, Guido Cavalcanti, Dante Alighieri*, Poetica 33 (1991), 20–67.

Kablitz, Andreas, *Die Minnedame – Herrschaft durch Schönheit*, in: Martina Neumeyer (ed.), *Mittelalterliche Menschenbilder*, Regensburg, Pustet, 2000, 79–118.

Kelly, Douglas, *«Sens» and «Conjointure» in the «Chevalier de la charrette»*, The Hague, Mouton, 1966.

Kelly, Douglas, *Medieval Imagination. Rhetoric and Poetry of Courtly Love*, Wisconsin, University of Wisconsin Press, 1978.

Kelly, Douglas, *Assimilation et montage dans l'amplification descriptive: la démarche du poète dans le dit du XIVe siècle*, in: Ernst Ruhe/Rudolf Behrens (edd.), *Mittelalterbilder aus neuer Perspektive. Diskussionsanstöße zu amour courtois, Subjektivität in der Dichtung und Strategien des Erzählens*, München, Wilhelm Fink Verlag, 1985, 289–301.

Lechat, Didier, *La place du «sentement» dans l'expérience lyrique aux XIVe et XVe siècles*, *Perspectives Médiévales*, supplément au n° 28 (2002), 193–207.

Lechat, Didier, *«Dire par fiction», Métamorphoses du «je» chez Guillaume de Machaut, Jean Froissart et Christine de Pizan*, Paris, Champion, 2005.

Léonard, Monique, *Le dit et sa technique littéraire: des origines à 1340*, Paris, Champion, 1996.

Leupin, Alexandre, *La désincarnation: Guillaume de Machaut*, in: Alexandre Leupin, *Fiction et incarnation. Littérature et théologie au Moyen Age*, Paris, Flammarion, 1993, 177–195.

Lods, Jeanne, *Amour de regard et amour de renommée dans le «Méliador» de Froissart*, Bulletin Bibliographique de la Société Internationale Arthurienne 32 (1980), 49–65.

Madureira, Margarida, *La pensée du style à la fin du Moyen Âge*, in: Chantal Connochie-Bourgne/Sébatsien Douchet (edd.), *Effets des style au Moyen Âge*, Aix-Marseille, Presses Universitaires de Provence, 2012, 27–36.

Meier, Christel, *Autorschaft im 12. Jahrhunderts: Persönliche Identität und Rollenkonstrukt*, in: Peter von Moos (ed.), *Unverwechselbarkeit: Persönliche Identität und Identifikation in der vormodernen Gesellschaft*, Köln, Böhlau, 2004, 207–266.

Poirion, Daniel, *Ecriture et ré-écriture au moyen âge*, Littérature 41 (1981), 109–118.

Reuvekamp-Felber, Timo, *Autorschaft als Textfunktion – Zur Interdependenz von Erzähler-stilisierung, Stoff und Gattung in der Epik des 12. und 13. Jahrhunderts*, Zeitschrift für deutsche Philologie 120 (2001), 1–23.

Ribémont, Bernard (ed.), *Ecrire pour dire. Etudes sur le dit médiéval*, Paris, Klincksieck, 1990.

Schwarze, Michael, *Generische Wahrheit. Höfischer Polylog im Werk Jean Froissarts*, Stuttgart, Franz-Steiner-Verlag, 2003.

Schwarze, Michael, *«Do ut des» oder wie «Dante» in der Commedia mit den Seelen handelt*, Deutsches Dante-Jahrbuch 87/88 (2014), 141–162.

Friedrich Wolfzettel

Autor-Ich, Erzähler und erlebendes Ich im Liebestraum und in der politischen Visionsliteratur des Spätmittelalters

Als Einstieg in das Spektrum der fiktiven mittelalterlichen Visionsliteratur Frankreichs soll ein Umweg über die italienische Literatur dienen, den wir dann freilich ebenso wenig weiter verfolgen wollen wie die davon abhängige mittelenglische Tradition etwa bei Geoffrey Chaucer. *L'Amorosa Visione*,[1] ein um 1342–1343 entstandenes Jugendwerk Boccaccios, schildert einen an die «donna gentile» Fiammetta gerichteten Liebestraum, der nach dem Muster des zweiten Teils des *Rosenromans* die erotische Thematik mit umfangreichen enzyklopädischen Elementen verbindet und das erlebende Ich an das Ende einer Ahnengalerie des abendländischen Wissens, der Geschichte und Literatur stellt. Der Palast der Fortuna ist hier übrigens positiver Ausdruck der Fülle und Vielfalt der angeführten Beispiele und spiegelt offensichtlich das neue Lebensgefühl einer postdantesken Generation, für die das Vorbild der *Divina Commedia* nurmehr als Gegenfolie zu einem belehrenden Genusstraum fungiert. Die Umdeutung der geläufigen Wegesymbolik unterstreicht dies. In der geschilderten zweiteiligen Wanderung wird das Ich am Ende die Schwelle der engen Pforte gerade nicht überschreiten, während das breite Tor unter der Führung einer edlen Frau zum Genuss der irdischen Güter und des irdischen Wissens anleitet und in einem Blütengarten auch die Wiederbegegnung mit der geliebten Fiammetta gestattet. Die von Gagliardi (1999) geltend gemachte «felicità intellettuale e [...] conoscenza delle cose eterne» schließt ganz offensichtlich die irdischen Dinge mit ein, und die Verherrlichung der Imagination (Gagliardi 1999, 178), die nach Vittore Branca (1970) eben auch «il primo momento della lenta e pensosa genesi della difesa e della esaltazione della poesia» (Branca 1970, 292) bedeutet, ist Teil jenes «entrar nel vero» (AV, II, v. 83), das mit dem enzyklopädisch aufklärerischen Charakter der Vision gegeben ist.

Kein Zweifel, dass der Autor seinem Text einen programmatischen Charakter beimisst, der den selbstverständlich autobiographischen Diskurs des berichtenden Ich besonders gewichtet. So ist der Liebestraum nicht nur an die «donna

---

1 Giovanni Boccaccio, *Opere complete*, ed. Vittore Branca, vol. 3, Milano, Mondadori, 1974. Im Folgenden wird der Text unter Angabe der Sigle «AV» im Fließtext zitiert.

gentile» gerichtet, im Schlusscanto L macht sich das Ich, welches eben noch «la bella angioletta» (AV, XLIX, v. 27) im Traum umarmt hatte und Zeuge weiblicher Schönheit bei einem Tanz auf der Wiese («per lo prato» AV, XL, v. 88) geworden war, nach dem Erwachen auch als biographisch identifizierbares begehrendes Ich kenntlich. Dann wendet es sich an die verehrte Frau, die die *Amorosa Visione* gelesen haben soll und unterstreicht so die werbende, zielgebundene Funktion des aufklärerischen Gedichts. Denn: «queste parolette / natie, candide, pure e non altive, / in rime dolci non sforzate o dette» (AV, L, v. 70–73) knüpfen natürlich an die drei Eingangsgedichte an Fiamma, an die «donna pietosa» und an die «gratiosi amici virtuosi» an, sie erweitern den konkreten lebensweltlichen Rahmen und verweisen auf den unmittelbaren Anlass: «Questa mi mosse donna, a compilare / la Visione in parole rimate» (AV, Sonetto II, v. 12–13) Der Autor, der Erzähler und das erlebende und das begehrende Ich sind offensichtlich identisch, denn ausdrücklich betont der paratextuelle Rahmen, dass derjenige, «che vi manda questa Visione / Giovanni è di Boccaccio da Certaldo» (AV, Sonetto I, v. 16–17). Die autobiographische Perspektive ist an die biographische Identität des Erzählers gebunden. Gerade der funktionsgeleitete, biographisch verortbare und programmatisch bekenntnishafte Liebestraum lässt mithin das moderne literaturtheoretische Dogma der Trennung von historischem Autor und fiktivem Erzähler zumindest bezogen auf die spätmittelalterliche Literatur problematisch erscheinen.

In der mittlerweile umfangreichen Literatur zur Autorschaft im Mittelalter[2] überzeugt die schöne vergleichende Studie von Monika Unzeitig (2010) über *Autorname und Autorschaft* in der deutschen und französischen Erzählliteratur des 12. und 13. Jahrhunderts durch ihr reiches Belegmaterial und vor allem durch die historische Entwicklungsperspektive. Nicht nur stellt die Verfasserin die noch immer verbreitete Vorstellung eines vorwiegend anonymen Mittelalters in Frage und zeigt die «zahlreichen diskursiven Möglichkeiten zur namentlichen Autornennung» (Unzeitig 2010, 351); sie verweist auch auf eine zunehmende Präsenz des Autors im Text, der in wachsendem Maße «ein Kennzeichen der mittelalterlichen epischen Texte» (Unzeitig 2010, 343) geworden sei, in denen sich der Autor oder Überarbeiter zugleich als Erzähler biographisch ausweist. Mit Bezug auf das Spätmittelalter ergänzt dieser Befund wohl kaum zufällig die These von Albrecht Classen (1991), der den autobiographischen Diskurs in der europäischen Lyrik des Spätmittelalters untersucht und z. B. auch in der poetologischen Lyrik eines Charles d'Orléans die «Selbstbehauptung und Restitution eines verwundeten Ichs» (Classen 1991, 269–345) konstatiert. Monika Unzeitig (2010) folgert

---

2 Eine Art Forschungsbericht geben Kablitz/Peters (2014, bes. 105–107).

aus ihren Überlegungen, «dass die in der modernen Literaturtheorie geforderte kategoriale Trennung von Autor und Erzähler für die mittelhochdeutschen Texte in dieser dogmatischen Grundsätzlichkeit nicht anwendbar ist» (Unzeitig 2010, 350). Dabei scheint es keine Rolle zu spielen, ob die Ich-Perspektive – wie Laurence de Looze (1997) in Bezug auf Juan Ruiz, Guillaume de Machaut, Jean Froissart und Geoffrey Chaucer meint – aus moderner Sicht als «pseudo-autobiography» zu interpretieren sei, die zwischen Fiktion und Autobiographie vermittelt, oder ob man, wie vor allem bei Christine de Pizan, von echter Autobiographie sprechen müsste. So wird die von Boccaccio vorgestellte Traumreise durch den Autor authentifiziert, der dem erlebenden Ich ausdrücklich eine authentische Erfahrung attestiert. Entscheidend ist nicht der pragmatische Authentizitätsgrad des autobiographischen Diskurses, sondern umgekehrt die Tatsache, dass der Text der lebensweltlich autobiographischen Einbettung bedarf, um seinen Wahrheitsgehalt zu bekunden. Nicht zufällig muss ja auch Laurence de Looze (1997) die moderne These vom Tod des Autors und der Autonomie des Textes in Frage stellen und so ähnlich wie Monika Unzeitig (2010) die Trennung von Autor und Leser aufheben.[3] Das Plausibilisierungsbedürfnis durch das Ich mag in den einzelnen Werken und Gattungen unterschiedlich stark sein; deutlich bezeichnet aber die hier untersuchte Jenseits- bzw. Traumreise den Bereich, in dem das autobiographische Band zwischen Autor-Ich und erlebendem Ich unabdingbar ist, weil nur so die Authentifizierung des Erlebten gelingt. Es genügt, an vergleichbare Beispiele in der spätmittelalterlichen Mystik zu denken, die freilich hier nicht einbezogen werden soll. Die Beliebtheit der in der Folge gewählten, noch immer ungenügend erforschten Gattungsvariante der Traum- und Visionsliteratur[4] mag daher ihrerseits als Indiz für die zunehmende Beliebtheit einer autobiographischen Konfiguration zu werten sein, gleich ob diese – im Sinne Classens (1991) – moderne Vorstellungen der Ichhaftigkeit präfiguriert oder – wie es de Looze (1997) nahezulegen scheint – als Antwort auf die nominalistische Sinnkrise zu verorten ist. Mit Blick auf die These individueller Autorschaft bei Peter Dronke (²1986) oder Pierre Le Gentil (1963) hat neuerdings auch Grazyna Maria Bosy (2012) in ihrer Arbeit über Alba- und Somni-Motivik den Gedanken «individueller Verortung, Neuakzentuierung, Verschiebung und Brechung» (Bosy

---

3 Man möchte an Manfred Frank erinnern, der mit Blick auf die moderne Theorie vom Tod des Autors die «Unhintergehbarkeit» von Individualität postuliert: Frank (1986).
4 Cf. Suchier (1957); Paravicini Bagliani/Stabile (1989); Gregory (1985); Micha (1992); zur Funktion des epischen Traums cf. Corbellari (2007); einen besonderen intertextuellen Akzent setzt der umfangreiche Sammelband von Kablitz/Peters (2014) über die Verbreitung der Traumvision von Guillaume de Deguileville.

2012, 39) gerade in der Traumdichtung erneut betont. Die Traditionslinie seit den Anfängen des Mittelalters dürfte im Fall der Visionsgattung eher auf eine zunehmend starke Beglaubigungsstrategie durch die subjektive Ich-Instanz verweisen.

Und dies zugleich in wachsendem Maße zirkumstantiell, ganz als ob erst die genauen biographischen Umstände – Ort, Zeit, Befinden – Authentizität verbürgten. Denn zunächst geht es um die Rechtfertigung des Traumes als solchem, weniger um das eher beiläufig erwähnte Ich. Im Vordergrund steht dabei die Unterscheidung zwischen dem falschen und dem wahren Traum, erst in zweiter Linie die Rolle des Ichs. So heißt es im *Songe d'Enfer* (ca. 1225) von Raoul de Houdenc[5] (cf. Kundert-Forrer 1960, 19–32; Ebel 1968) der freilich außerhalb unseres gattungstypologischen Rahmens steht:

> «En songes doit fables avoir,
> Se songes puet devenir voir:
> Dont sais-je bien que il m'avint
> Qu'en sonjant un songe, me vint
> Talent que pélerins seroie.
> Je m'atornai et pris ma voie
> Tout droit vers la cité d'Enfer [...]» (Enfer, v. 1–7).

Das Ich des Anfangs wird aber ausdrücklich nach dem Erwachen durch die Nennung des Autornamens beglaubigt. «Raouls de Houdaing, sans mençonge, / Qui cest fablel fist de son songe» (Enfer, v. 677–678).

Der Qualität des Erlebnisses tut dieses Abwägen von Wahrheit und Illusion jedoch keinen Abbruch. Die subjektive Wahrheit des Traumgeschehens – «Si dirai fine vérité» (Enfer, v. 1032) – wird ja ausdrücklich betont. Ohnedies hätte ja die allegorische Einkleidung (cf. Jauß 1968) – ähnlich wie im *Roman de la Rose*[6] – gegen die Fiktion eines unmittelbaren Traumerlebnisses gesprochen. So steht denn auch bei Guillaume de Lorris zunächst nicht das Ich, sondern die Unterscheidung in wahre und lügenhafte Träume im Vordergrund. Noch liegt also das Gewicht auf der Poetologie, hier der Nennung des Macrobius und des *Somnium Scipionis*, der Dialektik von «covertement» und «apertement» (RR, v. 19–20), dem Titel und der «senefiance» des Romans (RR, v. 37–38). Die autobiographischen Gegebenheiten folgen jedoch in den Hinweisen des Ichs auf sein Alter (20 Jahre)

---

5 Raoul de Houdenc, *Le Songe d'Enfer, suivi de La Voie de Paradis*, ed. Philéas Lebesgue, Paris, Sansot, 1908. Im Folgenden wird der Text unter Angabe der Sigle «Enfer» im Fließtext zitiert.
6 Zitate nach der Ausgabe von Strubel: Guillaume de Lorris/Jean de Meun, *Le Roman de la Rose*, ed. Armand Strubel, Paris, Le Livre de Poche, 1992. Im Folgenden wird der Text unter Angabe der Sigle «RR» im Fließtext zitiert.

und seine Liebe: «Si vi un songe en mon dormant» (RR, v. 26) – freilich mit der späteren Präzisierung, dass der Traum fünf Jahre zurückliegt und an einem Tag im Mai (RR, v. 45–84) stattfand. Doch die Betonung der Wahrheit des Traumes – «Mes en ce songe onques riens n'ot / Qui trestout avenu ne soit» (RR, v. 28–29) – impliziert schon den Anspruch auch des Autors auf Authentizität, die an das erlebende Ich gebunden bleibt. Von dem erlebenden «je» zieht sich eine direkte Linie zu dem 'je' des Autors, der seine Verfasserschaft, den Titel und das Programm erläutert, um mit dem lebensweltlichen Hinweis auf den verschlüsselten Namen der Dame (*Rose*) zu enden:

> «Et se nuls ne nule demande
> Commant je vueil que li romanz
> Soit apelez que je coumanz,
> Ce est li romanz de la rose,
> Ou l'art d'amours est toute enclose.
> La nature est et bone et nueve:
> Or doint dieus qu'au gre le reçoive
> Cele pour cui je l'ai empris.
> C'est cele qui tant a de pris
> Et tant est digne d'estre amee
> Qu'ele doit estre rose clamee.» (RR, v. 34–44).

Wie sehr die Selbstdarstellung als Autor im Spätmittelalter über solche hochmittelalterlichen Vorbilder hinausgeht, zeigen die allegorischen Traumberichte des *Livre du Cuer d'amour espris* (1457) von René d'Anjou[7] oder *Le Songe de la Toison d'Or* (1436), ein in die Form der Liebesallegorie gekleideter politischer Text von Michault Taillevent.[8] Die auf dem Vorbild des *Rosenromans* fußende Erzählung von René d'Anjou, dessen «quête» erotischer «mercy» sich auf die *Quête du Graal* beruft (cf. Wolfzettel 2014), beginnt wie üblich mit dem sorgenvollen Zubettgehen und der Unsicherheit, ob «vision ou songe» (Livre du Cœur, v. 39) im Spiel waren. Zugleich aber sind die Prosapassagen des prosimetrischen Werks stereotyp mit dem Satz «yci parle l'acteur et dit» überschrieben, indem sich der Autor als solcher nennt und als Muster von «ceste mienne euvre» (Livre du Cœur, II, 11) neben den Gralsromanen auch die Artusliteratur angibt. Der enorme Umfang der Grabinschriften (cf. Poirion 1994; Jones 1994), auf die das Herz im

---

7 René d'Anjou, *Le Livre du Cœur d'amour épris*, ed. Florence Bouchet, Paris, Le Livre de Poche, 2003. Im Folgenden wird der Text unter Angabe der Sigle «Livre du Cœur» im Fließtext zitiert.

8 Taillevent, Michault, *Le Songe de la Toison d'Or*, in: Robert Deschaux, *Un poète bourguignon du XVe siècle: Michault Taillevent. Édition et étude*, Genève, Droz, 1975. Im Folgenden wird der Text unter Angabe der Sigle «Toison d'Or» im Fließtext zitiert.

zweiten Teil seiner Traumreise stößt, umfasst ähnlich wie in der *Amorosa Visione* Boccaccios antike Größen von Cäsar bis Troilus, arthurische Helden, spätmittelalterliche Dichter von Guillaume de Machaut bis Alain Chartier und französische Fürsten von Louis, duc d'Orléans bis zu Charles d'Anjou. Auffällig ist dabei, dass sich auch die historischen Gestalten vorstellen und autobiographisch legitimieren. Wie Florence Bouchet (2003, 17) gezeigt hat, interferiert das Auftreten des historischen Ichs nicht nur hier mit der allegorischen Fiktion, die das Herz zum Double des Autors macht (cf. Rinne, 1987). Die auf diese Weise doppelt bzw. mehrfach authentifizierte Traumerzählung bettet die individuelle Suche in einen breiten intertextuellen und enzyklopädischen Rahmen, in dem sich das Autor-Ich als solches explizit situiert. Nach Catherine M. Jones (1994) richtet sich die historische Liste weniger an die Ich-Instanz des Herzens als an einen Leser, der auf diese Weise zu dem «impetuous, often bumbling adventurer» (Jones 1994, 196) Distanz gewinnt und sich der individuellen «narrating consciousness of the *acteur*» (Jones 1994, 197) bewusst wird. Der heraldische Bildbereich stützt mithin den vom Autor bewusst selbstverantworteten Text.

Als biographisches Autor-Ich situiert sich auch Michault Taillevent, dessen allegorischer Bericht über die Gründung des Ordens vom Goldenen Vlies durch Philipp von Burgund dem träumenden Ich als «acteur» eine tragende Beobachterrolle zuweist, zugleich aber eine Ballade über die «gloire et haulte renommee» aller Edlen anschließt. Der müde Spaziergänger, der sich von «Aventure» (Toison d'Or, I, v. 3) führen lässt, gelangt – in der Tradition des idyllischen Liebestraums – in einen «beau vergier» (Toison d'Or, VI, v. 46), doch als er sich, «de dormir enclin» (Toison d'Or, VIII, v. 57), zur Ruhe legt, erinnert ihn eine Stimme an seine Pflicht, das nachfolgende Traumerlebnis schriftlich niederzulegen «et a faire / Ung traictiet, lequel moult vaurroit / A tous cœurs de vaillant affaire.» (Toison d'Or, VII, v. 54–56) Die öffentliche Rolle des Ichs ist auch hier von seiner individuellen Befindlichkeit nicht zu trennen. Als Zeuge der Hofhaltung von «Bonne Renommee» mit ihrem allegorischen Gefolge, der Auferstehung der Edlen und des Gründungsaktes für den Orden (Toison d'Or, LXXXII) hat der im Traum genannte «acteur» notwendig zugleich eine historische Verpflichtung als Autor, die am Schluss noch einmal in Erinnerung gerufen wird:

> «Mychault aprés son premier somme
> Trouva ce dit en son tresor
> Et pour ce prie qu'on le nomme
> Le songe de la thoison d'or.» (Toison d'Or, v. 739–742).

Einen deutlichen Schritt in die genannte Richtung einer poetologischen Erlebnisdichtung geht indessen schon im ausgehenden 13. Jahrhundert der hochartifizielle *Dit de la Panthère d'Amours* (nach 1290) von Nicole de Margival,[9] der sich ebenfalls auf den *Roman de la Rose* bezieht, sein Gedicht aber – wie später Boccaccio – mit einer Huldigung «A dame bele et bone et sage» (Panthère, v. 1) – «en lieu de salu» (Panthère, v. 69) – beginnt, bevor er zur Poetologie des Traums und zu dessen Umständen kommt. Die These, «Que songe sont bien demonstrance / Aucune fois, de verité» (Panthère, v. 42–43), wird freilich gerade nicht allgemein begründet, sondern mit dem Erfahrungswissen seit der eigenen Kindheit des Autors: «j'ai oÿ des m'enfance» (Panthère, v. 41). Und auch die Umstände tragen den Stempel dramatischer Ich-Erfahrung:

> «Une nuit, en temps de moissons,
> Estoie en mon lit a Soissons,
> Forment du cuer pensif, par m'ame
> (Ce fu la veille Nostre Dame,
> Qu'on appele l'Assumpcion),
> Pensans, en bonne entencion,
> Que loing de mon païs estoie,
> Ne pas tost venir n'i pooie.
> En cele nuit me fu avis
> Que je fuis por oisiaux ravis.» (Panthère, v. 47–56).

Jahreszeitliche und stimmungsmäßige Einkleidung verleihen dem phantastischen Traum eine gewisse Plausibilität als Frustrationstherapie für den seiner Heimat entfremdeten Träumer, der um die richtige Deutung des Traums («la droite interpretation», Panthère, v. 204) bemüht ist und seine Identität am Schluss mit Hilfe eines Anagramms offenbaren wird: Der lebensweltliche Hintergrund der traumallegorischen Begegnung mit dem Liebesgott wird durch die Umstände des Erwachens unterstrichen, das Blasen des Horns durch den Wächter und die Erkenntnis, dass der Traum zwar wahr gewesen ist, die geträumte Liebesgabe der Herrin aber nur als Traum Wahrheit besitzt:

> «Quant j'oi bien encerchié mon songe,
> Riens n'y trouvay qui fust mensonge,
> Fors tant qu'onques merci trouver
> Ne poy [...]» (Panthère, v. 2196–2199).

---

9 Nicole de Margival, *Le Dit de la Panthère d'Amours*, ed. Henry A. Todd, Paris, Firmin Didot, 1883; neuere kritische Ausgabe von Bernard Ribémont (ed.), Paris, Champion, 2000. Im Folgenden wird der Text unter Angabe der Sigle «Panthère» im Fließtext zitiert.

Im Rahmen ihrer Enquête über «Schrift-Spuren von Subjektivität» spricht Walburga Hülk (1999, 128) denn auch von einer trickreich inszenierten Annäherung an das autobiographische Ich, dessen Wahrheit sich dennoch erst aus der Deutung der Buchstaben ergeben soll. Als Ausweg bleibt nur die Poesie selbst, mit der der Dichter seinen *Dit* beschließt. Der Traum und seine Fortsetzung in der Poesie deuten so die psychologische Funktionsweise der «fin'amor», mithin die eigentliche Wahrheit des Traumes, an, die der Autor denn auch zugleich als seine persönliche Wahrheit geltend macht (cf. Strubel 1993).

Die Identität von Autor, Erzähler und erlebendem Ich wird unterstrichen durch die explizit quellengeschichtlichen Hinweise wie die Technik der eingefügten Gedichte, die z. T. dem Verfasser selbst zuzuschreiben sind, mehrheitlich aber von dem verehrten Adam de la Halle stammen oder die Übersetzung des *Traité d'amour* von André le Chapelain, die Drouart la Vache unter dem Namen Gautier verfasst hatte – «Qu'on apele en françois Gautier» (Panthère, v. 1716): «Cilz qui onques jor ne flata / Ne blandist homme, que je sache, / Ce fu mestre Drouars la Vache» (Panthère, v. 1719–1721; cf. Karnein 1985). Drouart war zu diesem Zeitpunkt schon tot. Mit diesen Besonderheiten und nicht zuletzt mit dem Anagramm seines eigenen Namens am Schluss zeigt der Autor als Herausgeber und Kompilator nicht nur seine Bewandertheit in der zeitgenössischen Literaturszene; er macht auch seinen eigenen literarischen Ehrgeiz geltend und verankert die diesbezügliche Herausgeberschaft im subjektiven Traumgeschehen selbst. Denn:

> «Qu'aussi que li jors est parfais
> Quant il est venus a complie,
> Que ceste œuvre est toute acomplie,
> Quant est de rimer et d'escrire,
> Et de tout mon estat descrire.» (Panthère, v. 2625–2669).

Ich-Aussage und Werkcharakter verweisen aufeinander, wobei die Vollendung des «Werks» wohl nicht zufällig auch die Vollendung im ästhetischen Sinn impliziert, die durch den «Autor» verantwortet wird. Dichterische Virtuosität und Ich-Aussprache – «tout mon estat descrire» – sind nicht voneinander zu trennen. Die 65 Verse, die Nicole de Margival allein abschließend dem Geheimnis seines Namens und seiner Verfasserschaft widmet, lassen keinen Zweifel an der Identität dessen, der – ähnlich wie später Boccaccio – den Liebestraum zum Vehikel der Selbstdarstellung und Liebeswerbung, zum Traum der vorweggenommenen Erfüllung, macht und seinen offiziellen Status als Medium subjektiver Selbstdarstellung bzw. umgekehrt die Subjektivität als Medium objektiver Meisterschaft einsetzt.

Der von Nicole de Margival gewählte Titel *Dit de la Panthère d'Amours* zeigt bereits, wie nahe der Autor der mit der Seconde Rhétorique beginnenden Mode des *Dit* steht. Und auch die gekonnte Benützung der Traumfiktion verweist eher auf die Entwicklung des Spätmittelalters als auf die schon bestehende Tradition. So hat Jacqueline Cerquiglini-Toulet (1993) in ihre Ausgabe der *Fontaine amoureuse* von Guillaume de Machaut[10] den Traum als Medium der Erkenntnis bezeichnet – «Le songe comme l'art de connaissance» (Cerquiglini-Toulet 1993, 17) – und die ambige Rolle des Traumes hervorgehoben, mit dem der Autor als Autor und einfühlsames, erlebendes Ich über die Möglichkeiten dieses Mediums reflektiert: «Mais Guillaume de Machaut, en fait, réfléchit, dans l'ensemble de la *Fontaine amoureuse*, au rôle du sommeil et à l'utilité des songes.» (Cerquiglini-Toulet 1993, 17) Das Ich, das sich in den Prologzeilen explizit nennt und gleich am Anfang einen anagrammatischen Schlüssel anfügt – «Pour moy deduire et soulacier» (FA, v. 1) – und aus dem «sentement joli» (FA, v. 11) heraus «En l'onneur ma dame jolie» (FA, v. 8) beginnen will, beschreibt den Zustand eines rezenten Wachtraums und der daraus folgenden bedrückenden Phantasien:

> «Il n'a pas lonc temps que j'estoie
> En un lit où pas ne dormoie
> Einsois fasoie la dorveille
> Com cils qui dort et encor veille [...]» (FA, v. 61–64).

Und anlässlich der dann erwähnten gefährlichen Situation zögert er nicht, seine Identität als «clerc» auch in der Traumhandlung zu reflektieren und auf eine erlebte historische Situation hinzuweisen, in der er tapfer sein musste, obwohl er nur ein unerfahrener Kleriker gewesen sei:

> «Et comment que je soie clers,
> Rudes, nices et malapers,
> S'ay je esté par mes deus fois
> En tele place aucune fois
> Avec le bon Roy de Behaigne
> – Dont Dieus ait l'ame en sa compaigne! –
> Que, maugré mien, hardis estoie [...]» (FA, v. 139–145).

Das historische Ich steht hinter dem beschriebenen Traum-Ich, das am Schluss als Autor-Ich ironisch die eigene Meisterschaft geltend macht: «Dites-moy, fu ce bien songié»? (FA, v. 2848) Das Autor-Ich gibt die Botschaft des Traumes an

---

10 Guillaume de Machaut, *Le Livre de la Fontaine amoureuse*, ed. Jacqueline Cerquiglini-Toulet, Paris, Stock/Moyen Âge, 1993. Im Folgenden wird der Text unter Angabe der Sigle «FA» im Fließtext zitiert.

ein interessiertes Publikum weiter. Wie schon bei Nicole de Margival dienen die eingestreuten Gedichte dazu, das Traumgeschehen als Alternativgeschehen auszuweisen – dies gilt besonders für die Liebesverse, welche die Dame dem Träumenden ins Ohr flüstert (FA, X. v. 164ss.) – und die Identität des träumenden Ichs mit dem Autor und Dichter in Erinnerung zu rufen.

In jedem Fall bleibt der Traum Bereicherung und Trost und gibt dem wachen «Autor» einen Anlass, über Herkunft und Sinn des Traumes nachzusinnen. So beschreibt etwa Machauts Schüler Jean Froissart in *Le Paradis d'amour*,[11] wie er nach langer Arbeit den Schlaf ersehnt habe und nach dem Einschlafen in eine paradiesische Landschaft versetzt worden sei:

> «En mon dormant me fu vis lors
> Que jou estoie en un biau bois
> Ou grant plenté avoit d'erbois.» (Paradis, v. 38–40).

Auf die Liebesklage folgt die Beschreibung der Umstände des Erwachens:

> «Adont a mon songe falli.
> Grandement fu esmerveillés
> De ce qu'il estoit avenu.
> Mon lit tastai pour savoir u
> Je me pouoie estre endormis,
> Se trouvai que j'estoie mis,
> Dessus mon lit pour reposer,
> Si commenchai moult a penser
> Quel aventure et quel affaire
> M'avoit peüt ce songe faire.» (Paradis, v. 1685–1694).

Die Traumvision selbst wird so zum Gegenstand des Nachdenkens und gewinnt über ihre Inhalte hinaus zusätzliche biographische Glaubwürdigkeit. Über die tiefere Wahrheit des Paradiestraums, «Ou nulle riens n'a de mençonge» (Paradis, v. 1711) und «Par le quel tout li vrai amant / Sont conforté» (Paradis, v. 1719–1720), gibt es hier keine Zweifel. Nicht nur als literarischer Gegenstand ist der Traum gleichsam gesellschaftsfähig, auch in Gesellschaft kann er erzählt werden. So heißt es in *Le Temple d'onnour*:[12]

---

11 Jean Froissart, *Le Paradis d'amour/L'Orloge amoureus*, ed. Peter F. Dembowski, Genève, Droz, 1986, 40–82. Im Folgenden wird der Text durch die Sigle «Paradis» zitiert.
12 Jean Froissart, *Le Temple d'onnour*, in: Jean Froissart, *Œuvres de Froissart*, ed. Auguste Scheler, vol. 2, Bruxelles, Victor Devaux, 1871, 162–193. Im Folgenden wird der Text unter Angabe der Sigle «TH» im Fließtext zitiert.

«Dont d'un songe illuec me souvint
Qui awan en dormant me vint
Si le commenchai a compter
Et toutes gens a escouter
Très liement et volentiers.» (TH, v. 29–33).

Der Autor erzählt nicht nur seinen Traum; er spricht von der Erinnerung an einen Traum, der als beglaubigtes Element der Subjektivität des Autors in die gesellschaftliche Diskussion eingebracht wird. Er wird hier im wörtlich biographischen Sinn zum erzählenden Ich, das nach einiger Zeit von seinen Zuhörern mit der Bitte um schriftliche Fortsetzung der Erzählung unterbrochen wird:

Que mon songe ne plus ne mains
Escripsi à mes propres mains
En le fourme que vous veés; (TH, v. 49–51)

Pragmatisches Publikum, virtueller Leser, Erzähler, erlebendes Ich und formgebender Autor sind hier programmatisch miteinander verbunden. Die von Laurence de Looze (1997) so bezeichnete Pseudo-Autobiographie, die im späten Mittelalter beinahe obsessive Züge annimmt, soll offensichtlich eben diese Identität von Autor und Erzähler deutlich werden lassen; sie beglaubigt das Erleben eines Ich-Erzählers durch die stets präsente dichterische Autorität eines biographisch beglaubigten Ichs und verleiht umgekehrt den dichterischen Ausführungen die Authentizität des Erlebten. Das ist das Gegenteil des von Gumbrecht (1988) postulierten Autors als bloßer Maske. Der Traum ist hier nur *eine* Möglichkeit, diesen Konnex zu unterstreichen, doch wie kein anderes Medium ist er zugleich ein Mittel, Fiktionalität zur Botschaft zu machen und das allersubjektivste Erleben mit dem Siegel der Gültigkeit zu versehen. Im Schutz des Autor-Ichs fühlt sich das erlebende, subjektive Ich aufgewertet und legitimiert, von seinen Erlebnissen zu sprechen und Träume poetische Wirklichkeit werden zu lassen. Das dem Traum anhaftende Prestige geoffenbarter Wahrheit ist so gerade nicht Teil eines autonomen Erzählerbereichs, sondern unterstreicht die dichterische Legitimität des Autors, der sich unter dem Deckmantel des Traumes als einer Art «couverture» zu erkennen gibt und nie vergisst, den Übergang von der biographischen Existenz in das Traumgeschehen mehr oder weniger ausführlich zu schildern und so das Verhältnis von erlebendem und erzählendem Ich zugleich als solches zu thematisieren. Der Traum knüpft die Verbindung zwischen dem formgebundenen Autor und dem erlebenden Ich und sorgt zugleich für die notwendige narrative Distanz, die in *Le Cuers d'amours espris* von René d'Anjou besonders gut zu beobachten war. Reale Autorinstanz und entgrenzende Wirklichkeit des Traumes begründen einen Authentizitätspakt, der ohne die verbürgende Kraft des Autor-Ichs undenkbar wäre. Der Traum ist stets Teil einer biblio-biographischen Kontinuität, die das Autor-Ich, den Erzähler und das erlebende Ich zusammenbindet. Und es ist nur folgerichtig, wenn Jean Froissart noch einen Schritt weiter geht und die Erinnerung selbst – etwa im *Joli Buisson de Jonece*[13] – zum Thema seines Dichtens macht – oder genauer: die Erinnerung mit einer dem Traum analogen Funktion ausstattet.

Einen besonders stringenten Beleg für unsere These bildet die politische Traumvision (cf. Marchello-Nizia 1981), die ihre Autorität von der biographischen Identität des Ichs ableitet. Deren Blütezeit in der Krisenepoche Karls VI. ist, wie Jean-Claude Mühlethaler (2008; cf. Wolfzettel 2015, im Druck) gezeigt hat, sicher kein Zufall. Nach Thierry Lassabatère (2011) qualifiziert sich das Ich damit als verantwortlicher Dichter der «Cité». So wendet sich Eustache Deschamps[14] in seinen politischen Träumen in Balladenform nach dem Erwachen im *envoy* unmittelbar an den König, Karl VI., für den die Botschaft seines Traumes bestimmt ist. Der intimste Bereich des Ich gewinnt so zugleich öffentliche Relevanz für die Reform des Königreichs. In diesem Zusammenhang sei daran erinnert, dass die Forschung seit Daniel Poirion (1965) die neue Bedeutung der individuellen Stimme, «la présence du moi physique» (Poirion 1965, 231) im «dialogue avec la société» (Poirion 1965, 219), betont hat. Das gewaltige Reformprojekt, das Philippe de Mézières in Form eines großen allegorischen Traumes 1386 Karl VI. widmet, *Le Songe du Vieil Pelerin*,[15] verzichtet zwar unerwartet auf die Ich-Perspektive, doch identifiziert sich der am Ende genannte «aucteur» als *Vieil Pelerin* selbstverständlich mit dem allegorisierten Traum-Ich «Ardant Desir» und seiner Schwester «Bonne Esperance». Das Ich in der politischen Vision des *Quadrilogue invectif* (1422) von Alain Chartier[16] beschreibt sein Erwachen «environ l'aube du jour, lors que la premiere clarté du soleil et nature contente du repos de la nuit nous rappellent aux mondaines labours» (Quadrilogue, 5) und das erneute Einschlummern: «ung legier sompme me reprint comme, aprés la pesenteur du premier repos, il advient souvent vers le matin.» (Quadrilogue, 7) Dabei bildet der Gedanke an «la douloureuse fortune et le piteux estat de la haulte seigneurie et

---

13 Jean Froissart, *Œuvres de Froissart*, ed. Auguste Scheler, vol. 2, Bruxelles, Victor Devaux, 1871, 1ss.

14 Eustache Deschamps, *Œuvres complètes*, ed. Auguste Marquis de Queux de Saint-Hilaire, Paris, Didot, 1878, 155–159 (Ballade No. CCCLXXXVII und CCCLXXXVIII) und vol. 5, 271–273 (Ballade MX).

15 Philippe de Mézières, *Le Songe du Vieil Pelerin*, ed. George W. Coopland, Cambridge, University Press, 1969.

16 Alain Chartier, *Le Quadrilogue invectif*, ed. Eugénie Droz, Paris, Champion, ²1950. Im Folgenden wird der Text durch die Sigle «Quadrilogue» abgekürzt.

glorieuse maison de France» (Quadrilogue, 6) den Übergang zu der Traumvision. In dem Streitgespräch zwischen Volk, Ritter und Klerus, angestoßen durch die Klagerede der Frankreich verkörpernden Frauengestalt, übernimmt der «acteur» wieder selbstverständlich eine referierende und kommentierende Rolle, die ausdrücklich auf das Ich im Prolog und in der Einführung – «l'Acteur commence» (Quadrilogue, v. 5) – verweist.

Das vielleicht schönste Beispiel des Zusammenhangs von Autobiographie bzw. Pseudoautobiographie, Traum und politischer Botschaft ist der *Chemin de lonc estude* von Christine de Pizan,[17] die die unpersönliche allegorische Weltreise des *Songe du Vieil Pelerin* wieder in die bekannte Form des persönlichen Traums und die Tradition der Jenseitsreise in ironischer Programmatik in eine neue Form der kosmisch politischen Diesseitsreise überführt (cf. Picherit 1983). Kaum je spielen die sehr persönlichen, zirkumstantiellen Elemente der Genese des Traumes eine solch breite Rolle. Die Traumvision von 1402, die ihren Titel einer Stelle aus Dantes *Inferno* (v. 83–85) entlehnt, aber dann bezeichnenderweise einen gänzlich anderen Weg einschlägt, beginnt mit einer kollektiven Huldigung an Karl VI. und andere Fürsten, die das eigentliche Zielpublikum der politologisch ausgerichteten, allegorischen Himmelsreise darstellen und deren fürstliche Würde in ironischem Kontrast zu der geringen gesellschaftlichen Stellung des weiblichen Ich stehen: «A moy femme, pour mon indignité» (CLE, v. 28). Karl VI. soll ja zugleich Schiedsrichter des später geschilderten «débat» über die Verfasstheit der Welt sein:

> «Pour vous donner matiere aucunement
> De solacier, ay fait presentement
> Cestui dictié que j'ay en termes mis.
> Et dessus vous en sont en compromis
> Les parties d'un debat playdoyé
> Com vous pourriés ouÿr, et envoyé
> L'ont devers vous par moy, qui sans pratique
> Le compteray par manière poetique
> Aucunement et com la chose avint;
> Car je l'escri et pour ce m'en souvint.» (CLE, v. 35–45).

«Ich habe es geschrieben und erinnere mich eben daher daran» – Erleben, Erinnern und Niederschrift gehören zusammen. Der individuelle Traum einer Frau erhält dadurch aber auch staatspolitisches Gewicht; die Biographie beglaubigt

---

17 Christine de Pizan, *Le Chemin de longue étude*, ed. Andrea Tarnowski, Paris, Le Livre de Poche, 2000. Im Folgenden wird der Text unter Angabe der Sigle «CLE» im Fließtext zitiert.

die Bedeutung des in der Folge Erzählten und die Bedeutung des erlebenden Ich, dessen «aucunement» berichteter Traum den Gegenstand von «mon petit dit» bildet; er sollte darum aber nicht gering geschätzt werden: «si n'ayée en despois / Mon petit dit pour mon trop petit pris.» (CLE, v. 55–56) Schließlich wird der Traum umgekehrt der biographischen Sphäre entrückt, wenn das Traum-Ich auf der – aus der Jenseitsreise entlehnten –[18] Himmelsleiter aus der irdischen, sublunaren Verlorenheit in den Bereich der ewigen Wahrheit der Gestirne aufsteigt. Erinnert sei in diesem Zusammenhang daran, dass der Begriffsbereich von *poète/poétique* noch immer nicht allein die dichterische Kompetenz, sondern auch und vor allem das poetische Wissen, die Gelehrtheit und die Fähigkeit zum eigenverantwortlichen Werk, «m'euvre» (CLE, v. 57), *mein Werk*, bezeichnet. Wie bei René d'Anjou gehören Ich und Werk zusammen.

Der autobiographische Vorspann über «Fortune perverse» (CLE, v. 61), die eifersüchtige Fortuna (CLE, v. 112), die die schöne eheliche Gemeinschaft zerstört und ihr den Mann geraubt habe, «Par lequel sens autre nullui / je vivoye joyeusement / Et si tres glorieusement» (CLE, v. 74–76), erhält von daher seinen Sinn. Der autobiographische Rückblick bekräftigt die Relevanz des Traumerlebnisses und erweist sich als notwendiges Glied in der Kette der Ich-Funktionen. In seiner rezenten Abhandlung über die Autorschaft von Frauen in der frühen Neuzeit hat Rüdiger Schnell (2011) neben der Rolle der «körperlichen Präsenz» (Schnell 2011, 7) der Frau auch zwischen «Privatheit» und «öffentlichem Anspruch» (Schnell 2011, 28) unterschieden. Ersteres gilt auch für Christine de Pizan, doch entscheidend ist, dass die Autorin eben nicht zwischen privatem Traum und öffentlichem Anspruch trennt, sondern im Gegenteil eine unmittelbare Verbindung zwischen diesen herstellt. Unter Berufung auf Boethius u. a. (cf. Olson 1995) führt die spätere Verfasserin der *Advision Christine* in betonter Weiblichkeit den männlichen Weisheitsdiskurs fort, um wie ein Mann nach gefährlicher Reise zurück und nach vorne zu blicken.[19] Die Vorgeschichte führt zu dem unmittelbaren Anlass des Traumes, den Rückzug der schaflosen und freudlosen Frau in das Studierzimmer, dessen Bedeutung für den gelehrten Dichter, analog dem Motiv des hl. Hieronymus im Gehäuse, Karlheinz Stierle (2003, 141–155)[20] in seiner großen Petrarca-Studie gezeigt hat:

---

18 Z. B. Raoul de Houdenc, *La voie de Paradis*, in: Raoul de Houdenc, *Le Songe d'Enfer, suivi de La Voie de Paradis*, ed. Philéas Lebesgue, Paris, Sansot, 1908, v. 870.

19 Christine de Pizan, *Le Livre de l'Advision Christine*, edd. Christine Reno/Liliane Dulac, Paris, Champion, 2001, 109.

20 Petrarca ist nach Stierle «der eigentliche Erfinder des ‹studiolo›» (142).

«Un jour de joye remise
Je m'estoie a par moy mise
En une estude petite,
Ou souvent je me delite
A regarder escriptures
De diverses aventures.» (CLE, v. 171–176).

Es ist, wie die Autorin anmerkt, der 5. Oktober 1402 (CLE, v. 186–188), als sie Trost in der *Consolatio philosophiae* von Boethius sucht, um endlich durch die Lektüre erleichtert in den Wachtraum eines «grant penser» (CLE, v. 311) zu fallen. Die Ausführlichkeit der geschilderten Lektüre – nicht weniger als 100 Verse – verdient besondere Beachtung, da das weibliche Schreiben hier durch das große Vorbild zusätzlich legitimiert wird. Der Wachtraum nach Mitternacht, 1150 Verse, dient dem Aufweis einer durch «discorde» (CLE, v. 440) regierten Welt, in der «Tout y va a rebellion, / Et non pas seulement li hom; / Ains y va ainsi estrivant / Toute creature vivant / Et mesmement li element» (CLE, v. 399–403). Die an die Tiefseevision des *Alexanderromans* erinnernde Stelle würde einen eigenen Kommentar verdienen. Erst über den Umweg der leidvollen Erinnerung und der kosmischen Träumerei gelangt das unglückliche Ich – der «joye remise» – in den Bereich der «estrange vision» (CLE, v. 453), welche die Träumende in den Bereich der ewigen Wahrheit entführt: «demonstrance certaine / De chose tres vraye et certaine» (CLE, v. 455–456). Dass der folgende Traum als prophetische Offenbarung durch Pallas Athena, bekanntlich ein gleichsam privater Legitimationsmythos der Autorin, zum dichterisch politischen Auftrag überhöht wird[21] und der Dichterin die Würde einer neuen Sibylle verleiht, unterstreicht den unbedingten Zusammenhang der verschiedenen Ich-Instanzen. In dem Hinweis auf den sicheren Nachruhm – «Que ton nom sera reluisant / Aprés toy par longue memoire» (CLE, v. 496–497) – wird im Übrigen eine Parallele zu Petrarca deutlich, die den objektiven Status der privaten Erzählung erneut unterstreicht. Wie sehr sich das Öffentliche und das Private bedingen, wird in dem ironischen Schluss noch einmal in Erinnerung gerufen. Ungeduldig klopft die Mutter an die Türe der Langschläferin und verhilft so der biographischen Wirklichkeit zu ihrem Recht. Eben der offensichtliche Hiat zwischen der öffentlichen und privaten Funktion, zwischen dem visionären und dem häuslichen Ich, unterstreicht die paradoxe Untrennbarkeit beider Bereiche.

---

21 Christine de Pizan, *Le Chemin de longue étude*, ed. Andrea Tarnowski, Paris, Le Livre de Poche, 2000, 118.

Bibliographie

Primärliteratur

Alain Chartier, *Le Quadrilogue invectif*, ed. Eugénie Droz, Paris, Champion, [2]1950.

Giovanni Boccaccio, *Opere complete*, ed. Vittore Branca, vol. 3, Milano, Mondadori, 1974, (Version A).

Christine de Pizan, *Le Chemin de longue étude*, ed. Andrea Tarnowski, Paris, Le Livre de Poche, 2000.

Christine de Pizan, *Le Livre de l'Advision Christine*, edd. Christine Reno/Liliane Dulac, Paris, Champion, 2001.

Eustache Deschamps, *Œuvres complètes*, ed. Auguste Marquis de Queux de Saint-Hilaire, Paris, Firmin Didot, 1878.

Jean Froissart, *Le Paradis d'amour/L'Orloge amoureus*, ed. Peter F. Dembowski, Genève, Droz, 1986.

Jean Froissart, *Le Temple d'onnour*, in: Jean Froissart, *Œuvres de Froissart*, ed. Auguste Scheler, vol. 2, Bruxelles, Victor Devaux, 1871, 162–193.

Jean Froissart, *Œuvres de Froissart*, ed. Auguste Scheler, vol. 2, Bruxelles, Victor Devaux, 1871.

Guillaume de Lorris/Jean de Meun, *Le Roman de la Rose*, ed. Armand Strubel, Paris, Le Livre de Poche, 1992.

Guillaume de Machaut, *Le Livre de la Fontaine amoureuse*, ed. Jacqueline Cerquiglini-Toulet, Paris, Stock/Moyen Âge, 1993.

Nicole de Margival, *Le Dit de la Panthère d'Amours*, ed. Henry A. Todd, Paris, Firmin Didot, 1883.

Nicole de Margival, *Le Dit de la Panthère*, ed. Bernard Ribémont, Paris, Champion, 2000.

Philippe de Mézières, *Le Songe du Vieil Pelerin*, ed. George W. Coopland, Cambridge, University Press, 1969.

Raoul De Houdenc, *Le Songe d'Enfer, suivi de La Voie de Paradis*, ed. Philéas Lebesgue, Paris, Sansot, 1908.

René d'Anjou, *Le Livre du Cœur d'amour épris*, ed. Florence Bouchet, Paris, Le Livre de Poche, 2003.

Michault Taillevent, *Le Songe de la Toison d'Or*, in: Robert Deschaux, *Un poète bourguignon du XVe siècle: Michault Taillevent. Édition et étude*, Genève, Droz, 1975.

Sekundärliteratur

Bosy, Grazyna Maria, *Romanische «Alba«- und «Somni»-Dichtungen. Ein Beitrag zur Motiv- und Themengeschichte der romanischen Lyrik des Mittelalters*, Berlin/Boston, De Gruyter, 2012.

Bouchet, Florence, *Introduction*, in: René d'Anjou, *Le Livre du Cœur d'amour épris*, ed. Florence Bouchet, Paris, Le Livre de Poche, 2003.

Branca, Vittore, *Boccaccio medievale*, Firenze, Sansoni, [2]1970.

Cerquiglini-Toulet, Jacqueline, *Introduction*, in: Guillaume de Machaut, *Le Livre de la Fontaine amoureuse*, ed. Jacqueline Cerquiglini-Toulet, Paris, Stock/Moyen Âge, 1993.

Classen, Albrecht, *Die autobiographische Lyrik des europäischen Spätmittelalters*, Amsterdam/
Altanta/GA, Rodopi, 1991.

Corbellari, Alain, *Pour une étude générique et synthétique du récit de rêve dans la littérature
française médiévale*, in: Alain Corbellari/Jean-Yves Tilliette (edd.), *Le rêve médiéval*,
Genève, Droz, 2007, 53–71.

De Looze, Laurence, *Pseudo-Autobiography in the Fourteenth Century. Juan Ruiz, Guillaume
de Machaut, Jean Froissart and Geoffrey Chaucer*, Gainesville, University Press of Florida,
1997.

Deschaux, Robert, *Un poète bourguignon du XVᵉ siècle: Michault Taillevent. Édition et étude*,
Genève, Droz, 1975.

Dronke, Peter, *Poetic Individuality in the Middle Ages. New Departures in Poetry*, London,
Westfield College, ²1986.

Ebel, Uda, *Die literarischen Formen der Jenseits- und Endzeitvisionen*, in: Hans Robert Jauß/
Jürgen Beyer (edd.), *La littérature didactique, allégorique et satirique*, Heidelberg, Winter,
1968, 181–215.

Frank, Manfred, *Die Unhintergehbarkeit von Individualität: Reflexionen über Subjekt, Person
und Individuum aus Anlass ihrer «postmodernen» Toterklärung*, Frankfurt/M., Suhrkamp,
1986.

Gagliardi, Antonio, *Giovanni Boccaccio. Poeta filosofo averroista*, Soveria Mannelli, Rubbettino,
1999.

Gregory, Tullio (ed.), *I sogni nel medioevo*, Roma, Edizioni de l'Ateneo, 1985.

Gumbrecht, Hans Ulrich, *L'Auteur comme masque. Contribution à l'archéologie de l'imprimé*,
in: Marie-Louise Ollier (ed.), *Masques et déguisements dans la littérature médiévale*,
Montréal/Paris, Presses Universitaires de Montréal, 1988, 185–192.

Hülk, Walburga, *Schrift-Spuren von Subjektivität. Lektüren literarischer Texte des französischen
Mittelalters*, Tübingen, Niemeyer, 1999.

Jauß, Hans Robert, *L'allégorie d'amour*, in: Jürgen Beyer/Franz Koppe (edd.), *La littérature
didactique, allégorique et satirique*, vol. 2: *Partie documentaire*, Heidelberg, Winter, 1970,
265–280.

Jones, Catherine, M., *Blazon and Allegory in the Livre du Cuers d'amours espris*, in: Keith
Busby/Norris J. Lacy, *Conjonctures: Medieval Studies in Honor of Douglas Kelly*,
Amsterdam, Rodopi, 1994, 193–204.

Kablitz, Andreas/Peters, Ursula, *Namentliche Autorschaft und Textautorisierung als Faktoren
der europäischen Textgeschichte der «Pèlerinage»-Trilogie*, in: Andreas Kablitz/Ursula
Peters (edd.), *Mittelalterliche Literatur als Retextualisierung. Das «Pèlerinage»-Corpus des
Guillaume de Deguileville im europäischen Mittelalter*, Heidelberg, Winter, 2014, 105–164.

Karnein, Alfred, *«De Amore» in volkssprachlicher Literatur. Untersuchung zur Andreas-
Capellanus-Rezeption in Mittelalter und Renaissance*, Heidelberg, Winter, 1985.

Kundert-Forrer, Verena, *Raoul de Houdenc, ein französischer Erzähler des XIII. Jahrhunderts*,
Bern, Francke, 1960, 19–32.

Lassabatère, Thierry, *La Cité des hommes. Eustache Deschamps, expression poétique et vision
politique*, Paris, Champion, 2011.

Le Gentil, Pierre, *Réflexions sur la création littéraire au Moyen Âge*, in: Pierre Le Gentil, *Chanson
de geste und höfischer Roman*, Heidelberg, Winter, 1963, 9–20.

Marchello-Nizia, Christiane, *Entre l'histoire et la poétique, le songe politique*, Revue des
Sciences humaines 183 (1981), 39–53.

Micha, Alexandre (ed.), *Voyages dans l'au-delà des textes médiévaux (IVᵉ–XIIIᵉ siècles)*, Paris, Klincksieck, 1992.

Mühlethaler, Jean-Claude, *Pour une préhistoire de l'engagement littéraire en France: de l'autorité du clerc à la prise de conscience politique à la fin du Moyen Âge*, Versants 55:1 (2008), 11–32.

Olson, Paul A., *The Journey to Wisdom. Self-Education in Patristic and Medieval Literature*, Lincoln/ London, University of Nebraska Press, 1995.

Paravicini Bagliani, Agostino/Stabile, Giorgio (edd.), *Träume im Mittelalter. Ikonologische Studien*, Stuttgart/Zürich, Belser Verlag, 1989.

Picherit, Jean-Luois, *De Philippe de Mézières à Christine de Pizan*, Le Moyen Âge 13 (1983), 20–36.

Poirion, Daniel, *Le Poète et le Prince. L'évolution du lyrisme courtois de Guillaume de Machaut à Charles d'Orléans*, Paris, PUF, 1965.

Poirion, Daniel, *Les tombeaux allégoriques et la poétique de l'inscription dans le «Livre du cuers d'amours espris», de René d'Anjou (1457)*, in: Daniel Poirion, *Ecritures et compositions romanesques*, Orléans, Paradigme, 1994, 399–414.

Rinne, Susanne, *René d'Anjou and his «Livre du cuers d'amours espris»: The Roles of Author, Narrator, and Protagonist*, Fifteenth-Century Studies 12 (1987), 145–163.

Schnell, Rüdiger, *Sprechen – Schreiben – Drucken. Zur Autorschaft von Frauen im Kontext kommunikativer und medialer Bedingungen in der frühen Neuzeit*, in: Anne Bollmann (ed.), *Ein Platz für sich selbst. Schreibende Frauen und ihre Lebenswelten (1450–1700)*, Frankfurt am Main, Peter Lang, 2011, 3–41.

Stierle, Karlheinz, *Francesco Petrarca. Ein Intellektueller im Europa des 14. Jahrhunderts*, München, Hanser, 2003.

Strubel, Armand, *Le Parfum de la Panthère*, in: Jean Claude Aubailly et al. (edd.), *Et c'est la fin pourquoy nous sommes ensemble. Hommage à Jean Dufournet*, vol. 3, Paris, Presses de la Sorbonne, 1993, 1283–1296.

Suchier, Walter, *Altfranzösische Traumbücher*, Zeitschrift für französische Sprache und Literatur 67 (1957), 129–167.

Unzeitig, Monika, *Autorname und Autorschaft. Bezeichnung und Konstruktion in der deutschen und französischen Erzählliteratur des 12. und 13. Jahrhunderts*, Berlin, De Gruyter, 2010.

Wolfzettel, Friedrich, *De la quête spirituelle à la félicité terrestre: le Graal et l'au-delà dans le Moyen Âge tardif*, Medievalia 57 (2014), 331–336.

Wolfzettel, Friedrich, *Au-dessus des états: le désir de totalité et l'imaginaire du vol chez quelques auteurs de l'époque de Charles VI*, 2015 (im Druck)